神國日本

신국일본

이 도서의 국립중앙도서관 출판시도서목록(CIP)은 e-CIP홈페이지(http://www.nl.go.kr/ecip)와
국가자료공동목록시스템(http://www.nl.go.kr/kolisnet)에서 이용하실 수 있습니다(CIP제어번호:
CIP2012006214).

神國日本

라프카디오 헌 지음
박행웅 · 박화진 옮김

신국일본

차례

일러두기

이 책은 라프카디오 헌(Lafcadio Hearn)이 쓴 『일본: 해명을 위한 시도(Japan: An Attempt at Interpretation)』의 전문(全文) 번역이다. 맥밀런사(MacMillan Co.)에서 1904년 발간한 원본을 기초로 번역하고 헤이본사(平凡社)에서 2009년(초판 9쇄) 발간한 『신국일본: 해명을 위한 시론(神國日本: 解明への一試論)』을 참고했다.

1

지난한 과제

여태까지 일본에 대해 다뤄온 서적은 수없이 많다. 그러나 그중에서 미술 관련 출판물이나 완전히 특수한 성격의 도서 등을 예외로 한다면 정말로 가치 있는 서적은 아마 20권이 넘지 않을 것이다. 이것은 일본인의 생활 이면에 숨어 있는 것을 인식하고 이해하기가 지극히 어렵다는 사실에 기인한다. 이런 일본인의 생활을 충분히 해명한 서적 — 일본에 대해서 국내외로부터 역사적·사회학적·심리학적·윤리적으로 묘사한 저술 — 은 적어도 차후 50년 동안 저술될 것 같지 않다. 그 정도로 이 주제는 광범위하고 복잡다단한 것이므로 한 세대 학자들의 일치단결한 노력으로도 좀처럼 규명할 수 없을 뿐만 아니라, 또 난해하기 때문에 이러한 연구에 자진해 시간을 바치려는 학자가 적을 수밖에 없다. 대체로 일본인은 자국의 역사에 대해 과학적 지식이 없는 상황이다. 다시 말하면 자료는 산처럼 쌓여 있으면서도 과학적 방법을 적용할 준비가 되어 있지 않다. 현대적 방법에 따라 연구한 훌륭한 역사책이 하나도 없다는 것은 우리를 낙담하게 하는 여러 가지 결함 중 하나에 지나지 않는다. 사회학 연구 자료는 여전히 서양 학문 연구자들 손에 들어오지 못했다. 고대 가족이나 민족의 실상, 여러 계급의 분리 파생과 관련된 사정, 종교적 계율이 정치적 율령으로 분화해간 역사, 여러 종류의 금령(禁令)과 그것이 풍습에 미친 영향의 역사, 산업 발달 과정에서의 규제·조정·협동 등의 역사, 그리고 논리와 미학의 역사 등 이런 모든 것과 그 외 많은 사실이 아직도 미궁 상태 그대로다.

이 글은 서양인이 일본에 대한 지식을 얻는 데 기여할 것이다. 물론 겨우 한 방면에 도움이 될 것이다. 그러나 이 한 방면이 중요도가 적다고 단정할 수 있는 것은 아니다. 일본의 종교 문제는 여태까지 일본 종교에 대한 불구대천(不俱戴天)의 원수들의 손에 의해 서술되어왔다. 즉, 이 원수 이외의 사람들은 이 문제를 완전히 무시해왔던 것이다. 그러나 이 문제를 무시하고 오해하면서 일본을 정말로 이해했다고 말하는 것은 도저히 불가능하다. 적어도 어느 한 나라의 사회 상태를 진정으로 이해하고자 한다면 그 나라의 표면적인 종교 사정을 초월해 내면의 심오한 곳까지 알아야 할 필요가 있다.

예를 들어 한 국가의 산업 발달 초기의 노동 생활을 조정한 종교상의 전통이나 풍습에 대한 지식을 다소나마 파악하고 있지 않으면 그 나라의 산업사를 진정으로 이해할 수 없다. 예술 문제를 예로 들어도 좋을 것이다. 일본의 예술은 종교와 아주 밀접하게 연결되어 있으므로, 그 작품에 반영된 신앙에 대한 광범위한 지식이 결여된 연구는 단지 시간 낭비가 되어버리고 만다.

예술이라고 말할 때 회화나 조각만을 가리키는 것은 아니다. 모든 종류의 장식, 예를 들면 칠기로 만든 작은 상자나 칠보로 만든 화병은 물론이고, 아이들이 날려 올리는 연에 그려진 그림이나 여자아이들의 하고이타(羽子板,

하고라는 공을 치는 장방형 판자)에 그려진 그림, 오히메사마(御姬様, 귀한 집의 아가씨)의 오비(おび, 기모노의 허리띠) 문양을 비롯하여, 직인(수공업자)들이 사용하는 수건의 무늬, 구름이라도 찌를 듯이 기세당당한 인왕상, 어린 아기에게 주는 종이로 접어 만든 강아지와 나무로 세공한 딸랑이에 이르기까지 모든 것이 종교와 관련된다.

이런 이유로 일본 문학에 대해 정확한 평가를 내리기 위해서는 일본의 종교를 이해해야 할 뿐만 아니라 에우리피데스(Euripides), 핀다로스(Pindar), 테오크리토스(Theocritus) 같은 서양의 뛰어난 인문학자들에 대한 지식이 있어야 한다.

서양의 경우에 대해 생각해보자. 영국, 프랑스, 독일, 이탈리아 등 어느 나라 문학이든 간에 서양의 고대 및 근대 종교에 대한 지식이 전혀 없다면 그 작품을 충분히 이해하기란 도저히 불가능할 것이다. 나는 여기서 누구에게나 널리 알려진 존 밀턴(John Milton)이나 알리기에리 단테(Alighieri Dante) 같은 시인을 말하고자 하는 것이 아니다. 그리스도교 신앙이나 그 이전의 신앙에 대해서 전혀 모르고는 셰익스피어 희곡 중 어느 하나도 이해하기 어렵다고 말하고 싶을 뿐이다.

유럽 어떤 나라의 언어라도 정말로 능숙하게 구사하기 위해서는 유럽의 종교에 대한 지식이 필수 불가결할 것이다. 무학문맹인 사람들의 언어에서조차도 종교적 의미가 충만하다. 즉, 가난한 사람들이 쓰는 속담이나 일상용어, 항간에 유행하는 가요나 노동자들의 언어 속에는 서양인의 신앙을 전혀 알지 못하는 사람으로서는 상상도 할 수 없는 의미가 숨 쉬고 있는 것이다.

이와 같은 맥락에서, 일본에 대한 지식은 오랫동안 일본에 거주하면서 서양인의 신앙과는 다르며, 또 전혀 다른 사회적 경험에서 비롯된 통념을 소유

한, 일본 학생들에게 영어를 가르쳐온 서양인이야말로 누구보다도 가장 잘

알 수 있을 것이다.

2

진기함과 매력

여행자들이 기록한 일본에 대한 첫인상은 대부분이 즐거운 것이다. 일본에 와서 정서적 감명을 받지 않는 사람은 어딘가 결점이 있든지 아니면 인정머리 없는 사람임이 분명하다. 실은 이 감명이 문제를 푸는 실마리다. 그리고 그 문제란 일개 종족의 특질과 종족 문명의 특성인 것이다.

일본에 대한 내 첫인상 ― 매우 따뜻한 어느 봄날, 눈부시도록 하얗게 빛나는 햇빛 속에서 바라본 모습 ― 은 많은 여행자들의 첫인상과 공통되는 것임에 틀림없다. 나는 특히 이런 멋지고 즐거웠던 광경을 지금도 기억하고 있다. 그 멋진 즐거움은 그 후에도 사라지지 않았다. 일본에 체류한 지 14년이나 된 지금도 여전히 기회가 있을 때마다 그 당시의 기억이 되살아나는 것이다. 그 이유를 아무래도 알 수 없다. 도저히 짐작할 수가 없다. 이 또한 내가 일본을 잘 알고 있다고 말할 수 없기 때문일까.

아주 오래전의 일이지만 가장 친했던 일본인 친구가 죽기 직전에 내게 이런 말을 했다. "앞으로 4~5년쯤 지난 후에 '나는 일본인을 여전히 조금도 알지 못하는구나'라고 깨달을 겁니다. 그리고 그때서야 비로소 일본인을 조금씩 알아가게 될 겁니다."

시간이 흐르고 나서 이 친구의 말이 참으로 와 닿았다. 일본인을 조금도 이해하지 못하고 있다는 것을 깨닫자 비로소 이 글을 쓸 수 있는 자격이 생겼다고 자신하게 됐다.

일본 물건은 처음 접할 때 어딘지 기묘하고 오싹하며 소름이 끼친다. 그것은 아직 접해본 적이 없는 것을 볼 때 일어나는 섬뜩한 느낌이다. 괴이한 형태의 기모노를 입고, 마찬가지로 황당한 모양의 게다를 신은, 매우 키가 작은 사람들이 빽빽하게 밀집한 좁은 거리를 지나다니고 있노라면 얼핏 보아 남녀를 구별하기조차 어렵다. 가옥도 서양인의 경험과는 전혀 관련 없는 양식으로 건축 장식되어 있다. 그리고 가게 앞에 나열된 다양한 물건들은 도대체 어디에 쓰는지 어떤 의미가 있는 것인지 전혀 짐작조차 할 수 없어 정말로 당황할 수밖에 없다. 거리 주변을 배회하노라면 무엇으로, 왜 만들었는지 상상조차 할 수 없는 식료품, 수수께끼 같은 형태의 기구, 신비적 종교를 나타내는 기괴한 상징물, 신이나 귀신 이야기를 기념하는 별난 모양의 가면과 완구, 귀는 커다랗고 만면에 웃음이 가득한 신을 나타낸 기묘한 상(像)이 싫든 좋든 간에 눈에 들어온다. 또 전신주나 인쇄기, 전등이나 재봉틀 등도 눈에 띈다. 간판이나 노렌(暖簾, 출입구에 상점 이름을 적어 길게 늘어뜨린 천), 길 가는 사람들이 들고 다니는 등(燈)을 비롯해 도처에서 한자가 보인다. 그리고 이 흥미로운 글자가 뿜어내는 마술적인 분위기가 눈앞에 펼쳐진 광경의 주된 풍조일 것이다.

이러한 공상적인 세계와 상당히 친숙해졌다 하더라도 처음 이 세계를 접했을 때 느꼈던 그 기이하고도 이상한 기분은 조금도 옅어질 기미가 없다. 드디어 이 나라 사람들이 손발을 움직이는 방법까지도 새롭다는 것을 깨닫는다. 이들의 동작은 서양인과는 반대다. 먼저 도구가 괴상한 모양이며, 나아가 그것을 기묘한 방법으로 사용하는 것이다.

대장장이는 대장간 바닥에 웅크리고 앉아서, 서양의 대장장이 같으면 오랫동안의 수련을 쌓아야 겨우 할 수 있을 것 같은 노련한 방법으로 망치를 다룬다. 목수는 이상한 모양의 대패와 톱을 몸 바깥쪽으로 밀어내는 것이 아니라 안쪽으로 끌어당긴다. 언제나 왼쪽이 바르고 오른쪽은 틀리다. 이 나라에서는 자물쇠를 걸고 열 때도 서양과는 반대 방향으로 열쇠를 돌려야만 한다.

퍼시벌 로웰(Percival Lowell)이 일본인은 거꾸로 이야기하고, 반대 방향으로 읽고 쓴다고 말한 것은 신묘할 정도로 들어맞는다. 하지만 이는 "일본인의 반대 동작에서 극히 단편적인 예에 지나지 않는다".

반대로 기록하는 습관에는 분명히 진화론적인 이유가 있다. 일본 서법(書法)의 필수 조건을 생각하면 서예가가 무엇 때문에 붓을 자신의 몸 앞쪽으로 잡아당겨 눕혀 쓰지 않고 똑바로 세워 눌러서 쓰는지 이해할 수 있을 것이다. 이는 그렇다 치더라도 일본 여인은 왜 바늘구멍을 실 쪽으로 통과시키는 것이 아니라 실 끝을 바늘구멍 쪽으로 넣는 것일까.

많은 반대 동작 중에서 특히 눈에 띄는 것은 검술이다. 일본의 칼잡이는 양손으로 칼을 잡고 상대방을 향해 돌진하지만, 내리치는 순간 칼을 자신의 몸쪽으로 끌어당기지 않고 상대편 쪽으로 밀어넣는다. 이것이야말로 다른 아시아인처럼 쐐기의 원리에 의존하지 않고 톱의 원리를 사용하는 것이다. 서양인이 사물을 내리치는 경우 몸쪽으로 끌어당기는 동작을 하는 데 비해, 일본인은 몸 바깥쪽으로 밀어낸다. 이러한 것을 비롯해 또 다른 형태의 동작들은 매우 기묘하기 때문에 일본인은 다른 혹성의 주민으로서 신체 구성도 서양인과는 인연이 먼 인종이 아닐까 하는 생각 — 해부학상으로 차이가 있는 게 아닐까 싶은 — 을 자아낼 정도다.

하지만 그러한 차이는 아무래도 있을 것 같지 않다. 이러한 모든 반대 동작은 아리안 인종의 경험과는 전혀 관계없는 것이라기보다는 진화 과정상 좀 더 뒤늦은 경험에서 비롯된 것이 아닐까 생각한다. 그러나 뒤늦다고 해서 그 경험이 결코 저차원이라는 것은 아니다. 그것은 단순히 사람을 '앗' 하고 깜짝 놀라게 하는 것만은 아니다. 그것은 즐거운 것이기도 하다.

매우 섬세하게 신경을 써서 만든 세공품의 완성도, 작품의 화끈한 매력과 뛰어난 품질, 최소의 재료로 최고의 효과를 올린 훌륭한 솜씨, 지극히 단순한 방법으로 기계가 지향하고자 하는 목적을 달성한 것, 마무리는 고르지 않지만 심미적 가치를 잘 발현시킨 것, 그 어느 것을 보아도 나무랄 것 없이 멋진 형태와 좋은 취미, 색의 농담 및 채도에 나타나는 조화로운 감각 등이, 단지 기술이나 취미에서뿐만 아니라 경제와 공리에서도 나타나는 것을 볼 때 서양인들이 이 극동의 문명에서 많은 것을 배우지 않으면 안 된다는 확신이 선다. 저 경탄할 만한 도기류, 감탄을 자아내는 자수, 서양인에게는 친숙하지 못한 방법으로 상상력을 키워주는 옻칠 및 상아·청동 세공 등이 호소하는 것은 야만인적 발상이 아니다. 아니, 결코 그렇지 않다. 이 미술공예품들은 그 자체적 한계 내에서 지극히 정교한 것이므로 예술가만이 겨우 분별할 수 있다. 3,000년 전의 그리스 문명을 미완성된 문명이라고 얕볼 수 있는 사람이 있다면, 그런 사람만이 일본 문명을 미완성된 문명이라고 부를 수 있을 것이다.

이런 세계의 밑바탕에 숨어 있는 심리적 신기함은 외관상으로 나타나는 신기함보다도 훨씬 더 놀랄 만한 것이다. 서양인 성인 중에 일본어를 능숙하게 구사할 수 있는 자가 별로 없다는 것으로도 이 신기함의 격차가 얼마나 큰 것인지 새삼스러워질 것이다.

동서양 구별 없이 인간 본래의 감정의 기반은 그다지 차이가 나지 않는다. 일본인 아이와 서양인 아이의 차이는 주로 잠재적(潛在的)인 것이다. 그러나 성장해감에 따라 이 차이는 거침없이 폭이 넓어지고, 마침내 어른이 되면 말로 다할 수 없을 정도가 되어버린다. 일본인의 정신 구조 전체는 서양인의 심리상 발달과 공통점이라고는 전혀 찾아볼 수 없는 형태로까지 발달해버린다. 즉, 사상적 표현이 조절되고 정서적 표현은 당황할 정도까지 봉쇄된다. 그리하여 이 나라 사람들의 사상과 정서는 서양 것과 다르다. 일본인의 윤리 생활은 서양인이 여태껏 탐구한 적이 없는, 아니면 아주 옛날에 잊어버린 사상과 정서를 보여준다.

일본인의 일상용어 중에 무엇인가 하나를 서양의 언어로 번역해보면 난센스가 되어버린다. 가장 단순한 영어 단어를 일본어로 번역해보는 것도 좋다. 영어를 배운 적이 없는 일본인은 영문을 알 수 없을 것이다. 만약 일본어 사전에 있는 단어를 하나도 남기지 않고 외웠다고 해도 일본인처럼 생각하는 것 — 앞에서부터 뒤로, 위에서부터 아래로, 안에서부터 밖으로의 패턴인, 서양인의 습관과는 완전히 다른 사고방식 — 을 배우지 않았다면 일본인의 언어를 이해하는 데 아무런 도움이 되지 않는다. 영어를 할 줄 아는 것이 화성인의 언어를 이해하는 데 쓸모가 없는 것처럼, 일본어를 배우는 데도 아무런 도움이 되지 않는다. 일본인처럼 일본어를 구사할 수 있으려면 다시 태어나 그 마음을 근본적으로 고치지 않으면 안 될 것이다. 양친이 서양인이라도 일본에서 태어나 어려서부터 일본어에 익숙한 자라면 자연스럽게 몸에 익힌 지식을 유지해 스스로의 정신적 연관성을 일본 환경에 맞추어 조절할 수 있을 것이다. 일본에서 태어난 영국인이 일본어에 능숙하며, 라쿠고카(落語家, 만담가)로서 상당한 수입을 올리고 있는 것이 그 증거다. 그러나 이는 완전히 이례적인 경우다.

문학적 언어에 통달하려면 수천 개의 한자를 외우는 것 이상으로 그와 관련된 지식이 있어야 한다. 서양인이 일본 고전을 한 번 보고서 그 의미를 알고 음미하며 읽어내기란 불가능하다. 사실 일본의 학자라도 그렇게 할 수 있는 사람은 매우 적다. 그리고 많은 서양인이 일본 문학 분야에서 보여준 다양한 업적은 당연히 존경받아야 하지만, 그것들 모두 일본인의 도움 없이 완성된 것은 하나도 없다.

이런 것은 제쳐두고라도, 일본의 외관상 신비로움 속에는 아름다움이 충만해 있음을 깨닫게 된다. 하지만 이와 마찬가지로 내면적 신비로움 속에도 그 자체의 아름다움이 있는 것 같다. 그것은 서민의 일상생활 측면에 반영된 도덕적 아름다움이다. 서민 생활의 매력 넘치는 부분은 여러 세대에 걸쳐 축적된 심리학적 특이 사항으로서, 평범한 과객의 눈에는 보이지 않지만 퍼시벌 로웰처럼 학구적인 사람은 이런 특성을 바로 깨닫는다.

천성이 여기까지 미치지 못하는 외국인이라면, 천성이 동감동정(同感同情)적이라 하더라도 이를 기분 좋게는 생각하면서 어떻게 다뤄야 할지 모르는 이라면, 결국 자신을 매료시킨 이 나라의 상태를 자신이 살던 곳에서 누렸던 행복했던 경험에 비추어 설명하고자 할 것이다. 이런 외국인이 좋은 기회를 만나 반년이나 일 년 동안 일본의 어느 고풍스러운 마을에 살게 됐다고 가정해보자. 그는 틀림없이 머무르게 된 첫날부터 그 주변에 생활하고 있는 사람들의 친절하고 즐거운 모습에 깊은 인상을 받을 것이다. 그들은 서로 다른 곳 같으면 절대적 신뢰관계에서만 찾아볼 수 있는 일상적 호감, 상대를 서먹서먹하게 하지 않는 자연스러움을 나눌 것이다. 누구나 다 행복한 얼굴을 하고 즐거운 말투로 인사를 나눈다. 얼굴에는 항상 미소를 띠고 있다. 특별히 주입해서 가르친 것도 아닌데, 마음에서 우러나오는 자연스러운 표현이라 여겨질 만큼 꾸밈없고 나무랄 데 없는 응대에 의해 일상생활 속의 흔해 빠진, 당연한 일들이 완전히 바뀌고 만다. 언제, 어떤 경우에도 겉으로 드러나는 쾌활함만은 결코 없어지지 않는다. 즉, 어떤 재난 ─ 폭풍우나 화재, 홍수나 지진 ─ 이 있어도 환한 얼굴로 웃으며 인사하고 예절 바른 대화를 나누고 서로를 기쁘게 한다. 종교도 이 태양 같은 밝음 속에서는 어두운 그림자를 드리울 수 없다. 신이나 부처님 앞에서 기도 드리는 사람들은 온화하다. 사원 경내는 아이들의 놀이터가 되고 씨족신을 모시는 본전 건물 경내 ─ 엄숙한 장소 ─ 에는 춤추는 무대가 만들어지기도 한다. 가정생활에서는 항상 안온함을 지향하는 것 같다. 두드러지게 싸우는 일도 없고 분노해 고함도 지르지 않으며 우는 일도 없고 질타하는 말도 들리지 않는다. 마을 주민들은 가축을 학대하지 않고 자신의 소나 말 곁에 참을성 있게 붙어서 터벅터벅 걸으며, 말 못하는 짐승을 부릴 때 채찍이나 막대기 등은 사용하지 않는다. 짐마차를 부리는 사람, 즉 고삐를 잡은 마부는 매우 화났을 때라도 무모한 개나 어리석은 병아리 등을 깔아뭉개지 않도록 피해서 지나간다. 매우 오랜 세월 동안 이런 환경에서 살아 생활의 즐거움을 해칠 것 같은 일을 만들지 않는 것이다.

물론 내가 언급한 세태는 현재 완전히 변했다. 그러나 벽촌에 가면 여전히 볼 수 있다. 나는 몇백 년 동안 도난 사건이 한 번도 일어나지 않은 지방에 산 적이 있다. 메이지 시대에 그곳에 새로 형무소를 만들었으나 언제나 텅 비어 있어 사용할 일이 없었다고 한다. 그곳 주민들은 낮이건 밤이건 문단속을 하지 않았다.

　이런 일은 어떤 지역의 일본인에게도 새로운 이야기가 아니다. 이 지방에서 모두에게 친절히 대접받은 외국인은 그러한 친절이 관청이 통지한 결과라고 생각할 수도 있을 것이다. 그건 그렇다고 하더라도 사람들의 상호 간 선의는 어떻게 설명하면 좋을까. 난폭한 이도 부정직한 이도 법을 어기는 이도 없다. 나아가 이런 사회 상태가 몇백 년 동안이나 한결같이 꾸준히 이어져 왔다는 것을 안다면 도덕적으로 매우 뛰어난 사람들의 세상 속으로 들어갔다고 생각하게 될 것이다. 이러한 차분한 품위와 순진무구한 정직함, 진심에서 비롯된 언동이 일본인의 마음속 깊은 곳에서부터 우러나오는 선량함에 기인한 행동이라고 해석할 것이다. 사람들에게 기쁨을 주는 이 소박함은 결코 야만적인 것에서 나오는 것이 아니다. 이곳에서는 누구든지 교육을 받고 있다. 모두 글쓰기와 말하기를 습득하고 있다. 하이쿠(俳句, 일본 고유의 단형시)를 짓는 법을 알고 있으며 우수한 예의범절도 몸에 익히고 있다. 가는 곳마다 청결하고 어디에서든 훌륭한 취미를 찾아볼 수 있다. 가옥 내부는 밝고 청정하며 매일 목욕하는 것이 일반화되어 있다. 모든 인간관계에서의 행위가 애타주의로 의무적으로 지시되어 있고 모든 것이 미술적으로 아름답게 조정되어 있는 이 문명국에 매혹당하는 것을 어떻게 거부할 수 있을까? 이런 상태 안으로 들어가서 어떻게 기뻐하지 않을 수 있을까? 이런 사람들이 '이교도'라고 놀림받는 것을 듣고 어떻게 분개하지 않을 수 있을까? 이쪽에서 억지로 노력하지 않아도 이 선량한 사람들은 그들의 마음속에 담긴 애타주의로 우리를 행복하게 해준다. 이런 환경에서 받는 유일한 느낌은 평화로운 행복이다. 그것은 밑도 끝도 없이 꿈속에 있는 느낌이다. 여기서는 사람들이 외국인이 대접받고 싶다고 생각하는 대로 해준다. 이곳 사람들은 누구라도 안개같이 고요한 빛을 받으며 완전히 정적에 잠긴 세계를 소리도 없이 움직이고 있는 것이다. 그렇다. 이 신선 같은 사람들은 언제까지라도 누구에게나 부드러운 수면 속의 즐거움을 부여해준다. 이들과 오랫동안 함께 생활하노라면 자기만족 속에서 꿈결 같은 행복에 젖을 것이다. 이 꿈은 도저히 잊을 수 없다! 그러나 결국 이 꿈도 밝고 환한 아침 풍경 속에서 안개같이 피어났다가는 사라져간다. 이 꿈이야말로 진실, 행복감으로 가득하다. 이 꿈이 이미 온몸을 둘러싼 선경 속 ― 이 세상에는 존재하지도 않으며, 또 결코 자기 것이 될 수 없는 세계 ― 에 파고들기 때문이다. 자신들이 살고 있는 현재의 세기로부터 이미 지나가버린 과거의 광활한 허공을 초월해 망각의 시대, 이미 소멸한 시대[이집트나 니네베(Nineveh) 같은 요원한 고대로 이송되어버리고 말았다. 즉, 그것이 일본 물건들의 신기함과 아름다움을, 이곳 사람들과 그들의 행위가 불러일으키는 요정 같은 매력을 이해하는 열쇠인 것이다. 행운을 만난 행복한 자여! 세월의 흐름이 당신을 향해 소용돌이쳐왔다. 그러나 그런 모든 것들 속에 마법이 숨겨져 있다는 것을 잊어서는 안 된다. 그것들은 이미 죽은 자의 마법에 걸려 있다. 이런 빛과 색채와 음성은 결국 광막함과 적막함 속으로 융해되어 사라져버릴 운명이다.

누군가는 적어도, 아주 잠깐 한 계절이라도 좋으니 지금은 사라져 버린 그리스 문화의 아름다웠던 세계에 살 수 있기를 바란 적이 있을 것이다. 그는 그리스 예술과 그 사상적 매력에 감동한 나머지 고대 문화의 실정을 생각할 능력도 없으면서 이러한 애절한 소망을 갖게 된다. 그러나 그 소원이 실현된다고 할지라도 실정을 쫓아갈 수 없음은 분명하다. 왜냐하면 고대 환경에 익숙해지는 것이 어렵기 때문이 아니라, 약 3,000년 전의 사람들이 느꼈던 것처럼 느끼기가 힘들기 때문이다. 르네상스 이래 그리스에 대한 연구가 상당히 많이 이뤄져 왔음에도 그리스인의 생활 실상은 여전히 잘 이해되지 못하는 부분이 많다. 근대인은 오이디푸스(Oedipus)의 대비극에 공감하는 그리스인의 정감과 정서에 실제로 공감할 수 없다. 하지만 그리스 문명에 관해서는 18세기 때보다도 훨씬 더 많이 알게 됐다. 프랑스 혁명 때 프랑스에서는 그리스 공화제를 부활시켜 스파르타(Sparta) 식으로 아동을 교육할 수 있다고 생각했다. 근대 문명으로 진보를 이룩한 사람들은 로마제국 이전 고대 세계의 모든 도시에서 찾아볼 수 있는 사회주의적 전제주의하에서는 도저히 행복이 존재할 수 없다는 것을 알고 있다. 고대 그리스 생활이 부활한다 해도 우리는 더 이상 그 속에 융합될 수 없다. 그것은 우리의 심성을 다른 것으로 바꾸어버릴 수 없는 것과 같다. 그러나 그리스 생활을 맛보는 기쁨 — 코린토스(Corinth) 제례에 참가하는 기쁨이나 모든 헬레나 경기에 참관하는 즐거움 — 을 위해서라면 어떤 노력도 아끼지 않을 것이다. 한걸음 더 나아가, 소멸된 그리스 문명의 재현을 보는 것 — 피타고라스(Pythagoras)의 크로토나(Crotona)를 걸어보는 것 — 이나 테오크리토스(Theocritus)의 시라큐스(Syracuse)를 배회하는 것은 지금 우리에게 부여된 일본인의 생활 연구에 대한 특권과 거의 다르지 않다. 진화론적 관점에서는 그리스 쪽이 오히려 가치 면에서 부족하다고 말할 수 있을 것이다. 일본은 우리에게 친숙한 예술이나 문학 분야에서 그리스 시대보다도 훨씬 오래됐고, 심리적으로도 매우 멀리 떨어진 사회의 산 표본을 제공해준다.

서구 문명보다 발달이 늦고, 또 지적 수준이 떨어지는 문명이라는 사실만으로 반드시 일본의 전반적인 문명이 열등하다고 말할 수 없음은 물론이다. 그리스 문명의 최전성기도 현대 사회학상으로는 진화의 초기를 나타낸다. 그렇다고 하더라도 발전된 여러 예술은 참으로 숭고해 쉽게 접근하기 어려운 이상적인 아름다움을 보여준다. 그와 마찬가지로 고대 일본의 문명도 실제로 우리가 경이와 감탄을 표시할 만큼 심미적이고 도덕적인 교양 수준에 달해 있다. 천박한 — 매우 도량이 좁은 — 사람들만이 일본 문화의 최상적인 것을 별 볼 일 없다고 단정할 뿐이다. 일본 문화는 단순 소박한 고유성 위에 다양한 외래문화가 연이어 쌓여 매우 복잡한 형태를 갖춘, 서양에서는 찾아볼 수 없는 특수한 문명을 이루고 있다. 이런 이국적인 문화의 가장 대표격이 중국 문화이며, 이는 이 책의 주요 주제와 간접적으로만 관계가 있을 뿐이다. 일본 문명의 특수성에서 놀랄 만한 것은 이처럼 많은 외래적 추가 합성에도 민족과 그 사회의 본래 성질이 여전히 선명하게 보존되어왔다는 것이다. 일본이라는 나라의 신기함은 이 나라가 걸친 수많은 외래적인 옷 — 고대 일본의 공주는 열두 가지 천으로 만든 예복을 입었다. 이 예복은 목선이나 소매, 옷자락을 수놓은 갖가지 색의 천이 몹시 아름답다 — 속에서는 찾으려 해도 찾을 수가 없다. 정말로 경이로운 대상은 그것을 입고 있는 사람들이다. 흥미로움을 불러일으키는 것은 의상의 모양이나 색조의 아름다움보다는, 오히려 그것을 고안하고 선택한 심적 동향의 주체다. 옛 일본 문명의 뛰어난 정취는 이 종족의 특성이 메이지 시대 모든 변혁의 와중에도 의연하게 변화하지 않고 잔존한 데 있다.

일본 종족의 특질은 분명하게 인지할 수 있기보다는 유추된다고 말할 수 있는 것이기 때문에 '명시되어 있다'는 말보다는 '암시되어 있다'와 같은 표현을 사용하는 편이 타당할 것이다. 이 특질을 이해하려면 일본 종족의 기원에 대한 명확한 지식이 필요하다. 그러나 이 지식은 아직도 여전히 입수되지 않았다. 인류학자들의 설에 의하면 일본 종족은 혼혈이며, 그 주요 혈통은 몽고 인종이다. 그러나 그 특성은 크게 상이한 두 가지 형태로 대표된다. 즉,

하나는 마른 형으로서 여성 같은 용모이며, 다른 하나는 땅딸막하고 늠름하며 딱 바라진 형태다. 중국과 조선의 요소도 일부 일본 지방 주민에게서 찾아볼 수 있다. 또 아이누의 피가 많이 흘러들어온 것 같기도 하다. 말레이시아인이나 폴리네시아인의 요소가 있는지는 분명하지 않다. 따라서 현 상태에서는 다음과 같이 단정해도 무난할 것 같다. 즉, 이 종족은 모든 우수한 종족의 혼혈로서, 원래 이 종족의 생성에 협력했던 몇몇 종족이 잘 융합해 장기간에 걸친 사회적 훈련을 받으면서 상당히 통일적 특성을 육성했다는 것이다. 이 특성은 그 외관의 어떤 부분에서 바로 인식할 수 있지만 매우 설명하기 어려운 수수께끼를 제공한다.

그럼에도 그것을 좀 더 알기 쉽게 이해하는 것이 눈앞의 중요한 과제다. 일본이 세계의 경쟁무대에 등장했기 때문이다. 이 무대에서 어떤 한 국민의 가치는 무력과 마찬가지로 국민성에 달려 있다. 그래서 이 특성이 형성된 사정을 명확히 알 수 있다면, 즉 일본 민족의 도덕적 경험의 개략적 사실을 제대로 알 수 있다면 일본인의 특성에 대해서 어느 정도 유추할 수 있을 것이다. 그리고 일본 민족 신앙의 역사로부터, 또 종교로부터 탄생해 발전되어온 사회제도 속에 이런 사실이 '명시'되거나 '암시'되고 있음을 인정하게 된다.

3

고대의 제사

일본의 진정한 종교는 지금도 여전히 전 국민으로부터 다양한 형태로 표명되는, 모든 문화를 유도해온 종교의 토대이자, 또 모든 문화적 사회의 토대가 되어온 제사, 즉 조상숭배의 축제다. 수천 년이라는 세월이 흐르는 동안 이 최초의 원시적 제사는 여러 가지 형태로 변화했다. 그러나 일본의 어느 곳에서건 그 토대가 됐음은 똑같다. 불교식 조상숭배를 별도로 한다면 순수하게 일본에 기원을 둔 것은 세 가지 의식으로 구분되며, 후대에 이르러 중국의 영향을 받아 그 의식이 약간 변형됐다. 일본의 세 가지 제사 형식은 '신도 (神道)'로 총칭되고 있지만 이것은 그리 오래된 말이 아니다. 처음에는 '도'를 '불도'라고 부르는 외래 종교, 즉 '불타의 도'와 구별하기 위해 채용한 것이었다. 조상을 숭배하는 신도의 세 가지 형식은 집안 제사, 지역사회 제사, 국가 제사다. 바꾸어 말하면 가족의 조상숭배, 씨족 혹은 부족의 조상숭배, 그리고 황실의 조상숭배다. 최초의 것은 가족의 종교이고, 두 번째 것은 지방 수호신, 즉 씨족신[氏神] 종교이며, 세 번째 것은 국가적 종교다.

앞서 언급한 조상숭배의 세 가지 형식 중에 집안 제사는 진화 순서로 본다면 제일 먼저 일어났고 나머지 두 가지는 그 이후에 발달한 것이다. 그러나 가장 먼저 발생했다고 한 집안 제사는 오늘날 현존하는 가문의 종교(home-religion)를 지칭하는 것도 아니며, 또 '가족(family)'이 '일가(household)'에 대응하는 말도 아니다. 고대 일본의 가족은 '일가'라는 말로는 다 표현할 수 없을 만큼 매우 큰 규모로 100개 내지 1,000개의 집안을 포함했다. 즉, 그것은 그리스의 씨족(게노스) 또는 로마의 씨족(젠즈)과 유사한 것으로서 광의적 개념의 족장적 가족이었다. 유사 이전 일본에서는 가족의 선조를 제사 지내는 집안 제사가 존재하지 않았던 것 같다. 아마도 장례식[葬送]에서만 거행된 듯하다. 그러나 후대의 집안 제사는 이 원시적인 가족 의식으로부터 발전해 이 나라 종교의 가장 옛날 형식을 간접적으로 나타내게 됐다. 그러므로 일본의 사회적 진화에 대해 연구하려면 집안 제사를 가장 먼저 고찰해야 할 것이다.

조상숭배의 진화는 어느 나라에서도 대체로 동일한 것 같다. 일본 제사의 역사도 허버트 스펜서(Herbert Spencer)가 제창한 종교 발달의 법칙 유지의 뚜렷한 증거를 제시해준다. 그러나 이 발달의 통칙을 알기 위해서는 종교적 신앙의 기원에까지 거슬러 올라가야 할 것 같다. 사회학적 견지에서 일본의 현재 조상 제사를 '원시적'이라고 말하는 것은 부적합하다. 이는 마치 페리클레스(Pericles) 시대에 아테네인의 가문 제사를 원시적인 것이라고 한 생각이 틀렸던 것과 동일하다. 영속되어온 조상숭배는 어느 나라에서든 모두 원시적인 것은 아니다. 정착된 가정 제사는 모두 불규칙적이고 비가정적인 가족 제사로부터 발달해왔으며, 그것보다도 훨씬 오래된 장례 의식에서 탄생한 것이다.

초기 유럽 문명에 대해 말한다면, 조상숭배에 대한 서양의 지식은 제사의 원시적인 형식을 규명하는 데까지 접근했다고는 말하기 어렵다. 그리스인이나 로마인의 경우, 이 주제에 대한 서양의 지식은 가정적 종교가 성립해 상당한 시간이 흐른 이후 시작되고 있으며, 이 종교적 특질에 대해서 기록이 남아 있다. 그러나 가족의 예배에서 당연히 선행했을 그 이전 제사에 대해서는 특별한 증거가 남아 있지 않다. 따라서 아직 문명 상태에 도달하지 못한 민족에게 나타나는 조상숭배의 자연 발달사적 연구에 의해서만 겨우 그 성격을 추론할 수 있을 뿐이다. 진정한 가정 제사라고 부를 수 있을 정도의 문명도, 또 충분히 발전된 조상 제사도 동시에 도입됐던 것은 아닌 것 같다. 이 제사의 존재는 명확하다. 그러나 그 의식은 묘지에서만 자유로운 형태로 이뤄져온 것 같다. 대부분의 집안 제사는 위패가 중국으로부터 도입됐다고 여겨지는 8세기 무렵까지 성립되지 못했을 것이다. 후일 판명됐지만 가장 오래된 시대의 조상숭배는 이 원시적 장례 의식과 죽은 자의 영혼을 달래는 의식에서부터 전개된 것이다.

일본에 현존하는 가정 종교는 비교적 근세적 발전에 의한 것이다. 적어도 그 옛스러움은 이 나라의 진실된 문명과 마찬가지로 오래된 것으로서, 의심할 바 없는 원시적인 신앙과 사상뿐만 아니라 동시에 이 양자에서 탄생한 사상과 신앙을 모두 포함하고 있다. 그렇다면 이 제사 자체를 다루기에 앞서 이 오래된 신앙에 대해 고찰해보는 것이 필요할 것이다.

가장 오래된 시대의 조상숭배 ─ 허버트 스펜서가 말하는 '모든 종교의 근원' ─ 는 아마도 사자(死者)의 영혼에 대해서 최초로 분명히 했던 신앙 시대라고 말할 수 있을 것이다. 인간이 그 내부에 그림자 같은 또 다른 나를 지닌 이중적 존재라고 생각하는 순간, 틀림없이 위령 제사가 일어날 것이다. 그러나 이 최초 시기의 위령 제사는 인간이 처음으로 추상적 관념을 만들어낸 정신적 진화 시기보다 훨씬 이전에 존재했음이 틀림없다. 원시적 조상숭배자들은 지극히 숭고한 신성이 존재한다고 생각할 능력이 아직 없었을 것이다. 그리고 그들이 행한 예배의 최초 형식에 대해 잔존하는 여러 가지 증거에 의하면, 사자의 영혼과 신들에 대한 생각 사이에 뚜렷한 구별이 없었던 것 같다. 그리하여 내세에서의 보답이나 죄벌이라 부르는 명확한 신앙, 즉 천국이라든가 지옥이라든가 하는 관념은 없었던 것 같다. 어두컴컴한 지하 세계, 암흑의 나라(지옥)라는 생각도 훨씬 훗날에 전개된 것이다. 처음에는, 사자는 무덤에만 살고 때때로 그들이 생전에 살았던 집을 방문하거나 또는 생존한 사람들의 꿈속에 나타나는 것이라고 여겨졌다. 그들의 진정한 세계는 매장된 곳, 즉 묘지(분묘)였다. 그 이후 무덤과 연결되어 지하 세계에 대한 관념이 점차 발전한 것이다. 나아가 그로부터 시간이 조금씩 흐르면서 이 상상 속의 지하 세계가 확대되어 사자가 축복받는 장소와 고통받는 장소로 구별되기 시작했다. 일본 신화가 '천계(天界)'와 '나락(奈落)' 관념을 만들어내지는 않았다. 즉, '천국' 또는 '지옥'이라는 사고를 만들어내지 않았음은 주목할 만한 사실이다. 오늘날에 이르기까지 신도 신앙은 초자연적 영적 세계(靈界)에 대해 호메로스(Homeros) 이전의 상상 단계를 보이고 있다.

인도 유럽어족 사이에서도 처음에는 신과 사자의 영혼에 구별이 없었으며, 또 큰 신이나 작은 신이라는 식으로 신들의 등급을 구분하지 않았다. 하지만 이런 구분은 서서히 전개됐다. 허버트 스펜서는 이렇게 말한다. "사자의 정령은 원시 부족들 사이에서는 거의 차별 없는 이상적인 집단 형태를 이루었지만, 마침내 점차 차별되어갔다. 사회가 진화함에 따라 지역적·일반적 전통 관습이 쌓여 복잡해지자 사람들의 마음속에서 모두 동일했던 인간의 영혼이 그 성질이나 중요도에 따라 차별과 다양한 분열을 일으키게 됐다. 결국 원래 공동 생활체의 자연스러운 모습이 거의 보이지 않게 된 것이다." 이러한 까닭에 고대 유럽에서도, 또 극동에서도 민족의 상급 신들은 사자 영혼의 제사에서 진화했다. 그러나 동서양에서 모두 창세기 시대에 사회를 만들었던 조상에 대한 숭배는 상급 신들이 출현하기 이전부터, 즉 사자는 계급 구별 없이 모두 신이 될 수 있다고 여겨진 시대에 이미 시작됐다.

아리안족의 원시적 조상숭배자들과 마찬가지로 고대의 일본인들도 사자가 현세 바깥의 광명과 지복의 낙원으로 올라가거나, 아니면 고통의 세계(苦界)로 하락하는 것이라고는 생각하지 않았다. 일본인들은 사자도 여전히 이 세상에 살든지, 아니면 적어도 이 세상과 끊임없이 교섭하고 있다고 생각했다. 분명히 일본 고대의 신성한 기록에는 지하 세계가 기록되어 있으며, 그 곳에는 신기한 번개 신들과 성질 고약한 괴물들이 부패퇴폐(腐敗頹廢) 속에 산다고 되어 있다. 그러나 사자의 영혼의 광막한 명부[冥界]는 산 자의 세상과 교섭하고 있으며, 그곳은 부패의 봉쇄[封包] 속에 있으면서도 현세 인간들의 봉사와 공물을 받을 수 있는 곳이다. 불교가 도래하기 이전에 천국이나 지옥이라는 관념은 존재하지 않았다. 사자의 영혼은 끊임없이 이 세상에 출현했으므로 위령할 필요가 있고, 또 어떠한 방법을 통해 산 사람들의 기쁨과 슬픔(괴로움)을 함께 나눌 수 있다고 여겨졌다. 영혼은 음식과 등불을 원했다. 이러한 것들을 바친 데 대한 답례로서 인간은 여러 가지 이익과 행복[利福]을 받을 수 있었다. 사자의 오체는 흙 속에 녹아버리고 말지만, 그들의 영험력은 여전히 지상 세계를 방랑하며 그곳의 사물들에 스며들어 바람이나 물속에서 움직였다. 죽음에 의해 그들은 신비력을 취득하고, '위에 서는 자', 즉 가미(신)가 된 것이다.

이는 고대 그리스와 로마에서 말하는 의미의 신들이다. 신이 된다는 데는 동서양 모두 도덕적 구별이 전혀 없으므로 이 점에 유의해야 할 것이다. 신도의 대주석자이자 조술자인 히라타 아쓰타네(平田篤胤)는 "죽으면 모두 신이 된다"고 기록하고 있다. 초기 그리스나 후기 로마의 사상계에서도 죽은 자는 신이 됐다. 퓌스텔 드 쿨랑주(Fustel De Coulanges)는 『고대 도시(La Cité Anti-que)』에서 다음과 같이 기술한다. "이런 류의 신이 된다는 것은 훌륭한 사람들만의 특권은 아니다. 즉, 아무런 차별도 없다는 것이다. 유덕한 사람이라는 것조차 필요하지 않다. 악인도 선인과 마찬가지로 신이 될 수 있다. 다만 내세에서도 전생과 마찬가지로 성질이 사악할 뿐이다." 이것은 신도의 경우에도 마찬가지였다. 즉, 선인은 착한 신이 되고 악인은 나쁜 신이 됐다. 아무튼 모든 사람은 신이 됐다. 모토오리 노리나가(本居宣長)는 "착한 신과 마찬가지로 나쁜 신도 있으므로", "각자 마음에 드는 음식 공물을 바치고, 거문고를 연주하고 피리를 불고 노래하고 춤추고, 또한 신을 기쁘게 하는 것들로 기분 좋게 해드릴 필요가 있다"고 기록하고 있다. 라틴인은 악의적 망령을 '악령'이라 하고, 선의적 혹은 무해적 망령을 '집의 수호신'이라 불렀다. 이는 아풀레이우스(Apuleius)가 말하는 '망령' 또는 '수호신'이다. 그러나 어느 쪽이든 모두 '망령의 신'이다. 키케로(Cicero)는 '망령의 신'에게 예의 바르게 예배를 드리라고 경고한다. "그들은 이 세상에는 이미 없는 사람들이다. 따라서 신적 존재라고 생각해라."

신도의 경우, 옛 그리스 신앙과 마찬가지로 망자에게는 초인적 힘이 있다. 즉, 초자연적 방법으로 행복이나 불행을 주는 능력을 얻게 된다는 것이다. 어제까지는 아무개라 불리던, 시장의 평범한 노동자로 특별히 중요한 인간이 아니었던 사람이 오늘 죽었다고 치자. 그 사람은 신의 능력을 얻는다. 그리하여 그의 자녀들은 그에게 업무상의 번영을 기원하게 된다. 예를 들면 그리스 비극 중에 죽음에 의해 갑자기 신격화되어 예배나 기원의 말로 부름받는 알케스티스(Alcestis) 같은 인물을 흔히 볼 수 있다. 그러나 이런 초자연적 능력이 있음에도 죽은 자는 자신이 행복하려면 산 사람에게 의지해야 한다. 꿈속에서만 볼 수 있지만 죽은 자들에게는 지상 현세에서의 부양과 봉사, 즉 식물과 음료, 자손들의 존경이 필요하다. 결국 망령은 살아 있는 권솔이나 친척에게 의지할 수밖에 없다. 망령은 일가친척의 헌신으로서만 안식을 얻을 수 있다. 망령에게는 안식처 — 적당한 묘지 — 가 필요하고, 또 각각의 안식처에는 여러 가지 공물이 있어야만 한다. 훌륭한 묘지가 있고 적합한 공물을 받으면 망령은 기분이 좋아져서 제사 지내는 자들의 행복이 지속될 수 있도록 도움을 베푼다. 그렇지만 장례 의식이나 음식, 불과 음료 등의 공물을 받지 못하면 망령은 배고픔과 목마름으로 고통을 겪게 되어 분노하며, 심보가 고약해져서 그 위령을 소홀히 한 사람들에게 불행을 주는 것이다. 이것이 고대 그리스인의 사자관으로, 고대 일본인의 생각도 완전히 이와 동일했다.

조상의 영혼에 대한 신앙 종교는 일찍이 서양의 — 북유럽과 남유럽 어느 경우에도 — 종교였지만 서양의 사상 형태도 근대 문화의 영향을 받아 격변했으므로 — 신앙에서 유래하는 여러 가지 습관, 예를 들면 묘지를 꽃으로 장식하는 것 등이 현재 가장 진보된 우리 사회에서도 행해지고 있다 — 왜 사람들이 죽은 자의 행복이 음식물에 달려 있다고 여기게 됐을까 생각하는 것도 좀처럼 쉽지 않다. 그러나 고대 유럽의 진정한 신앙도 아마 지금 일본에 존재하는 신앙과 크게 차이가 나지 않았을 것이다. 여기서는 사자가 음식물을 그대로 섭취하는 것이 아니라 눈에는 보이지 않는 음식물 속의 정기를 흡수하는 것이라고 생각했다. 조상숭배 초기에는 대량의 공물을 올렸다. 시간이 지나면서 정령

은 공령(空靈)으로서 정기(精氣) 같은 식물도 그다지 원하지 않는다는 생각
이 생성됨에 따라 공물이 점차 적어졌다. 그러나 공물이 아무리 적어지더라
도 반드시 공물을 올리는 것이 중요했다. 이러한 공령으로서 눈에 보이지 않
는 식사에 사자의 행복이 달려 있었던 것이다. 산 자의 행복은 사자의 행복에
달려 있었다. 이 행복은 상부상조의 도움 없이는 불가능했다. 즉, 눈에 보이
는 세계와 눈에 보이지 않는 세계는 무수한 상부상조의 끈으로 영원히 연결
되어 있었다. 그리고 그 결합관계 중 단 하나라도 끊어진다면 그야말로 처참
한 결과가 일어났다.

　모든 종교상의 희생 제물의 역사에 대해 거슬러 올라가면, 망령에게 공물
을 바친다는 이 고대 습관에 도달할 수 있다. 옛날 어느 시기 인도 아리아족
에게 신앙이란 완전히 이 영혼 신앙만 존재했을 뿐, 그 외에는 어떤 종교도
없었다. 실제로 진보 발달한 인간 사회는 모두 그 역사적 어느 시기에 조상숭
배의 계단을 통과해왔다. 그러나 현재, 하나의 정치(情致)한 문명과 이 조상
숭배가 공존하는 곳을 찾아보려 한다면, 바로 그곳은 극동 일본일 것이다.
그런데 일본의 조상 제사 ― 아리안이 아닌 사람들의 신앙을 대표하며, 또 그 발달
의 역사 속에서 여러 가지 흥미로운 특성을 보여준다 ― 에는 아직도 조상숭배 전
반에 걸친 공통적 특징이 많다. 그 속에는 특히 세 가지 신앙이 보이며, 이것
들은 모든 기후 풍토에 존속된 조상숭배 형식의 토대를 간직하고 있다.

　첫 번째, 사자는 이 세상에 남아 있다. 묘지나 원래 거주지 주변에 머물며,
눈에 보이지는 않지만 지금도 자손들과 함께하고 있다.

　두 번째, 죽은 자는 초자연적 능력이 있다는 의미에서 철저하게 신이 된
다. 그러나 살아 있을 때의 대표적 성격은 그대로다.

　세 번째, 죽은 자의 행복은 살아 있는 자가 바치는 신에 대한 경외와 봉사

여부에 달려 있다. 이런 극히 초기적 신앙에 대해서는 다음 장에서도 추가하겠지만, 이것은 후일에 발달했을 것이다. 그리고 어느 한 시기에 비상한 영향력을 미칠 것임이 틀림없다.

네 번째, 이 세상에 일어난 것은 좋은 것이든 나쁜 것이든 모두, 예를 들어 순조로운 날씨로 풍년이 들거나, 아니면 홍수나 기근이 닥쳐 흉년이 들거나 하는 것들은 모두 사자의 행실이다.

다섯 번째, 인간의 행위는 좋든 나쁘든, 모두 사자의 제약을 받는다.

제일 처음에 거론했던 세 가지 신앙은, 문명의 여명기 혹은 그 이전부터, 즉 죽은 자가 능력의 차별 없이 모두 신이었던 시대에서부터 현재에 이르기까지 잔존하고 있다. 그리고 후자 ─ 지역사회 종교와 국가종교 ─ 의 두 가지 신앙은 아무래도 진정한 신화 ─ 광대한 다신교 ─ 가 원시적 망령 숭배로부터 탈출해 발달한 시기의 것으로 생각된다. 이런 신앙에 대해 결코 소홀히 다룰 수 없다. 모든 것이 두렵고, 또 대단한 신앙으로 불교가 구축되어 옛 종교들을 몰아낼 때까지, 천재지변이 많은 이 나라에 사는 사람들의 마음에 부여된 압력은 무한한 악마적 중압과도 비슷했음이 틀림없다. 그러나 아주 오래된 옛날의 여러 신앙들이 그 형태가 원만해져 아직도 현존하는 제사의 근본적인 부분을 이루고 있다. 일본의 조상숭배는 과거 2,000년 동안 여러 가지 변천을 수용해왔지만 이러한 변천이 인간의 행위라는 점에서는 본질적 특질이 조금도 변용되지 않았다. 그리고 사회적 기구도 이러한 신앙 위에서 만들어졌으며, 이를 토대로 도덕의 기초도 생성됐다. 그래서 일본 역사는 바로 종교의 역사다. 이와 관련된 사실 중 정치를 나타내는 일본의 고어, 마쓰리고토(祭りごと)가 문자상으로 제례(祭禮)의 일이란 것 이상으로 중요한 사실은 없을 것이다. 단지 정치에만 한정되지 않고 일본 사회의 거의 모든 것이

직간접적으로 조상의 제사에서 유래되고 있는 것을 비롯해, 또 산 자보다도 사자 쪽이 민족의 지배자이자 운명의 작성자가 되어왔다는 사실은 다음 장에서 차츰 알게 될 것이다.

4

가정의 종교

종교적·사회적 진화의 일반 경로 중에는 조상숭배의 세 가지 단계가 인정된다. 그 모두가 일본 사회의 역사에 실례로서 나타난다. 최초의 단계는 안정된 문명이 확립되고 형성되기 이전에 존재했던 것으로, 그 무렵에는 아직 민족 지배자가 나타나지 않았으며, 사회 단위도 장로나 전쟁 지휘자를 주군으로 모신 대족장제 가족 시대였다. 이런 사정하에 가족 조상의 영혼만이 숭배됐다. 즉, 각 가족은 그 연고자 사자의 위령을 행하고 그 이외의 예배 형식은 인정하지 않았다. 후일 대족장 가족이 모여서 부족적 씨족이 만들어지자 씨족 지배자의 영혼에게 살아 있는 것을 제물로 바치는 풍습이 생겨났다. 이 제사가 가족 제사에 추가되어 조상숭배의 제2단계를 기념하게 된다. 마지막으로 뛰어난 한 두령(頭領)의 지배하에 씨족이나 부족이 모두 결합하면 그곳에서는 민족 지배자의 영혼에 봉사하는 풍습이 발전한다. 이 제3단계 제사 형식은 그 나라의 의무적 종교가 된다. 그래도 제3단계 제사가 선행의 두 제사를 어느 것도 대신하지 못해 삼자가 모두 공존하고 있다.

현재로는 일본 조상숭배의 이 3단계적 발전에 대한 흔적이 별로 남아 있지 않지만 여러 가지 기록을 통해 이 제사의 불변된 형식이 고대의 장례 의례로부터 어떤 식으로 전개되어왔는지 유추할 수 있었다. 고대 일본의 장례 풍습과 고대 유럽의 풍습 사이에는 큰 차이가 있다. 일본의 경우에는 사회적 상태가 훨씬 더 원시적이라는 차이를 보여준다. 그리스나 이탈리아에서 사자는 그의 가족 소유지 내에 매장하는 것이 풍습이었다. 그리스나 로마의 재산법은 이러한 풍습에서 발생한 관습법이었다. 『고대 도시』의 저자 퓌스텔 드 쿨랑주는 이 문제를 입증하고자 에우리피데스의 『헬렌(Helen)』의 비극에서 흥미로운 기도말을 인용한다. "고맙습니다, 부친의 묘터여! 프로테우스 님, 우리는 언제라도 당신을 만날 수 있도록 사람들이 왕래하는 곳에 당신을 묻었습니다. 그리하여 당신 자식인 이 테오클리메노스는 출입할 때마다 언제나 당신을 만날 수가 있습니다."

그러나 고대 일본에서는 사람이 죽으면 그 순간부터 그 집의 사람들이 퇴거했다. 일시적이든 영구적이든 어쨌든 간에 사람이 죽은 집을 버리는 습관은 상당히 오래 지속됐다. 남은 가족들은 집 가까이에 사자를 매장하는 것을 기쁘게 생각하지 않았다. 이 방면에 대한 어떤 일본의 권위자에 의하면, 아주 먼 옛날에는 사자의 유해를 매장하지 않고 어딘가 한적한 장소로 옮겨놓거나 들판의 새나 짐승에게 잡아먹히는 대로 내버려두었다고 한다. 그것은 정말일지도 모르겠다. 막 매장 풍습이 생겨났을 무렵에는 이미 행해져오던 초기 매장 의식에 대한 문서가 남아 있었다. 초기 매장 의식은 색다른 의식으로서 문명이 완성된 시대의 풍습과는 아무런 공통점이 없었다. 또 사자를 위해 가족의 주거지를 일시적이 아니라 영원히 버렸다는 사실을 믿어야만 할 이유도 존재한다. 당시 사람들의 거주지가 매우 작은 나무집이었다는 사실을 떠올린다면 그랬을 가능성은 많다. 어떻든 간에 사자의 유해는 일정한 초상 기간에 사람이 죽어 버려진 집 안, 또는 이런 목적을 위해 특별히 만들어진 오두막(가설 주택)에 안치됐다. 그리고 초상 기간에 사자 앞에는 음식 공물이 차려지고 그 집 바깥에서는 의식이 거행됐던 것이다. 이 중에 사자를 찬미하는 노래를 부르는 의식을 제문[誄言]이라 불렀다. 또 피리나 북의 음악도 있고 춤도 있었다. 그리고 밤에는 그 집 앞에서 불을 피웠다. 이 모든 것이 끝나면 시체[死骸]는 매장됐다. 아마도 그 버려진 집이 훗날 조상을 제사 지내는 당(堂), 즉 영혼을 모신 집[미야(宮)]의 원형이 됐을 것이다.

옛날에는 — 언제부터인지 알 수도 없지만 — 사람이 죽으면 '초상집', 즉 '조문할 집'을 세우는 풍습이 있었다. 또 매장하기 이전에 이 상가(喪家)에서 여러 가지 의식이 이뤄졌다. 매장 방법은 매우 간단했다. 당시에는 매장이라는 단어의 뜻 그대로 묘지도 묘석도 없었다. 다만 묘혈(墓穴) 위에 흙을 쌓아 올려 반월 모양[土饅頭]을 만들었다. 무덤 크기는 사자의 계급에 따라 달랐다.

죽은 자가 생기면 그 집을 버리는 풍습은 일본인의 조상이 유목민이었다는 설과 일치하지만 옛날 그리스인이나 로마인의 경우처럼 정착 생활을 하는 이들에게는 존재하기 어려운 풍습이었다. 그리고 그리스인이나 로마인의 매장 풍습을 통해서 그들의 영구 주거를 위한 소지역 점유를 예상할 수 있었다. 그러나 그러한 자들이라 하더라도 일반 풍습에 대한 예외 — 필요에 의한 예외겠지만 — 가 있었는지는 알 수 없다. 예를 들면 지금도 이 나라 각지에서, 특히 보리사(菩提寺, 조상 대대의 위패를 안치해 명복을 비는 절)가 멀리 있는 지방 등에서는 농가의 경우 자기 토지에 사자를 묻는 풍습이 있다.

매장 후 어느 일정 기간에 그 매장 장소 앞에서는 여러 가지 의식이 거행됐다. 위령 앞에 음식이나 마실 것을 바쳤다. 위패라는 것이 중국으로부터 도입되어 진정한 집안 제사가 정비된 이후에도 매장 장소에 공물을 바치는 풍습은 좀처럼 사라지지 않았다. 그것은 현재까지 ─ 신도와 불도 양쪽 의식에 ─ 살아남아 있다. 지금도 해마다 봄이 되면 칙사가 진무덴노(神武天皇) 왕릉으로 파견되어 2,500년 전 이 나라를 건국했던 자의 영전 앞에 변함없이 새, 물고기, 해조, 쌀, 술 등의 신찬(神饌)을 드린다. 그러나 중국의 영향을 받기 이전 시대에 유족들은 단지 초상집 앞이나 묘지에서만 예배를 드렸던 것 같다. 그리고 영혼은 신비한 지하 세계로 들어가며, 특히 그 무덤 안에 살고 있다고 생각했다. 죽은 자의 영혼에게는 음식물 이외에도 여러 가지가 필요하다고 여겨졌다. 그리하여 영혼이 사용할 수 있도록 무덤 속에 갖가지 물건 ─ 예를 들어 전사에게는 도검, 부인의 경우에는 거울 ─ 을 넣는 풍습이 있었다. 또 생전에 소중히 했던 물건들, 귀금속이나 보석 등도 구비해 넣었다.

조상숭배도 이 단계의 시대에는, 망령이 생존했을 당시 필요로 하던 것과 같은 공물들을 요구한다고 생각하던 무렵으로, 살아 있는 동물이나 인간을 희생 제물로 바친 것도 당연하다. 위대한 인물의 장례식에 살아 있는 제물은 보통이었다. 살아 있는 제물을 요구하게 된 신앙적 배경은 분명하지 않지만 이는 그리스 호메로스 시대의 산 희생과 비교한다면 훨씬 잔혹한 것 같다. 살아 있는 사람들, 즉 제물들은 묘지 주위를 빙 둘러싼 원형 형태로 매장되며, 목 부분까지 흙 속에 묻힌 채 방치된다.[1] 그래서 산 채로 묻혀 새 부리에 쪼이거나 야수의 발톱에 걸려 죽었다. 이 산 제물에 이용된 단어 ─ 인간 담장 ─는 어떤 경우에도 산 제물이 많이 존재했음을 알려준다. 이 풍습은 1900년

---

1 말이나 다른 동물 같은 산 제물은 어떻게 했는지 상세하게 기록되어 있지 않다. ─ 원주

전, 스이닌덴노(垂仁天皇, 스진덴노의 셋째 아들)에 의해 금지됐다. 『일본서기(日本書紀)』에 의하면 당시 그것은 고래의 풍습이었다. 덴노는 그의 동생 야마토 히코노 미고토(大和彦命)의 봉분(土饅頭)에 매장됐던 희생자들이 흐느끼는 소리에 심히 애잔함을 느껴 "무리하게 사자 뒤를 따르게 하는 것은 매우 잔인하다. 비록 고래의 풍습이라 하더라도 나쁘다면 어찌 그것을 준수할 것인가. 이후에는 충분히 대화를 하여 죽은 자에 대한 봉공(奉公)은 그만두게 하는 것이 좋을 것이다"라고 명령했다는 기록이 전해진다. 당시 노미노 스쿠네(野見宿禰, 오늘날 스모의 은인으로서 숭배되고 있다)라는 신하[廷臣]는 인간이나 말의 토우로 산 제물을 대신하자고 진언했다. 그리고 이 제안은 채용됐다. 인간 담장은 이렇게 하여 폐지됐다. 그러나 646년 이 문제에 대해, 고토쿠덴노(孝德天皇, 645~654, 7세기 무렵의 천황)가 다음과 같은 칙령을 내렸기 때문에 그 후 몇백 년 동안 강제적 혹은 자발적으로 사자에 대한 공물이 행하진 것은 확실하다.

사람이 죽었을 때 순장하는 것으로, 스스로 목을 매거나 혹은 타인의 목을 매게 하고 또는 죽은 자의 승마를 무리하게 죽이거나 혹은 죽은 자를 위해 귀중품을 무덤에 묻거나 혹은 머리카락을 자르거나 허벅지 등을 찔러서 사자에게 찬미의 말을 올리는 경우를 여태까지 많이 보았다. 이러한 모든 오래된 악습을 일절 중지하도록 한다(『일본서기』).

이 칙령은 당시 강제적인 산 제물이나 습속에 대해서는 생각한 대로의 효과를 올렸을 것이다. 그러나 자발적으로 이뤄지는 인간의 산 희생이 완전히 억제될 수는 없었다. 그리고 무가의 힘이 발흥하면서 마침내 순사, 즉 죽어서 주군에게 봉사하는 – 칼로 자결하는 – 또 다른 풍습이 탄생했다. 이 풍습은 호조 집권(北條執權)의 최후 인물인 호조 다카토키(北條高時, 1303~1333)가 자살하자 그와 함께하기 위해 많은 부하들이 배를 갈라 생명을 바친 1333년 무렵에 시작됐다고 전해진다. 정말 이 사건 때문에 이 풍습이 만들어졌는지 여부는 불분명하다. 그러나 16세기 무렵까지 순사는 분명 '무사'들 사이에 명예로운 풍습이었다. 충의로운 부하들은 주군이 죽은 후, 그 죽음의 길에 동행하기 위해 스스로 목숨을 끊는 것이 의무라고 명심하고 있었던 것이다. 그래서 천 년에 이르는 불교적 가르침도 산 제물이라는 야만적 생각을 근절시키지 못했다. 이 풍습은 에도 막부(江戸幕府) 시대까지 계속되어, 도쿠가와 이에야스(德川家康)는 이를 금지하는 법령을 제정했다. 이 법령은 엄중히 시행됐다. 순장자의 가족 모두에게 이 순사에 대한 책임을 물었다. 그래도 이 풍습은 메이지 시대(明治, 1968년 10월~1912년 7월)에도, 그 이후에도 근절되지 않았다. 오늘날 – 1905년 무렵 – 에도 아직 남아 있다. 순사는 사람의 마음을 뒤흔드는 애절함이다. 저세상으로 간 주인이나 남편, 그리고 양친의 영혼을 모시기를 바라는, 혹은 그에게 도움이 되고 싶다는 일심으로 행해지는 것이다. 그중 가장 신기한 예는 겨우 열네 살 된 어린아이가 자기 주인인 어린 아들의 영혼을 섬기고 싶다는 일념에서 자살한 것이다.

산 사람을 제물로 바치는 특이성, 장례 의식의 성격, 죽은 자가 생기면 그 집을 버리는 풍습 등은 모두 조상숭배가 당연히 원시적인 것이라는 점을 증명해준다. 이 원시적이라는 것은 신도가 부정한 것으로서, 특별히 죽음을 두려워했다는 데서도 암시되어 있다. 오늘날에도 회장(會葬)은 – 장례식이 신도 의식으로서 이뤄지지 않는 경우에도 – 종교상 부정한 것으로 여겨진다. 이자나기노 미고토(伊那岐命)가 죽은 부인을 찾으러 하계로 내려갔다는 아주 오래된 전설은 썩어 문드러진[腐爛] 것을 지배하는 악귀의 마력에 대한 공포적 신앙을 섬멸시킨다. 썩어 문드러지는 것으로서 죽음에 대한 공포와 망령의 신격화 숭배 사이에는 어떤 일치와 조화가 존재한다. 즉, 신격화 숭배는 어디까지나 위령으로서 이해되어야만 할 것이다. 일본의 가장 오래된 신도는 영원한 공포의 종교였다. 죽은 자가 생기면 폐기된 것은 일반 서민의 집만은 아니었다. 덴노들조차도 수백 년 동안은 선황(先皇)의 붕어 후에 그 수도를 버리는 것이 습관이었다. 점차 이 초기의 장례 의식으로부터 상급 제사가 발달했다. 슬픔의 집, 즉 상가는 신도의 신전으로 변형됐지만 아직도 원시적인 오두막 형태를 지니고 있다. 연이어 중국의 영향을 받아 조상 제사는 집 안에서 거행하게 됐고, 그로부터 후일 불교가 집 안에서 지내는 제사를 존속시켰다. 마침내 한 가문의 종교는 점차 의무적 종교가 됨과 동시에 온정자애한 종교로 바뀌며, 그리고 죽은 자에 대한 사람들의 생각을 바꾸고 유연하게 했다. 8세기 무렵 이 나라의 조상숭배는 현재 존속하는 세 가지 주요 형식을 모두 전개하게 됐다. 그 이후 가족 제사는 드디어 고대 유럽 문명의 가정 종교와 여러 가지 많은 유사점을 띠게 됐다.

이번에는 현존하는 가정 제사의 여러 형식, 일본에서 보편적인 신앙 형식에 대해 살펴보기로 하자. 모든 가정에는 그 집의 제사에 바치는 신전이 있다. 만약 그 가족이 신도만을 믿는다면 미타마야(御靈屋, 신사의 작은 모형)가 안쪽 방 벽면 어딘가 ― 방바닥에서 약 2미터 정도 높이의 선반 위 ― 에 안치되어 있을 것이다. 이 선반은 '영묘의 선반', 즉 '영혼(미타마)을 제사 지내는 선반'이라고 부른다. 이 오미야(お宮)[2] 가미타나(神棚)에는 그 집의 죽은 자의 이

---

2 오미야: 영혼이 머무는 곳. 또는 신도의 신사를 일컫는 명칭으로 가장 일반적이다. ― 원주

름을 기록한 백목의 얇은 판자가 들어 있다. 이 판자는 '영혼 대신에 모시는 것(御靈代, 미타마시로)' 또는 '영혼의 표시인 나무'라는 의미다. 만약에 그 가족이 불교식으로 조상에게 예배를 드린다면 이 조문의 명찰은 불교식 가정용 제단, 불단에 안치된다. 이 불단은 통례적으로 집안의 한구석 벽면 상부에 만들어둔 선반에 설치된다. 불교식의 경우 이 조문 명찰 — 예외는 있겠지만 — 은 위패라고 부르며, 영혼을 기념하는 표찰이라는 뜻이다. 이것은 옻칠을 하고 금박을 입힌 연꽃 대좌 조각이다. 그리고 이 세상 이름이 아니라 사자의 종파에 따른 법명이 적혀 있다.

그런데 여기서 주의해야 할 점이 있다. 그것은 신도나 불교 모두 조문 명찰이 지금도 작은 묘표(墓標)를 암시하고 있다는 것이다. 이것은 진화상으로는 — 물론 그 진화가 일본의 것이라기보다는 오히려 중국 것이지만 — 아무튼 흥미로운 사실이다. 신도 묘지의 간소한 묘표는 그 형태가 간단한 나무 조각으로, 즉 영목(靈木)과 비슷하며, 고풍스러운 불교도 묘지의 기념비는 위패와 비슷한 형태지만 남녀의 성격과 연령을 나타내는 데서 조금씩 다르다. 그리고 그것은 묘표의 경우와도 동일하다.

한 가문의 영혼 예배소에 있는 조문의 명찰 숫자는 대개 5~6개를 넘지 않는다. 조부모, 부모, 그리고 최근에 돌아가셨기 때문에 대표가 되는 자들뿐이다. 아주 오래된 조상들의 이름은 두루마리에 기록해 '불단'이나 '사당'에 수납한다.

그 가문의 종교가 무엇이든 매일 선조의 명찰 앞에서 기도를 드리고 공물을 바친다. 어떤 공물, 어떤 기도인가는 그 집안의 종교에 따라 다르겠지만 제사의 본질적 의무는 어느 종교나 동일하다. 이러한 의무는 어떤 경우에도 소홀히 할 수 없다. 요즘에는 이 의무 실행이 대체로 가문의 연장자나 부인에게 일임되어 있다.[3] 기도에서는 각별히 긴 의식이나 강제적인 규율도 없고 결코 거드름 피우는 일도 없다. 즉, 음식 공물은 가족의 요리로부터 나누고, 중얼거리는 것 같은, 또는 속삭이는 것 같은 기원은 말수가 적은 간단한 것이다. 이 의식은 아무것도 아닌 사소한 것처럼 보이지만 그 실행을 가볍게 간과해서는 안 된다. 공물이 빠지는 것은 꿈에도 생각할 수 없으며 일가가 이 세상에 존재하는 한 반드시 실행해야 한다.

가정의 예배 의식에 대한 구체적인 내용을 서술하려면 매우 많은 페이지가 필요하다. 그것은 의식 자체가 복잡하기 때문이 아니라, 서양인의 입장에서 본다면 만사가 신기한 것 투성이고 가문의 종파에 따라서 의례가 달라지기 때문이다. 그러나 여기서는 그런 세세한 것까지 탐색할 필요는 없을 것이다. 중요한 것은 그 종교를, 또는 그 의무와 특징과 관련해 신앙을 고찰하는 것이다. 사후에도 사자를 변함없이 가족생활의 일부로 생각하고, 또한 사자 쪽에서도 자식이나 일가의 애정을 요구하고 있다고 생각하는 일본의 가정 예배만큼 성실한 종교는 어디에도 없으며, 이만큼 갸륵한 신앙은 어느 나라

---

3 그렇지만 공식적인 경우 연기(年忌) 등에서 친척들이 집에 모일 때는 그렇지 못하다. 그런 경우에는 집안의 가장이 식을 거행한다. 옛날 풍습 — 일찍이 일본의 각 가정에 보급되어 지금도 신도의 가정에서는 준수되고 있다 —, 즉 신에게 취사·요리 도구 또는 음식물 등을 바치는 풍습에 대해서 어네스트 사토우(Ernest Satow)는 "이러한 신들을 제사하는 의식은 처음에는 일가의 가장이 행했지만 차츰 시간이 흐르면서 가족의 여자들이 맡게 됐다"(『고대 일본의 제사(Ancient Japanese Rituals)』)고 말했다. 마찬가지로 조상에게 제사 지내는 여러 가지 의식에 대해서도 그 의무와 같은 위임이 명백히 편의상의 이유로서 옛날부터 일어나고 있었다고 추측된다. 이 의무가 한 가정의 장자, 조부에게 맡겨졌을 때 공물에 대해 배려하는 것은 통상적으로 조모였다. 그리스나 로마의 가정에서도 여러 의식을 행하는 것은 일가의 가장에게 의무로서 부과됐던 것 같다. 그러나 부인이 거기에 참가하는 것은 이미 알려진 사실이다. — 원주

에서도 찾아볼 수 없는 것임을 명기해두어야 할 것이다. 공포가 애정보다도 강했던 몽매의 시대, 사자의 망령을 기쁘게 해주고 싶다는 소원이 중심이 되어 망령의 노여움을 두려워하는 마음을 자극해 그로 인해 강해지지 않으면 안 됐던 시대에, 이 제사가 생성되어 결국 최후에는 애정의 종교로 발전해 지금도 여전히 그 상태를 유지하고 있다. 사자가 애정을 요구한다는 생각, 또는 사자를 돌보지 않는 것이 잔인하다는 생각, 사자의 행복이 현재 이 세상에 남아 있는 자들의 노력 여하에 달려 있다는 생각 등 이러한 것 모두가 사자의 분노를 두려워했던 원시적 공포를 거의 물리쳤다고 생각한 것이다. 일본인들은 사자를 죽었다고 생각하지 않았다. 사자는 여전히 그가 생전에 사랑했던 사람들 사이에 섞여 있다고 생각했다. 모습은 보이지 않지만 사자는 그 일가를 지키고 그 속에 사는 사람들이 행복하도록 돌보며 밤이 되면 등불의 빛 속에서 나풀나풀 춤을 춘다. 불빛이 흔들리는 것은 죽은 자가 움직이기 때문이라는 것이다. 대개 죽은 자는 위패 속에 살고 있다. 때로는 이 위패가 살아 있기도 한다. 즉, 그것을 오체구현(五體具現)의 인간적 실체로 변화시켜, 그 모습으로서 살아 있는 자를 돕거나 위무하기 위해 활동하던 생활로 되돌아온다. 사자는 제사 지내는 장소에서 가족에게 일어나는 모든 일을 조용히 지켜보고 듣는다. 그는 가족들과 함께 기뻐하고 슬퍼한다. 그는 집안 사람들의 목소리를 듣고 기뻐하며 집안 생활의 따뜻함을 느끼고 감동한다. 그는 애정을 바라지만 집안 사람들의 아침저녁 인사만으로도 상당히 좋아한다. 죽은 자는 먹을 것을 바라지만 그 음식으로부터 올라오는 정령한 기운만으로도 상당히 만족해한다. 다만 매일매일의 근행을 빠짐없이 받는 데 엄격하다. 그들은 생명과 부의 수여자이며 오늘이라는 현재를 만들어주는 데다 그 지도자이기도 하다. 즉, 그 민족의 과거를 대표하며 민족의 모든 희생을 대표한다. 현재 살아 있는 자가 소유한 일체는 모두 죽은 자로부터 받은 것이다. 그러나 그에 대한 보상으로서 사자가 바라는 것은 너무 적어 그저 놀라울 뿐이다. 경탄할 만하다! 죽은 자는 그 집안의 창시자로서 또 수호자로서, 간략히 다음과 같은 감사의 말을 바랄 뿐이다. "존경하는 영혼들이여, 황공하게 삼가 아뢰옵니다. 주야로 베풀어주신 가호에 대해 저희의 공경이 담긴 감사를 받아주시도록!" 사자를 잊어버리거나 소홀히 여기는 것, 난폭하게 다루는 것은 사악한 마음의 증거다. 부덕한 행위로 죽은 자를 욕보이거나 악행을 저질러 죽은 자의 이름을 더럽히는 것은 중죄다. 사자는 민족의 도덕적 경험을 대표한다. 그러므로 그러한 경험을 부정하는 것은 어떤 사람이든 사자를 부정하는 것으로, 그것은 축생과 똑같거나 그 이하로 타락하는 것이다. 사자는 불문율인 사회의 관습을, 만인에 대한 의무를 대표한다. 그리하여 사자를 부정하는 일은 죽은 자에게 죄를 짓는 것이다. 그리고 마지막으로 죽은 자는 눈에 보이지 않는 세계의 신비를 대표한다. 그러므로 신도 신앙에서는 아무튼 사람이 죽으면 적어도 신이 되는 것이다.

가미(かみ, 신)라는 일본어에는 옛 라틴어 디 마네스(dii-manes)의 경우처럼 신성이라는 근대적 생각을 연상시키는 관념이 포함되어 있지 않음을 염두에 두어야만 할 것이다. 이 신이라는 의미의 일본어는 '위에 서는 자'보다는 '좀 더 높은 자'라고 표현하는 쪽이 원어에 더 가까울지도 모른다. 옛날에는 이 말이 신이나 망령의 경우처럼 살아 있는 지배자에게도 사용됐다. 그러나 이 말은 인간의 육체로부터 이탈한 영(靈)이라는 관념보다도 훨씬 큰 것이다. 오래된 신도의 가르침에 의하면 죽은 자는 천지의 지배자가 되기 때문이다. 죽은 자들은 자연계 일체의 사건―바람, 비, 조류의 흐름, 발아나 성숙 또는 생성이나 조락―, 대체로 바람직한 것이나 두려워해야 할 일체의 원인인 것이

다. 죽은 자는 더 정교한 일종의 요소를 제어하며, 선조의 것인 정기를 형성하고 우주에 편재해 부단하게 움직이고 있다는 것이다. 어떤 목적을 목표로 결합했다면 그들의 힘에 저항할 방법도 없다. 그리고 국가적 위기에 처하면 죽은 자는 부름을 받아 한 덩어리가 되어 외적에 대항하기 위해 지원한다. 이런 까닭에 신앙자의 눈으로 본다면 각 가정의 망령의 배후에는 무수한 신들의 헤아릴 수 없는 영묘한 그림자 같은 능력이 펼쳐져 있다. 그리고 선조에 대한 근행의 관념은 천지를 지배하는 능력, 눈에 보이지 않는 무변광대한 능력에 대한 환상적 외경심에 의해 깊어진다. 원시적 신도의 생각에 의하면 대우주에는 망령이 충만하다. 후세의 신도의 생각에 따르면 망령의 존재 형태는 개개의 영의 경우에도 공간적·시간적 제약을 받지 않는다. 히라타 아쓰타네는 다음과 같이 기록하고 있다. "영혼이 사는 집은 사당이지만 예배를 받는 곳은 어디에나 똑같이 있다. 신은 그 때문에 언제 어디에나 있다."

불교 신도가 죽으면 신이라고 부르지 않고 부처라고 하며, 이는 아무래도 신앙이라기보다 성스러운 신앙심을 나타내는 것 같다. 불교 신앙에서 사자는 이 세상보다는 훨씬 고도의 상태로 가는 도상에 있을 뿐이다. 그리고 죽은 자는 신도의 신이 대접받듯이 기원을 받거나 예배를 받지 않는다. 기도는 통상적으로는 그들에게 향하는 것이 아니라 그들에게 바치는 명분[4]이다. 그렇지만 일본의 불교 신도는 대다수가 동시에 신도 신봉자이기도 하다. 그리하여 이 두 신앙은 외관상 모순되는 것 같지만 일반인들의 마음속에서 오랫동안 조화를 이뤄왔다. 그런 까닭에 불교 교의는 조상 제사에 대한 생각을 상상하는 것만큼 강력하게 바꾸지는 않았다.

---

4 어느 불교 의식은 이 가르침에서 예외다. ─ 원주

고정된 문화의 족장사회에서는 조상숭배에서 효도의 가르침이 발전했다. 조상 제사를 지내는 문화적 민족에게는 오늘날도 여전히 효도가 뛰어난 덕행으로 여겨진다. 그러나 이때 효도를 영어에서의 일반적 의미 — 양친에 대한 자식의 헌신 — 로 해석해서는 안 된다. 이 효도(pietas)라는 말은 고대 로마에서의 의무와 같은 고전적 의미로 이해해야 한다. 즉, 가족의 의무와 같은 종교적 의미로 해석해야 한다. 죽은 자에 대한 존숭 및 살아 있는 사람에 대한 의무감, 부모에게 바치는 자식의 애정, 자식에 대한 부모의 애정, 부부 상호 간의 의무, 마찬가지로 사위(양자)와 며느리(양녀)가 한 무리로서 가족 전체에 대해 수행하는 의무, 고용주에 대한 사용인의 의무, 그리고 부양가족에 대한 가장의 의무, 이런 모든 것이 효도라는 말 속에 포함되어 있다. 가족 그 자체가 이미 하나의 종교적 덩어리이며 선조로부터의 집안이 이미 하나의 사당이며 신사이기도 하다. 그런 까닭에 오늘날에도 일본에서는 그러한 가족, 그런 집안이 보인다. 일본에서 효도란 부모 또는 조부모에 대한 자녀의 의무만을 의미하는 것은 아니다. 그것은 선조에 대한 제사, 죽은 자에 대한 존숭의 근행, 과거에 바치는 현재의 감사, 그리고 가족 전체와 관련된 개개의 행위 등을 의미하다. 그래서 히라타는 일체의 덕행이 조상숭배로부터 나온다고 말한다. 그리고 어네스트 사토우가 번역했던 히라타의 다음과 같은 표현은 특별히 주목할 만하다. "스스로를 조상의 종복이라고 생각해 조상을 예배하는 것은 아랫사람의 의무다. 양자를 맞아들이는 풍습은 누구라도 공양 봉사자가 존재하기를 바라는 자연적 소망에서 일어난 것으로, 이 소망을 소홀하게 다루거나 끊어지게 해서는 안 될 것이다. 조상을 철저히 모시는 것은 모든 덕행의 주된 원천이다. 조상에 대한 의무를 다하는 자는 결코 신이나 그 살아 있는 양친에게 불경스러운 일을 행할 리가 없다. 이런 사람들은 또한 주군에게는 충성을 바치고 친우에게는 충의와 신의를 지키며 처자에게는 친절하고 온화하다. 그 이유는 이러한 헌신의 본질이 실로 효도이기 때문이다."

사회학적 입장에서 본다면 이 히라타의 말은 옳다. 극동의 나라 일본의 모든 윤리체계가 이러한 집안 종교에서 나왔다는 것은 의심할 여지가 없는 진실이다. 이 제사 덕택으로 산 자와 사자에 대한 모든 의무 관념 – 존숭의 정념, 충의의 정념, 자기희생의 정신, 애국정신 – 이 전개되어온 것이다. 종교적 능력으로서 효도가 어떤 의미인가는 동양에서 인간 목숨이 매매될 수 있었다는 사실, 즉 그것에 시장가치가 있었다는 사실로 미루어 상상할 수 있다. 이 종교는 중국의 종교이자 또 인근 여러 나라의 종교이며, 중국에서는 목숨을 매매 물건으로 내놓기도 했다. 파나마 철도를 완성시킨 것은 중국의 효도라고도 말할 수 있을 것이다. 파나마에서 흙을 파는 것은 죽음으로 향하는 것이었다고 할 수 있다. 파나마는 몇천 명의 노동자를 집어 삼켰다. 결국 백인이나 흑인 노동자로는 철도 건설을 계속하기에 넉넉한 노동력을 확보할 수 없었다. 그러나 그 노동력 – 얼마든지 생명을 희생한 – 을 중국에서 얻을 수 있었다. 그리고 그 희생의 대가가 지불됐다. 수많은 인간이 가족에게 송금하기 위해 일하다 죽어갔다. 만약 윗사람의 명령에 의해 희생이 요구됐다면, 물론 중국만큼 싼 가격은 아니겠지만 일본에서도 용이하게 생명을 살 수 있었을 것이라고 확신한다. 이 종교가 보급된 곳에서 개인은 가족과 선조를 위해 목숨을 내던질 각오가 되어 있었다. 그래서 이런 희생을 촉구하는 효도는 규모가 더욱 커졌고, 군주를 위해 가족까지도 희생하게 됐다. 아니, 더욱 확대되어 나미키 마사나리(楠木正成)처럼 주군을 위해 일곱 번이나 살아나서 생명을 바치고 싶다고 기원하는 충성으로 바뀌었다. 이 효도에서야말로 국가 수호를 위한 모든 도덕적 힘이 나오는 것이다. 그리고 이 힘은 정부의 전제주의가 국민의 안녕을 위협할 때 올바른 견제를 감히 가미하게 된다.

고대 서양에서 가정의 제단을 중심으로 이뤄졌던 효도는 지금도 여전히 극동의 일본을 지배하고 있는 효도와 그다지 큰 차이가 없었을 것이다. 그러나 공교롭게 일본에는 아리안 인종의 난로, 즉 저녁마다 불을 피우는 제단이 없다. 일본 가정의 종교는 그리스나 로마 역사의 개시 이래 존재했던 것보다도 훨씬 초기 단계의 제사 형태를 나타낸다. 옛날 일본의 주거는 그리스나 로마의 주거처럼 견고한 건축 방식은 아니었으며, 가족의 죽은 자를 그 가족의 가옥 내에 매장하는 풍습도 결코 일반화되지 않았었다. 나아가 또 주택 자체도 결코 견고하거나 영속성이 없었다. 일본의 전사가 로마의 전사처럼 '제단과 화로를 위해' 싸웠다고는 할 수 없다. 여하튼 제단도 성스러운 불도 없지만 그 똑같은 장소에는 매일 밤 새로이 작은 등불을 밝히고 신령을 모신 감실[神棚]이나 불단이 있었다. 게다가 고대 일본에 신상(神像) 같은 것은 존재하지 않았다. 가정을 지키는 라레스(Lares) 신이나 페나테스(Penates) 신 대신에 선조의 위패나 다른 수호신의 이름을 기록한 명찰이 있었을 뿐이다. 이런 부서지기 쉬운 나무 조각이 있으면 한 가정이 존재한다. 물론 어느 곳에라도 운반할 수 있다.

집안 종교로서, 즉 지금도 살아 있는 신앙으로서 조상숭배적 의미를 유감없이 이해하기란 서양인에게 매우 곤란하다. 우리는 아리안 선조가 죽은 자에 대해서 어떤 식으로 느끼고 생각했을지를 매우 막연하게나마 상상할 수 있을 뿐이다. 그러나 지금도 살아 있는 일본의 이 신앙에는 고대 그리스의 신을 경외하는 특성을 암시하는 것이 농후하다. 일본인은 가족 한 사람 한 사람이 각자 영원히 망령의 감시하에 있다고 생각한다. 망령의 눈이 자신의 행동을 일일이 보고 있으며 망령의 귀가 자신의 말 한마디도 놓치지 않고 듣고 있다고 생각한다. 이렇게 되면 망령이 나오는 곳에서는 심정도 순결해지고 마음씨도 억제될 것임이 틀림없다. 아마도 이러한 신앙의 영향이 몇천 년 동안 끊임없이 사람들의 행위에 작용해 일본인의 행동에서 좋은 면을 조성하는 데 기여했을 것이다. 그렇지만 현재 일본 가정의 종교에는 각별히 엄격하다든가 엄숙하다든가 하는 것은 전혀 없다. 퓌스텔 드 쿨랑주가 생각한 것처럼 로마 제사의 특색이 된 엄격하고 확고불변한 계율 같은 것은 이제 아무 것도 없다. 그것은 감사와 온정의 종교가 됐다. 죽은 자는 완전히 오체구현이 현신된 모습으로, 마치 눈앞에 있는 것처럼 가족으로부터 봉사를 받는다. 잠시 우리가 이미 소멸되어버린 고대 그리스의 도시 생활로 파고든다면 아직 잔존하는 일본 가정의 제사처럼 정말로 즐거운 가정 종교를 만난 것 같은 기분이 들 것이다. 3,000년 전 그리스 아이들은 지금 일본 아이들처럼 선조의 영전 앞에 차려놓은 맛있는 공물을 맛볼 기회를 노리고 있었음이 틀림없다고 상상해본다. 또 그리스 부모들은 메이지 시대의 일본 부모들처럼 아이들이 예의에 어긋나는 짓을 하면 무서운 일을 당하게 된다[5]고 꾸짖었을 게 틀림없다고 공상해본다.

---

5 죽은 자에게 바친 음식은 제사가 끝난 뒤 그 집의 연장자들이 먹든지, 아니면 순례자들에게 대접했다. 만약 집안의 아이들이 그 음식을 먹으면 머리가 나빠져서 학자가 될 수 없다고 생각했다. ─ 원주

5

일본의 가족

　어느 나라에서든 영속되어온 조상숭배 저변에 흐르는 일반적 통념, 즉 근본 관념은 산 자의 행복이 사자의 행복과 연관되어 있다는 것이다. 이런 사고의 근거가 된 제사의 영향 아래 고대 가족의 조직, 재산과 상속에 관련된 법률, 간략히 말하면 고대사회의 전 구조가 전개되어왔다. 이것은 동서양의 구별이 없다.

　그러나 옛날 일본의 사회조직이 조상 제사에 의해 형성되어온 바를 고찰하기에 앞서, 원래부터 사자 이외에 신이란 없었음을 다시 한 번 상기해주기 바란다. 일본의 조상숭배가 신화를 탄생시켰을 때, 그 신들은 단지 망령의 모습을 바꾼 것에 지나지 않았다. 그리고 또 이것이 모든 신화의 역사인 것이다. 원시 일본인에게는 천국이나 지옥이란 관념도 없었고, 또 윤회의 사고도 존재하지 않았다. 불교의 재생 논리 ― 이것은 훗날 빌려온 것이다 ― 는 고대 일본인의 신앙과는 절대 양립할 수 없는 것으로 이 교리를 뒷받침하기 위해서는 정치(情致)한 철학체계가 필요했다. 그러나 사자에 대한 고대 일본인의 생각은 호메로스 이전 시대 그리스인의 생각과 매우 비슷했던 것 같다. 먼저 망령이 하강해 내려가는 지하 세계가 있다. 그러나 그 망령이 자기 묘지나 사당 주변을 배회한다고 여겼다. 망령에게 이런 편재(遍在)하는 능력이 있다는 생각은 매우 서서히 발달해온 것이지만, 이후에도 망령이 특히 자신의 묘지나 사당, 살던 집에 애착을 보인다고 생각했다. 히라타 아쓰타네는 19세기 초에 다음과 같이 기술했다. "죽은 자의 망령은 우리 주변에 있고 눈에 보이지 않는 세상에서 계속 존재하며 다양한 성질과 수준의 능력을 지닌 신이 된다. 어떤 망령은 그들을 숭배해 만든 신사에 살고, 또 어떤 망령은 묘지 주변에 무리를 지어 있다. 그리고 이 망령들은 살아 있을 때와 마찬가지로 그의 주군이나 부모, 처자를 위해 진력하고 있다."

'눈에 보이지 않는 세상'은 분명히 눈에 보이는 세상의 복사판 같은 곳이며, 그곳에서의 번영은 살아 있는 자의 원조에 기인한다고 여겨졌다. 사자와 산 자는 상호의존 관계였다. 망령에게 가장 필요한 것은 공물을 갖춘 예배였다. 산 자에게 가장 중요한 것은 자기 미래의 영혼을 위한 제사 준비로서, 이에 대한 보증 없이 죽는 것은 최대 불행이었다. 이런 사실을 염두에 두면 족장 가족의 조직 ─죽은 자의 제사를 유지하며 그 준비를 할 수 있도록 체제를 갖추고 제사를 소홀히 하면 불행을 초래한다고 믿는─ 을 잘 이해할 수 있을 것이다.

옛날 아리안족 가정의 가족 결합은 애정적 유대가 아니라 종교적 유대로서, 인간적인 자연스러운 애정은 완전히 부수적인 것이었음을 독자들은 이미 깨달았을 것이다. 이런 사정은 조상숭배가 이뤄지고 있는 곳이라면 어느 족장 가족에서도 찾아볼 수 있었다. 그런데 고대 그리스나 로마 가족과 유사한 일본의 가족은 가장 정확한 의미에서 하나의 종교사회였다. 그리고 지금도 여전히 완연한 종교사회 그 자체다. 그 조직은 원래 조상숭배 요구에 대응해 만들어진 것이었다. 후일 수입된 효도는 시대가 더 오래되고 서로 비슷한 종교적 요구에 응답하기 위해 중국에서 이미 전개된 것이었다. 우리는 일본 가족의 구성, 규정, 풍습에서 고대 아리안족의 가족 구성이나 습관적 여러 규정과 많은 유사점을 찾을 수 있을 것 같다. 엄밀한 비교연구 자료는 아직 충분히 수집되지 않았다. 그래서 과거 일본 가족의 역사에 관해서는 학습해야 할 것이 많이 남아 있다. 그러나 어느 개괄적인 선에 맞추어 고대 유럽의 가족제도와 일본 가족제도 사이의 유사점은 명료히 규정할 수 있다.

　고대 유럽과 일본, 두 문화의 경우 양자가 똑같이 가족의 번영은 그 선조에게 제사 의무를 정확히 수행하는 것에 달렸다고 믿었다. 그리고 이 신앙은 상당한 수준으로 오늘날 일본의 가족생활을 지배하고 있다. 일가의 행운은 제사를 엄수할 때 존재하며, 또 일가 최대의 재난은 가정의 의식을 행하고 제사 공물을 바칠 아들이 없는 것이라는 생각이 지금도 여전하다. 고대 그리스인이나 로마인에게 효도의 최고 의무는 가족 제사를 영속시킬 준비였다. 그러므로 독신은 일반적으로 금지됐다. 결혼 의무가 법으로 강제되지 않았던 경우에는 여론이 이를 강제화했다. 옛날 일본에서 노예가 아닌 자유로운 신분의 사람들에게 결혼 ─ 남자가 장남인 경우 ─ 은 의무적이었다. 독신이 법에 의해 죄가 되지 않았을 무렵에 독신자는 별도의 풍습에 따라 문책당했다. 장남 이외의 아들인 경우는 아들 없이 죽어도 본인만의 불행이었다. 맏이면서 상속자인 경우에 대를 이을 아들을 남기지 않고 죽는 것은 선조에 대한 죄악이었다. 그것은 선조에 대한 제사가 끊어질 우려가 있었기 때문이다. 아들을 남기지 않는다는 데는 아무런 변명의 여지가 없었다. 일본 가정의 규정은 옛날 유럽의 경우와 완전히 똑같아서 아들이 없는 예측할 수 없는 사태에 대해 충분히 준비가 되어 있었다. 부인이 자식을 낳을 수 없을 경우에는 그녀와 인연을 끊어도 상관없었다. 사정 때문에 이혼할 수 없을 때는 후사를 얻을 목적으로 첩을 둘 수 있었다. 그뿐만 아니라 가족의 대표자인 가장은 모두 후사를 맞이할 특권이 있었다. 또 장래성이 없는 자식은 쫓아내고 그 대신에 다른 젊은이를 양자로 맞아들일 수 있었다. 최후의 경우에 딸만 있고 아들이 없을 때는 장녀가 양자를 받아들이고 상속시켜 집안 제사의 영속성을 확보할 수도 있었다.

그러나 고대 유럽 가족의 경우와 마찬가지로 딸들은 후사가 될 수 없었다. 가계 계승권은 남자 쪽에 있었기 때문에 남자 후사를 세워야 했다. 옛날 일본의 신앙은 고대 그리스나 로마 신앙의 경우와 마찬가지로 어머니가 아니라 아버지가 생명의 부여자였다. 생명 창조의 주체는 남자였던 것이다. 그리하여 제사를 유지해야 하는 의무는 여자가 아니라 남자에게 있었다.[1]

부인은 제사에 참여하기는 하지만 그것을 유지해갈 수는 없었다. 게다가 한 가문의 딸들은 일반적으로 다른 집으로 시집가는 운명이었으므로 집안 제사는 시집가기 이전에만 관여할 수 있었다. 부인의 종교가 남편 되는 사람의 종교와 같은 것은 필연적이었다. 그리하여 일본의 부인은 그리스의 부인과 마찬가지로 다른 집으로 시집가버리면 당연히 시댁 제사를 지내게 됐다.

---

1 조상숭배 의식이 있는 종족 중에 남자 쪽에 가계가 있으면 그 제사는 남계를 따른다. 그러나 족장제도보다 훨씬 오래된 원시사회 형태, 즉 여자 가장제도에서도 조상숭배가 있었을 것임을 독자들은 분명히 눈치챘을 것이다. 허버트 스펜서는 다음과 같이 말했다. "가계가 여자 쪽 계보에 있었던 시대에는 어떠했는지 명료하지 않다. 이 관습을 좇는 사회에서 망령에 대한 봉사라는 의무가 그 자식 중 1명에게 부여되므로 다른 아이에게 미치지 않는다는 사실을 나타내는 기록은 아직 보지 못했다"[『사회학 원리(Principles of Sociology)』 제3권 601절]. — 원주

이러한 이유로 족장 가족의 부인들은, 특히 남자와 동등하지 않았다. 즉, 형제자매 중에 자매는 형제와 동렬에 놓이지 못했다. 일본에서도 그리스와 마찬가지로 한 여성이 집안에 양자 사위를 맞아들이면 그는 그 집안의 아들로서 받아들여진 것이다. 이런 경우 그녀는 결혼 후에도 그대로 가족의 일원으로서 남을 수 있었다. 그러나 그녀는 집안 제사에 참여할 수 있을 뿐, 이때 제사 유지는 양자 사위가 된 남편의 의무였다.

족장 가족의 구성은 어떤 지역에서든 선조의 제사로부터 탄생한 것이다. 그러므로 일본의 결혼과 양자 결연의 주제를 고찰하기 앞서 고대의 가족제도에 대해 조금 서술해둘 필요가 있을 것이다. 고대의 가족은 우지(氏)라고 했다. 이것은 현재 '안', '속' 혹은 '집' 등과 같은 의미이지만 아주 옛날부터 '성명', 특히 씨족의 이름으로 사용된 것은 확실하다. '우지'에는 오우지(大氏, 대가족)와 고우지(小氏, 소가족)가 있다. 양쪽 모두 혈연과 공통 조상에 대한 제사로 연결되어 있는 큰 집단을 의미한다. 오우지는 그리스의 '게노스(부족)', 로마의 '젠즈(씨족)'에 해당하고, 고우지는 분가(分家)이자 '오우지'에 소속된 것이다. 사회의 단위는 '우지'였다. 분가인 '고우지'를 거느리고 있는 '오우지'는 그리스의 '씨족'이나 로마의 '큐리아(curia)'와 유사하다. 일본의 원시 사회를 형성한 대규모 집단은 모두 '우지' 집단[그것을 일족(clans), 부족(tribes), 혹은 집단민(hodes)이라고 불러도 좋다]이었다. 이 대규모 집단은 문화가 정착하면 필연적으로 분열하고, 그것이 또 재분열했다. 그러나 그 최소 분열 집단에서도 의연하게 초기 조직을 보유했다. 근대 일본의 가족에서조차도 부분적으로는 이러한 조직을 보유하고 있었다. 그것은 단지 일가를 의미하는 것만은 아니었다. 오히려 그리스나 로마의 가족이 '씨족'이 해체된 후에 성립했음을 의미한다. 유럽인의 경우에 이 가족은 이미 해체되어버렸다. 그리하여 서양인 남자가 가족에 대해 말할 때는 그의 처자식만을 가리킨다. 그러나 일본의 가족은 지금도 여전히 대집단이다. 어린 나이에 일찍 결혼하므로 한 집에 증조부모에서 조부모, 양친, 그리고 아이들까지, 수대에 걸친 자녀들이 사는 경우도 있다. 이것은 통상 하나의 가족적 한계를 초월한다. 아주 옛날에는 아마도 이런 가족이 촌락이나 도시의 전 인구를 형성했을 것이다. 그리고 지금도 일본에서는 모두 같은 성씨(family name)로 이뤄진 대집단이 있을 정도다. 예전에 어느 지역에는 태어난 아이들 — 딸들이 모두 양자 사위를 받아들여서 — 을 되도록 모두 종문 집단에 머물게 하는 풍습이 있었을 정도다. 이렇게 해서 이 집단의 인원은 60명 내지 그 이상에 이르렀으며, 모두 한 지붕 밑에서 거주한다는 식이었다. 그리고 가옥은 가족 구성원이 계속 늘어났기 때문에 필요에 따라 증축됐다. 그러나 이 민족이 이 나라에 정착한 이후부터는 큰 '우지'가 쑥쑥 증가했다. 지금도 이 나라의 어딘가 머나먼 변두리 지역에 가면 한 집이 하나의 사회를 이루는 곳이 존재할 것 같지만, 초기 족장적 집단은 아주 옛날에 붕괴되어버리고 말았다. 그러나 그 이후에도 '우지'의 주요 제사가 재분열된 가족 제사임에는 변함이 없다. 그리고 종가와 연결되는 씨족 전원이 모두 공통 조상, 즉 '씨족신', '부족신'에게 예배를 계속 드리고 있다. 그럭저럭 하는 사이에 이 '씨족신'의 사당은 마침내 근세 시대 신도의 씨족 신사로 변모했다. 그리고 조상의 영혼은 그 지방의 수호신이 됐다. 그 근세적 호칭인 '우지가미(氏神)'는 옛날 호칭인 '우지의 가미'를 짧게 한 것에 지나지 않는다. 그리하여 집안 제사가 지역사회의 제사로 일반화된 다음에 각 집의 죽은 자에 대한 특별한 제사를 지속시켜갔던 것이다. 이 종교적 상태는 지금도 여전히 존속하고 있다. 이 일족은 몇 개의 가문을 포괄하고 있지만 모든 집이 각각 그 집의 사자의 제사를 유지하고 있다. 그리고 이 가족 집단은 대소 구별 없이 옛날부터 내려온 조직과 성격을 유지하고 있다. 지금도 여전히 가족 집단은 소속된 전원에게 전통적 관습을 엄격히 따르도록 강요하는 하나의 종교적 사회다.

이 정도의 설명이면 가족의 계층(hierarchy)관계에서 결혼과 양자 결연의 풍습을 분명히 이해할 수 있을 것이다. 그러나 오늘날 여전히 현존하는 가족 계층에 대해서 한마디 말해두고 싶다. 이론적으로 가장의 권력은 지금도 한 가문에서 최고이며, 전원이 가장에게 복종해야만 한다. 나아가 여성은 남성에게, 부인은 남편에게, 한 집안의 연소자는 연장자에게 복종해야 한다. 아이들은 양친이나 조부모의 말을 들어야 할 뿐 아니라 그들 간에도 가정 내의 장유 순서를 지켜야 한다. 이런 까닭에 동생은 형을 따르고 여동생은 언니를 따르지 않으면 안 된다. 자리 순서 규칙도 부드럽게 시행되어 어떤 이유에서도 모두 즐겁게 이를 지켰다. 예를 들면 식사 때 장남 밥을 가장 먼저 담고 그다음에 차남 등의 순서대로 담는다. 그 순서를 기다리지 못할 것 같은 아주 어린 아기의 경우는 예외다. 차남을 놀리는 '찬밥 신세'라는 말은 이러한 풍습에 대한 설명이 될 것이다. 즉, 차남은 유아나 연장자의 밥을 담을 때까지 기다려야 하기 때문에 그의 몫이 올 무렵에는 아무리 원해도 따뜻한 밥이 될 수 없는 것이다. 법률적으로 가족을 책임지는 가장은 1명이다. 조부, 부친, 또는 장남이 가장이 된다. 그러나 대체로 장남이 가장인 경우가 많다. 연장자들이 대개 중국 기원의 풍습을 좇아서 장남이 일가를 총괄할 수 있게 되면 대개 적극적인 간섭을 삼가해 권력을 양도하기 때문이다.

연소자가 연장자를, 여성이 남성을 따르는 것은 오늘날 가족제도에도 존재하지만 과거의 족장 가족의 경우는 아마도 오늘날보다 훨씬 엄격했을 것이다. 그 무렵에는 가장의 힘이 거의 무제한적이어서 그가 지배자인 동시에 신관이었던 것이다. 그 기구는 최초에는 종교적인 것이었으며 현재에도 여전히 그대로다. 즉, 결혼의 굴레가 가족을 만들어내는 것은 아니었다. 그러므로 한 가정에서 양친의 관계는 아버지 또는 어머니가 하나의 종교체로서, 그 가족에 대한 관계에 의해 결정된다. 현재에도 부인으로서 그 집에 입적한 딸은 양녀로서의 자리를 차지할 뿐이다. 즉, 결혼은 양녀 입적을 의미한다. 그녀를 하나요메(花嫁, 꽃의 딸)라고 부른다. 마찬가지로 딸의 남편으로 가족에 영입된 젊은이도 양자의 자리를 차지한다. 영입된 신랑과 신부는 당연히 그 가족의 어른들에게 복종해야만 하며, 또 그 연장자들의 결정에 따라 이혼할 수도 있다. 그리하여 양자 사위는 복잡한 입장이며, 어려운 노릇이기도 하다. 다음과 같은 오래된 일본 속담이 그런 사정을 잘 증명해준다. '쌀겨 세 홉만 있으면 데릴사위로 가지 마라.' 야곱은 라켈을 기다릴 필요는 없었다. 그는 라켈을 아내로 얻으려고 했으며, 그래서 머슴살이를 시작했지만 그로부터 14년이 지난 뒤에 쫓겨날지도 몰랐다. 그런 일이 벌어지면 자식들은 누구도 그에게 붙는 것이 아니라 처갓집에 종속되는 것이었다. 그의 양자 결연은 애정과는 아무런 관계도 없었다. 이혼은 나쁜 행실과 상관이 없었다. 이런 것은 이미 법률로서 정해져 있기는 하지만, 실제로는 가족의 이해관계, 즉 그 집과 집의 제사 유지에 관련된 이해관계[2]로 결정됐다.

딸도 사위도 옛날에는 거의 마음대로 쫓아낼 수 있었지만, 옛날 일본 가족의 결혼문제는 종교적 중요성을 지닌 사건 ─ 결혼은 효도의 주요한 의무 중 하나였으므로 ─ 임을 잊어서는 안 될 것이다. 이것은 또 옛날 그리스나 로마 가

---

2 최근의 법률은 양자 사위에게 유리하게 되어 있다. 그러나 일반적으로는 불상사가 있어 한 집으로부터 쫓겨난다 해도 극히 드물게 이의를 제기하고자, 양자 결연을 방패로 하는 정도이다. ─ 원주

족의 경우와 마찬가지였다. 그리고 결혼식은 오늘날 일본에서와 마찬가지로 신사나 절이 아닌 집에서 거행됐다. 결혼식은 그 집의 종교적 의식이었다. 즉, 신부가 선조의 영전 앞이라고 상정된 곳에서 올리는 의식을 통해 신랑 집안 사람이 됐다. 원시시대의 일본인에게 아마도 이에 상응하는 의식은 없었을 것이다. 그러자 집안 제사의 형식이 완성된 이후 결혼식은 종교적 의식이 되어 그대로 지금까지 남게 됐다. 그렇지만 어떤 사정이 있으면 몰라도, 보통 결혼식은 집의 신전이나 선조의 위패 앞에서는 거행되지 않았다. 일반적으로 신랑의 양친이 살아 있으면 그런 식으로 결혼식을 거행하지 않았다. 그러나 양친이 죽었을 때는 신랑과 신부가 위패 앞으로 함께 나가 그 앞에서 복종을 맹세했다. 고귀한 신분 계층의 결혼식은 지금보다 분명히 종교적이었을 것이다. 그것은 『제례필기(諸禮筆記)』, 즉 여러 의례들의 기록[3]에 나타나는 다음의 진기한 기록으로 판단할 수 있을 것이다. "귀인 댁[豪家]의 혼례 시 3개의 방을 합쳐 – 보통 방을 구분하는 맹장지를 분리해내어 – 혼례식 방으로 만들어 새롭게 단장을 한다. 집안의 신상을 모신 사당이 침실 옆에 설치된 신단에 안치된다." 그리고 왕실 결혼식의 경우는 언제나 공식적으로 황실 조상신에게 보고하고, 또 황태자나 그 외 왕자의 결혼식도 가시코 도코로(賢所, 궁중에 있는 황조들의 사당) 앞에서 거행되는 점[4]이 주목할 만하다. 일반적으로 일본의 결혼식은 주로 중국의 선례를 따르는 것 같다. 또한 중국의 족장 가족은 옛날 그리스나 로마와 마찬가지로 상당히 종교적 의식으로서 독자적인 특징을 지니고 있다. 일본의 결혼식과 집안 제사와의 관련성은 그다지

---

3 이 번역은 앨저넌 프리먼-미트포드의 것이다. 가문의 신상이 아니라 그 선조의 명찰이 있는 가문의 신도 사당을 지칭한다. – 원주
4 현재의 황태자(후일의 다이쇼텐노)의 결혼이 그런 경우다. – 원주

두드러지지는 않지만, 잘 조사해보면 매우 분명해진다. 신랑과 신부가 같은 잔을 들고 돌아가면서 사케(酒, 쌀로 빚은 술)를 나누어 마시는 3·3·9번이라는 의식은 아무래도 로마 혼인식에 해당하는 것 같다. 이 결혼 의식에 의해 신부는 남편의 가족 종교 속으로 들어간다. 그녀는 살아 있는 자에게 뿐만 아니라 죽은 자에게도 시집을 가는 것이다. 그리하여 이후 남편의 선조를 자신의 선조로서 공경해야만 하는 것이다. 그리고 만약 시댁에 자기보다 연장자가 없을 경우에는 남편의 대리로서 공물을 바치는 것이 그녀의 의무가 된다. 그녀는 친정집 제사에 대해서는 더 이상 아무것도 할 수 없게 된다. 그녀가 양친의 집을 떠나려 할 때 장례식이 거행된다. 엄숙하게 방들을 청소하고 집 입구에는 죽은 자를 보내는 불을 피운다. 이것은 종교적 이별 표시다.

퓌스텔 드 쿨랑주는 그리스와 로마의 결혼에 대해 다음처럼 서술한다. "이와 같은 결혼은 결코 일부다처제를 허락하지 않는다." 『고대 도시』의 저자가 고찰했던 고도로 발달된 사회의 집안 제사에 대한 이러한 기술은 거의 의문의 여지가 없다. 그러나 조상숭배 전반에 관해서 이 학설은 적합하지 않다. 일부다처제도 일처다부제도 상당히 미개한 형태의 조상숭배와 공존할 수 있다. 쿨랑주의 연구에 의하면 서구 아리안족 사회는 실제로 일부일처제였다. 그런데 고대 일본 사회는 일부다처제였다. 그리고 그 일부다처제는 집안의 제사가 완성된 이후에도 잔존했다. 아주 오랜 옛날에는 결혼관계 자체가 명확하지 않았던 것 같다. 본처와 첩의 구별도 명확하지 않았다. 즉, '여자들'[5]로 일괄됐을 것이다. 이 구별은 후일 중국의 영향에 의해 엄격하게 선을 그은 것 같다. 그리고 문명 발달에 따라 일반적으로는 일부일처제를 지향

---

5 어네스트 사토우, 『순수 신도의 부활(The Revival of Pure Sbintau)』. ─ 원주

했지만, 그래도 여전히 지배계급에서는 일부다처제가 대세였다. 이에야스의 유훈(家康遺訓) 제54조에 이러한 사회적 모습이 분명하게 나타난다. 이것은 현대에 이르기까지 훨씬 더 오랫동안 행해져 왔다. "본처의 첩에 대한 입장은 주군의 가신에 대한 입장과 같다. 천황은 12명의 후비를 소유한다. 제후는 8명의 첩을 가져도 좋다. 최고 녹봉을 받는 관직자는 5명까지 첩을 두어도 좋다. 무사는 측실이 2명이고, 그 이하는 모두 일부일처의 보통 부부다."

이것은 축첩 행위가 다소의 예외는 있지만 오랫동안 귀족들의 독점적 권리였음을 암시한다. 다이묘(大名)와 무사계급 제도가 폐지될 때까지 축첩 행위가 존속했음은 옛날 사회의 무사적 특징[6]으로서 충분히 설명할 수 있을 것이다. 허버트 스펜서의 용어가 매우 포괄적이기는 하지만, 가정에서의 조상숭배가 일부다처제와 공존할 수 없다는 것은 전혀 진실은 아니되, 이러한 조상숭배는 일부일처 관계에서 더 적합하므로 일부일처제를 명분으로 하는 경향이 나온 것은 사실이다. 즉, 가계 계승에서 일부일처가 다른 관계로부터는 얻을 수 없는 확실성을 보증했기 때문이다. 결국, 옛날 일본 사회는 일부일처제는 아니었지만 이 제도가 집안 제사와 국민 대중의 도덕적 감정에 가장 적합했기 때문에 자연스럽게 일부일처제로 향하게 됐다고 말할 수 있다.

집안의 조상 제사가 전반적으로 보급되자 효도의 의무로서 결혼문제를 젊은이들 마음대로 하게 방치해둘 수 없었다. 결혼은 가족이 결정해야 할 문제이지 자식들이 결정할 것은 아니었다. 남녀의 상호 간 애정이 가족의 종교적 요구에 참여하는 것을 허락할 수 없었기 때문이다. 즉, 결혼은 애정의 문제가 아니라 종교상의 의무였다. 그것과 다른 사고방식은 신에 대한 모독이

---

6 특히 허버트 스펜서의 『사회학 원리』 제1권 중 '가족'의 장 315절 참조. ─ 원주

었다. 애정은 이러한 부부관계에서도 나오겠지만, 또 나와야만 하는 것이기도 했다. 그러나 가족의 결합을 위험하게 하는 애정은 어떤 경우라도 비난받았다. 그래서 남편이 너무 사랑하기 때문이라는 이유로 부인이 이혼당하는 일도 있었다. 아내가 남편 ― 그가 양자 사위로 들어온 경우 ― 에 대한 애정에 빠져 집안을 좌지우지할 정도로 영향력이 심할 경우에는 남편이 이혼당하는 일도 일어날 수 있었다. 두 사람 중 어떤 경우도 이혼하려고'들면 그 밖에 여러 가지 이유를 들 수 있었을 것이다. 그리고 그런 이유를 찾아내기는 어려운 일이 아니었다. 부부의 애정이 일정 한도 내에서만 용인되는 것과 마찬가지 이유로 옛 일본 가정에서는 양친의 자연적 권리가 ― 우리가 그렇게 제약이 많은 것으로 이해하고 있는 바와 같이 ― 필연적으로 제한됐다. 결혼은 집안 제사를 영속시키기 위한 후사를 얻는 것이 목적이므로 태어난 아이는 아버지나 어머니의 자식이기보다는 가문의 자식으로 여겨졌다. 그리하여 아들의 부인 또는 딸의 양자 사위를 이혼시키는 경우, 혹은 부인이 있는 아들을 적자 자리에서 제거하는 경우에도 그의 아이는 가문 내에 머무르게 했다. 그것은 젊은 양친의 당연한 권리가 그 집안의 종교적 권리에 종속된다고 생각했기 때문이다. 이 종교적 권한에 반하는 것은 어떤 것도 허락되지 않았다. 물론 실제로 각 개인은 경우의 운수에 따르면서도 양친의 지붕 아래에서 자유를 즐길 수 있었다. 그러나 이론적으로도 법률적으로도 옛날 일본의 가족에서는 그 누구에게도 자유란 존재하지 않았다. 책임이 중대한 공인이었던 가장 조차도 예외는 아니었다. 최연소 손자에서부터 최연장 조부에 이르기까지 모두 각각 가족의 누군가에게 종속되어 있었다. 그리고 가정생활 중의 여러 가지 행위는 전통적 관습에 의해 조정됐다.

그리스나 로마의 아버지처럼 옛날 일본의 가장은 가족 전원에 대해 생살

여탈권을 쥐고 있었던 것 같다. 또 야만 몽매한 시대에 아버지는 자녀를 죽이거나 팔기도 했다. 그리고 그 후 지배계급 내의 아버지의 권력은 근세에 이르기까지 거의 무제한 상태로 방치됐다. 지방의 예외적인 사항은 전통이나 계급상의 예외, 그리고 종속관계의 사정 등으로 설명된다 하더라도, 일본의 가장은 말 그대로 그 가족 내의 지배자이자 신관이며 재판관이었다고 해도 무관하다. 그는 자녀에게 결혼을 강요하거나 금지할 수 있었다. 또 적자관계를 폐지해 부자간의 인연을 끊을 수도 있었다. 또 자녀의 직업이나 상업의 종류를 결정해줄 수도 있었다. 그리고 그 권력은 가족 전원은 물론이고 가족과 더불어 사는 자에게까지 미쳤다. 시대에 따라서는 일반 서민의 경우에 부권 행사에 제한을 받기도 했다. 그러나 무사계급에서는 가장의 권한이 거의 무제한이었다. 그 극단적인 형태의 부권은 모든 것 ― 생명과 자유에 대한 권리, 결혼 권리 또는 현재의 처나 남편의 인연을 그대로 지속시킬 수 있는 권리, 태어날 자식들에 대한 권리, 재산을 소유할 권리, 직업 선택 및 그에 종사하는 권리 ― 을 지배했던 것이다. 가정은 실로 하나의 전제국가였다.

그렇지만 족장 가족 내에서 행해진 이러한 전제주의는 종교적 신앙에서 정당시됐음을 명심해야 한다. 즉, 집안 제사를 위해서는 일체 모든 것을 희생해야만 했으며, 가문을 영구적으로 지속하기 위해서는 만약 필요하다면 가족 전원의 생명조차도 버릴 각오가 되어 있어야 한다는 신념이 정당시됐다. 이것을 염두에 둔다면 다른 점에서는 진보된 문명사회이면서도 왜 아버지가 자기 아들을 죽이거나 파는 것이 정당시됐는지 쉽게 이해할 수 있을 것이다. 아들의 죄가 한 가문을 멸망시키고 그로써 가문의 제사가 단절되기 때문이다. 일본 무가사회는 개인의 행위에도 가족 전체가 책임을 지게 되어 있으므로 그 때문에 큰 죄를 범한 이의 가족 전원 ― 심지어는 유아까지도 ― 이 사죄를 했다. 나아가 또 극도의 빈곤으로 절박해진 상황에서 딸을 팔아 집안의 파멸을 구하고자 하는 일도 있을 수 있었다. 그리고 가문 제사를 위해서 효도는 희생에 대한 복종까지도 강요했다.

아리안족 가족의 경우와 마찬가지로 재산은 장자상속 권리에 의해 아버지로부터 자식에게 양도됐다.[7] 그 외 재산이 자식들 간에 배분되는 경우에도 장남은 항상 종가로서 그 부속물을 상속했다. 그렇지만 종가와 그 부속물은 가족의 재산이었다. 그리하여 그것은 개인으로서가 아니라 가족 대표자로서 장남에게 양도된 것이었다. 개괄적으로 표현한다면 부친이 가장으로 있는 동안 자식들은 그의 동의 없이 재산을 소유할 수 없었다. 원칙적으로 ─여러 가지 예외는 있지만─ 딸은 가문을 상속할 수 없었다. 외동딸이라고 할지라도 남편이 양자 사위일 경우에 본가의 재산은 그에게 양도됐다. 최근까지도 부인은 가장이 될 수 없었기 때문이다. 서구 아리안족의 가정에서도 옛날 조상숭배 시대에는 이런 패턴이 나타났다.

근대적 사고방식에 의하면 옛날 일본 가족 내에서 부인의 처지는 대개 행복과는 정반대였던 것으로 생각된다. 우선 자식으로서 여자는 연장자뿐만 아니라 가족 내 모든 성인 남자에게 복종해야만 했다. 이는 시집을 가도 마찬가지였고, 단지 복종의 대상이 달랐을 뿐이다. 시집을 간다고 해서 선조 대대로 살던 자기 생가에서 양친 및 형제자매가 그녀에게 준 것 같은 애정으로 그녀 어깨의 짐을 경감시켜주는 일도 없었다. 시댁의 일원으로 있을 수 있는 것도 남편의 애정에 의해서가 아니라 다수자의 의지, 특히 연장자들의 의지

---

7 옛날 일본의 상속법은 계급, 장소, 시대에 따라 두드러지게 차이가 났다. 이 주제는 전면적으로는 아직 충분히 논의되지 못했다. 그리하여 현 단계에서는 무난한 개설만을 서술하는 것으로 한다. ─원주

에 달려 있었다. 이혼을 당해도 자기가 낳은 자식에 대한 권리를 요구할 수 없었다. 자식은 남편의 집안에 속하기 때문이다. 어떻든 간에 부인으로서 여자의 역할은 고용된 하녀보다도 더 힘들었다. 단, 나이를 먹으면 약간이나마 권력을 휘두를 수 있다는 희망이 있었다. 그러나 노년이 되어도 그녀에게는 후견이 있었다. 여자는 평생 후견이 따라다닌다. 오래된 일본 속담에 '여자는 3개의 세상[三界]에서 자기 집이 없다'는 말이 있다. 또 그녀에게는 자기만의 제사도 없었다. 즉, 여자를 위한 제사는 없었다. 남편이 관리하는 제사 외에 별도의 제사는 존재하지 않았다. 더욱이 시댁이 그녀의 본가보다 높은 집안일수록 며느리로서 그녀의 입장은 어려워진다. 즉, 귀족계급의 부인에게 자유란 존재하지 않는 것이다. 자기 집 문밖에 나갈 때조차 가마에 타야 했고 그마저도 호위자 없이는 불가능했다. 더욱이 한 지붕 아래 첩이 같이 살았기 때문에 부인으로서 여자의 입장은 더욱더 힘들었다.

이러한 것이 옛날 족장 가족의 형태였다. 그래도 실정은 당시 법률이나 풍습이 암시하는 것보다는 훨씬 좋았던 것 같다. 그런데 일본 민족은 명랑하고 친절한 민족이다. 그리고 수세기 또는 머나먼 옛날부터 인생의 고통을 완화시켜 법률과 관습의 가혹한 강제를 다양하게 가감하는 방법을 발견했다. 가장이 막강한 권력을 가혹하게 휘두르는 일은 우선 없어졌다. 가장은 지극히 준엄한 법률적 제한을 행사할 수 있었지만 그러려면 마땅한 이유가 필요했다. 세상의 비판을 무시하고 그런 권위를 행사하는 경우는 아마도 없어졌을 것이다. 옛날에는 법률상 개인이라는 존재는 생각할 수 없었다는 점을 여기서 명기해두어야만 할 것이다. 즉, 가문만이 인정됐던 것이다. 가문의 대표인 가장은 다만 법률상의 대표로서 존재하는 데 지나지 않았다. 그가 잘못을 범하면 전 가족이 그가 저지른 잘못의 대가를 치러야 했다. 더욱이 극단적으로 권위를 행사하면 그에 상응하는 책임이 따랐다. 그는 자신의 처와 이혼할 수도 있고, 또한 자식을 강제로 며느리와 이혼시킬 수도 있었다. 그러나 어떤 경우에도 이혼당하는 측 가족에게 이 조치에 대해 설명해야만 했다. 무사계급에서, 특히 이혼 권한의 행사는 상대편 가족의 분노를 살 우려가 있기 때문에 매우 조심스러웠다. 즉, 부인이 부당한 이혼을 당했다면 그녀의 친척들이 그것을 모욕으로 여겼기 때문이다. 또 외아들을 적자에서 폐지할 수도 있었다. 그러나 그때는 친척 중 누군가를 양자로 영입해야 했다. 또 자신의 아들딸을 죽이거나 파는 것은 자유였지만 그가 빈곤층에 속한다면 자신이 속한 사회에 그 방법을 충분히 설명해야 했다.[8] 가장이 집안 재산 관리에 성실하지 못할 수도 있을 것이다. 그때는 가족이나 친척이 주군에게 소송을 제기할 수도 있었다. 그리고 그 소송의 결과, 가장은 은거를 명령받기도 했다. 종래의 잔존하는 고대 일본의 법률 연구를 통해 가장은 재산을 팔 수도 분양할 수도 없었음이 통칙이었음을 알 수 있다. 가장의 규칙은 전제적이었지만 그것은 가장의 규정이라기보다는 오히려 하나의 단체 규정이었다. 실제로는 가장이 가족의 이름으로 모두를 대신해 권한을 행사한 것이었다. 이런 의미에서 일본 가정은 아직도 전제주의 그대로다. 그러나 법적으로 호주의 권한은 현재 내부와 외부로부터 그 이후의 풍습에 의해 제약을 받는다. 양자 결연, 적자 폐기, 혼인, 이혼 등은 통례적으로 가족 전원의 동의에 따라 결정된다. 그리고 한 가문, 한 가족의 결정은 개인이 불리해지는 것에 대해서 무

---

8 무사의 부친은 부정을 저지른 딸이나 집안 이름을 더럽혔다고 판단되는 비행을 범한 아들을 죽여도 괜찮았다. 그러나 그들은 자식을 팔려고는 하지 않았다. 딸을 파는 일은 궁핍한 계층이나 어쩔 수 없는 궁지에 몰린 ─ 무사계급 이외의 ─ 계급이 했다. 그렇지만 딸이 자신의 가문을 위해 스스로 팔려 가는 일도 있었다. ─ 원주

언가 중요한 수단을 강구할 때 요구되는 것이다.

물론 옛날 가족조직에는 각 가문에 복종하는 상태에 따라 개인에게 크게 보상해주는 것 같은 이점도 존재했다. 가정은 하나의 상부상조적 사회였다. 그리하여 복종을 강제하는 힘 이상으로 원조를 부여하는 힘도 상당히 강력했다. 위급 상황에서는 누구라도 타인을 돕기 위해서 무언가를 할 수 있었다. 즉, 각자 모든 이를 보호할 권리가 있었다. 그것은 현재 가족의 경우에도 변함없는 진실이다. 행동거지 하나하나가 옛날과 같이 예절 바르고 친절하게 행해지는 ― 화난 목소리의 고성을 결코 내지 않듯이, 나아가 젊은이는 따뜻한 경애의 눈빛으로 노인을 우러러보는 것처럼, 그 연령이 가장 열렬한 일에는 향하지 않게 된 듯한 사람들이 자기 자식들의 편의를 보면서도 그 교육이나 훈련에서 돈으로는 살 수 없는 귀중한 활동을 해주는 것 같은 ― 예의범절이 좋은 가정에서는 이상적인 상태가 실제로 일어나는 것이다. 그러한 가정적 일상생활에서는 각자가 모두를 위해 이 세상의 삶을 가능한 한 즐겁게 보내도록 노력을 기울인다. 또 가정에서는 가족의 유대가 진실로 사랑과 감사로 나타난다. 가정의 일상생활은 최선의, 또 가장 청정한 의미에서의 종교다. 그리고 가정은 신성한 곳이다.

그런데 고대 가정에 있었던 기숙자에 대해 말할 것이 아직 남아 있다. 이들의 존재는 아직 충분히 연구됐다고는 말할 수 없지만, 최초의 일꾼은 아마도 노예이든지 아니면 농노였을 것이다. 그리고 이후 시대에 일꾼 상태, 특히 지배계급의 집에 있던 일꾼의 상태는 옛날 그리스나 로마의 가정에 있었던 노예와 매우 비슷하다. 그들은 당연히 하위 신분으로 취급당했지만 가족의 일원으로 여겨졌다. 그리하여 그들은 신뢰받는 동료로서 가족의 기쁨을 같이할 수도, 또 가족 모임에 자주 출석하는 것도 허락됐다. 법적으로는 엄격하게 다뤄졌지만 일반적으로 친절한 대접을 받았다는 데는 의문의 여지가 없다. 어쨌든 간에 그들은 절대적인 충성을 바칠 자로 예상됐기 때문이다. 아직도 남아 있는 풍습을 보면 옛날에 그들의 상황이 어땠는지 알 수 있다. 가족이 하인에게 휘두른 권력은 법률로도 사실적으로도 이미 남아 있지 않지만, 이 주종관계에서 미소를 불러일으키는 모습은 여전히 존재하지만, 우리의 흥미를 자극하지는 못한다. 가족은 가문의 하인들의 행복에 대해서 마음으로부터 걱정한다. 마치 가난한 친척을 대하는 것과 같은 수준이다. 옛날에 자기보다 손위의 가족에게 하인(봉공인)을 보내는 가족은 주종관계에서 종의 입장이었다. 그리고 양자는 충성과 친절한 진심으로 연결되어 있었다. 당시 하인의 지위는 세습됐다. 자녀들은 어릴 적부터 장래의 봉공에 대비해 양육됐다. 하인이나 하녀도 어느 연령에 달하면 결혼 허락이 떨어졌다. 그렇게 되면 봉공관계는 그것으로 단절이지만 충성의 끈은 끊어지지 않는다. 결혼한 하인의 자녀는 적당한 연령이 되면 출가하고, 그리고 결혼 적령기가 될 때까지 봉공이 계속되는 것이다. 이러한 관계는 오늘날에도 어느 상류 귀족 가정과 그 봉신 가족 사이에 현존하며, 이 세습 봉공이라는 마음 따뜻한 전통과 풍습이 몇백 년 동안이나 변함없이 존속하고 있다.

봉건시대에는 물론 주종의 인연이 준엄하기 그지없었다. 위급한 경우 부하는 주인과 주인 가문을 위해 생명과 그 외 일체의 희생을 각오하고 있었다. 이것은 주인집에 대한 그리스나 로마의 사용인이 요구당했던 충성과 동일하다. 이것은 노무자를 마치 노역의 우마 같은 상태로 하락시켜버린 비인간적 봉사 형태가 아직 이 세상에 나타나지 않았을 무렵의 일로서, 이 주종관계는 부분적이면서 종교적이었다. 오랜 옛날 일본에서는 퓌스텔 드 쿨랑주가 서술했듯이, 그리스나 로마에서 사용인을 집의 제사에 참가시켰다는 풍습과 상응하는 것은 전혀 없는 것 같다. 그러나 봉공인을 주인에게 바치는 일본 부하의 가족은 부하로서는 당연히 주군의 씨족 제사(clan-cult)에 속하고, 봉공인과 주인에 대한 관계에는 어느 정도 종교적인 끈이 있었다.

이 장에서 서술한 사실들로부터 개인이 얼마나 종교 단체로서 가족에게 희생됐던가를 독자 여러분은 이해했을 것이다. 일꾼에서부터 주인에 이르기까지 — 한 가문의 가장제도의 모든 단계를 통해 — 의무의 법칙은 동일했다. 즉, 풍습과 전통에 대한 절대복종이 그것이었다. 조상의 제사는 어떤 개인의 자유도 허락하지 않았다. 남녀 차이를 묻지 않고 어떤 사람도 쾌락을 좇아 자기 마음대로 살아갈 수 없었다. 누구라도 이 규칙을 따라야만 했다. 개인은 법률적으로는 하나의 존재가 되지 못했다. 가족이 사회의 단위였다. 가장조차도 법률상의 단순한 대표로서 존재하는 것에 지나지 않았다. 그것도 현재 가족의 산 자와 죽은 자에 대한 책임을 짊어지면서 말이다. 그렇지만 가장의 공적 책임은 단지 시민법만으로 결정되는 것은 아니었다. 그것은 또 하나의 종교적인 끈, 즉 씨족이라든가 부족의 조상 제사로서 결정됐다. 그리고 조상숭배의 이 공적 형식은 가정의 종교보다 더욱 엄격했다.

6

지역사회의 제사

각 개인이 가정생활 속에서 하는 모든 행동이 집안 제사에 의해 지배되는 것과 마찬가지로 가족은 부락 또는 지역 종교에 의해 외부 세계에 대한 일체 관계를 지배당했다. 가족 종교와 마찬가지로 지역사회의 종교도 조상을 숭배했다. 신도에서 한 촌락의 야시로(社, 신사)의 의미는 한 집안의 가미다나(神棚, 신을 모신 선반)의 의미와 똑같았다. 그리고 신사에서 수호신으로서 예배되는 신은 '우지가미(氏神, 씨족신)', 즉 '우지(氏)'라고 불렸다. 이 말은 원래 가족의 성과 마찬가지로 족장 가족, 즉 로마 씨족을 의미한다.

지역사회와 씨족신의 근본적인 관련성에는 아직 약간 불투명한 부분이 있다. 히라타 아쓰타네는 '우지'는 씨족의 공통 선조, 즉 초대 족장의 영혼이라고 말하며, 이 견해는 — 예외를 다소 인정하지만 — 대체로 타당한 것 같다. 그러나 '우지코(氏子)', 즉 '일족일문의 아이들' — 신사와 관련된 지역 사람들은 지금도 그렇게 부른다 — 이 최초 이 씨족의 자손뿐이었는지, 아니면 이 씨족의 지배를 받던 지역 주민 전체를 포함하는지 그것을 결정하기가 곤란하다. 일본에는 각 지방마다 수호신이 존재하기 때문에 그 지방 공통의 선조를 대표한다는 것은 타당하지 않다. 다만 매우 멀리 떨어진 변두리 지역의 경우 예외가 나타나지만, 아무래도 이 '씨족신'이란 처음에는 공통의 선조의 영이라기보다는 이전 지배자의 영혼으로서, 즉 지배자 일족의 수호신으로서 그 지역 사람들에게 예배를 받았던 것 같다. 대부분의 일본인은 유사 이전부터 노예 상태에 놓여 있었으며, 비교적 근세에 이르기까지 그런 상태에 있었던 것은 거의 확실하다. 이 예속적 계급에게는 처음에 그들 자신의 제사가 없었을 것이다. 그래서 그들의 종교는 아마 그들 주인의 종교였을 것이다. 후세가 되면 가신은 확실히 주인의 제사에 예속되어간다. 그러나 일본 지역사회 제사의 아주 옛날 양상에 대해 개괄하는 것은 대단히 어렵다. 그것은 일본 민족의 역사가 혈통이 순수한 단일민족의 것이 아니라 기원이 다른 많은 씨족신 무리가 서서히 합쳐져 하나의 거대한 족장사회가 된 것이기 때문이다.

그렇다고 하더라도 씨족신이 원래 씨족신이었으며 또 영원불변한다고는 말할 수 없겠지만, 대체로 씨족 선조로서 예배됐다는 생각이 타당하다는 점은 이 나라의 석학들도 모두 받아들이는 것 같다. 어떤 씨족신은 역사시대 이후의 것도 존재한다. 예를 들면 전쟁의 신 야와타(八幡, 전국시대(1467~1575) 대부분의 대도시에는 이 신을 모신 신사가 있었다) 등이 바로 그런 것으로, 이는 오진덴노(應神天皇)의 영혼을 모시는 것으로서 유명한 겐지(源氏) 일족의 수호신이다. 이것은 씨족신 제사의 씨족신이 씨족의 조상이 아니라는 일례가 될 것이다. 그러나 대부분의 경우에 씨족신이 씨족의 선조다. 후지와라씨(藤原氏)가 자손인 가스가 다이메진(春日大明神)의 경우를 예로 들 수 있다. 고대 일본에서는 역사시대 이후에 크고 작은 것을 합해 1,182개의 씨족이 탄생했다. 그리고 이 씨족이 각각 그 숫자만큼의 제사를 시작했던 것 같다. 그리하여 당연하지만, 지금 씨족신이라고 부르는 신사 – 개괄해 신도 교구의 신사 – 는 언제나 특수한 신을 제사 지내며 결코 다른 신을 제사 지내지 않는다. 또 대도시에서는 어디나 같은 씨족신을 제사 지내는 신사가 몇 개 있지만 여기에는 의미가 있다. 이것은 어느 한 지역의 제사가 본래 장소로부터 이동한 증거다. 이런 까닭으로 이즈모(出雲)에 있는 '가스가(春日) 님'의 숭배자는 오사카(大坂), 교토(京都), 도쿄(東京)에서도 자신의 수호신을 제사 지낼 신사를 발견할 수 있다. 그리고 규슈(九州)에 있는 '야와타 님'의 숭배자는 히고(肥後) 지역이나 분고(豊後) 지역과 마찬가지로 무사시(武藏) 지역에서도 똑같은 신의 수호를 받는다. 주목할 가치가 있는 또 하나는 씨족신 신사가 반드시 그 교구에서 가장 중요한 신도의 신사라고 할 수 없다는 것이다. 씨족신의 신사는 교구의 신사로서 그 지역사회 예배의 중요한 신사다. 그러나 더 격식 높은 신을 제사 지내는 인근 신사보다 지위가 낮고, 그 후진(後塵)을 모시는 형태다. 이러한 까닭으로, 예를 들면 이즈모 기쓰키(杵築) 지역에서 이즈모의 다이샤(大社)는 씨족신이 아니며, 즉 교구 신사가 아니다. 그 지역의 제사는 훨씬 작은 신사에서 이뤄진다. 이러한 격식 높은 제사에 대해서는 나중에 서술하기로 하고 우선 지역사회의 생활과 관련해 지역 제사에 대해 고찰하기로 한다. 오늘날 씨족신 숭배로 알 수 있는 사회 상태에서 본다면 옛날 씨족신의 능력을 대개 추측할 수 있다.

일본에는 어느 촌락이든 그곳의 씨족신이 있다. 큰 길거리나 도시의 각 구에도 그곳의 씨족신이 존재한다. 이 수호신에 대한 예배는 교구 사람들 전원, 즉 우지, 수호신의 자식들에 의해 유지된다. 이 교구 신사에는 각각의 축제가 있으며, 그때 우지코는 모두 신사에 참배하도록 되어 있지만 실제로는 각 집에서 적어도 대표자 한 사람이 간다. 씨족신에는 대제(大祭)와 예제(例祭) 등이 있으며 행렬, 음악, 춤, 그 외 일반 민중이 기뻐하며 이 축제를 즐거운 것으로 만드는 데 도움이 되는 것은 무엇이든 개최된다. 주변 마을 사람들은 각 신사 축제[神社祭]를 즐거운 것으로 만들기 위해 협력한다. 어느 집이든 형편이 되는 대로 기부를 한다.

이 신도 교구의 신사는 한 개의 단체로서 지역사회의 생활이나 우지코 개인 생활과도 밀접한 관계가 있다. 남자아이건 여자아이건 아기 때 — 남자아이는 생후 31일째, 여자아이는 생후 33일째 — 씨족신에 참배해 신의 가호를 받으며, 그 신전에서 아이의 이름을 보고한다. 그 이후로 아이는 축제날에는 반드시 참배를 해야 한다. 대제에도 물론이다. 그 날 신사 경내에서 잠시 열리는 포장마차에는 재미있는 구경거리 — 보도 위에 오색 모래로 그림을 그리는 사람, 사탕으로 세공한 동물이나 도깨비를 만드는 과자점, 기예를 경쟁하는 마법사나 곡예사 — 가 넘쳐나 아이들은 완전히 들뜬다. 그 이후 아이들이 튼튼하게 자라 뛰어다닐 즈음이면 신사 경내나 숲은 놀이터가 된다. 초등학교 생활에서도 우지코를 씨족신으로부터 분리하는 일은 — 가족이 영구히 이 토지를 떠나지 않는 한 — 없다. 신사 참배는 의무로서 당연히 계속된다. 어른이 되어 가정이 생겨도 우지코는 반드시 부부가 함께 매달 씨족신에게 참배하러 가고, 아이가 태어나면 신이 말하는 것을 듣기 위해 아이와 함께 참배를 한다. 만약 어쩔 수 없이 긴 여행을 떠나거나 그 지역을 영구히 떠나든지 하게 되면, 우지코는 선조의 무덤에 참배하는 것과 동시에 씨족신에게 작별 인사를 하러 간다. 또 오랫동안 떠나 있다가 고향에 돌아오면 제일 먼저 씨족신에게 참배를 한다. 벽촌의 한적한 신사 앞에서 일심으로 기도하는 병사 — 조선이나 중국, 타이완에서 막 귀환한 — 의 모습을 접하면 언제든지 감동을 받는다.

그는 고향의 흙을 밟자마자 뇌리에 가장 먼저 떠오르는 — 전쟁 때도, 또 역병 때도 그들을 지켜주었다고 믿는 — 신에게 감사를 드리는 것이다.

옛날 일본의 풍습과 법제에 대한 최고 권위자인 존 헨리 위그모어(John Henry Wigmore)는 신도 제사와 지방 행정과는 그다지 큰 관계가 없다고 말한다. 그의 의견에 따르면 씨족신은 옛날 어떤 고귀한 가족의 선조를 신으로 제사 지낸 것으로, 그 신사는 이 가족의 보호를 받아 존속해왔다. 신도의 사제, 즉 신사의 관리자인 간누시(神主)는 세습되는 직업이며, 지금도 그렇다. 어떤 간누시도 그 계보를 거슬러 올라가보면 대개 그 씨족신이 원래 수호신이었던 집에서부터 나오고 있는 것 같다. 약간의 예외는 있지만 사법관도 행정관도 아니다. 이에 대해 위그모어 교수는 '제사 속에 행정적 조직이 없었기 때문일 것'[1]이라고 생각하며 이는 타당한 것 같다. 그러나 간누시는 민사(民事)에 활동하지 않았음에도 법령을 능가하는 힘을 지니고 있었으며, 지금도 마찬가지인 경우가 있다고 본다. 지역사회에 대한 그들의 관계는 몹시 중요하며, 그의 권위는 종교적 경우에 한정되기는 하지만 매우 강력해 저항하기 어려웠다.

---

1 신도 행정조직 제도의 애매한 성질은 허버트 스펜서의 『사회학 원리』 제3권 제8장에 잘 설명되어 있다. 즉, "정치조직과는 별도의 것이면서도 그 조직 구성에서 닮아 있는 종교조직의 성립은 이 세상의 사물과 상상으로 존재하는 저세상 사물 간의 인식에서 완연히 구별됨으로써 결정된 것 같다. 이 두 세계가 연속해 존재하든가, 아니면 밀접한 연관이 있다고 여겨지는 나라에서는 이 양자 각각에 적용한 종교조직이 완전히 같은 형태이든지, 아니면 구별이 그다지 분명하지 않은 상태로 되어 있다. 중국인에게 신관계급이 전혀 없는 것으로 유명하다면, 그것은 보편적으로 활발한 조상숭배 활동을 하면서도 통치자의 의무 중에 신관 제사 의무가 포함되어 있기 때문으로 보이며, 이것은 그들의 간소한 형식의 조상숭배를 보면 알 수 있다". 스펜서는 같은 문항에서 고대 일본의 "종교와 정부는 같다"는 사실을 서술한다. 그러한 까닭으로 신도의 명확한 행정조직 제도가 발전하지 않았던 것이다. — 원주

이것을 이해하려면 간누시가 지방의 종교적 관념을 대표한다는 점을 상기해야만 한다. 각 지역사회의 사회적·종교적 끈은 그 지방 수호신의 제사다. 이 제사를 통해 그 지방의 사업이 모두 성공하고 전쟁터에서는 영주가 승리하고 또 흉작이나 역병 때는 재앙을 이겨낼 수 있도록 씨족신에게 기원했다. 씨족신은 모든 좋은 것을 수여하는 신이며 일반 민중의 특별한 수호신이었다. 이 신앙이 지금도 여전히 보급되고 있는 것은 씨족신이 일본 농민 생활의 원조자로서 인정받고 있음을 알려주는 대목이다. 가뭄이 들었을 때 백성이 비를 내려달라고 기원하는 대상은 부처님이 아니다. 풍작에 대한 감사를 바치는 대상 또한 부처님이 아니다. 그 대상은 옛날부터 전해 내려온 토지신이다. 이로써 씨족신 제사가 그 지역사회의 도덕적 경험을 구현하고 있음을 알 수 있다. 즉, 토지가 소중하게 보호되어 전통이나 풍습, 그리고 행동을 규정하는 불문율과 의무에 대한 감정 등을 나타낸다.

그런데 이러한 사회에서는 가문의 도덕을 어긴 죄가 선조에 대한 불효불경으로 간주됐던 것처럼, 그 마을이나 지방의 관습을 어기는 것은 씨족신에 대한 불경 행위로 간주됐다. 가문의 영광은 효도를 준수하는 것과 관련되어 있다고 여겨졌으며, 효도란 가정 내에서의 행위와 관련된 전통적 규율을 지키는 것이었다. 마찬가지로 지역사회의 번영이 선조 대대로 전해지는 풍습을 준수하는 것, 어린 시절부터 주입됐던 그 지방의 불문율을 준수하는 것으로 여겨지는 것은 당연했다. 관습은 도덕과 동일했다. 거주지의 관습에 어긋나는 죄는 그곳을 지켜주는 신에 대한 죄이자 공안을 위협하는 행위였다. 이는 한 사람의 죄로 지역사회 전체가 위험에 처할 수도 있음을 뜻했다. 그리하여 지역 주민은 그 누구라도 자신의 행동에 책임을 지지 않으면 안 됐다. 모든 행동은 우지코의 전통적 관습에 합치해야만 했다. 즉, 자기 마음대로 에 외적인 행동을 하는 것은 공공의 죄악이었다.

이는 지역사회에 대한 개인적 의무가 옛날에 어떠한 의미였는지 상상하는 데 보탬이 될 것이다. 분명히 개인적 권리는 3,000년 전 그리스 시민의 것과 같을 것이다. 아니, 어쩌면 그 이하일지도 모르겠다. 오늘날 법률이 많이 바뀌었지만 실제로 개인의 상태는 거의 옛날과 같다. 개인이 하고 싶은 대로 하는 — 영국과 미국 사회가 개인행동에 대해 허락하는 범위를 예로 들 수 있다 — 단순한 개인적 권리관조차도 일본인의 마음에는 파고들 수 없다. 그러한 자유를 일본인에게 말한다 해도 그들은 그것을 도덕적으로 금수에 가까운 상태라고 생각할 것이다. 서양인에게 일반 서민에 대한 사회적 규제는 보통 '~하면 안 된다(what must not be done)'라고 정해져 있다. 그러나 일본에서 '~해서는 안 된다는 것(what one must not do)'은 — 매우 광범위한 금지를 나타내고는 있지만 — 보통 생각되는 의무의 절반 이하일 것이다. 그래서 하지 않으면 안 되는 것을 아는 쪽이 더욱 귀중하다. 이제는 관습이 개인의 자유에 부가했던 규제에 대해 고찰해보기로 하자.

우선 유의해야 할 것은 지역사회의 의지가 가문의 의지를 더욱 보강하고 있다는 — 효도 준수를 강제하고 있다는 — 점이다. 유년 시기가 이미 지난 소년의 행동조차 가족에 의해서뿐만 아니라 공중에 의해 규제를 당한다. 그는 우선 집에 복종해야만 한다. 나아가 자기와 가문의 관계에 대해서는 공적 의견을 따라야 한다. 효도에 어긋나는 노골적인 불경 행위를 한다면 모든 사람에게 비판과 징계를 받는다. 성장해 일이나 공부를 할 나이가 되면 일상적 행동을 감시받고 비판을 당한다. 그리하여 가문의 규율을 뼛속 깊이 느끼는 나이가 되면 이번에는 사회 공통 의견의 압력을 느끼기 시작한다. 나이가 차면 결혼을 해야 한다. 그러나 자기 자신이 부인을 선택하려는 생각은 전혀 말도 안 된다. 즉, 그는 자신을 위해 선택된 반려자를 받아들인다. 도저히 싫어서 어쩔 수 없을 때는―단, 그럴 만한 이유가 있다면―집안에서 다른 사람을 골라 줄 때까지 기다려야만 했다. 지역사회에서는 이에 대해 불순종하는 것을 절대로 용서하지 않았다. 효도에 반역하는 예는 지극히 위험한 선례가 되기 때문이다. 마침내 젊은이가 한 가문의 가장이 되어 가족의 행동에 책임을 지게 되면 그때는 집안일을 처리하는 방법에 대해서 조언을 받도록 세상의 눈에 규제를 받았다. 즉, 무엇인가 예기치 못한 일이 일어났을 때 스스로의 판단으로 처리할 자유가 없었다. 예를 들면 그는 관습에 의해 친척을 도와야만 했다.

또 친척과 갈등이 있을 경우에는 조정을 받아야만 했다. 그리고 자기 처자만을 생각하는 것도 허락되지 않았다. 그러한 행위는 용서하기 어려운 이기주의라고 생각됐다. 즉, 외관상 공적 행동에서는 부모 자식 간, 부부간의 애정에 이끌리지 않는 듯이 행동해야만 했다. 후일 만약 마을 또는 그 지방의 장으로 임명됐다 하더라도 그의 행동 및 판단의 권리는 실로 이전과 그다지 변함없는 제약하에 놓이는 것이다. 사실 그의 개인적 자유는 사회적 지위가 올라감에 따라 현실적으로 점차 더 좁아진다. 명목상으로는 우두머리의 자리에 있으나 실제로 그의 권위란 지역사회가 잠시 그에게 빌려준 것에 지나지 않으므로 그가 이 사회의 비위를 맞출 수밖에 없는 수중에 놓인다. 즉, 그가 우두머리로 선택된 것은 그 자신의 의지를 강행하기 위해서가 아니라 공중 사회의 의지를 강행하기 위함이며, 자기 자신의 이익에 봉사하는 것이 아니라 공통의 이익에 봉사하기 위함이며, 관습을 유지해 그것을 확고부동한 것으로 하기 위해서이지 파괴하기 위함이 아니었다. 그래서 그는 지명을 받아 장이 되었으나 완전히 사회의 공복이었으며, 자기 고향에서는 가장 자유롭지 않은 인간이었다.

존 헨리 위그모어 교수가 엮은 『옛 일본의 토지소유권 및 지방제도에 대한 연구 노트(Notes on Land Tenure and Local Institutions in Old Japan)』 중 여러 문서를 참고하면 도쿠가와 막부(1603~1867) 시대 지방제도의 상세한 규약에 대해서 깜짝 놀라게 된다. 이 규약은 대부분 분명히 국가로부터의 명령이기는 하지만 제반 규약의 상당 부분이 당시의 지방 풍습을 잘 나타내고 있다. 이러한 문서들은 '구미(組) 장부', 즉 '구미의 규약²이라고 불렸으며, 마을이라는 생활 협동체 각자가 지켜야 할 행위 규제를 제정한 것으로서 이에 부여된 사회적 이익은 실로 거대했다. 나도 개인적인 조사를 하던 중 시골의 농촌 각지에서 이 '구미 장부'에 기록되어 있던 것과 같은 규약을 발견했다. 그것은 지금도 여전히 마을의 관습으로서 정확히 시행되고 있었다. 다음은 위그모어 교수의 저서에서 선택한 사례들이다.

- 구미의 소속원 중 양친을 소홀히 다루거나 돌보지 않으며 말하는 것도 듣지 않는 자가 있으면 이를 감추거나 관대하게 보아 넘기지 말고 신고해야만 한다.
- 자식 되는 자는 양친을 공경하고 심부름꾼은 주인에게 복종하며 부부나 형제자

---

2 봉건시대 말기에 이 나라 사람들의 대다수는 촌락에서도 대도시에서도 행정적으로 가족 집단, 아니 오히려 가문 집단으로 구분 및 정리됐다. 그리고 이것을 구미(組), 즉 다이(隊, 컴퍼니)라고 불렀다. 한 구미의 호수는 대개 5호였다. 그러나 지방에 따라서는 6호나 10호로 구성되기도 했다. 한 구미를 이루는 각 호주는 동료 중 한 사람을 장(長)으로 선출했다. 그 사람이 구미 전원을 책임지는 대표였다. 이 구미의 기원과 역사는 분명하지 않지만 이와 유사한 조직은 중국이나 조선에도 있었다. 일본의 구미조직에 군사적 기원이 있는 것은 아닐까 하고 생각한 위그모어 교수의 이유는 승복할 만하다. 분명히 이 조직은 행정적으로 매우 편이했다. 감독하는 군주에 대해 단 하나의 가호가 아니라 구미가 책임을 진 것이다. — 원주

매는 서로 사이좋고 화목하며 또 연소자는 연장자를 존경하며 소중히 여겨야 한다. 각 구미 ― 다섯 집으로 구성 ― 는 그 구미의 개개인의 행동을 구체적으로 감시해 비행이 일어나지 않도록 해야 한다.

- 농공상의 직업 구별 없이 다섯 집 중 누구든지 게으르거나 일을 정성껏 하지 않는 자가 있으면 반토(番頭, 우두머리)는 충고와 경고로 그를 선도해야만 한다. 만약 그가 충고에 귀를 기울이지 않고 화를 내며 고집을 부린다면 도시요리(年寄), 마을의 장로)에게 신고해야만 한다.

- 싸움이나 쟁론을 즐겨 집 밖을 떠돌며 밤늦게까지 놀기 좋아하는 자가 이를 제지하는 충고를 듣지 않으면 신고해야만 한다. 만약 다른 구미에서 이를 게을리하면 그 구미를 대신해 신고하는 것이 의무라 할 수 있다.

- 친척과 싸우거나 다른 이의 충고에 귀를 기울이지 않으며, 양친에게 복종하지 않거나 또 마을 동료에게 인정이 없이 구는 자는 무라오사(村長, 촌장)에게 고발해야만 한다.

- 춤, 스모 및 그 밖의 구경거리는 금지한다. 노래를 부르거나 춤추는 아이, 심야 술개놀이꾼 등은 단 하룻밤이라도 촌락에 머물게 허락해서는 안 된다.

- 사람들이 모여서 싸우는 것을 금지시켜야 한다. 다툼의 경우에는 그 사정을 신고해야 한다. 만약 신고하지 않은 경우에는 관계자를 모두 똑같이 처벌한다.

- 남을 헐뜯거나 또는 공공연하게 악인이라고 소문을 퍼뜨리는 일은, 만약 상대가 정말로 그렇다 하더라도 해서는 안 된다.

- 효도와 주인에 대한 충성스러운 근행(勤行)은 당연한 일이다. 그렇지만 이런 점에서 특히 성실근면한 자가 있으면 군주에게 서로 추천해 올리도록 할 것이다.

- 구미의 한 사람으로서 서로 친척 이상으로 우애를 키우고 상호의 행복 증진을 배려하며 슬픔도 나누어 가지도록 해야 한다. 만약이라도 구미 내에 무도무법

한 자가 있다면 다 같이 그 책임을 져야만 한다.[3]

이상은 도덕적 법규의 견본뿐이지만 다른 의무에 대한 상세한 규정도 다양하다.

- 불이 났을 때는 각자 물통에 물을 담아 즉각 불이 난 곳으로 달려가 소방 역인의 지시하에 불을 꺼야 한다. 현장에 불참한 자는 지극히 괘씸한 죄로 처단된다.
- 외부인이 이주해왔을 때는 그가 살았던 원래 마을에 대해 잘 조사하고 나아가 본인으로부터 보증인을 받도록 한다. 여행객은 단지 하룻밤이라 하더라도 숙박소 이외의 민가에서 자서는 안 된다.
- 도적이나 밤도둑이 들면 경종이나 그 외 다른 방법으로 경고한다. 그리고 종소리를 들은 자는 모두 나와서 도둑을 체포하는 데 참가해야 한다. 제멋대로 참가하지 않은 자가 있으면 사실 조사를 통해 벌을 받아야 한다.

'구미 장부'에 의하면 어떤 사람도 마을의 허가 없이는 하룻밤이라 하더라도 마을 밖으로 나갈 수 없었고 다른 곳의 토지에서 봉공할 수도, 이웃 마을에 양자 사위로 갈 수도, 남의 마을에서 살 수도 없었던 것 같다. 또한 처벌이 엄중해 일반적으로 영주가 엄격한 태형을 내렸다.

오늘날 그러한 징벌은 가해지지 않는다. 법률상으로는 누구나 가고 싶은 데로 마음대로 갈 수 있지만 실제로는 그렇지 않다. 그것은 지역사회의 감정

---

3 D. B. 사이먼 지음, 존 헨리 위그모어 엮음, 『옛 일본의 토지소유권 및 지방제도에 대한 연구 노트』 제19권 제1부. 나는 각종 구미 장부(組帳)에서 선택해 여러 가지를 인용하고 증명하기 좋도록 배열했다. ―원주

이나 옛날 관습이 여전히 남아 있으며 개인의 자유가 크게 제약되어 있기 때문이다. 지방의 마을에서는 본인이 타당하다고 생각하는 만큼 시간과 재력을 향락할 권리가 있다고 억지를 부려본들 전혀 고려되지 못할 것이다. 이는 인간의 시간과 금전, 노력이 자기 자신의 것이라고는 꿈에도 생각할 수 없었기 때문이다. 아니, 자기 자신의 영혼이 살고 있는 신체조차도 자기 것이라고 생각하지 못했을 정도다. 인간이 지역사회에서 살아갈 권리는 오로지 그 지역사회에 봉사하는 기쁨이라는 점에 달려 있었을 뿐이다. 그러므로 이웃의 원조나 동정을 얻고 싶다면 누구라도 이웃에게 요구할 특권이 있었다. '집은 그 사람의 성곽이다'라는 영어 속담은 일본에서 전혀 통용되지 않았다. 물론 높은 유력자의 경우는 예외지만, 일반 민중은 문을 닫고 열쇠를 걸어 세상을 거부할 수 없었다. 어느 누구라도 집을 방문하는 사람에게 문을 열어두어야만 했다. 즉, 낮에 문을 닫는 것은 그 지역사회에 대한 모욕으로 여겨졌다. 병이 난 것도 문을 걸어 잠글 구실이 되지 못했다. 아주 큰 권력이 있는 사람에게만 다른 사람을 접근하지 못하게 할 수 있는 권리가 있었다. 자신이 살고 있는 지역사회의 기분을 손상시킨다면 ─ 그 지역사회가 지방 시골인 경우에는 더욱 그러하지만 ─ 그것은 그야말로 일대 사건이었다. 지역사회는 불유쾌하게 생각하는 것 앞에서 마치 한 개인처럼 행동한다. 겨우 500명이나 1,000명, 많다면 수천 명을 안고 있는 사회일 것이다. 그러나 그들의 생각은 하나가 되고 만다. 중대한 과실을 단 한 번 범했을 뿐인데 당장 그 지역사회 전체의 뜻을 배반한 고립자의 입장에 처하는 것이다. 그리고 그는 고립되어 가장 무시무시한 절교 상태, 즉 무라하치부(村八分, 에도 시대에 마을의 법도를 어긴 사람과 그 가족을 주민 전체가 고립시킨 사적 제재)를 당한다. 적의가 포함된 침묵과 고요함은 사태를 더욱더 심각하게 만들어간다. 이것이 사회 관습을 배반한 대죄에 가해지는 징벌 형식이다. 폭력 행사는 거의 없다. 폭력에 호소하는 경우 — 나중에 서술할 이상한 경우는 예외로 하더라도 — 는 단순한 교정, 즉 바보 같은 실수에 대한 처벌이다. 황량한 지역사회에서 사람의 목숨을 위협하는 것 같은 실수는 즉각 매[體刑, 몸에 대한 형벌]로서 처벌된다. 이 처벌은 격분에 휩싸여서 벌이는 일이 아니라 습관상의 원칙에 의한 것이다. 일찍이 나는 한 어촌에서 이런 종류의 체벌을 목격한 적이 있다. 어부들이 밀려오는 큰 파도 속에서 참치 어업 중이었다. 이 일은 위험하고 살벌한 것이었다. 그런데 작업 중에 어떤 어부가 작살을 한 소년의 머리에 꽂아버리고 말았다. 이 일이 전혀 예기치 못한 재해임은 어느 누구나 인정했다. 그러나 인명과 관련한 이 우발적 사건의 과실에 대해 그 어부는 난폭한 대접을 받았다. 이 얼간이 짓을 한 남자는 근처에 있던 무리에게 바로 실컷 두들겨 맞았다. 큰 파도 속에서 끌려나와 해변가에 내동댕이쳐진 그는 스스로 알아서 정신을 추스려야 했다. 그리고 그 누구도 이 일에 대해 더 이상 이러쿵저러쿵하지 않았다. 참치 어업은 여전히 계속됐다. 젊은 어부가 배를 위험에 빠뜨리는 과실을 범해서 배에 탄 동료들에게 엄청난 보복을 당했다는 이야기가 들렸을 뿐이다. 앞서 서술했듯이, 단지 바보스러운 짓은 이런 식으로 처단된다. 무라하치부를 당하는 무서움은 이런 폭력 행사와는 비교가 되지 않는다. 실은 무라하치부보다 훨씬 더 무거운 처벌도 있다. 즉, 일정 기한 동안 추방당하는 경우 말고 평생 추방당하는 경우도 있다.

추방은 옛날 봉건시대에는 매우 무거운 형벌이었다. 만사가 새로운 질서 하에 놓인 현재에도 이것은 중형이다. 옛날에는 구미의 의향에 따라서 한 사람이 태어난 곳에서 추방당하면 — 그의 고향으로부터, 그의 친척으로부터, 그의 직업으로부터 쫓겨나면 — 그는 세상에서 가장 불쌍해진다. 이웃 마을로 울며 찾아간다 한들 그를 받아들일 여지는 없었다. 마침 그곳에 운 좋게 친척이라도 있다면 이야기가 달라질지 모른다. 하지만 그의 친척이라 하더라도 그를 기꺼이 수용하려면 자신이 사는 지역의 영주에게 물어보고, 또 이 탈주자가 태어난 고향의 영주에게도 문의해야만 했다. 주인의 허락이 없으면 이 외지인은 고향 이외의 땅에 거주할 수 없었다. 전혀 모르는 타인을 친척이라 하고 데려와서 자기 집에 머물게 한 혐의로 처벌받은 사람이 있다는 기록의 고문서가 현존한다. 그러므로 추방자에게는 집도 친구도 없는 것이다. 그가 우수한 직인인 경우도 있을 것이다. 그러나 그가 자신의 실력을 발휘할 권능은 그가 머무를 지역의 동업조합이 승인하느냐 여부에 달려 있었다. 낯선 이가 자신들의 지방에서 일꾼이 되어 먹고 자고 한다면 그가 숨어 있는 곳을 찾는 도시나 촌락에서 그를 고용한 고용주에 대해 문제 삼을 것이었기 때문이다. 그렇다면 같은 종교적 연결이 있다고 해도 아무런 도움이 되지 않을 것이다. 이 구미의 사회생활적 규약을 만든 것은 불교가 아니라 신도적 윤리였다. 그가 태어난 고향의 신이 이미 그를 추방했고 다른 토지의 신은 그의 본래 제사와는 아무런 관련도 없으므로 그에게 종교적 도움을 줄 리가 없다. 거기에다 그가 추방자라는 사실은 그가 자신의 제사를 위배해 죗값을 받았음에 틀림없다는 확실한 증거다. 아무튼 외부인이 그가 태어난 고향 이외의 타 지역 사람들에게 동정을 구하기란 도저히 불가능하다. 오늘날에도 마찬가지로 타 지역에서 부인을 맞이하면 자기 마을 사람들로부터 비난을 받는다 ― 봉건시대에는 타 지역의 여자와 결혼하는 것이 금지되어 있었다 ―. 지금도 자기가 태어난 토지에서 살며 일하고 결혼해야만 한다는 것이 통념이다. 사정에 따라, 또 마을 사람들의 공인을 얻은 경우에는 타 지역으로 시집이나 장가를 가는 것이 허용되기는 한다. 봉건제도하에서 타 지역 사람들에게 동정을 얻는 일은 현재와는 비교도 안 될 만큼 가망 없는 일이었다. 그러므로 추방이란 배고프고 고독하며 이루 다 말로 표현할 수 없는 궁핍함을 의미했다. 당시에 가족과 지역사회의 관계 범주 밖으로 나갔을 때 개인의 법적 존재가 없어지고 말았던 것을 떠올린다면 이해할 수 있을 것이다. 누구나 가문을 위해 일하며 살았고, 가문은 모두 그 씨족을 위해 활동했다. 그리하여 가문, 그리고 그 가문과 연결되는 집합체 바깥으로 나가면 살아갈 방도 — 죄인이나 거지 또는 부랑인의 생활 이외에는 — 가 없었던 것이다. '오카미(御上, 영주)'의 허락이 없으면 승려조차 될 수 없었다. 에타(穢多) 같은 부랑자 계층은 자신들의 관습에 따라 자치적인 사회를 만들었으므로 결코 타 지방 사람을 환영하지 않았다. 그리하여 추방자는 그야말로 종종 '히닌(非人)'의 경지로 하락하는 형편이었다. 히닌은 오카미로부터 '인간이 아니다'라고 규정된 유랑천민 계층 중 하나로서 거지라든가 유랑 예능인, 길거리 예능인과 같이 천민적 직업군의 사람들이었다. 아주 먼 옛날 추방자들은 자신을 노예로 팔 수도 있었다. 그러나 도쿠가와 막부 시대에는 이 불쌍한 특권조차도 박탈당하고 말았다.

오늘날 이러한 추방 상태는 더 이상 상상할 수도 없다. 서양에서 이와 닮은 꼴을 찾는다면, 우선 고대 그리스나 멀리 제정 시대 이전의 로마 시대로 거슬러 올라가야 한다. 그 무렵 추방은 종교상의 파문을 의미하며, 실제로는 모든 문명사회로부터의 배제였다. 당시는 인류 동포라는 관념도 없었고 혈연끼리 서로를 챙기는 일 이외에 타인의 친절에 의지하려는 생각도 없었기 때문에 도리가 없었다. 타 지방 사람은 어디에 가도 모두 적이었다. 그런데 일본에서는 사람들을 수호해주는 신을 받드는 종교가 언제나 한 집단만의 종교, 즉 그 지역사회의 제사였지, 결코 한 지방의 종교조차도 되지 못했다. 한편 그보다 격이 높은 제사는 개인과 아무런 연관도 없었다. 개인 종교는 완전히 그 가문 또는 마을, 지역 안에 제한된 종교였다. 그래서 다른 집 또는 지역의 제사와는 전혀 관계가 없었다. 양자 결연에 의해서만 다른 제사에 속할 수 있었기 때문에 원칙적으로 타인을 양자나 양녀로 영입하지 않았다. 가문이나 씨족 제사가 없다면 개인은 도덕적으로도 사회적으로도 죽은 것이 되어버린다. 즉, 다른 가문이나 씨족이 그를 수용하기를 거부하기 때문이다. 그의 개인적 생활을 규제한 집안 제사나 또는 지역사회와 관련해, 그가 그의 생활을 조정해준 국지적 제사로부터 축출된다면 그의 인간 사회에서의 관계는 완전히 차단되고 말 것이다.

앞서 서술한 사실에 비추어 보면 옛날에 개인적 향상을 바라거나 자기주장을 펼칠 기회가 얼마나 적었던가를 상상할 수 있을 것이다. 개인은 완전히, 또 가혹하게 지역사회에 희생당했다. 오늘날에도 일본의 시골 생활에서 안전한 방법은 오로지 만사를 그 지방 습관에 따르는 것이다. 조금이라도 그것에서 벗어나면 사람들로부터 지탄을 받기 때문이다. 그곳에서 사생활(privacy)이란 존재하지 않았다. 숨길 수 있는 것은 아무것도 없었다. 누구의 악행이나 선행도 모두에게 낱낱이 알려졌다. 이상한 행동을 하면 관습적 행동 기준으로부터 탈선이라고 판단됐다. 특이한 것은 모두 관습으로부터의 일탈이라고 비난받았다. 전통과 풍습에는 지금도 여전히 종교적 의무의 힘이 있다. 그것은 기원상 그렇게 말할 수 있을 뿐만 아니라, 여전히 과거를 숭배하는 공공의 제사와 관계가 있다는 이유에서 진실로 종교적이며 강제력이 있다.

이러한 사정으로 신도에 어째서 일찍이 문자화된 도덕적 계율이 없는지, 또 신도 대학자들이 왜 도덕적 계율의 핵심이 없다고 말하는지 그 이유를 쉽게 이해할 수 있을 것이다. 조상숭배가 나타나는 종교 발달 단계에서는 종교와 윤리의 구별이 있을 수 없으며, 또 윤리와 관습 사이에도 마찬가지다. 정치와 종교는 동일하며 관습과 법률은 동일시됐다. 신도 윤리는 관습에 따른다는 것 속에 모두 포함되어버렸다. 한 집안이나 지역사회의 관습적 규정, 이것들은 신도의 도덕이다. 이를 따르는 것은 종교적이고 이를 따르지 않는 것은 불경한 것이다. 그리고 성문율과 불문율의 구별 없이 종교적 법규의 진정한 의미는 결국 사회적 의무의 표현, 행위의 옳고 그름[正邪善惡]의 구별 원칙, 한 민족의 도덕적 경험의 구체적 설명에 깃들어 있다. 영국의 행위 행동의 현대적 이상과 옛 그리스나 일본의 초기 족장정치적 이상 간의 차이를 살펴보면, 주로 개인 생활의 모든 세부적인 사항에서 구관념의 확충에 대한 의무가 존재한다. 분명히 신도 종교에는 성문율이 필요하지 않았다. 교훈과 그 실례로서 모든 사람은 유년 시절부터 계율과 모범 속에서 교육받아왔으며 보통 수준의 지능이 있는 사람이라면 누구라도 알 수 있다. 종교가 누구에게라도 규칙을 일탈하는 행위에 대한 위험을 알릴 수 있는 이상, 법전 만들기는 불필요했을 것이다. 유럽인의 경우를 보면 가장 고도의 사회생활, 즉 예의 '십계(十戒)'만을 금과옥조로 삼지 않는 문화생활권의 특권층 사회에서는 행위 행동에 대해 성문화된 법규가 아무것도 없다. 그러한 문화지대에서 무엇을 해야 할 것인가 또는 어떻게 행동해야 할 것인가에 대한 지식은 오로지 훈련, 경험, 관찰, 그리고 사물의 도리에 대한 직관적 인식에 의해서만 획득될 수 있다.

이제, 지역사회의 감정을 대표하는 간누시의 권한 ― 일찍이 절대적인 것이었다고 나는 믿지만 ― 에 대한 문제로 되돌아가자. 옛날에 과오를 범한 인간에게 지역사회가 부과했던 형벌은 원래 수호신의 이름으로 부과됐다는 명백한 실증이 존재한다. 각 시골에는 그 지역사회의 혐오적 표시가 오늘날에도 하나의 종교성을 띠고 있다는 사실이 이에 대한 실증이다. 나는 그러한 표시를 여러 차례 보았으며, 대체로 지금도 지방에서는 분명히 그런 일이 일어나고 있다. 그러나 그러한 관습의 잔재를 가장 자주 마주치게 되는 곳은 옛날 관습이 거의 변하지 않고 잔존하는 매우 먼 지역이나 변경의 한적한 시골에 한정된다. 그러한 곳에서는 주민 한 사람 한 사람의 행동이 타인으로부터 세심하게 감시당하고 엄격하게 비판된다. 그렇지만 사소한 비행에 대해서는 그다지 까다롭지 않고, 그 지방 조상신의 대제, 진수신에 대한 예제 때까지 기다린다. 대제 때가 되면 지역사회는 비로소 경고를 하거나 형벌을 부가한다. 이것은 적어도 그 비행이 그 지역의 윤리를 위반하는 경우에 한해서다. 이 대제를 맞이해 신은 그 우지코의 거주지를 방문한다고 여겨졌다. 그리고 미코시(神輿, 30~40명이 짊어진, 신이 탄 무거운 가마)가 대로를 누비며 지나간다. 미코시를 진 사람들은 신의 의지대로 행동한다. 아래에서 일본 어느 해변 마을에서 여러 차례 보았던 도교(渡御, 미코시의 행차) 사건을 소개한다.

미코시 행렬은 선두에서 한 무리의 청년들이 동그랗게 진을 이뤄 뛰어오르기도 하고 막춤을 추면서 진행된다. 청년들은 쓰유바라이(辟除, 지위가 높은 사람의 행차 시 사전에 통행을 막아 길을 치우는 일, 또는 그 일을 하는 사람)였다. 이들은 미친 기운에 선동된 것처럼 주위를 신경 쓰지 않고 빙글빙글 돌면서 뛰어다니므로 그 주변을 통과하는 것은 위험하다. 처음 이 춤추는 무리를 보았을 때 고대 그리스의 디오니소스(Dionysos) 축제를 보고 있는 것이 아닐까 하는 생각이 들었다. 그들이 광란하며 선회하는 춤은 분명히 고대의 신이 내려온 것 같은 광기를 표현한 그리스 기록의 실현이었다. 물론 찬찬히 보니 그리스인의 얼굴은 아니었다. 그들은 짚신을 신고 훈도시(褌, 속옷) 하나만 걸친 맨몸이었으며, 마치 조각처럼 울퉁불퉁 튀어나온 붉은 근육질의 부드러운 몸체는 옛날 어떤 화병에 그려진 춤추는 목양신들의 재림이라고 해도 좋을 듯했다. 이런 신의 모습을 닮은 무용수들 뒤에서 — 이 무리가 지나갔으므로 군중은 좌우로 흩어져 길이 깨끗해졌다 — 하얀 장속(裝束)으로 얼굴을 가린 미코(巫女, 여자 신관, 통례적으로는 간누시의 딸)들이 말을 타고 등장한다. 그 뒤를 이어서 역시 마찬가지로 하얀 장속에 검고 높은 모자[烏帽子]를 쓴 간누시 몇 명이 말을 타고 나타난다. 그 뒤로 무거운 미코시 가마가 태풍 속 파도 위의 작은 배처럼 가마꾼들의 머리 위에 이리저리 흔들리며 나온다. 수십 개의 갈색 팔이 이 미코시를 오른쪽으로 밀어붙였다가 이번에는 왼쪽으로 끌어당긴다. 마치 미친 듯이 앞으로 혹은 뒤로 밀었다가 끌어당긴다. 그리고 '왓쇼이, 왓쇼이'라는 폭풍 같은 구호 외에는 아무것도 들리지 않는다. 예로부터 내려온 관습에 따라 모든 집은 2층 창문을 굳게 잠근다. 이 날 '몰래 훔쳐 보는 톰(Peeping Tom)'이 나타나 '신을 내려다보는' 것 같은 불경스러운 행동을 하면 그 자는 두꺼운 낯짝 때문에 고통을 당할 것이다.

앞에서도 서술했듯이 미코시를 짊어진 사람들은 신령에 의해 인도된다고 여겨졌다 — 신도의 신은 수가 많으며, 매우 사나운 신인 아라 미타마에 의해 인도된다 —. 이 밀고 당기고 흔드는 행동은 순전히 왕래하는 길가의 양측 민가에 대한 신의 검사(檢分)를 의미한다. 신은 자기를 경배하는 자들의 마음이 순결한지 확인하기 위해 돌아다니며, 그다음 경고를 할지 아니면 형벌을 가할지 결정한다. 가마를 멘 자는 신의 계시가 있으면 어디라도 간다. 필요하면 단단한 벽도 부수고 나아간다. 만약 미코시가 어딘가 집에 부딪히면 — 작은 처마의 차양 같은 곳일지라도, 그것은 신이 그 집의 사람들에게 기분이 좋지 않다는 표시다. 만약 미코시가 집의 어딘가를 부수면 그것은 중대한 경고다 — 무조건 쳐들어가면 된다. 그렇다면 그 집 사람들은 뒷문으로 서둘러 도망쳐야 한다. 그렇지 않으면 대단한 일이 벌어지고 만다. 이 미쳐 날뛰는 행렬이 벼락처럼 집으로 쏟아져 들어와 집 안의 모든 것을 파괴하고 짓밟아버려 엉망진창으로 만든 후에야 신의 기분이 풀려 순회를 계속했다.

이런 파괴를 당한 집을 두 곳 정도 보았다. 이유를 들어보니 지역사회적 관점에서 양자에 대한 침입과 파괴의 정당한 도덕적 이유를 충분히 알 수 있었다. 한쪽은 사기를 친 집이고, 또 한쪽은 익사자 가족에게 원조를 거부한 집이었다. 한쪽의 죄는 법률적이고, 또 한쪽의 죄는 도덕적인 것이었다. 대체로 지방 지역사회에서는 방화, 살인, 도둑질 같은 중대한 범죄 이외에는 범인을 관헌에 넘기지 않는 편이다. 지역사회는 법률에 대해 공포심이 있어서 법에 호소하지 않고 사건을 법이 아닌 다른 방법으로 정리하고자 했다. 먼 옛날의 규약이 이러했고, 봉건시대 정부 역시 이 풍습의 유지를 권장했다. 그러나 수호신이 화가 나면 범인의 처벌이나 오명을 주장한다. 그리고 봉건시대 관습답게 범인의 전 가족이 그 책임을 지게 된다. 이때 피해자는 감히 그럴 생각이 있다면 억울한 사정을 신법률에 호소해 자기 집의 파손물을 법정으로 가져가 손해배상을 청구할 수도 있다. 현대의 법정은 조금도 신도에 제약을 받지 않기 때문이다. 그러나 웬만한 철부지가 아니면 지역사회가 행한 재판을 상대로 신법률에 호소하는 일은 하지 않는다. 그러한 소송을 하는 것 자체가 관습 파괴의 비행으로 호된 비난을 받기 때문이다. 무고죄가 증명됐을 때 지역사회는 언제라도 그 협의기관을 통해 정당한 조치를 취했다. 그런데 자기에게 책임이 있는 과오를 범한 자가 비종교적 법규에 호소해 복수를 하고자 할 때는, 우선 소송을 낸다면 가능한 한 빨리 본인은 물론이고 가족을 어딘가 먼 장소로 이동시키는 것이 상책이다.

여태까지는 옛날 일본의 경우 사생활이 두 종류의 종교적 지배를 받아왔던 사정에 대해 살펴봤다. 개인행동은 모두 집안과 지역사회의 제사, 이 두 가지 관습에 의해 규제되어왔다. 그리고 이 상태는 대개 안정된 문명 상태가 확립됐을 때 비로소 시작이 가능했을 것이다. 또한 지역사회 종교가 집안 종교의 준수를 고무시키기 위해 노력해온 것도 살펴봤다. 이 사실은 두 제사의 근본 관념이 동일하다는 것을 생각하면 전혀 이상하지 않다. 즉, 그것은 산 자의 복지는 사자의 복지에 의존한다는 관념이다. 가문의 제사 의식을 소홀히 하면 사자의 영혼이 화를 낸다고 믿어왔다. 그리고 그 분노는 일반 공중 사회에 불행을 초래한다는 것이다. 조상의 영혼은 자연—화재, 홍수, 전염병, 기근—을 지배하기 때문에 복수 수단이 모두 영혼의 뜻대로 된다. 그러므로 어느 마을에서 불경스러운 행위 하나가 벌어지면 모든 사람이 불행해진다. 그리하여 지역사회는 산 자에 대해서 집집마다 효도를 유지해야 할 책임이 있다고 생각한 것이다.

7

신도의 발전

어느 한 민족이 숭배하는 상급 신들 – 천지창조자로서, 혹은 특히 지수화풍
(地水火風) 같은 자연력을 조종하는 자로서 일반 민중의 상상 속에 모습을 나타내는
신들 – 이 후일 발전해 조상숭배의 대상이 된다는 허버트 스펜서의 이론은
현재 거의 수용되고 있다. 원시사회의 중요한 특징인 계급적 구별이 아직 분
화되지 못했던 시대에 다소 유사한 것으로 생각된 조상의 영은 그 후 사회의
분화 발전에 따라서 크고 작은 영혼들로 나뉘어져 왔다. 마침내 어떤 한 조상
영혼이나 그 영혼에 대한 숭배가 다른 모든 영혼에 대한 숭배를 능가하게 됐
다. 그리고 최고의 신 또는 이 최고 신들의 모임이 발달했다. 그러나 이 조상
제사의 분화는 실로 다종다양한 방향으로 전개됐던 것 같다. 세습적 직업에
종사하던 가문의 특수한 선조는 그 직업을 관장하는 수호신, 기술과 동업조
합의 수호신으로 발전했다. 여러 가지 정신적 연상 과정을 거쳐서 그 외 다른
조상 제사로부터 힘의 신, 건강의 신, 장수의 신, 특수 생산물의 신, 특수한

지방의 신 등에 대한 제사라는 식으로 발전해갔다. 그 후 일본인의 기원 문제에 대해 많은 관심이 쏠렸을 때, 일본에서 숭배되고 있는 작은 수호신들이 원래 중국이나 조선의 신들이었을지도 모른다는 사실이 차츰 알려졌다. 그러나 일본 신화는 진화의 법칙에 그다지 중요한 예외를 제공할 것 같지 않다. 신도의 발달 모습은 진화론 법칙만으로 충분히 설명할 수 있는 신화학상의 계급조직을 제공한다.

씨족신 외에 격식이 높고 낮은 신은 실로 무수히 많다. 이 중에는 단지 이름만 남아 있는 원시시대의 신 — 천지 혼돈 시대의 요괴 변화 — 도 있다. 또 육지에 형태를 부여한 창조의 신도 있다. 대지나 하늘의 신이 있다면 태양이나 달의 신도 있다. 나아가 인생살이에 존재하는 선악의 일체 — 출산, 결혼, 사망, 빈부, 건강, 질병 — 를 관장하는 각종 신들이 이루 다 헤아릴 수 없을 정도로 많다. 이런 신들이 모두 일본 사회 자체의 오래된 조상 제사로부터 발전했다고는 도저히 생각할 수 없다. 오히려 아무래도 아시아 대륙에서 시작된 것이라고 생각하고 싶다. 그러나 이 민족 제사의 발달 — 마침내 국교가 되어버린 신도의 형식 — 은 엄밀히 언어적 의미에서도 일본적인 것이었던 듯하다. 이 제사는 천황 가문이 자신들의 선조라고 밝히고 나선 신들의 예배, 즉 황실 조상[皇祖]의 예배다. 일본의 고대 천황 — 옛 기록에 따르면 '덴노'라고 한다 — 은 진정한 언어상의 의미로는 결코 덴노가 아니었다. 그래서 전면적인 권력을 행사하지도 못했다. 덴노는 가장 유력한 씨족(氏族), 즉 우지(氏)의 우두머리에 지나지 않았다. 그리하여 덴노의 특별한 조상숭배는 아마도 그 당시 특출난 지배적 능력을 소유하지는 못했을 것이다. 그러나 드디어 이 대씨족의 우두머리가 이 나라 최고 지배자가 되자 이 씨족의 제사가 곳곳으로 확대되어 다른 모든 제사를 — 파괴하는 일 없이 — 흡수해버렸던 것 같다. 이렇게 해서 민족 신화가 탄생한 것이다.

앞서 서술했듯이 아리안 민족의 조상숭배와 마찬가지로 일본의 조상숭배 경로가 연속된 세 가지 단계를 나타내고 있음을 알 수 있다. 대륙으로부터 현재의 섬나라로 건너왔을 무렵에 이 민족의 조상숭배는 사자의 무덤 앞에서 의식을 치르거나 희생물을 바치는 정도의 조잡한 형태밖에 되지 않았을 것이다. 마침내 이 섬나라가 여러 씨족으로 분할되어, 그리고 그 씨족들에게 각각 자기 선조의 제사가 생겼을 때 어느 특정 씨족에 속한 지역 주민이 이 씨족 종교를 채용했을 것이다. 이렇게 해서 수천 개의 씨족신 제사가 탄생했을 것이다. 그리고 시대가 흘러 가장 유력한 씨족의 특별한 제사가 일본 민족의 종교로까지 발전했다. 즉, 최고 지배자가 그 선조라고 칭하는 태양 여신의 경배다. 그로부터 중국의 영향을 받아서 원시적인 한 가족의 제사를 대신해 조상숭배의 가정적 형식이 수립됐다. 이후 죽은 가족의 묘를 대표해 조상의 위패를 안치한 가정에서는 공물을 올리거나 기도가 반드시 행해지게 됐다. 그러나 지금까지도 공물은 특별한 경우에만 무덤 앞에 바쳐진다. 신도 제사의 세 가지 형태는 그 이후에 도래한 불교 형식과 함께 의연히 존속됐다. 그것이 현재도 이 민족의 생활을 지배하고 있다.

이 전통적 신앙을 나타내는 문자적 기술을 처음 이 민족에게 부여한 것은 최고 지배자의 제사였다. 이 나라의 통치자인 천황 가문의 신화는 신도 경전을 창작해 이미 현존하던 조상숭배 일체의 형식 결합 관념을 만들어냈다. 신도의 전통은 모두 이 기술에 의해서 하나의 신화 역사 속에 혼합되고 융합됐다. 즉, 하나의 전설적 기초 위에 설명됐다. 이 신화는 모두 두 권인데, 그중 한 권은 영어로 번역됐다. 가장 오래된 것은 『고사기(古事記)』, 즉 옛날 수장들의 기록으로서 712년에 편집된 것으로 추정된다. 또 하나는 훨씬 방대한 작품으로 『일본서기』, 즉 일본편년사라고 하며, 720년경의 것으로 추정된다. 두 서적은 모두 역사서라고 부르지만 대부분은 신화이고, 천지창조 이야기에서 시작된다. 두 책 모두 칙명을 받아 구술되어온 구비전설로부터 편찬됐다. 이것들보다 훨씬 이전인 7세기 무렵에도 기록이 작성된 듯하다고 전해진다. 그러나 그것은 분실되고 말았다. 그리하여 본래의 문서로서는 매우 오래됐다고 말하기 어렵지만, 두 책의 내용은 매우 오래된―아마도 몇천 년이라는 옛날일 것이다― 전설이다. 『고사기』는 신기한 기억력이 있는 한 노인의 구술 기록이라고 한다. 신도학자 히라타 아쓰타네는, 이렇게 보존되어온 전설이기 때문에 더욱 신용할 수 있다고 강조하며 다음처럼 말했다. "기억력으로 보존되어온 고대 전설은, 기억에 기초한다는 이유만으로도 문서로 기록된 경우보다 더욱 상세하게 전달될 수 있다. 인간이 기억하고자 바랐던 사실을 문자에 의지해 기록해두는 습관이 아직 없었던 시대의 사람들에게는 지금보다 훨씬 더 탁월한 기억력이 있었음에 틀림없다. 그것은 현재에도 읽거나 쓰지 못하는 문맹자들이 기억력에만 의지해야 하는 경우를 살펴봐도 수긍할 수 있을 것이다." 구비전설에 불변성이 있다는 히라타의 멋들어진 신념에 미소를 지을 수밖에 없다. 그러나 나는 민속학자들이 이 오래된 신화적 특질 중에 정확하게 상고(上古) 시대의 것이 틀림없음을 보여줄 본질적 증거를 발견할 것이라고 믿는다. 이 두 역사책에는 모두 중국의 영향이 엿보인다. 그렇지만 그 어떤 부분에는 중국의 어떤 것에서도 찾아볼 수 없는 특성 ― 원시적 순진무구함, 다른 신화 문학에서 공통적으로 나타나는 것과는 상이한 것으로서의 괴이한 신기함 ― 이 풍기고 있다. 예를 들어 일본 세계의 창조자인 이자나기노 미코토(伊弉諾尊)가 죽은 배우자를 불러오기 위해 황천 세계를 방문한 이야기는 순전히 일본의 것이라고 생각되는 신화다. 그 어투의 고풍스러운 소박함은 이 문서의 번역 연구에 고심하는 모든 이들에게 감명을 줄 것이 분명하다. 여기서는 이 전설의 요지만 살펴보고자 하며, 실은 몇 가지 다른 번역이 나와 있다.[1]

불의 신 가구쓰치노 가미(迦具土神)가 태어났을 때 그의 어머니 이자나미노 미코토는 화상을 입고 죽어버렸다. 그의 아버지 이자나기노 미코토는 화가 나 이렇게 말했다. "아아, 나는 1명의 자식 대신에 가장 사랑하는 여동생을 잃고 말았다!" 그는 그녀의 베갯머리 맡을 기어 다니면서 울부짖었다. 그가 울면서 떨어뜨린 눈물은 신이 됐다. 그 뒤 이자나기노 미코토는 이자나미노 미코토의 뒤를 좇아 사자의 세계인 황천으로 갔다. 황천 세계 궁전의 발을 들어 올리고 나온 이자나미노 미코토는 생전의 모습 그대로였다. 이자나기노 미코토는 그녀에게 말했다. "나의 누이여, 내가 찾아왔다네, 그대가 불쌍해서. 나의 누이여, 나와 그대가 둘이서 만들어온 나라는 아직 완성되지 못했다네. 그러니 돌아와다오." 이자나미노 미코토는 "나의 주인님이시여, 나의 남편이시여, 왜 조금만 더 빨리 와주시지 않았는지 원망스럽습니다. 나는 이미 황천국의 음식을 먹어버리고 말았습니다. 그래도 당신께서 일부러 와주셨으므로 기쁘기도 하고 고맙기도 하여 살아온 세상으로 함께 돌아가고 싶어졌습니다. 황천국의 신들과 교섭하고 돌아올 터이니 여기서 기다려주십시오. 절대로 들어와서는 안 됩니다"라고 말했다. 이자나기노 미코토는 그녀를 기다렸지만 좀처럼 그녀가 나오지 않아 몹시 지루했다. 그래서 자신의 머리 왼쪽에 꽂고 있던 나무빗[木櫛]을 뽑아 그 빗의 맨 갓쪽 살 하나를 접

---

1 여러 가지 번역에 대해서는 W. G. 아스톤(W. G. Aston)이 옮긴 『일본서기』 제1권 참조.
  ― 원주

어서 불을 붙여 이자나미노 미코토를 찾으러 들어갔다. 그런데 그녀는 구덩이 속에서 부풀어 올라 짓물러 뻗어 있는 것이 아닌가. 그리고 그 위에는 8개의 기둥이 달린 벼락신이 앉아 있었다. 이자나기노 미코토는 이 광경을 보고 무섭고 두려워서 돌아가려 했다. 그때 이자나미노 미코토가 일어나 앉아서 부르짖었다. "당신은 나를 부끄럽게 만들었어요. 내가 그렇게도 부탁했던 약속을 왜 지켜주지 않았습니까? 당신은 나의 이 나체를 보셨습니다. 자, 나에게도 당신의 맨몸을 보여주십시오!" 그녀가 밤의 나라의 추녀에게 이 사실을 일러바치자 추녀가 그를 쫓아가 죽이려 했다. 8개 기둥의 벼락신과 이자나미노 미코토도 그를 쫓아갔다. 이자나기노 미코토는 허리의 칼(佩劍)을 뽑아 뒤쪽으로 휘두르면서 도망쳤다. 그러나 추격자들은 바로 뒤에까지 따라붙었다. 그가 머리에서 검은 가발을 떼어내어 던지자 그것은 까마귀 머루 덩굴로 바뀌었다. 추녀가 그 덩굴의 열매를 먹는 동안 그는 시간을 벌었다. 그러나 추격자들은 다시 재빠르게 쫓아왔다. 이번에는 머리빗을 집어 던졌더니 그것이 죽순으로 변했다. 추녀가 죽순을 먹는 동안 그는 힘껏 도망쳐 마침내 황천국 밖으로 나가는 입구까지 다다르게 됐다. 그는 들어 올리는 데 1,000명의 힘이 필요한 큰 돌덩어리를 들고서 이자나미노 미코토가 뒤쫓아온 길을 막아버렸다. 그리고 그 바위 뒤에 우뚝 서서 이혼의 맹서를 건네기 시작했다. 바위 저편에서 이자나미노 미코토는 소리쳤다. "나의 주인님이시여, 나의 남편이시여, 당신이 그렇게 하시겠다고 말한다면 나는 하루에 당신 백성 1,000명을 죽여버릴 것입니다!" 그러자 이자나기노 미코토는 "나의 누이여, 그대가 그런 짓을 한다면 나는 하루에 1,500명의 아이를 낳아버리겠다!"고 대답했다. 그러나 그곳에 구쿠리 히메카미(菊理媛神)가 찾아와 이자나미노 미코토에게 무엇이라 말하자 이에 납득한 듯 그녀는 어디론가 사라져버렸다.

이 신화의 놀랄 만한 소박함에 대해서는 구태여 서술하지 않겠지만, 여기서 풍기는 애절한 감정과 악몽[夢魔] 같은 공포의 신묘한 혼합은 이 신화의 원시적 특징을 잘 증명해준다. 이것은 실로 누군가가 보았던 꿈인 것이다. 즉, 사랑하는 사람의 모습이 무서울 정도로 변해버린 악몽의 하나인 것이다. 그리고 그것을 원시적 조상숭배를 의미하는 죽음과 사자의 공포로 표현한 것이 특히 흥미롭다. 이 신화에 감도는 애조(哀調)와 섬뜩함, 공상의 황막[空漠]하고 애매모호한 기괴함, 극도의 혐오와 공포에도 애착의 말을 형식적으로 사용하고 있는 것 등은 분명히 일본적인 것으로서, 사람들에게 강한 인상을 준다. 이 신화와 비교해도 전혀 손색이 없는 우수한 신화를 『고사기』, 『일본서기』에서 몇 개 더 볼 수 있지만 그런 신화들에는 매우 교묘하고 또 우아한 이야기가 혼합되어 있기 때문에 같은 민족의 상상력에서 나온 것이라고는 도저히 생각할 수 없을 정도다. 예를 들면 『일본서기』 제2권에 나오는 마법의 보석 이야기나 바다신의 왕궁 방문 이야기 등은 인도의 석가 이야기적 여운이 감돌고 있다. 그래서 기키(記紀) ─ 『고사기』와 『일본서기』를 묶어 이르는 말 ─ 는 양쪽 다 여러 가지로 외국 기원의 요소가 유입된 것은 아닐까 생각한다. 여하튼 신화는 아직도 미해결 상태로 남아 있는 다소 색다른 문제를 부여하고 있다. 그러한 문제가 없다면 이 책은 고대의 풍습이나 신앙을 해명하는 실마리가 될지언정 실로 재미없는 독서거리일 것이다. 또 개괄적으로 말한다면 일본 신화는 재미가 없다. 어쨌든 여기서는 이 신화에 대해 왈가왈부 논의할 필요가 없다. 신도에 대한 신화의 관계는 짧은 단락으로 요약될 수 있기 때문이다.

처음에는 능력도 모양도 분명하지 않았다. 그리고 세상은 형체가 없는 덩어리로서 해파리처럼 물 위에 떠다니고 있었다. 마침내 어찌어찌해 — 그 연유는 적혀 있지 않지만 — 대지와 하늘이 분리됐다. 몽롱하고 모호한 신이 나타나기도 하고 사라지기도 했다. 그리고 마침내 최후에는 남신과 여신이 나타나 여러 가지를 생산하고 모양을 부여했다. 이 두 신, 즉 이자나기노 미코토와 이자나미노 미코토에 의해 일본에 섬들이 만들어지고 이로부터 신의 시대가 시작되어 해와 달의 신이 탄생했다. 이러한 창조신과 그 탄생된 신들의 후예는 그 수가 8,000명 — 혹은 8만 명 — 이나 되며, 신도에서는 이들 모두에게 예배를 드리고 있다. 어떤 신은 다카마가하라(高天原, 여러 신들이 산다는 하늘)에 살고, 또 어떤 신은 지상에 머물며 일본 민족의 선조가 됐다.

이상이 『고사기』, 『일본서기』의 신화로서 지극히 간결하게 기록되어 있다. 최초에는 하늘과 땅의 신, 두 종류의 신이 인정됐던 것 같다. 옛 신도의 노리토(祝詞, 축문)에는 이 구별이 서술되어 있다. 그러나 기묘하게 이 신화 속의 하늘신은 하늘의 힘을 대표하지 않는다. 또 하늘의 현상과 동일시되는 신들은 땅의 신 쪽에도 포함되어 있다. 즉, 하늘신은 지상에 태어나기도 하고 창출되기도 했다. 예를 들면 하늘의 신과 달의 신은 처음에는 일본에서 태어났다고 전해진다. 후일에는 하늘로 올라가지만 해의 여신 아마테라스오카미(天照大臣)는 이자나기노 미코토의 왼쪽 눈에서 태어났고 달의 신 쓰쿠요미노 미코토(月讀尊)는 이자나기노 미코토가 황천국을 방문한 이후 쓰쿠시(筑紫) 섬의 강 하구에서 몸을 씻고 있을 때 오른쪽 눈에서 태어났다. 18세기와 19세기의 신도학자들은 출생이라는 이 우발적인 사건 이외에는 천지 신들 사이의 구별을 일절 부정한다. 따라서 이 상상 속의 혼돈세계에 일종의 질서를 세우고 있다. 또 이른바 가미요(神代, 신들의 시대)와 여기에 이어지는 덴노 사이에 대한 옛날의 구별을 부정한다. 그들은 일본 상고 시대의 지배자가 신이라고 말한다. 그러나 그 이후의 지배자도 역시 신이라고 말한다. 모든 황통(皇統), 즉 태양의 계승[御嗣]은 해의 여신으로부터 쭉 이어져온 하나의 혈통을 나타내고 있다. 히라타 아쓰타네는 다음과 같은 기록을 남겼다. "신의 시대와 현대 사이를 나눌 확연한 구획선은 존재하지 않는다. 『일본서기』에서 해명하듯이, 일획을 긋는 것이 정당한 이유는 어디에도 없다."

이 설은 전 일본 국민이 신의 자손이라는 교의를 담은 것이므로 ― 옛날 신화에 따르면 최초의 일본인은 모두 신의 자손이 되기 때문이다 ― 히라타는 이 설을 대담하게 용인한다. 그는 "일본인은 모두 신으로부터 나왔다. 그 때문에 다른 모든 국민보다도 우수하다"라고 단언한다. 그리고 일본인이 신의 자손임을 쉽게 설명할 수 있다고 말한다. "니니기노 미코토(瓊瓊杵尊, 태양 여신의 손자로서 천황 가문의 창시자로 여겨진다)를 모셔온 신들의, 예를 들면 다이라(平)라든가 미나모토(源)라든가 그 외 다른 성으로서 황제 신하의 열에 들었던 역대 황제의 자손이 점점 증가하고 증대해졌다. 일본인 중에 누가 어떤 신의 자손이라는 것은 분명히 말할 수 없지만, 아무튼 그들 전부에게는 원래 황제로부터 하사받은 가바네(姓, 씨족의 지위나 직무 칭호)가 있다. 그러므로 그 계보를 연구하기 위해 각 지방을 꼼꼼하게 조사한다면 한 남자의 보통 성으로부터 먼 조상이 어떤 이인지 틀림없이 알 수 있다."

이러한 이유에서 일본인은 모두 신이며, 일본은 훌륭한 신들의 나라, 즉 신국(神國)인 것이다. 히라타의 이 학설을 말 그대로 이해해야만 할 것인가. 나는 말 그대로 해석해야 한다고 생각하지만, 봉건시대 일본 국민 중에는 천황으로부터 공인된 계급 외부에 일본인으로서는 물론이고 인간 축에도 끼지 못했던 거대한 계급이 있었다는 것을 명심해야 할 것이다. 그들은, 즉 최하층 특수 계급으로서 짐승에도 미치지 못했다. 히라타는 아마도 4개의 커다란 계급, 사농공상만을 염두에 두었던 것 같다. 그러나 그 경우 인간이 원래 천성적·도덕적·육체적으로 연약한 존재라는 것을 생각하면 히라타가 이 민족에게 신성을 부여하고자 한 것을 도대체 어떤 식으로 이해해야 할까. 이 문제의 도덕적 측면에 대해서는 "이자나기노 미코토가 황천국 방문 중에 뒤집어쓴 더러움으로부터 탄생했다"고 주장하는 사악한 신, 마가쓰카미(禍津神)와 관련된 신도의 이론에서 그 해답을 찾을 수 있다. 인간의 육체적 연약함은 천황 가문의 신성한 시조인 니니기노 미코토(瓊瓊杵尊) 전설로 설명된다. 장수의 여신, 이와나가 히메(石長比賣, 이와나가의 왕녀)가 니니기노 미코토의 부인으로서 보내졌다. 그러나 그는 그녀가 추녀였기 때문에 거부했고, 이 바보스러운 행위가 '오늘날 같은 인간의 단명'을 초래한 것이다. 대개의 신화는 머나먼 고대의 족장이나 지배자가 얼토당토아니한 장수를 했다고 기술한다. 신화적인 역사 저 건너편으로 거슬러 올라갈수록 군주들의 수명은 점점 더 길어진다. 이 통칙은 일본 신화에서도 동일하다. 니니기노 미코토의 아들은 다카치호(高千穗) 궁궐에서 580년 동안 살았다고 한다. 그러나 그조차도 "그 이전의 경우와 비교하면 단명이었다"고 히라타는 기술한다. 그 후 인간은 체력이 감퇴되어 점점 수명이 수축되어갔다. 그러나 이런 퇴화가 나타났음에도 일본인은 모두 신의 자손으로서 흔적을 보이고 있다. 즉, 사후에는 지금보다 훨씬 우수한 신의 상태로 진입하며, 아직 이 세상을 버리지 않은 상태에서 그렇게 된다는 것이 히라타의 견해다. 신도에 의한 이 기원설을 인정한다면 인간이 신으로 승격하는 것은 특별히 모순이 없음을 알 수 있다. 그리고 현대의 신도학자라면 생명의 기원을 거슬러 올라가 태양에서까지 근거를 찾는 이 설에서 과학적 진실의 맹아를 발견할지도 모르겠다.

이런 신도 계급조직 — 기대대로 고대 일본의 사회질서에 초점을 꼭 맞춰서 —

에 대한 정보 제공 면에서는 히라타의 저술이 가장 우수하다. 최하위 계층에는 일반 서민의 영혼이 존재하며 각 가정의 가미다나나 무덤에서 예배되고 있다. 그 위에 지역신, 즉 씨족신이 있다. 옛날 지배자들의 영혼은 현재 수호신으로서 예배되고 있다. 히라타에 의하면 씨족신은 모두 이즈모의 오카미(大神), 오쿠니누시노 가미(大國主神) 지배하에 '오카미의 대리로서 활동하고 인간의 전생에서부터 그 생애 사후까지의 운명을 관장한다'는 것이다. 이것은 눈에 보이지 않는 보통 영혼들이 신들의 세계에서는 씨족신, 즉 수호신의 명령에 따르고, 사람이 살아 있는 동안에 지역사회의 예배는 그 사후까지 이어져간다는 것이다. 다음에 소개할 히라타의 인용문은 매우 흥미롭다. 개인의 씨족신에 대한 상정(想定)적 관계뿐만 아니라 그 출생지를 버린 인간의 업보가 세상에서 어떤 식으로 판단되는지 나타낸다.

"어떤 사람이 주거지를 옮길 때 현주소의 씨족신은 이전할 곳의 씨족신에게 미리 상의해야만 한다. 그렇지 않을 경우에는 옛날 씨족신에게 작별 인사를 하고 이사한 뒤에 되도록 빨리 새 거주지의 씨족신 신사에 참배하는 것이 순리적으로 타당하다. 사람이 주거지를 바꾸고자 할 때는 합당하고 분명한 이유가 여러 가지 있을 것이다. 그러나 진정한 이유는 본인이 그 씨족신의 기분을 상하게 해서 그곳을 물러나든가 아니면 다른 지역의 씨족신이 그의 이전을 인정해주든가, 이 두 가지 이외에는 있을 수 없다."[2]

이런 식으로 누구나 생존 시나 사후의 구별 없이 씨족신의 신하나 하인, 부하가 된 것처럼 여겨졌다. 살아 있는 지배자, 즉 지상의 군주[君侯]들에게 다양한 등급이 있는 것처럼 씨족신들에게도 여러 계급이 있었다. 일반 씨족

---

2 어네스트 사토우의 번역을 따랐으며, 강조는 저자(라프카디오 헌)의 것이다. ─원주

신 위에는 각 지방 최고위 신도의 신사(宮)에서 예배받는 신이 있다. 이 신사는 '이치노미야(一の宮)', 즉 제1급 신사다. 이러한 신은 대부분이 옛날에 광대한 지역을 지배하던 군주나 대영주의 영혼이었던 것 같다. 그러나 모두가 이런 범주에 들어가는 것도 아니다. 그 신들 중에는 세 가지 큰 능력의 신 — 바람·불·바다의 신 — 도 있고, 또 장수·운명·수확의 신도 있다. 근원을 찾는다면 그 진정한 유래, 내역, 연기 등은 망각됐겠지만, 이들은 씨족신이었을 것이다. 그러나 다른 모든 신도의 신들 위에는 덴노 가문의 제사의 신, 황제의 종조(宗祖)라고 상정되는 신들이 존재한다.

신도의 고급 형식에 대해 말하면, 황조 그 자체의 예배 형식은 국가 제사인 만큼 몹시 중요하다. 그러나 그것이 일본에서 가장 오래된 것은 아니다. 가장 높은 제사는 두 가지가 있다. 즉, 유명한 이세신궁(伊勢神宮)에 의해 대표되는 태양신의 제사, 그리고 기쓰키 다이샤(杵築の大社)에 의해 대표되는 이즈모 다이샤 제사 두 가지다. 이즈모 다이샤는 훨씬 더 오래된 시대의 제사의 중심이다. 이 다이샤에서는 신국의 최초 지배자이며 태양 여신 동생의 아들인 오쿠니누시노 가미를 제사 지낸다. 천황 가문의 창시자를 지지해 그 영토를 양도받은 오쿠니누시노 가미는 보이지 않는 나라, 즉 영혼의 나라의 지배자가 된 것이다. 사람이 죽으면 그 영혼들은 모두 이 신들이 지배하는 저승 세계로 간다. 그리하여 이 신들이 모든 씨족신을 지배하는 것이다. 그러므로 오쿠니누시노 가미를 사자의 제왕이라고 불러도 좋을 것이다. 히라타는 다음과 같이 말한다. "우리는 가장 바람직한 환경에서도 백 년 이상의 수명을 바랄 수는 없다. 그러나 사후에는 오쿠니누시노 가미의 저승 세계로 가서 그에게 봉사하는 것이므로 지금부터 이 신전에 이마를 맞대고 경배하는 것을 습득해두는 것이 좋다." 새뮤얼 테일러 콜리지(Samuel Tayler Coleridge)의 아

름다운 단편 「카인의 방랑(The Wanderings of Cain)」에서 표현된 괴이한 공상, 즉 "왕자는 살아 있는 자만의 신이고, 사자에게는 별도의 신이 있다"는 것은 고대 신도 신앙의 한 부분을 보여준다.

옛날 일본의 천황은 살아 있는 몸을 갖춘 신, 즉 '현인신(現人神)'이며, 그 궁성은 국민적 성당으로 '성소 중의 성소'였다. 이 궁성의 정원 내에는 현소(賢所, 황조를 제사 지내는 궁중의 신사)가 있어 천황만이 예배할 수 있었다. 이러한 공적 제사 의식은 이세신궁에서 행해졌다. 천황 가문은 또 칙사를 파견해 기쓰키와 이세의 양 신사에 예배했다 ─ 오늘날도 그 예배를 행하고 있다 ─. 마찬가지로 다른 여러 커다란 신사에도 참배했다. 옛날에는 대다수의 신사가 황실 수입에 의해 유지되거나 일부 보조를 받았다. 중요한 신사는 모두 통례적으로 각각 상하의 신사로 분류됐다. 제1급의 신사가 304개, 제2급의 신사가 2,828개다. 그러나 그 외 무수히 많은 신사는 관청 분류 속에는 포함되지 못하고 지방의 원조를 받았다. 현재 신도 신사에 기록된 총 숫자는 19만 5,000개 이상이다.

이렇게 해서 오쿠니누시노 가미의 이즈모 신사 제사를 포함시키지 않으면 조상숭배에는 네 가지 계급이 존재한다. 즉, 가정의 제사, 씨족신의 제사, 몇몇 지방의 주요 신사(이치노미야) 제사, 이세신궁의 국가적 제례다. 이들 모든 제사는 전통으로 서로 연결되어 있다. 그리고 신도 신자는 매일 아침기도 때 이들 신을 모아서 함께 예배를 드린다. 때때로 그 지방의 이치노미야에도 참배한다. 그리고 가능하면 이세신궁에 가서 참배[伊勢參り]를 한다. 일본인은 누구나 생애에 단 한 번은 직접 이세신궁에 가거나 또는 대리로 참배할 자를 보낸다. 먼 지방에 거주하는 사람은 물론 참배를 갈 수 없다. 그런 마을에서는 반드시 어떤 간격을 두고 자신들의 지역사회를 위해 기쓰키나

이세에 순례자를 보낸다. 대리 참배자의 비용은 지역사회의 기부로 부담한다. 그리고 일본인은 누구라도 자기 집에서 신도 최고의 신들을 예배할 수 있다. 집집마다 신단이 있고, 그곳에 신의 수호를 보증하는 말을 적은 부적[御札]이 수납되어 있다. 이 부적은 기쓰키 혹은 이세의 신관이 발행한 신성한 부적이다. 이세신궁 제사에서 이러한 부적은 통례적으로 대신궁(大神宮)의 신전용 목재로 만들어진다. 이 신전은 고대 관습에 따라 20년마다 새로 건립된다. 그때 파괴된 건물 목재로 부적을 만들어 전국에 배부한다.

또 하나의 조상숭배 — 기능과 직업을 관장하는 신들의 제사 — 의 발달은 특별히 연구할 만한 가치가 있다. 불행하게도 이 주제는 지금 거의 알려져 있지 않다. 아주 먼 옛날 이 예배는 지금보다도 훨씬 분명하게 유지됐던 것이 틀림없다. 직업은 세습됐으며 직인은 단결해 조합 — 특수사회라 말해도 좋을 것이다 — 을 만들었다. 그리하여 그 조합 혹은 특수사회에는 각각의 수호신이 있었다. 어떤 경우에 해당 기술의 신은 일본 기술자의 선조였다. 또 경우에 따라서는 조선이나 중국에서 그 기원이 유래됐을 것이다. 즉, 이주 귀화한 기술자들의 제사가 유입된 경우도 있었을 것이다. 그러한 사람들의 신은 잘 알려져 있지 않다. 그러나 그와 같은 조합들이 다 그런 것은 아니지만, 대부분 어느 시기에는 종교적으로 조직됐으며 제자가 되면 기술뿐만 아니라 제사에 대해서도 똑같았을 것이다. 일찍이 직공(織匠), 도공(陶工), 목수(大工), 궁사(弓師), 시사(矢師), 제련공(鍛工), 조선공(舟大工), 그 외의 직인조합이 존재했다. 이러한 조합의 과거 종교적 조직 구성은 현재에도 어떤 직업이 종교적 성격을 띠고 있는 사실로부터 추측할 수 있다. 예를 들면 목수는 오늘날도 신도 관습에 따라서 집을 건축한다. 즉, 그 일이 어느 단계까지 진행되면 목수는 간누시 옷을 입고 제식을 거행하며 축사를 올려서 신축할 집을 신의 가호하에 둔다. 칼을 만드는 장인은 옛날 수공업 장인들 중에서도 가장 신성했다. 즉, 신관의 옷을 입고 일했으며, 명도를 단련하는 중에는 신도의 재계(齋戒) 의식을 거행했다. 그때는 대장간 앞에 신도 최고(最古)의 상징인 시메나와(注連繩, 짚으로 만든 신성한 노끈)를 둘렀다. 가족이라도 그 안으로 들어가거나 말을 할 수 없었고, 그는 신성한 불로 요리한 음식만을 먹었다.

19만 5,000개의 신사는 씨족신의 제사, 조합의 제사 또는 국민의 제사뿐만 아니라 그 이상의 많은 것을 대표했다. 많은 신사가 동일한 신의 다른 영혼을 제사 지냈다. 즉, 인간이나 신의 경우 그 자체가 성질이 다른 여러 개의 영혼으로 나뉘어져 있다는 생각이 신도에 존재했기 때문이다. 이와 같이 나뉘어져 있는 영혼은 와카미타마(分御靈)라고 했다. 도요우케 히메노카미(豊受神, 음식물의 여신)는 구구노치노 가미(久久能智神, 수목의 신)나 가야노 히메노카미(鹿屋野比讀神, 초목의 여신)로 나뉘어졌다. 신들에게도 인간과 마찬가지로 아라 미타마(荒御靈, 나쁜 영혼)와 니기 미타마(和御靈, 착한 영혼)가 있다고 여겨졌다. 히라타 아쓰타네는 어느 신사에서 오쿠니누시노 가미의 아라 미타마를 제사 지낸다면 다른 신사에서는 니기 미타마를 제사 지내는 것이라고 말했다.[3] 나아가 씨족신 신사의 대다수는 동일 신을 모신다는 것도 염두에 두어야만 한다. 이러한 중복이나 증가는 주요한 신사에 다수의 다른 신이 모셔져 있다는 사실로서 상호 보조를 하고 있다. 그래서 실제 신사의 숫자는 예배받고 있는 신들의 숫자를 알려주는 것은 아니며, 또 제사에 여러 가지 종류가 있다는 것을 가르쳐주는 것도 아니다. 『고사기』나 『일본서기』

---

3 인간에게도 거친 영혼과 온화한 영혼이 있다. 그러나 신의 경우에는 명확히 3개의 영혼이며, 이것들을 각각 거친 영혼, 온화한 영혼, 행운의 영혼이라 부른다. 어네스트 사토우의 『순수 신도의 부활』 참조. ─ 원주

에 나오는 신들에게는 거의 대부분 어딘가에 신사가 있다. 그리고 그 외의 무수한 신들 ㅡ 후일 신들로 모셔지게 된 것을 포함해 ㅡ 에게도 신사가 있다. 예를 들면 역사상의 인물 ㅡ 훌륭한 대신이나 무장, 지배자, 학자, 영웅, 정치가의 영혼 ㅡ 을 제사 지내는 신사도 무수히 많다. 진구황후(神功皇后)의 유명한 대신, 다케우치 쓰쿠네(武內宿禰, 300세까지 살면서 6대에 걸쳐 황제를 섬겼다)는 현재도 장수와 예지를 나눠주는 신으로서 많은 신사에 모셔져 있다. 그리고 다이코덴노(醍醐天皇)의 대신이었던 스가와라 미치자네(菅原道眞, 741~814)의 영혼은 덴진(天神)이라든가 덴만구(天滿宮)라는 명칭하에 서도의 신으로 모셔지고 있다. 그리하여 어떤 지방의 아이라 해도 그 첫 번째 서도의 청서(淸書)는 이 신에게 봉납하며, 오래된 붓은 이 신을 모신 신전에 수납한다. 유명한 12세기 비극의 희생자이자 주인공이었던 소가(曾我) 형제는 사이좋은 형제관계의 영속을 비는 사람들의 신이 됐다. 그리스도교도의 불구대천의 적이자 도요토미 히데요시(豊臣秀吉)의 무장이었던 가토 기요마사(加藤淸正, 1562~1611)는 불교와 신도 양쪽에서 신으로 모셔지고 있다. 도쿠가와 이에야스는 도쇼구(東照宮)에서 예배를 받고 있다. 사실 일본 역사상 위인 중 많은 이들에게는 그들을 모시기 위해 건립된 신사가 있다. 그리고 다이묘의 영혼도 옛날에는 그 자손이나 후계자의 부하들로부터 깍듯이 예배됐다.

산업이나 농업을 관장하는 신들 ㅡ 양잠의 여신, 쌀의 여신, 바람이나 날씨의 신 ㅡ 을 모신 신사 외에도 위령(慰靈)의 신사라고 말할 수 있는 것이 전국 도처에 발견된다. 근세 시대에 건립된 이런 신사는 커다란 부정이나 불행으로 고통받는 사람들의 영혼을 위무하기 위한 것이다. 이와 같은 경우의 예배는 정말로 특이한 특징을 보인다. 어쨌든 간에 예배자는 신으로 모셔진 사람이 살아 있을 때 고통받은 것과 같은 종류의 재앙이나 어려움으로부터 보호받기를 기도하기 때문이다. 예를 들면 나는 이즈모 지역에서 영주의 사랑을 받았던 한 부인의 영혼을 제사 지내는 신사를 찾은 적이 있다. 그녀는 질투에 눈이 먼 경쟁 상대의 음모로 자살했다. 이 부인은 머리카락이 매우 아름다웠다고 한다. 그런데 그 머리카락은 칠흑(漆黑) 색이 아니었다. 그녀를 시기하는 이들은 그녀의 머리카락 색깔을 트집 잡았다. 그래서 딸의 머리카락이 붉은색인 어머니들은 이 부인의 신사에 와서 머리카락 색을 검게 해달라고 빌었다. 그리고 삼단 같은 머리카락과 에도에서 출판된 채색 우키요에(浮世繪, 풍속화)를 공물로 바쳤다. 이 부인이 생전에 우키요에를 좋아했다고 전해지기 때문이다. 또한 같은 시골에 남편의 출타를 한탄해 말라 죽은 한 젊은 부인의 영혼을 모신 신사가 세워져 있었다. 그녀는 언제나 동네의 작은 고개에 올라가 남편이 돌아오기를 기다렸다. 그녀가 남편을 기다리던 장소에 신사가 건립됐다. 그리고 지금 그 신사에는 여행을 떠난 남편이 무사히 돌아올 수 있도록 기도를 드리는 부인들의 발걸음이 이어지고 있다.

이와 거의 같은 종류의 위령을 위한 예배가 무덤에서도 거행되고 있다. 일반 서민은 학대받아 자살한 사람이나, 법률적으로는 죄인이지만 애국심이라든가 또는 그 외 동정할 만한 동기에 고취되어 범한 죄 때문에 처형당한 사람을 신으로 모시려고 한다. 그런 사람의 무덤 앞에는 공물이나 기도문이 바쳐진다. 비련에 흐느꼈던 연인들의 영혼도 마찬가지로 그와 비슷한 사정의 젊은이들에게 예배받고 있다. 그 외 여러 가지 수많은 위령 예배 중에서도 동물의 영혼 ─ 주로 가축의 경우지만 ─ 을 위해 작은 사당을 짓는 관습이 있다는 것을 꼭 거론해야만 할 것이다. 이것은 그 동물이 불평 없이 묵묵히 일하면서 별다른 보상도 받지 못했다는 것을 인정하거나, 또는 부당하게 부가됐던 고통을 보상해주는 차원에서 제사 지내는 것이다.

또 한 종류의 수호신에 주목해야 한다. 이 수호신은 인가나 그 주변에 산다. 어떤 것은 옛 신화 속에서 나오며, 아마도 일본의 조상숭배에서 발전한 것일 것이다. 또 어떤 것은 외국에서 유래된 것이다. 나아가 어떤 것은 신사가 없는 것도 있다. 이른바 애니미즘(物活論)적 영역을 넘지 못하는 것도 있다. 이런 종류의 신들은 그리스의 유일신에 대응한다기보다는, 오히려 로마의 성기(性器)의 신에 상응할 것이다. 우물의 신인 수신(水神), 부뚜막의 신[荒神, 대부분 가정의 부엌에 이 신을 위한 작은 감실이나 이름을 적은 부적이 있다], 가마솥의 신[曲突の神]과 냄비의 신[戸部の神 — 옛날에는 오키쓰히코(沖津彦)나 오키쓰히메(沖津比賣)라고 불렀다 —, 연못의 주인으로서 뱀의 형상으로 나타났다고 하는 연못의 신[池の神], 쌀뒤주의 여신[お釜樣], 인간에게 전답을 기름지게 하는 방법을 처음으로 가르친 변소의 신[厠神, 이 신은 통례적으로 남녀 형태를 하고 있지만 몸이 종이로 만들어졌으며 얼굴이 없다], 나무·불·금속의 신, 정원·전답·허수아비·다리·산·삼림·강의 신, 나아가 수목(樹木)의 영혼 — 일본의 신화 속에는 독특한 '수목의 정령'이 있다 — 에 이르는 이상의 신들은 의심할 것도 없이 신도의 신이다. 한편 도로는 주로 부처가 수호하고 있음을 알 수 있다. 나는 경계 지역의 신 — 라틴어로는 타메스라고 한다 — 에서 무엇인가 실마리를 얻었다. 촌락의 경계에서는 겨우 불교의 불상이 발견된다. 그러나 어떤 집에서건 그 북측에는 귀신문[鬼門, 악마의 문]이라고 부르는 쪽에 면한 신도의 작은 사당이 보인다. 중국의 가르침에 의하면 귀신문은 모든 재앙이 들어오는 곳으로, 신도의 여러 신에게 바쳐진 이 작은 사당이 악령들로부터 집을 보호해준다고 여겨졌다. 이런 귀신문 신앙은 아무리 보아도 중국으로부터 들어온 것 같다.

그렇지만 집의 모든 곳 — 대들보 한 개나 가정용 도구류에도 — 에 눈에는 보이지 않지만 하나하나 수호신이 있다는 신앙이 중국의 영향으로부터 발전한 것인지는 아무래도 의심의 여지가 있다. 아무튼 이 신앙을 고찰해가면 가옥의 건축 — 그 집이 서양식이 아닌 경우 — 은 지금도 하나의 종교적 행위라는 것, 또 목수의 동량(棟梁) 업무에 간누시의 일이 포함되어 있는 것은 조금도 놀랄 일이 아니다.

이런 까닭으로 애니미즘 문제가 대두한다. 나는 현대 진화론자들이 애니미즘은 조상숭배 이전부터 존재했다는 구식 사고 — 생명이 없는 물체의 영혼을 믿는 사고가 인간의 망령과 관계된 관념이 아직 발달하지 못했던 시기 이전에 생겨났다는 가정을 포함한 학설 — 를 고수할지 여부에 대해서는 의심스럽게 생각한다. 일본에서 만물에 영혼이 있다고 하는 신앙과 신도의 최저(最低) 차원의 형식 사이에 선을 그어 구별하기란 어렵다. 그것은 식물과 동물의 세계를 구획하려는 경우와 비슷하다고 할 수 있다. 그러나 고대의 신도 문학 중에 현재 존재하는 진보된 애니미즘의 증거가 될 만한 것은 아무것도 없다. 아마도 이런 발달은 서서히 있어왔으며 중국의 영향이 컸을 것이다. 그리고 또 『고사기』를 읽으면 "반딧불처럼 반짝반짝 빛나거나 하루살이처럼 날아다니는 사악한 신들", "바위나 나무 그루터기, 나아가 푸른 바다 언덕의 물보라에 말하는 귀신"이라는 표현이 있다. 이것은 중국의 영향을 받기 이전에 애니미즘적 만물 숭배 사고가 일반에 상당히 널리 보급됐음을 나타내는 것이리라. 그리고 이 애니미즘이 영속적 숭배 — 형태가 신기한 돌이라든가 수목 등을 경배하는 것 같은 — 와 연결되는 경우에는 그 숭배의 형태가 거의 신도라는 데 의의가 있다. 그러한 기석진목(奇石珍木) 앞에서는 신사문의 형태, 보통 도리이(鳥居)를 볼 수 있다. 중국이나 조선의 영향을 받으면서도 애니미즘 발달에 따라 옛 일본인들은 신령과 귀신의 세계 속에 스스로를 나타냈다. 그것들은 해류나 폭포수 소리, 바람 소리나 나뭇잎 스치는 소리, 작은 새들이 지저귀는 소리나 곤충들의 날갯짓 소리가 되어 자연의 소리로 그들에게 말하는 것이다. 일본인에게는 눈에 보이는 모든 움직임 — 파도, 풀, 밀려오는 안개, 흘러가는 구름 — 이 심령적이었다. 그리고 영원히 움직이지 않는 바위를 — 그뿐만 아니라 길가의 돌들도 — 왠지 경외해야만 할 것 같았던 것이다.

8

예배와 정화

옛날 일본에서 살아 있는 자의 세상은 어디서나 사자의 지배하에 있었다는 것, 즉 개인은 생존 중에 언제나 망령의 감시를 받고 있었다는 것에 대해 살펴봤다. 일본인은 집에서는 조상 망령의 보살핌을, 바깥에서는 그 지방 신의 지배를 받았던 것이다. 그들은 눈에 보이지 않는 삶과 죽음의 힘에 둘러싸여 있었다. 일본인의 자연 개념은 빛이나 어둠, 기후와 사계, 바람과 조류, 생성과 조락, 질병과 건강 등 모두 사자가 지배하는 것이었다. 눈에 보이지 않는 분위기는 환영의 바다이자 유령의 대양[大海原]이었다. 영혼의 기운은 경작하는 토지에 침투하고 수목에도 머무르며 신성한 것으로 변화됐고 바위나 암석에까지 의식 있는 생명을 불어넣었다. 이 눈에 보이지 않는 무한한 집합에 대해서 일본인은 어떤 식으로 그 의무를 다할 수 있었을까.

작은 신들은 물론, 큰 신들의 이름까지 모두 기억하는 것은 어떤 학자라도 할 수 있는 일이 아니다. 게다가 날마다의 기도에서 각각 그 이름들을 암송하며 위대한 신들에게 말을 걸 만큼 여유롭기란 누구에게든 어려운 것이다. 그리하여 후일 신도 지도자들은 신앙 의무의 간소화를 생각해내 신들 전반에 대한 간결한 매일 기도와 특별한 2~3개의 신을 위한 개별 기도를 바치도록 규정했다. 이렇게 필요에 의해 확립된 관습이 거의 고정화됐다. 히라타 아쓰타네는 다음과 같이 기록한다. "여러 가지 기능을 가진 신들의 숫자는 실로 방대하므로 그중에서 가장 중요한 신의 이름을 부르며 예배 드리도록 하고, 그 외는 일반 기도에 합쳐버리는 것이 편리하다." 히라타는 여유 있는 사람들을 위한 기도 10개조를 들고 있지만, 바쁜 사람들을 위해서 의무를 더욱 경감시켰다. 이른바 "매일의 용무가 번다해 모든 신들에게 예배 드릴 시간이 없는 이들은 ① 황거(皇居), ② 가정 내에 신이 머무는 곳, 신단, ③ 조상의 영, ④ 수호신·씨족신, ⑤ 특별한 각 직업의 신에 예배 드리는 것으로 만족해도 좋다"고 말한다. 그는 매일 신단 앞에서 다음과 같은 기도를 드리는 것이 좋다고 설명한다.

ㅡ우선 제일 먼저 이세의 우치미야(內宮)와 소토미야(外宮)의 큰 신에게 절하고 모신다ㅡ하늘의 800만 신들, 땅의 800만 신들, 일본 전국(大八洲)의 땅과 섬, 모든 곳에서 봉헌받고 있는 1,500만의 신들, 그에 봉사하는 신들과 분할되어 나온 신사 및 사(社)의 1,500만 신들, 이 신단에 다시 만들어진 신사에 초대되어 날마다 찬양을 받는 소후도노 가미(曾富登神)[1]들의 귀에 들리게 하고 눈을 맞추어, 알지도 생각하지도 못한 과오를 바로잡도록 각 신들이 능력에 맞게 베풀어주신 자비와 은혜에 감사드리면서, 나를 신들의 존경스러운 증거로서 신의 길에서 훌륭한 일을 성취하도

---

1 소후도노 가미는 전답의 수호자(案山子の神)다. ㅡ원주

록 삼가 기도 드리옵니다.[2]

이 인용문은 신도의 최대 주석자가 신도 기도를 어떤 식으로 해야만 하는가를 생각한 일례로서 매우 흥미롭다. 그리고 소후도노 가미와 관련된 것을 제외하면, 이것은 지금도 보통 일본 가정에서 반복되고 있는 아침기도다. 그러나 최근 이 기도는 매우 간결해졌다. 일본에서 가장 오래된 신도의 지방 이즈모에서 관습적으로 거행되고 있는 아침 예배가 아마도 옛날 기도 규정의 가장 좋은 예가 될 것이다. 아침에 일어나면 바로 드리는 아침 예배는 냉수 목욕을 한 뒤 얼굴을 씻고 입을 헹군 다음 태양을 향해 박수를 치고 공손하게 머리를 숙여 "덴도(天道, 태양)여, 그 빛에 오늘도 마음으로부터 인사를 올립니다"라고 간단한 아침 인사를 한다. 이와 같이 태양을 경배하고 황조(皇朝)에 충성을 맹세해 신민으로서의 의무를 행한다. 이것은 문밖에서 무릎을 꿇지 않고 선 채로 한다. 이런 간결한 예배 광경은 매우 인상적이다. 한편 몇 년 전이었던가, 황량한 오키(隱岐) 지역 바다에서 봤던 풍경을 나는 지금도 기억 속에 생생히 떠올릴 수 있다. 어선의 뱃머리에 서서히 떠오르는 아침 해를 향해 박수를 치며 예배 드리는 젊은 어부의 맨몸은 새빨간 아침 햇빛을 받아 적갈색 구리빛[赤銅]의 조각상을 방불케 했다. 또 후지 산 정상 가장 높은 바위에서 무리를 이루어 동쪽을 향해 박수를 치며 기도를 드리는 순례자들의 모습이 뇌리에 깊이 새겨져 있다. 아마도 1만, 아니 2만 년 이전부터 전 인류가 이런 식으로 태양을 숭배했을 것이다.

일출 예배가 끝나면 예배자는 집으로 돌아가 신단과 선조의 위패 앞에서

---

2 어네스트 사토우의 번역을 따랐다. — 원주

기도를 한다. 무릎을 꿇고 이세와 이즈모의 큰 신에게, 그 지방의 주요 신들에게, 또 그 지역 신사의 신(씨족신)에게, 드디어 마지막으로는 신도의 무수한 신들 모두에게 기도한다. 이러한 기도를 드릴 때는 목소리를 높이지 않는다. 선조에게는 집의 토대를 세워준 것에 감사를 드리고 상급의 신들에게는 원조와 보호를 바라는 기도를 한다. 천황이 거처하는 쪽을 향해 경례하는 습관이 원격(遠隔) 지방의 어느 지역에까지 존재하는지는 알 수 없다. 그러나 나는 여태까지 이 경의로운 장면을 종종 목격했다. 심지어 도시 구경을 온 지방 사람들이 도쿄의 황거(皇居) 문 바로 앞에서 이 예배를 드리는 것을 본 적도 있다. 그 촌락에 머문 적이 있어 그들과 나는 구면이었다. 그들은 도쿄에 도착하자 나를 찾아왔다. 내가 그들을 황거로 안내했더니 황거 정문에서 모두 모자를 벗고 예배를 드리고 박수를 치는 것이었다. 그것은 신이나 일출을 예배하던 때의 행동과 똑같았다. 소박하고도 장엄한 경의가 깃든 그 행동에 나는 매우 감동했다.

이 아침 예배 의무는 미타마시로 앞에 공물을 바치는 것을 포함해, 단지 집안 제사를 위해서만 거행하는 것은 아니다. 집안의 선조들과 더 상급 신들에게 따로 예배 드리는 신도의 집에서 선조를 제사 지내는 신단은 로마인 집의 신단(lararium)과 같은 것이라 말할 수 있으며, 한편 다이마(大麻, 신궁이나 신사에서 신자에게 주는 부적)와 고헤이(御幣, 신전에 올리는, 막대기 끝에 가늘고 길게 자른 흰 종이나 천을 끼운 것)를 놓아둔 신단은 라틴 풍습에서 화롯가의 신을 위한 예배 장소에 비유될 수 있을 것이다. 이 2개의 신도 제사는 각각 특정한 제삿날이 있다. 그리고 조상 제사의 경우에 그 제삿날은 종교적으로 모이는 것이며, 그때는 그 가족의 친척이 모여서 일가의 제사 의식을 거행했다. 신도자들은 또 씨족신 제사에도 참가해야 하며, 적어도 민족 제사에 관련된 9개의 국민 대제삿날의 축하에도 협력해야 했다. 민족의 제삿날은 모두 열하루고, 그중 아홉 날은 천황이 선조 제사를 행하는 날이다.

공식적 제례 의식은 그 신들의 격식에 따라 성격이 달랐다. 공물과 기도 준비는 모두 똑같았다. 그러나 위대한 신에게는 더 훌륭한 의식으로 예배를 드린다. 오늘날 공물은 통례적으로 음식과 술, 그리고 고대 풍습에 따른 고가의 직물 선물로서 상징적 물품들이 구비된다. 제례 의식의 내용은 행렬, 음악, 가요, 무용 등이다. 매우 작은 규모의 신사에서 이러한 의식은 우선되지 않고, 다만 음식 공물이 준비된다. 대형 신사일 경우에는 간누시나 미코 무리가 정성을 다해 장엄하게 제례 의식을 치른다. 이 제례 의식의 고대적 특성을 연구하는 데 가장 편리한 것은 이세의 대신궁 — 그곳에서 14세기까지 최상의 미코는 황녀였다 — 과 이즈모 다이샤였다. 그곳에는 가장 오래된 신도 신앙을 대체했던 불교의 큰 흐름이 지나가고, 모든 것이 몇천 년 전의 옛 모습 그대로 남아 있다. 그리하여 동화 속에 나타나는 마법의 궁전처럼 시간 그 자체가 잠든 것 같다. 신사 건물은 이상하게 높이 솟아오른 생소한 모습으로 사람들의 눈을 놀라게 한다. 건물의 내부는 만사가 엄숙할 정도로 간소하고 상큼하다. 아무 형상도 장식도 없다. 눈에 보이는 상징도 없다. 다만 흰 종이를 자른 종이 공예처럼 보이는 것(고헤이)이 올곧은 나무 막대기에 매달려 있다. 이것은 공물의 상징이며, 또 눈에 보이지 않는 것의 표시다. 신전 안쪽에 있는 이 고헤이의 숫자로 그곳에 몇 명의 신들이 진좌(鎭坐)해 있는지 알 수 있다. 그곳에는 공간, 공허함, 과거로의 암시 이외에 따로 구비된 것은 아무것도 없다. 가장 안쪽 방에는 천막이 드리워져 있다. 그곳에 있는 것은 청동거울, 옛날 칼 — 혹은 그 밖에 무엇인가가 몇 겹 쌓여 있다 — 뿐이다. 즉, 우상(숭배)보다도 더 연대가 오래된 이 신앙에 형상은 필요가 없었다. 그 신들은 정령이었다. 그리하여 이 신전의 텅 빈 적막함은 어떤 형태 있는 것들보다 한층 더 삼엄한 외경적 기운을 불러일으킨다. 이 의식, 예배 형식, 신과 연결되는 사물의 형태는 적어도 서양인의 눈에는 아주 기묘하게 보일 것이다. 신카(神火, 신에게 바치는 음식을 요리하는 불)를 피울 때는 절대로 근대적인 방법을 사용하지 않는다. 이 불은 목제로 된, 비벼서 불을 일으키는 추(錐)를 써서 완전히 태고 방식으로 일으킨다. 제례의 중심인 신주들은 청정한 흰색 장속을 입고, 더 이상 다른 데서는 볼 수 없는 관을 쓰고 있다. 즉, 옛날 다이묘나 공경들이 쓴 것 같은 산처럼 높은 관이다. 그들의 보좌역들은 지위에 따라 각각 다른 색의 장속을 입었다. 그리고 그 누구도 수염을 깎아서는 안 됐다. 어떤 자는 멋진 구레나룻을 늘어뜨리고 또 어떤 자는 콧수염을 길렀다. 신들에게 봉사하는 성직자들의 이런 행동이나 태도에는 붓으로는 다 표현할 수 없는 위엄과 고풍이 있다. 그들의 동작은 모두 관습에 의해 규정됐다. 그리하여 간누시의 직능을 훌륭히 수행하기 위해서는 기나긴 도제적 훈련을 쌓을 필요가 있었다. 이 직능은 세습이다. 훈련은 어릴 때부터 시작되며, 마침내 몸에 배인 무표정한 얼굴과 태도, 몸짓은 실로 놀랄 만하다. 의식 중에 간누시는 살아 있는 인간이라기보다는 오히려 하나의 조각상이며 눈에 보이지 않는 것에 의해 조종되고 있는 상이다. 그리고 그는 신과 같이 결코 눈을 깜박이지 않는다. 적어도 눈을 깜박이는 것이 눈에 들어오지 않는다. 일찍이 신도의 대규모 행렬이 있을 때 나는 일본인 친구 몇 명과 함께 말 위의 젊은 신관이 얼마 동안 눈을 깜박이지 않는지 죽 응시했다. 내내 그를 쳐다보고 있는 동안 말이 멈칫했음에도 우리 중 누구 한 사람도 그 신관의 눈동자와 쌍꺼풀이 움직이는 것을 볼 수 없었다.

규모가 큰 신사에서 중요한 제례 의식은 공물 봉헌, 의식의 반복, 그리고 미코(무녀)의 춤일 것이다. 이런 의식들에는 각각 전통과 밀착된 특성이 있다. 음식 공물은 고풍스러운 쓰야키의 토기 - 대개 적색 토기 - 위에 차려진다. 백설탕 덩어리같이 원추형으로 높이 올려진 흰쌀밥, 신선한 생선 요리와 식용 해조류, 과일이나 새, 아주 오래된 옛날 식 형태 그대로의 병에 담긴 술 등 여러 가지가 준비된다. 이 공물들은 기이한 형태의 흰 나무 쟁반에 담겨 신사 건물 안으로 운반되어, 마찬가지로 기이한 형태의 흰 나무 책상 위에 놓인다. 이것을 운반하는 자는 눈보다 아래 쪽을 흰 종이로 감싼다. 인간의 호흡으로 신이 먹을 음식을 더럽히지 않도록 한다는 것이다. 같은 이유로 쟁반도 양팔을 쭉 뻗어서 들고 운반해야만 한다. 아주 옛날에는 공물 중에 음식물보다 훨씬 고가의 것이 포함되어 있었던 것 같다. 일본 말로 기록된, 아마도 현존하는 가장 오래된 문서로 보이는 신도 의식서, 즉 축문[祝詞][3]에 쓰어 있는 것을 믿는다면 말이다. 다키타(龍田)의 바람신에게 바치는 의례 기도서에 대한 어네스트 사토우의 번역서를 인용한 아래의 초록(抄錄)은 축문 용어의 훌륭한 견본일 뿐만 아니라, 그와 동시에 옛날 대규모 제사 의식의 특징이나 공물의 성격을 나타내는 점에서 매우 흥미롭다.

  젊은 남신에게 봉헌하는 훌륭한 공물로서 나는 각양각색의 공물을 바쳤습니다. 즉, 옷감에는 밝은색의 천, 번쩍번쩍 빛나는 천, 부드러운 천, 거친 천, 그 외에 5종류의 물건, 방패와 창, 안장을 채운 말이 있습니다. 젊은 여신에게 나는 여러 가지 다양한 공물을 봉헌했습니다. 미리부터 준비한 옷감, 황금으로 된 실 상자와 다타리(絡

---

3 어네스트 사토우의 번역을 따랐으며, 이 고문서에 대한 의견도 그에 따른다. 이 고문서를 독일어로 번역한 것도 있다. - 원주

塚, 실의 엉킴을 방지하는 도구), 밝은 색깔의 천, 반짝반짝 빛나는 천, 부드러운 천, 거친 천, 5종류의 물건, 방추, 안장을 채운 말이 그것입니다. 다양한 술통에는 술이 꽉 채워져 즐비하게 늘어서 있고, 곡물은 부드러운 것부터 딱딱한 것에 이르기까지, 산에 나는 것은 털이 부드러운 것부터 거친 것에 이르기까지, 넓은 평원에 자라는 것은 달콤한 것부터 쓴맛의 약초까지, 푸른 바다에서 나는 것은 큰 지느러미가 달린 대어부터 작은 지느러미의 소어까지, 또한 바닷속 해조류부터 인근 바닷가의 해초까지 있습니다. 그리하여 감히 말씀드리는 것은 신들에게 바치는 이 대공물들 — 산[橫山]처럼 가득하게 쌓여 있다 — 을 너그러운 마음으로 받아주시기를 원하오며, 또 하느님께서 지상의 수많은 백성이 키운 이 공물들에 악풍이나 거친 물이 찾아오지 않도록, 신의 가호를 받아 풍성하게 열매 맺고 수확을 할 수 있도록 허락해주신다면 가을 추수 축제 때 첫 수확한 과일과 갖가지 술병을 가득 채워서 바치겠습니다. 수백 수천 개의 벼 이삭을 이곳으로 운반해 와 바치겠습니다. 이를 위해 왕후(王侯), 제반 공경 대부, 백관, 야마토 국가의 남녀 사역자가 금년 4월에 모두 모여 삼가 신전 앞에서 가마우지처럼 깊이 머리를 조아리고 오늘 햇님이 빛나게 오를 때 찬탄의 말씀을 드립니다.

현재에는 공물을 '산[橫山]처럼' 쌓아 올리는 일도 없어졌고, 또 '산속에, 바닷속에 사는 모든 것'을 쌓아 바치는 일도 없어졌다. 그렇지만 삼엄한 제례 의식은 아직도 잔존하며, 이 의식은 언제나 인상 깊다. 그중에서 매우 흥미로운 것은 무녀들의 춤이다. 신들이 성스러운 제단[聖壇] 앞에 바쳐진 음식과 술을 먹고 있(다고 상상되)는 동안에 홍백의 장속을 입은 소녀 무녀들이 북과 피리 소리에 맞추어 우아하게 춤을 춘다. 부채를 펴들고 작은 방울을 흔들어 울리며 성단 주변을 도는 것이다. 서양인의 시각에서 무녀들의 이 연무(演

舞)는 도저히 춤이라고 말하기 어렵지만, 분명 우아하며 신기한 구경거리다. 그것은 이 춤이 다리와 몸의 움직임 등, 하나하나 잘 알 수는 없지만 먼 옛날부터 내려오는 전통에 규제되어 있기 때문이다. 애조를 담은 음악에 대해 말할 것 같으면, 서양인의 귀로는 이 음악 속에서 진정한 멜로디 같은 것은 아무래도 도저히 들을 수 없다. 그러나 이 음악이 지금으로부터 2,000년 전에 연주됐던 그대로라고 한다면 신들은 이것을 듣고 기뻐할 것이다.

나는 옛날 이즈모에서 발견한 제사(祭事)에 대해 특별히 기술하고 있다. 이런 의식은 각 지방에 따라 약간씩 다르다. 이세, 가스가, 곤비라(金比羅), 그 밖에 내가 방문한 신사에서 보통 무녀는 어린 여자아이였다. 소녀들은 시집갈 나이가 되면 무녀를 그만둔다. 그러나 기쓰키의 무녀는 성인 부인이다. 그들의 직무는 세습으로서, 결혼 후에 이 임무를 계속해도 상관없다.

무녀는 단순한 사제 이상이다. 무녀들이 배우는 가요를 보면 무녀가 신에게 바치는 신붓감이라는 것을 알 수 있다. 지금도 무녀의 손이 닿는 것은 신성하게 여겨진다. 그러므로 무녀의 손으로 뿌린 종자는 신의 은총을 받는다는 것이다. 옛날 어떤 시기에 무녀는 무당이었던 적도 있다. 즉, 신의 영혼이 그녀에게 옮겨져 신이 그녀의 입을 통해 말하는 것이다. 일본 최고(最古)의 이 종교적 홍취 – 신의 영을 모신 신붓감의 어린 소녀가 신기한 홍백의 나비로서, 눈에는 보이지 않는 신의 어좌 앞에서 사뿐사뿐 날아 춤추는 모습 – 가 자아내는 감동은 매우 깊었다. 시대가 바뀌어 이제 무녀도 소학교에 다녀야만 하는 시절이 됐지만, 무녀는 변함없이 일본 소녀의 어리고 귀여운 모습을 보여준다. 그것은 소녀가 받은 특별한 가정교육의 덕택이다. 아무렇지도 않은 것 같은 행동거지지만 그 속에는 소녀의 공손함, 천진난만함, 그리고 고상함을 잃지 않도록, 또 변함없이 언제까지나 신의 은총을 받을 수 있도록 만드는 힘이 있다.

　다른 나라의 조상숭배 상급 형식의 역사를 찾아보면 일본 신도 제사의 공적 의식에 틀림없이 정화 의식이 있었을 것이라고 상상하게 된다. 사실 신도의 모든 의식 중에서 가장 중요한 것은 이 정화 의식이다. 오하라이(大祓い, 부정 떨어내기)라고 부르는 이 의식의 의미는 모든 악을 쫓아내는, 즉 추방한다는 것이다. 고대 아테네에서는 이에 해당하는 의식이 매년 행해졌고, 로마에서는 4년마다 한 번씩 있었다. 오하라이는 일 년에 두 번(음력 6월과 12월) 행해졌다. 이것은 로마의 정화 의식과 마찬가지로 의무적으로 행해야만 했다. 이 의무화의 배후에 있는 관념은 로마에서의 정화 의식에 대해서 로마법을 발동시킨 것과 거의 동일하다. 살아 있는 자의 행복이 죽은 자의 의지에 달려 있다 — 이 세상에서 일어나는 모든 일이 선과 악이라는 서로 다른 성질의 정령에 지령을 받는다 — 는 생각은, 모든 악을 저질렀을 때 파괴라는 눈에 보이지 않는 능력이 배가되고 그 때문에 공공의 번영이 위험에 빠지게 된다는 생각을 인간이 믿는 한, 일반 서민의 공통적 신앙 조목으로 공공적 정화의 필요성이 존재하는 것은 당연하다. 어떤 사회든, 고의든 우연이든, 신을 분노하게 만드는 자가 한 사람이라도 있다는 것은 그 공공 사회의 불행이자 위험이었다. 그렇지만 사람은 누구나 우주가 사상·언론·행동상으로 — 격정이나 무지, 부주의함 때문에 — 신들을 괴롭히는 일 없이 훌륭하게 살아갈 수 없다. 히라타 아쓰타네는 다음과 같이 말한다. "인간은 아무리 주의해도 부주의한 잘못을 반드시 저지르고 만다. 여하튼 인간은 무의식 중에 잘못을 저지르기 쉽다고 생각하는 쪽이 좋을 것이다." 여기서 기억해두어야만 할 것은 옛날 일본인들이 — 고대 그리스인이나 로마인의 경우와 마찬가지로 — 수많은 종교적 관습을 엄수했고, 그리하여 여러 가지 제사 의무를 수행하는 과정에서 눈에 보

이지 않는 신을 무심코 화나게 했는지 여부를 좀처럼 알 수 없다는 것이다. 그래서 사람들이 종교적 청정을 유지하고 이를 확보하고자 특정 기간을 정해 부정을 씻는 행위가 결과적으로 필수 불가결해졌다.

아주 옛날부터 신도는 세심하게 청정을 강요했다. 신들은 인간의 더러운 육체를 도덕적 부정과 똑같이 여겨 아무래도 용서할 수 없었을 것이다. 그래서 신도는 언제나 깨끗이 씻는 목욕재계의 종교였으며 지금도 그렇다. 일본인의 청결에 대한 애정 - 일반적으로 매일 목욕을 하며, 집에 먼지 하나 없는 데서도 알 수 있지만 - 은 그들의 종교에 의해 유지되고, 또 아마도 전수됐을 것이다. 하나의 오점도 없는 청결함이 조상 제사에 - 신사에도, 신관의 인품에도, 또 가정에도 - 요구됐지만, 이 청정 규칙이 스스로 생활의 모든 실태에 서서히 확대되어갔을 것이다. 그리하여 정기적으로 커다란 부정을 털어내는 의식 이외에 무수한 작은 정화 의식이 제사에 강요됐다. 기억해야 할 것은 고대 그리스나 로마 문명의 경우도 옛날 일본 사회와 똑같았다는 것이다. 즉, 시민은 일상생활의 중요한 시기에 대개 이 정화 의례를 따라야 했다. 출산·결혼·사망 시 정화가 필요했고 전장에 나가기 전에도 정화 의식이 있었으며 주거·지소·지방·도시별로도 일정한 시기를 정해 정화 의식이 이뤄졌다. 그리고 일본의 경우와 마찬가지로 누구라도 손을 씻지 않고는 신사 본전에 접근할 수 없었다.

그런데 고대 일본의 신도는 그리스나 로마의 제사 이상을 강요했다. 즉, 신도에서는 출산 시 출산용 가옥[産屋]을 세울 것을 강요했으며, 혼례 시 부부의 신방으로는 혼가 가옥이, 그리고 죽은 자를 위해서는 상가 가옥[喪屋]이 필요했다. 옛날에 부인들은 월경 기간 중에 임신 기간과 마찬가지로 별거해야만 했다. 이러한 오래된 가혹한 관습은 이제 한두 곳의 원격 지방이나 신관 가족 이외에서는 거의 찾아볼 수 없게 됐다. 그러나 정화에 대해서, 또는 성역 출입금지 시기와 그 경우에 대한 전반적인 규정은 여전히 도처에서 준수되고 있다. 즉, 마음의 청정과 마찬가지로 신체의 청정도 강요됐다. 그리하여 6개월마다 도덕적 정화 의식으로서 대규모의 재앙 씻기 의식이 이뤄졌다. 이 의식은 커다란 신사나 모든 씨족신에서, 그리고 각 가정에서도 행해졌다.[4]

각 가정에서 행하는 오하라이의 현대 형식은 매우 간단하다. 씨족신의 신사에서는 신자들에게 모두 히토가타(人形, 사람 모양으로 접은 작은 종이 인형)를 나눠준다 — 남성과 남자아이에게는 남자 형태, 여성과 여자아이에게는 여자 형태의 것을 준다 —. 모든 가정에서 가족 숫자만큼 받는다. 사람들은 히토가타의 머리, 얼굴, 손발, 몸을 어루만지면서 신도에게 기원을 반복한다. 자신이 부지불식간에 저지른 죄 때문에 일어난 재난이나 질병을 신의 은혜로 털어버릴 수 있게 해달라고 기도하는 것이다 — 신도 신앙에서 질병이나 재난은 신이 내린 벌이다 —. 그리고 각 히토가타에 받은 사람의 연령과 성별 — 성명은 기록하지 않는다 — 을 기입한다. 기입을 마치면 모두 씨족신 신사에 보내고 그곳에서 정화 의식을 한 뒤 태워버린다. 그 지역사회는 이런 식으로 6개월마다

---

4 신을 제사 지내는 선반인 가미다나에는 이 나라의 커다란 정화 의식인 오하라이에 임해서, 이세 신관들이 다루는 오고후(神護符, 신불의 힘이 숨어 있어 재액을 면하게 해준다는 부적)를 바치는 장방형의 종이상자가 통례적으로 안치된다. 이 상자는 정화 의식에서 오하라이, 즉 고귀한 정화의 표찰이라고 부르며 이세신궁의 신들의 이름이 기록되어 있다. 이 표찰을 안치하는 것은 가내 안전을 의미한다. 그러나 이 표찰은 6개월이 지나면 새로운 것으로 교환해야만 했다. 이 오후다(神符, 신사에서 주는 부적)의 공덕은 공공적으로 행해지는 두 번의 정화 제례 동안만 적용된다고 여겨졌기 때문이다. 이세신궁에서는 정화 의식 때 재액을 쫓아내기 위해 사용하는 오후다를 여러 가정에 배부하는 것은 물론, 다음 오하라이 때까지 각 가정에 상위 신관(上位神官)이 기도한 신의 가호가 내릴 것을 기원한다. — 원주

정화된다.

고대 그리스나 로마의 도시에서는 정화 의식과 함께 호적 등록이 이뤄졌다. 이 의식에서 시민의 출석은 매우 중요하게 여겨졌기 때문에 멋대로 출석을 게을리하는 자는 태형을 받거나 노예로 팔렸고 결석하면 시민권을 상실했다. 옛 일본에서도 지역사회의 모든 사람은 반드시 이 의식에 출석하도록 되어 있었던 것 같다. 그러나 그 당시 호적 등록 같은 것이 존재했는지 여부는 확실히 알 수 없다. 아마 그것은 불필요했을 것이다. 일본에서 개인은 공적으로 인지되지 않았고 가족 집단이 책임을 졌다. 그래서 몇 사람이 출석했는가는 그 가족 집단의 책임으로 보증됐을 것이다. 본인의 이름은 쓰지 않고 성별과 연령만 기록한 히토가타를 사용한 것은 근세 이후일 것이며, 중국에서 유래한 것일 수 있다. 고대에도 호적은 있었다. 그러나 그것은 이 오하라이와는 특별한 관계가 없었던 것 같다. 닌베쓰초(人別帳, 호적부)는 신도가 아니라 승려에 의해 보존되어온 것 같다. 오하라이에 대한 서술을 마치면서, 이 특수한 제례 의식이 무엇인가 종교상의 부정이 발생했을 경우에 이뤄졌다는 것, 그리고 공공의 제사 규정에 위반하는 죄를 범해 처벌받는 사람은 그 의식에 어울리는 정화를 받아야 했다는 것을 여기에 부가하지는 않겠다.

근원적으로 이 정화 의식과 밀접하게 관계된 신도의 여러 가지 금욕 행사가 있다. 그러나 신도는 원래 금욕적인 종교는 아니다. 오히려 신들에게 고기나 술을 바칠 정도다. 옛날부터의 관습과 품위에서 유래한 자기부정 형식이 금욕을 규정하고 있음에 지나지 않는다. 신도 수행자 중에는 특별한 경우 예사롭지 않은 수행을 하는 자도 있다. 이 수행 과정 중에는 반드시 냉수를 덮어쓰는 것도 포함되어 있다. 신실한 예배자가 한겨울에 맨몸으로 얼음처럼 차가운 폭포수를 맞으면서 신에게 기도하는 것은 별로 진기한 일도 아니

다. 그러나 신도의 금욕주의적인 모습 중 가장 진기한 것은 벽지 지역에서 지금도 여전히 행해지고 있는 풍습에서 찾아볼 수 있다. 이 풍습에 따르면 하나의 지역사회는 촌민 전체를 위해 매년 촌민 한 사람을 선출해 그가 신에게 완전히 스스로를 바치게 한다. 이 성스러운 헌신 기간 중 이 지역의 대표자는 가족과 별거해 부인과 가까이하지도 못하고 오락을 피하며 음식도 성화(聖火)로 요리한 것만 먹고 음주를 삼가며 하루에 여러 차례 깨끗한 냉수로 목욕하고 정해진 시간에 특별 기도를 올리며 특정 며칠간 철야 기도를 해야만 했다. 이러한 금욕과 정화 근행을 특정 기간 수행하면 그는 종교적으로 자유로운 몸이 된다. 그리고 다른 사람이 그를 대신해 선택된다. 촌락의 번영은 이 대표자가 부과된 정규 의무를 엄수하는지 여부에 달려 있었다. 그래서 사람들은 마을에 재난이 닥치면 그 대표자가 서약을 파괴했기 때문이라고 생각했다. 그래서 먼 옛날 옛적에 촌민에게 공통의 재난이 일어났을 경우 그 대표자는 생명을 잃기도 했다. 내가 이 풍습을 처음 접한 곳은 미호노세키(美保の關)라는 작은 마을로, 이곳에서는 그 지역사회의 대표자를 일 년 신주라고 불렀다. 이 속죄 대역의 기간은 12개월이었다. 이 근행에는 통례적으로 연장자가 지명됐으며, 젊은이가 지명되는 일은 아주 적었다. 아주 옛날에는 이러한 지역사회 대표자를 금욕자라는 의미의 호칭으로 불렀다. 이 풍습과 관련한 언급은 일본에 대해 기록한 중국 사료에 보이는데, 일본의 역사시대 이전부터 존재한 풍습이라고 한다.

영속적 형식을 띠는 조상숭배에는 어떤 경우에도 하나 또는 몇 개의 점치는 조직이 딸려 있다. 일본 신도의 경우 이것이 통례다. 고대 그리스인이나 로마인 사이에도 채용됐던 점이 고대 일본에서 공적 중요성을 띠었는지 여부에 대해서는 아직도 의문의 여지가 있다. 그러나 고대 시가나 기록에서 제사 의식이 실증되듯이 일본인은 중국의 점성술, 요술, 운명 판단 등이 도래하기 훨씬 이전에 여러 가지 종류의 서복(筮卜) 점술을 실행하고 있었다. 큰 제사에 딸려 있기 마련인 왕의 점술사 기록도 발견된다. 서복에는 뼈, 새, 쌀, 보리죽, 발자취, 대지에 세운 막대기, 왕래하는 통행인의 말 등 점치는 재료가 다양하다. 이들 서복 점법은 거의 모두 - 아마도 모두 - 현재에도 민간에서 널리 이용되고 있다. 그러나 왕의 서복 중 가장 오래된 형태는 사슴이나 기타 동물의 어깨뼈를 태워서 생기는 금을 보는 것이었다.[5] 그 뒤로는 거북이 등이 사용됐다. 서복사들은 궁정에 소속되어 있었던 것 같다. 그러나 모토오리 노리나가는 18세기 후반 본인의 저서에서 고대의 서복은 황실 업무의 하나였다고 서술한다. "세상이 끝날 때까지 황제는 태양 여신의 아들이다. 황제의 마음은 사상이나 감정에서 태양 여신의 마음과 완전히 조화된다. 황제는 새로운 기도를 하지 않는다. 다만 신들의 시대에 기원된 선행 관례에 의해 지배된다. 만약 결정하기 어려운 의심스러운 것이 있다면 황제는 점치는 수단에 의지했다. 그리고 그것은 큰 신들의 마음을 황제에게 밝히는 것이었다."

적어도 유사 시대에 들어온 이후부터 서복은 전쟁에는 그다지 사용되지 않았던 것 같다. 그리스나 로마 군대와 비교해보면 일본 최대의 무장들 - 도요토미 히데요시나 오다 노부나가 - 은 조짐 같은 것을 배척했던 것 같다. 이는 일본인들이 기나긴 전국시대를 겪으면서 전조에 따라 군대를 지휘한 무

---

5 어네스트 사토우는 이 서복 형식이 칭기즈 칸 시대의 몽고인들이 실행한 방법이며 키르기스와 타타르인들 사이에는 지금도 실행되고 있다고 말한다. 옛 일본 민족의 기원을 상상할 때 이는 강한 흥미를 불러일으키는 사실이다. 고대 서복법의 여러 가지 예에 대해서는 W. G. 아스톤이 옮긴 『일본서기』 제1권 157, 189, 227, 229, 237쪽을 참조. - 원주

장이 그런 조짐에 전혀 개의치 않고 용병술로 맞선 무장에게 항상 고배를 맛보았다는 것을 체득했기 때문일 것이다.

옛날부터 인기가 있던 서복 형식 중에 지금도 여전히 잔존하며 각 가정에 일반적으로 보급되어 있는 점술은 말린 쌀을 사용하는 것이다. 일반적으로는 아직 여전히 중국의 서복이 큰 인기를 얻고 있다. 그러나 흥미로운 것은 일본의 운명을 점치는 점술사가 중국의 역서를 참조하기 이전에 반드시 신도의 신들에게 기도를 올리고, 또 응접실에는 신도 제단을 설치해놓았다는 것이다.

이제까지 일본에서 조상숭배의 발달이 고대 유럽에서의 조상숭배 발달과 현저하게 유사하다는 것, 공적인 제사에 대해서는 강제적 정화 의식의 경우가 특히 그렇다는 것을 살펴봤다. 그럼에도 신도의 조상숭배는 고대 그리스나 로마의 조상숭배와 비교했을 때 훨씬 후진적으로 보인다. 그렇지만 강제성 측면에서는 신도가 훨씬 엄격하다. 예배자 개인은 가정과 지역사회에서의 관계뿐만 아니라 살아 있는 자와의 관계라는 점에서도 규제되어 있었다. 그의 직업이 무엇이든 신이 그것을 지배했다. 어떤 도구를 사용하든 그 도구는 공예기술 제사에 가입되어 있는 사람들에게 허용된, 전통에 따른 방식으로 사용해야만 했다. 목수는 목수의 신을 존중해 일해야만 했고 대장장이는 풀무 신을 존중해 나날의 일을 완수해야만 했으며, 또 백성은 백성대로 토지의 신이나 식물의 신, 허수아비의 신, 나아가 주거지 주변의 수목이나 정령을 공경하는 것도 소홀히 해서는 안 됐다. 가정용구조차 모두 신성한 것이었다. 심부름꾼은 요리용 냄비나 부뚜막, 가마솥, 화로 등에도 각각의 신이 있다는 것을 잊어서는 안 됐다. 즉, 항상 불을 깨끗이 지킨다는 강력한 규정을 잊어서는 안 됐다. 지적인 직업도 일반 상업과 마찬가지로 신의 비호하에 있었다. 의사, 교사, 기술자 이들 모두에게 각각 지켜야 할 종교상의 의무와 준봉해야 할 특별한 전통이 있었던 것이다. 예를 들면 학자는 그가 쓰는 필기류를 소홀히 다뤄서는 안 되며 글을 쓰는 종이를 다른 용도로 사용해서는 안 됐다. 그러한 불손한 행동은 문자를 관장하는 신의 마음을 거스르는 것이었다. 여성도 남성과 마찬가지로 여러 가지 업무에서 종교적인 규제를 받았다. 즉, 실을 잣거나 베를 짜는 처녀들은 베 짜는 신과 양잠의 신을 공경해야 했다. 재봉 일을 하는 여자아이들은 바늘을 공경하도록 가르침을 받았다. 그리고 어떤 가정에서든 바늘의 영혼을 공양하는 일정한 축제날을 지켰다. 무사 가정에서 전사가 될 자는 갑주(甲冑)나 그 밖의 무기를 신성시하는 가르침을 받았다. 그리고 무기는 언제나 깨끗이 손질해놓는 것이 의무였다. 이를 소홀히 하면 전쟁 때 불운을 초래한다고 믿었다. 그래서 어느 정해진 날에 활과 화살, 창, 칼 등 무기를 응접실의 벽감에 장식하고 공물을 바쳤다. 정원도 신성한 공간이었다. 정원을 손질할 때는 지켜야 할 규칙이 정해져 있었고, 수목이나 꽃의 신을 거역하지 않도록 주의했다. 이 신들을 충분히 배려하고 정원을 먼지 하나 없이 청결히 하는 것이 종교적 의무로서 장려됐다.

요즘 일본인이 공공 청사나 철도역, 새로운 공장 등을 이런 식으로 정성들여 청소하지 않게 됐다는 이야기를 종종 듣는다. 외국의 재료로 외국인의 감시하에 일본의 토지 관습과는 완전히 반대로 지어진 건축물은 구래의 사고방식으로는 신에게 버림받은 장소로 여겨질 것이 분명하다. 그리하여 이런 부정(不淨)한 환경에서는 그 건물을 사용하는 사람들도 신을 느끼지 못하거나 신을 존경하는 관습의 무거움을 상실하고, 아름답고 간소한 물건들이 인간의 공경심을 말없이 바라고 있음을 전혀 눈치채지 못하게 된 것 같다.

9

사자의 지배

독자 여러분은 신도의 논리가 집안 제사에 기원을 둔 관습을 무조건적으로 준수하는 교의(教義) 속에 대체로 포함되어 있음을 이해했을 것이다. 윤리는 종교와 별개가 아니다. 종교는 정치와 분리되지 않았다. 정치라는 말자체가 '제사'라는 의미였다. 정치적 의식은 모두 기도 및 공물을 바치는 것에서 시작됐다. 그리고 국민은 상하 구별 없이 모두 전통적 규정을 충실히 지켰다. 이 규정에 대한 순종과 충성이, 즉 신을 경외하는 것이었다. 불순종은 불경한 것이었으며 순종 규정은 각자가 속한 사회적 의지에 의해 개인에게 강요됐다. 옛날의 도덕은 가문과 지역사회와 높은 권위에 관여되는 행동의 각종 법칙을 세심하게 준수하는 것이었다.

그러나 이러한 규제 규정은 대개 사회적 경험 결과를 나타내는 것이었다. 그러므로 이 같은 규정에 충실히 순종하는데 악인이 될 수는 없는 노릇이었다. 대체로 이들 규정은 눈에 보이지 않는 신에 대해서는 외경심, 권위에 대해서는 존경심, 양친에게는 애경(敬愛)심, 처자에게는 온화함, 이웃과 의존기식자에게는 친절함, 업무에서는 근면과 착실함, 일상적 습관에서는 절약과 청결을 명령했다. 처음에 도덕이란 단지 전통을 따르는 것을 의미했으나 마침내 전통 그 자체가 진정한 도덕과 동일시되기에 이르렀다. 그런 결과 형성된 사회 상태를 상상하는 것은 근대인에게는 아무래도 어려울 것이다. 종교적 윤리와 사회적 윤리가 실제로 분리된 지는 이미 오래전이다. 거기다 신앙심이 점차 쇠퇴해 사회적 윤리가 종교적 윤리보다 한층 더 강력해져 중요성이 높아졌다. 사람들은 이 세상에서 십계명을 지키는 것만으로는 불충분하며, 사회적 관습을 파괴하기보다는 조용히 십계명의 대부분을 소홀히 하는 편이 무난하다는 것을 알게 된 것이다. 그런데 옛 일본에서는 특히 윤리와 관습 – 도덕적 요구와 사회적 의무 – 사이에 용인되는 구별이 존재하지 않았다. 관례는 이 양자를 동일시해 둘 중 어느 하나를 파괴해도 그것을 숨길 수 없었다. 비밀은 존재할 수 없었기 때문이다. 그리고 문서화되지 않은 계율도 10개조로 제한되지는 않았다. 이 불문율은 몇백 가지나 되며, 나아가 아주 작은 위반도 한낱 실수에 그치는 것이 아니라 하나의 죄로서 처벌받았다. 보통 사람들은 집에서도, 또 그 밖의 어떤 곳에서도 마음대로 행동할 수 없었다. 관습을 무시하는 유별난 사람들은 이런 자들을 부단히 단속하는 것이 자기 직무라고 여기는 열성적인 이들의 감시를 받았다. 이처럼 생각이 같은 사람들의 힘에 의해 생활상의 행동이 모두 규제되는 종교에는 아무런 교리문답(catechism)이 필요하지 않다.

초기의 도덕적 관습은 고압적이었음에 틀림없다. 많은 관습이 초기에는 단지 강제되어 고통 속에서 탄생하지만 부단한 반복을 거치면서 편안해지고 마지막에는 자동적으로 응하게 되는 것처럼, 몇 세대 동안 종교적 또는 사회적 권한에 의해 강제되어온 행위가 결국 거의 본능처럼 된다. 종교적 강제의 시행은 외부적 원인 – 예를 들면 장기간의 전쟁 – 의 방해를 받은 정도에 따라서 여러 가지가 달라졌다. 옛 일본에서는 과도한 간섭이 많이 보인다. 그럼에도 신도의 영향력은 놀랄 만하다. 많은 점에서 열렬한 찬탄을 받을 가치가 있는 국민성을 형성한 것이다. 이 국민성 가운데 발전한 도덕적 감정은 서양인의 것과는 매우 다르다. 그러나 일본의 사회적 요청에는 딱 맞아떨어진다. 이 도덕적 국민성의 명칭은 야마토(大和) 정신, 야마토의 혼(心情)이다. 이 명칭은 옛날에 천황이 있던 야마토 지방에서 유래한 것으로 일본의 상징으로 사용되고 있다. 의미는 어긋나지만 야마토 다마시(大和魂)라는 표현을 오래된 일본 정신이라고 해석하는 편이 타당할지도 모르겠다.

18세기와 19세기 신도의 대학자들이 양심만이 충분한 윤리적 지침이라는 대담한 주장을 개진한 것은 이 오래된 일본 정신을 염두에 둔 것이었다. 그들은 일본 민족의 양심 자질이 높다는 증거를 자신들이 신의 자손이라는 데서 찾는다. 모토오리 노리나가는 다음과 같이 서술한다. "인간은 두 창조신의 영혼에 의해 만들어졌으므로 당연히 해야 할 것과 해서는 안 될 것을 판단하는 지식을 부여받았을 것이다. 그리하여 도덕체계로 마음을 괴롭히는 것은 쓸데없는 일이다. 만약에 도덕체계가 필요하면 인간은 금수보다도 열등한 존재가 될 것이다. 금수가 인간보다 열등하기는 하지만 자기가 해야 할 것에 대한 지식 정도는 있다."[1]

가모노 마부치(賀茂眞淵, 1697~1769)는 이보다 앞서 일본과 중국의 도덕을 비교하며 중국 쪽이 많이 열등하다고 논한다. 그는 "인간의 성정이 올곧았던

---

1 신도 부흥에 대한 어네스트 사토우의 뛰어난 논설로부터 인용한 것이다. – 원주

옛날에는 복잡한 도덕체계가 불필요했다. 물론 때로는 악행이 행해질 때도 있었을 것이다. 그렇지만 인간의 성정이 똑발라 그 악행을 숨기고 덮어주는 것도 없었으며 그것이 만연하는 일도 없었다. 그리하여 그 무렵에는 정(正)과 사(邪)에 대한 원리 원칙도 필요 없었다. 그런데 중국인은 마음이 나쁜 민족이므로 아무리 가르쳐도 외견만 좋아질 뿐이었다. 그들은 제멋대로 날뛰어 마침내 사회에 독을 끼치게 됐다. 그러나 일본인은 정직하므로 특별히 가르치지 않아도 바르게 행동했다"고 말한다. 모토오리는 이런 생각을 약간 다른 표현으로서 거듭 반복한다. "일본인이 도덕 이론을 필요로 하지 않은 것은 실제 행동에서 정말로 도덕적이기 때문이다. 도덕 이론에 대해서 중국인이 그토록 소동을 피우는 것은 실천 면에서 그들이 방종하기 때문이다. 교육을 받아 실천하는 도(道, 윤리적 체계)란 없다는 가르침은 실은 신도의 실천을 가르쳐온 것"이라고 말한다. 나아가 훗날 히라타 아쓰타네는 이렇게 서술한다. "눈에 보이지 않는 세계의 공포를 알게 되면 나쁜 일들은 도저히 할 수 없다. 자기 속에 있는 양심을 성장시켜간다면 길을 잘못 걷는 일은 절대로 없다."

이와 같은 도덕적 우월 선언 ― 특히 일본 민족이 신들의 손에서 겨우 떨어져 나왔을 무렵에 이미 어떤 민족보다도 우수했다는 가정에 근거한 ― 에 웃음을 금치 않을 수 없을지도 모르지만 그러한 말 속에 진리의 종자가 담겨 있기는 하다. 가모노나 모토오리가 이를 기술한 무렵 일본 국민은 오랫동안 주도면밀하게 도를 발견하고 적용하는 데 이상할 만큼 엄격한 훈련에 복종해온 것이다. 그리고 이 훈련은 아무리 보아도 훌륭한 국민성 ― 놀랄 만한 인내, 몰아적 정신, 정직함, 친절함, 고도의 용기와 결부된 온순유화함 ― 을 형상했다. 일본의 국민성이 이러한 발전을 이루기까지 지불한 대가에 대해서는 진화론자만이 상상할 수 있을 것이다.

일본 국민이 원시시대부터 신도 대학자들의 시대에 이르기까지 복종해 왔던 훈련은 그 자체로 신기한 진화사인 것 같지만 이에 대해 관찰해볼 필요가 있다. 원시시대에 이러한 훈련은 물론 매우 엄격하기는 했지만 통일되지 않아 단순했고 조직도 아직 엉성했다. 그러나 사회가 발달해 공고화되면서 이 훈련도 점차 발전하고 정교해져 마침내 도쿠가와 막부 시대에는 이 이상은 무리라고 생각될 만큼 극점에 도달했다. 다시 말하면 이 멍에는 국력 증대와 이를 감당할 수 있는 국민의 능력에 비례해 점차 가중되어갔다. 우리는 이 나라의 문화 생성 초기부터 국민의 모든 생활이 종교적 관습에 의해 규제됐던 사정을 살펴봤다. 즉, 직업, 결혼, 부권(父權), 재산 유지 및 처분권 등 모든 일들이 종교적 관습에 의해 결정됐다. 나아가 그 가정의 내외를 막론하고 행동을 감시했다는 것, 단 한 번이라도 관습을 파기하는 것은 중대한 일이어서 관습을 파기한 자는 사회적으로 파멸하기 십상이라는 것 ─ 이 경우 그는 단순히 사회적으로만 아니라 종교적으로도 위반자가 됐다 ─, 또 씨족신이 그에게 격노하고 있다는 것, 이때 그의 과오를 용서하면 그 지역사회 전체가 씨족신의 보복을 당할 수도 있다는 것 등을 검토했다. 이제 남은 것은 서민들이 사는 지역을 다스리는 중앙 권력 ─ 상소가 인정되지 않는, 제3형식의 종교적 전제주의를 대표하는 권위 ─ 이 그들에게 어떤 권리를 부여하고 있는가 하는 점이다.

옛날 법률이나 관습에 대한 연구 자료는 충분히 수집되지 않았으므로 메이지 시대 이전의 여러 계급 상태에 대해 만족할 만한 지식을 얻을 수는 없었다. 그러나 이 방면의 상당히 많은, 그리고 귀중한 업적이 미국 학자들에 의해 성취됐다. 존 헨리 위그모어 교수나 고(故) D. B. 사이먼 박사(Dr. D. B.

Simoons)의 역작은 도쿠가와 막부 시대를 살던 일반 대중의 법적 상태에 대해 많은 것을 알려주는 문헌적 근거다. 앞서 서술했듯이 이 시대에는 제반 법규에 공을 많이 들였다. 당시 서민들이 어느 정도까지 통제됐는가는 그들이 준봉한 사치 금지령의 성격과 그 양적 숫자로 추측할 수 있다. 옛날 일본의 사치 금지령은 그 숫자가 많고 구체적인 세밀함에서 서양 법제사의 어떤 기록보다도 뛰어나다. 집안 제사가 가정 내 행동을 엄격하게 규제하듯이 지역사회 제사가 그 사회에서의 의무 규준을 엄격히 통제했으며, 그와 마찬가지로 일본의 통치자들은 개인 ─ 남녀 또는 아동에 이르기까지 ─ 의 복식 방법, 걷는 법, 앉는 법, 말하는 법, 일하는 법, 먹는 법, 마시는 법까지 철저하게 규제했다. 오락도 근로와 마찬가지로 인정사정없이 규제를 받았다.

일본 사회 내 모든 계급은 사치 금지령의 통제를 받았다. 통제 정도는 각 시대에 따라 달랐다. 이런 종류 법령은 아주 오래전부터 제정됐던 것 같다. 681년에 덴무덴노(天武天皇)가 모든 계급의 복식제도를 정했다는 기록이 있다. "친왕(親王)에서부터 일반 서민에 이르기까지 그 계급에 따라서 관(冠), 소쿠타이(束帶, 예복) 착용, 색깔별 옷감 사용을 규정했다."[2] 승려나 비구니가 사용하는 의복과 그 색은 679년에 공포된 칙령에 의해 규정됐다. 그 이후 이런 규정은 크게 증가했고 세목도 상세해졌다. 그로부터 천 년이 지나 도쿠가와 막부의 지배하에 이르러 이 사치 금지령은 가장 눈부신 발전을 이루었다. 그 법령의 성질은 백성에게 부가된 규제로 가장 잘 알 수 있다. 서민의 생활상은 모든 세목 ─ 주거의 크기, 형태 및 가격에서부터 식사 시에 사용하는 접시 숫자와 품질 등 매우 상세하게 ─ 에 따라 규제됐다. 쌀 100고쿠(石, 연간

---

2 W. G. 아스톤이 옮긴 『일본서기』 제2권 343, 348, 350쪽을 참조. ─ 원주

90~100파운드)가 있는 백성은 60피트(약 18미터) 가옥을 건축할 수 있지만 그 이상은 불가능했다. 도코노마(床の間, 객실인 다다미방 정면에 바닥을 한 층 높여 만들어놓은 곳. 벽에는 족자를 걸고 바닥은 도자기나 꽃병 등으로 장식한다)가 딸린 방은 만들 수 없고, 또 특별한 허가가 있다면 예외지만 기와로 지붕을 잇는 것도 허락되지 않았다. 가족 중 그 누구도 비단옷을 입을 수 없었다. 비단을 사용할 수 있도록 법적으로 허락받은 사람에게 시집가는 경우에도 혼례 석상에서는 되도록 사용을 삼갔다. 서민의 혼례에서는 세 가지 술안주만 차리도록 되어 있었고 손님을 대접하는 국물이나 생선 및 과자의 종류, 분량도 모두 법령으로 정해져 있었다. 혼례에 내는 물건 숫자도 마찬가지였다. 술이나 마른 생선 등의 선물 가격도 규제됐으며, 신부에게 보내도 좋다고 허락된 품목인 스에히로(末廣, 부채) 한 개도 마찬가지였다. 어떤 경우라도 일반 백성은 친구에게 값이 나가는 선물을 해서는 안 됐다. 장례식에서는 손님에게 간소한 식사 정도라면 대접해도 상관없지만 술을 대접할 경우에는 잔을 사용해서는 안 되고 반드시 국그릇만을 사용해야 했다―아마 이 규제는 신도의 장례식과 관련되는 것일 것이다―. 출산의 경우, 조부모는 관습에 의해 단지 네 가지 축하 선물을 보낼 수 있었을 뿐이다. 그중 하나인, 솜을 넣은 배내옷[産衣]의 가격은 정해져 있었다. 사내아이의 축제일인 경우에 조부모를 포함해 모든 가족이 이 아이에게 보낼 수 있는 선물은 종이로 만든 연과 장난감 창, 2개뿐이란 식으로 법령에 의해 한정되어 있었다.

소득이 50고쿠인 백성은 45피트(약 14미터) 이상의 주택을 만들 수 없었다. 딸의 혼례식에 쓰는 오비는 50센(錢)을 넘으면 안 됐고 향응에서 국 한 그릇 이상을 낼 수 없었다.

소득이 20고쿠인 백성은 36피트(약 10미터) 이상 가옥을 지어서는 안 되고 건축재로 느티나무나 노송나무 같은 좋은 목재도 사용해서는 안 됐다. 지붕은 대나무나 짚으로 덮어야 했다. 그리고 바닥에 다다미를 깔아서 안락하게 지내는 것이 엄하게 금지됐다. 딸 결혼식의 피로연에서는 술이나 구운 음식을 금지했다. 딸의 가족 중에 여자들은 가죽 와라지(草鞋, 짚신)를 사용할 수 없었고 겨우 짚으로 된 조리나 게다(下駄)로 제한됐다. 조리나 게다의 끈은 목면이어야만 했다. 또 여자들은 비단 머리끈을 사용해서는 안 되고 벳코(鱉甲, 대모갑) 머리 장식도 금지됐다. 회양목이나 골제로 된 빗은 괜찮았지만 상아로 만든 것은 금지됐다. 남자는 다비(足袋, 버선)를 신을 수 없었고 신발은 대나무로 된 조리였다.[3] 양산이나 가라카사(唐傘, 종이 우산)의 사용도 금지됐다. 소득이 10고쿠인 백성은 30피트(약 9미터) 이상의 가옥을 지을 수 없었다. 그 집의 여자들은 끈이 대나무 껍질인 조리를 신어야 했고 자녀의 혼례 때는 선물을 하나만 ─ 나가모치(長持ち, 궤짝)로 ─ 할 수 있었다. 그 후 손자가 탄생해서도 축하 선물을 한 개만 할 수 있었다. 즉, 남자아이라면 장난감 창하나, 여자아이라면 종이 인형 또는 흙 인형 중 하나였다.

본인 소유의 땅도 없어 미즈노미(水飮み, 물만 먹고 사는 자)라고 불리는 가장 불행한 계급의 백성이 음식이나 복식 그 밖의 점에서 가장 엄격하게 제한을 받은 것에 대해서는 더 언급할 필요도 없다. 예를 들면 혼례 지참품으로 이불장 한 개도 가져갈 수 없었다. 이렇게 치욕적인 금령의 복잡한 내용을 자세히 알고 싶다면 존 헨리 위그모어 교수의 저술을 읽어보면 된다. 그 저술은 다음과 같은 조항으로 정리되어 있다.

---

3 대나무로 만든 조리 또는 게다가 있다. 그러나 여기서의 의미는 대나무 껍질이다. ─ 원주

• 의상의 목덜미나 소매는 비단으로 장식해도 좋다. 비단 혹은 쭈글쭈글한 옷감[縮綿]으로 만든 오비를 사용해도 된다. 그러나 공식 석상에서는 허용되지 않는다.

• 소득이 20고쿠 이하에 해당하는 가족은 다케다 밥그릇[武田米椀]과 닛코젠(日光膳, 닛코에서 만든 쟁반)을 사용해서는 안 된다 ─ 이런 것들은 옻칠한 것 중에서 가장 싼 부엌 도구다 ─.

• 대농(大農) 및 구미가시라(組頭, 구미의 조장)는 우산을 사용해도 된다. 그러나 소농(小農)이나 소작인은 미노(蓑, 짚으로 된 우비)나 스게카사(菅笠, 사초로 된 삿갓)만 사용해야 한다.

위그모어 교수가 발표한 문서에는 마이쓰루(舞鶴) 다이묘가 공표한 규정뿐이다. 그러나 이와 마찬가지로 세밀하고 복잡한 법규가 전국적으로 시행됐던 것 같다. 나는 이즈모에서 메이지 시대 이전에 여러 계급 사람들이 입었던 의복의 옷감뿐만 아니라 그 색조나 무늬에 대해서까지 사치 금지령이 있음을 발견했다. 그곳에서는 가옥 크기는 물론이고 방의 넓이도 법령으로 규정되어 있었다. 나아가 건물이나 담의 높이, 창문의 숫자나 건물 재료까지도 규정되어 있었다. 주택의 크기나 가구의 가격뿐만 아니라 옷감에서부터 그 색깔과 무늬까지, 혼례를 준비하는 데 드는 비용뿐 아니라 축하연의 내용이나 요리를 담아내는 그릇의 품질, 부인의 머리를 장식하는 장식품에서 그녀가 신는 조리의 끈 재질까지, 친구에게 보내는 선물뿐만 아니라 아이들에게 주는 매우 싼 장난감 가격까지 하나하나 규정하는 법규를 사람들이 왜 따라야만 했는지 서양인은 도저히 이해할 수 없다. 하지만 특수한 사회구조는 지역사회의 의지에 의해 이 같은 금지령의 실천을 가능하게 만들었다. 사람들은 스스로에게 강제했던 것이다. 이미 검토했던 대로 각 지역사회는 구미라고 부르는 다섯 집 또는 그 이상의 세대에 의해 조직됐다. 그리고 이 구미를 구성하는 세대주 중에서 1명의 구미가시라가 선택되어 그가 상급 군주에게 직접 책임을 졌다. 이 구미는 저 구미의 각자에게, 또 구미 전원에 대해서 책임을 졌다. 그리하여 구미에 소속된 각 개인은 어떤 점에서 서로 타인에게 책임을 졌다. 앞서 소개한 문서의 한 조목은 다음과 같이 천명하고 있다. "구미'의 각 구성원은 자기 동료의 행동을 주의 깊게 감시해야 했다. 만약 누군가가 타당한 이유도 없이 이러한 금제를 범한다면 그는 처벌받는다. 그리고 그 구미 또한 책임을 져야 한다." 아이들에게 종이 인형 이상의 것을 주는 것이 중죄고, 이에 대해 책임을 지는 사회구조라니! 그러나 고대 그리스나 로마 사회에서도 이와 유사한 입법이 상당수 행해졌던 것을 다시금 상기해야만 할 것이다. 스파르타의 법령은 부인의 머리 묶는 법을 규제했으며 아테네의 법령은 부인의 의상 숫자를 규정했다. 로마는 부인의 음주를 금했다. 이와 유사한 법령은 그리스의 미레타스나 마시리아 등에도 있었다. 로즈나 비잔티움의 시민들에게 얼굴 면도는 금지였다. 스파르타에서는 남자가 수염을 기를 수 없었다 — 결혼 축하연 비용, 축하연 초대객의 숫자를 정한 훗날의 로마법에 대해서는 여기서 재차 서술할 것도 없다. 이것은 주로 사치를 금지하는 법령이었기 때문이다 —. 일본의 사치 금지령, 특히 백성에게 부과된 금지령에서 받는 충격은 차치하고 이 법령의 몰인정한 세목(細目)에 몹시 놀라게 될 것이다.

인간 생활 세부의 항목을 철저하게 — 신발이나 모자(冠物)에서부터 처녀의 머리장식 용품, 어린아이의 인형 가격까지 — 법규로 정해놓은 나라에서 언론의 자유가 허용되는 것은 생각할 수도 없다. 당연히 언론의 자유는 없었다. 어느 정도까지 언어가 규제되어 있었던가에 대해서는 이 나라의 구어를 연구한 적이 있는 사람만이 상상할 수 있다. 계급조직에 따라 사회가 구성됐다는 것은 언어의 인습적 조직 ─ 대명사, 명사, 동사의 배열 ─ 에 형용사, 접두사, 접미어를 붙여 등급의 변화를 주었다는 것으로 알 수 있다. 의복·식사·생활양식에 대해서 다양한 규제가 정해졌던 것과 똑같은 냉엄함으로, 말하는 방식이 부정일 때도 긍정일 때도 모두 규제됐다. 그러나 부정보다도 긍정 쪽이 더욱 그러했다. 말해서는 안 된다는 것을 강요하는 일은 없었지만 말해야만 하는, 즉 선택해야 하는 말이나 사용해야만 하는 문구를 분명하게 정한 규정은 수없이 많았다. 유년 시기부터 예의범절로서 이 점에 대한 주의가 실제로 투철했다. 그리고 누구나 명심해야 할 점은 이랬다. 즉, 손윗사람에게 말할 때는 어느 특정한 동사, 명사, 대명사만을 사용하도록 정해져 있었으며 대등한 자나 손아랫사람과 말할 때는 다른 표현을 해도 괜찮았다. 무학문맹이라도 그것을 유념하지 않으면 안 됐다. 그러나 교육을 통해 이 번잡한 언어의 사용법이 주입됐으므로 몇 년간 수득하면 누구나 그것을 사용해낼 수 있었다. 매우 높은 상류계급에서는 이 언어의 사용법이 말로 다 표현할 수 없을 만큼 복잡한 발전을 보인다. 말에 약간 함축성을 담기만 해도 상대편을 추어올리거나 아니면 자신을 낮추는 문법적 변화법은 매우 오랜 옛날부터 일반적으로 사용되어왔음에 틀림없다. 그렇지만 그 이후 중국의 영향도 받아 이같은 정중한 언어 사용이 매우 많아졌다. 위로는 황제 자신 ─ 지금도 여전히 개인 대표사(代表詞), 즉 다른 어떤 인간관계에도 사용이 금지된 표현의 인칭대명사를 사용한다 ─ 으로부터 아래로는 사회 각 계급에 그 계층만의 '내가' 있다. 당신 혹은 너(그대)에 해당하는 말은 아직도 16가지나 사용되고 있다. 그러나 이전에는 훨씬 더 많았을 것이다. 아이들이나 생도, 그리고 소사(召史, 양민의 아내나 과부)에게 말할 때만 쓰는 제2인칭 단수형 용어도 8종류나 있다.[4] 상호관계를 나타내는 경칭 혹은 비칭(卑稱)의 명사도 마찬가지로 다양화·계급화되어 있다. 아버지란 뜻을 나타내는 단어는 9종류, 어머니의 경우도 9종류나 있다. 부인은 11종류, 아들은 11종류, 딸(아가씨)은 9종류, 남편은 7종류가 보인다. 그리고 동사 사용법은 간단한 설명으로는 상상할 수 없을 만큼 필요에 따라서 복잡하다. 아이 때부터 교육받았다면 열아홉 살이나 스무 살 무렵에는 교양 사회에서 필요한 상당한 동사 사용법을 기억할 수 있게 된다. 그러나 훨씬 윗사람과 이야기할 때의 용어 사용법은 더욱 오랜 시간에 걸쳐 습득해야 하고 경험을 쌓을 필요가 있다. 위계 및 계층의 끊임없는 증가와 더불어 그것에 대응하는 언어의 다양한 형태가 탄생했다. 그리하여 그 사람의 말을 들으면 그가 남자인지 여자인지는 물론, 그가 속한 계급을 분명히 알 수 있다. 구어체 단어와 마찬가지로 문어체 말의 경우도 관습에 의해 엄격하게 통제받았다. 여자가 사용하는 언어 형식은 남자와 달랐다. 성별에 따라 다른 예의범절 방식에서 나타나는 언어 사용의 차이는 결과적으로 특수한 서간 문체를 낳았으며, 오늘날까지 남아 부인 용어로 사용되고 있다. 이 남녀의 성별로부터 오는 언어 사용상의 차이는 단지 편지에 국한된 것은 아니었다. 즉, 구어체의 부인 용어가 계급에 따라 달라졌다. 현재도 보통 회화의 경우 교양 있는 부인은 남자가 쓰지 않는 단어나 문구를 사용한다. 특히 무사 계급 출신의 부인에게는 봉건시대 특유의 표현 방법이 있다. 유서 깊은 집안에서 자란 부인의 말을 들으면 그녀가 무사 가문 출신인지 오늘날도 알 수

---

4 이 사실은 사회학자들에게서는 물론, 퍼시벌 로웰의 『극동의 혼(The Soul of the Far East)』에서 흥미 깊게 논의되고 있는 대명사의 소극적 사용과 일치함을 알 수 있다. 복종이 극도로 요구되는 사회에서는 인칭대명사 사용의 회피가 나타난다. 그래도 이 법규에 대한 설명에서 허버트 스펜서가 지적했듯이, 호칭의 대명사 형식에서 가장 면밀한 구별이 나타나는 것은 실로 그런 사회다. ─ 원주

있다.

언어 형식과 마찬가지로 말하는 내용도 제약을 받았다. 언어 표현의 자유에 부가됐던 제약이 어떤 것이었는지는 다음에 서술할 동작의 자유에 가해진 제약으로도 추측할 수 있을 것이다. 동작은 극히 세부에 걸쳐서 냉엄하게 규제됐다. 그것은 성별이나 계급에 따라서 무수한 등급의 공경을 표현하는 인사법뿐만 아니라 표정이나 웃는 방법, 호흡법, 앉는 방식, 서는 방법, 걷는 방법, 몸을 일으키는 방법에 대한 것까지 포함했다. 이러한 표정, 태도, 행동의 예법을 누구나 유아기 때부터 훈련받았다. 웃어른 앞에서 슬프거나 괴로운 감정을 얼굴이나 행동에 나타내는 것이 불근신한 태도가 된 게 언제부터였는지 알 수는 없다. 이 점에 대해 가장 완전한 자기 억제가 유사 이전부터 강요됐다고 믿을 만한 이유는 있다. 그러나 이것은 서서히 발달해 ─ 부분적으로는 아마도 중국식 가르침의 영향하에 ─ 마침내 감정을 밖으로는 드러내지 않는다는 경지를 강요했던 태도 규제의 가장 세심한 경지가 됐다. 이 규제에 따르면 어떠한 분노나 고통의 느낌도 얼굴에 비쳐서는 안 될 뿐만 아니라, 괴로운 상황에서는 반대로 즐거운 기분을 나타내야만 했다. 어쩔 수 없이 그렇게 하는 것은 나쁜 일이었다. 단순한 무표정한 복종도 부당했다. 이 규제에 대한 훌륭한 복종은 즐거운 듯이 미소 짓고 행복한 듯한 목소리로 자연스럽게 말하는 것이었다. 그렇지만 이 미소도 규제됐다. 예를 들면 윗사람과 이야기하면서 미소 지을 때 안쪽 이를 보이는 것은 실례의 극치였다. 무사계급에서는 특히 이런 행동거지의 규제가 냉혹할 정도로 강요됐다. 무사 집안의 부인은 스파르타의 부인처럼 전쟁터에서 남편이나 아들의 부고가 날아들었을 때도 기쁜 모습을 보여야만 했다. 이런 사정하에 자연적으로 유출되는 감정을 그대로 드러내 보이는 것은 예절을 파괴하는 행위였다. 어떤 계급에서도 이 행위가 엄격하게 규제되어 있었으므로 현재도 사람들의 행동은 옛날 예의범절의 성격을 나타낸다. 지극히 신기한 것은 이런 옛날부터의 행동거지가 수련에 의한 것이라기보다는 본능적으로 자연스럽게 구비된 것처럼 보인다는 것이다. 조용히 숨을 들이쉬며 앞으로 머리를 숙이는 인사, 신에게 기도할 때의 동작, 사람을 맞이하거나 헤어질 때 바닥에 나란히 두는 양손의 위치, 손님 앞에서 앉고 서는 방식, 걷는 방식, 물건을 받거나 주는 방식 등 이러한 아무것도 아닌 평소의 동작에는 아무리 보아도 자연스러운 아름다움이 깃들어 있어 단지 가르침을 받는 것만으로는 가능하다고 생각할 수 없다. 그리고 이것은 더 고도의 예법 – 교양 있는 계급이 옛날에 익혔던 아름다운 작법 – 이, 특히 부인에 의해 행동으로 나타날 경우 한층 아름답게 보인다. 이러한 행동거지를 몸에 익히는 능력은 아무래도 선천적이라고, 즉 훈련받은 종족의 과거 경험에 의해 조성된 것이라고 상상하지 않을 수 없다.

행동 예법에 대한 이러한 엄격한 수련이 일반 대중에게 어떤 의미였던가에 대해서는, 도쿠가와 이에야스가 무사계급에게 하위 3계급 – 농공상 신분의 사람들 – 중 무례한 행위를 저지른 자의 목을 베어버려도 좋다는 권한을 부여한 법령에서 추측할 수 있다. 다만 여기서 유의해야 할 것은 이에야스가 무례라고 한정한 것에 대해 세심한 주의를 내리고 있다는 점이다. 그가 말한 무례한 자는 사려 없는 자(慮外者)라는 의미였다. 즉, 사려 없는 행동을 하는 – 규정된 예법을 위반하는 – 것은 죽을 만한 죄를 범하는 것과 매한가지였다.

"무사는 4계급의 장이다. 농민, 공장, 상인은 무사에게 무례한 행동을 해서는 안 된다. 무례자란 사려 없는 자를 뜻한다. 그러므로 무사는 그에게 사려 없는 행동거지를 한 자를 베어버려도 아무런 간섭을 받지 않는다. 무사에는 직신, 배신, 귀족, 신분이 높은 자와 낮은 자 등이 있다. 그렇지만 이들 모두 사려 없는 자에게는 똑같이 동등한 행동이 허가된다"(유훈 제45조).

그러나 이에야스가 하위 3계급의 목을 베어도 좋다는 새로운 특권을 만들어냈다고 보는 데는 무리가 있다. 그는 오랫동안 행해져 왔던 무사 특권을 법령으로 확정한 것일 뿐이다. 우수한 자가 열등한 자를 다스리는 가혹하고 냉엄한 규칙은 무사계급의 권력이 발흥하기 이전부터 가차 없이 강행됐던 것 같다. 5세기 말 무렵 유랴쿠덴노(雄略天皇)가 한 신하에게 말을 걸었는데 그가 황공함으로 채 대답하지 못하자 무례함을 견책해 그 신하를 베었다는 기록이나, 또 이 천황이 술잔을 받들어 가지고 온 시녀를 때려 넘어뜨렸는데 그녀가 대단히 침착하게 자비를 탄원하는 노래를 즉석에서 불러 그가 그녀의 머리를 베지 않았다는 기록이 있다. 시녀가 실수를 하기는 했지만 술잔을 운반할 때 잔 속에 떨어져 있는 나뭇잎을 보지는 못했을 것이다. 궁중 관습에 따라서 그녀는 자신의 숨결이 술잔에 닿지 않게 높이 받들어 올려 운반했을 테니까 말이다. 즉, 천황이나 고귀한 귀족은 신처럼 모셔졌다. 유랴쿠덴노에게 작은 실수를 질책해 사람을 살해하는 습관이 있었던 것은 사실이다. 그러나 여기서 인용한 사례들은 오랫동안 고수되어왔던 예의를 범한 것으로 간주됐던 실수들이다.

중국의 형법 — 명나라와 청나라가 법전을 근거로 다스려졌을 때 일본은 쇼군에 의해 통치됐다 — 이 도입되기 이전, 또 그 이후에도 일본 국민의 대부분은 말 그대로 태형의 지배하에 놓여 있었다. 일반 서민은 매우 사소한 죄에도 잔혹한 태형으로 처벌받았고 중죄를 저질렀을 경우에는 고문치사형을 받았다. 서양 중세에 행해진 것과 같은 야만적인 형벌 — 화형이나 책형(磔刑), 갈기갈기 찢어 죽이는 형벌, 산 채로 기름에 삶는 형벌 — 도 있었다. 촌민의 생활을 제약하는 문서에는 법적 징벌의 준엄함을 나타내는 기록은 전혀 보이지 않는다.

구미 장부에 '각 행위에 대해서 처벌해야만 할 것'이라고 크게 써 있어도 옛 법전을 잘 알지 못하는 독자에게 이것은 조금도 공포감을 일으키지 않는다. 그러나 일본 고법률 문서에서 나타나는 처벌은 사소한 벌금형에서부터 산 채로 화형을 당하는 형벌까지 다양하다. 아주 한참 시대를 내려와 도쿠가와 이에야스 시대에 싸움을 억제시키기 위해 시행된 엄벌의 실례가 1613년 일본을 방문한 사리스 선장(Captain Saris)의 서한에서 발견됐다. "7월 1일, 동료 중 2명이 우연히 서로 싸움을 하게 되어 들판에 나갈 판국 ― 혈투 ― 에 일동 모두가 큰 위험에 처했다. 이 나라에서는 분노하는 바람에 칼을 뽑으면 그로써 아무런 상해를 가하지 않았다 하더라도 당장에 갈가리 찢기고 만다. 그리고 만약 아주 조금이라도 부상을 입힌다면 그 자신은 물론이고 그의 일가족이 처형된다."

'갈가리 찢기고 만다'는 것이 어떤 의미인지는 같은 편지의 전반부인, 그가 목격한 사형의 모습을 서술한 부분에 잘 나타난다.

"8일이었다. 3명의 일본인이 처형됐다. 그중에 2명은 남자, 남은 1명은 여자였다. 사건의 내용은 이렇다. 여자는 지극히 부정한 자로 ― 남편은 여행으로 집을 비웠으며 ―, 시간을 정해 남자 2명을 집으로 불러들였다. 나중에 올 남자가 먼저 온 남자에 대해 모르고 지정된 시간 이전에 찾아와 그와 마주치는 바람에 크게 화를 내어 칼을 뽑아 상대에게 중상을 입혔다. 남자의 등을 거의 두 쪽으로 갈랐을 정도였다. 그러나 먼저 온 남자도 잘못을 저질렀다는 오명은 덮어쓰고 싶지 않았으므로 그 역시 칼을 잡고 상대편 남자를 향해 달려들어 손에 상처를 입혔다. 온 마을 사람이 이 소동을 눈치 채고 3명을 붙잡아 감금했고, 국왕의 대리인(King Foyne)이 이 일을 고소해 상의(上意)를 물었다 ― 그의 의지로서 이 무리들은 처형된다 ―. 대리인은 당장 이 3명의 참수를 명령했다. 처형이 거행되자 구경꾼들이 각자 칼이 잘 드는지 시험해보겠다며 시체 앞으로 다가왔다. 이렇게 해서 이 3명은 사람의 손바닥만한 조각으로 갈기갈기 잘리고 말았다. 그래도 구경꾼들은 만족하지 못하고 이 살점을 쌓아올린 후에 큰 칼로는 얼마나 많이 자를 수 있는지 시험해보고 나서 돌아갔다. 그리고 이 살점은 그대로 방치되어 들새의 모이가 됐다."

분명히 이 경우의 처형은 결투죄보다도 더욱 중대한 사건이 원인이기는 했다. 그러나 싸움이 엄금되어 엄격히 처벌된 것은 진실이다. 무사계급에게는 하층계급 중에 사려 없는 행동을 하는 자를 베어버릴 수 있는 특권이 있었지만 이들은 자신이 보유한 특권보다도 훨씬 더 엄격한 수련을 참아내야만 했다. 상대에게 불쾌감을 주는 말이나 표정, 임무 수행 중의 사소한 실수 등이 사형 집행의 원인이 되는 경우도 종종 있었다. 대체로 무사들은 스스로 자신의 사형을 집행할 수 있었다. 즉, 특권으로서 자결할 권리가 주어졌다. 그러나 단도를 왼쪽 옆구리에 깊숙이 찔러넣고 서서히 — 그것도 분명한 손놀림으로 — 오른쪽으로 끌어당겨 내장을 갈기갈기 자르는 이 의무는 확실히 책형 — 양 겨드랑이를 창으로 찌르는 야만적 형벌 — 보다도 더 잔혹했다.

개인적 생활양식에 관련된 모든 것이 법령으로 규제된 것과 마찬가지로 죽음에 관한 일체의 것 — 관의 품질, 매장 비용, 장례식 절차, 무덤 형태 — 도 모두 법령으로써 정해졌다. 7세기에 만들어진 율령에 따르면 어떤 사람도 매장에 부당한 비용을 써서는 안 됐다. 이 율령은 지위나 계급에 의해 장례 비용을 정한 것이었다. 여기에 이어지는 법령은 관의 크기나 재질, 무덤 크기 등을 규제하고 있다. 8세기에는 위로는 왕후 귀족으로부터 아래로는 일반 백성에 이르기까지 백성의 각 계급에 대한 장례 의식의 세부 조목이 정해졌다. 후일 이 문제에 대한 법령이 만들어지거나 개정되기도 했다. 그러나 언제나 장례 의식에 관해서는 돈을 과도하게 사용하는 경향이 일반적이었던 것 같다. 이런 경향은 너무나 강력해 수세기에 걸친 사치 금지령에도 현재까지 하나의 사회적 난문이 되어 있다. 이것은 죽은 자에 대한 의무라는 신앙과 한 가문이 궁핍해지는 위험을 무릅쓰고라도 사자를 공경하고 그 정령을 기쁘게 하고 싶다는 간절한 소원을 상기한다면 간단히 이해할 수 있다.

여태까지 다뤄온 대다수의 법규는 근대인에게 무도한 폭정처럼 보일 것이 틀림없다. 또 그 법령 속에는 매우 잔인하게 여겨지는 것도 있다. 게다가 이들 법령이나 관습의 의무를 회피하고 기피할 수 있는 길은 전혀 없다. 누구든지 이 의무를 수행하기 어려운 자는 생명을 버리거나 부랑자가 됐다. 그 운명은 이미 결정되어 있었다. 절대 맹목의 맹종만이 살아남을 수 있는 조건이었다. 이러한 법규는 모든 정신적·도덕적 의견 차이를 억압하고 개성을 몰수해 똑같은 인간 성격의 불변적 형태를 창출하는 데 꼭 필요했다. 그리고 실제의 결과가 그러했다. 즉, 현재에도 일본인의 마음에는 선조들의 마음을 억압하고 제약했던 옛날 모형의 윤곽이 뚜렷이 나타나고 있다. 일본인의 심성을 형성하는 데 힘을 빌려준, 혹은 압력을 가해 결정시킨 법률을 이해하지 못하면 일본인의 심리를 이해하기란 불가능할 것이다.

그러나 한편으로 이 철칙 같은 계율의 윤리적 효과는 두말할 것 없이 매우 우수하다. 자손들은 대대로 선조들이 행했던 절약과 검소를 두말없이 실행했다. 그리고 나라가 매우 궁핍했으므로 이 강제적인 절약은 어떤 점에서 당연히 훌륭한 것이기도 했다. 이는 국민 생활비를 서양인이 생각하는 것보다 훨씬 낮은 수치로까지 낮춰주었다. 또 이것은 절제, 간소, 절약을 함양했다. 또 청결, 예절 및 인내력도 강요했다. 그렇지만 — 어딘지 기묘하게 보이지만 — 그 때문에 국민이 비참해지지는 않았다. 즉, 그들은 고생으로 찌들었지만 세상을 아름답게 보았다. 옛날 생활의 행복감은 옛 일본의 예술 작품에 반영되어 있으며, 그것은 무명의 그리스 화가의 그림 속에서 그리스인의 생활의 즐거움이 지금도 여전히 미소 지으며 다가오는 것과 똑같다.

이를 설명하는 것은 그리 어렵지 않다. 강제는 외부로부터만 작용하는 것이 아님을 잊어서는 안 된다. 그것은 사실상 내부에서부터 유지되고 있다. 이 종족의 계율은 그들 스스로가 부가한 것이다. 그들은 서서히 자신의 사회 상태를 만들어내고, 또 그 법령이 사회 상태를 유지시켜갔던 것이다. 그리하여 그들은 그 법령을 최상의 것이라고 믿었다. 그 법령이 그들의 도덕적 경험을 토대로 만들어졌다는 이유 때문이었다. 그들은 이런 훌륭한 신앙이 있었기 때문에 훌륭히 참아냈다. 종교는 일본 국민이 의기소침하거나 무기력한 상태로 타락하는 일 없이 이런 계율 훈련을 견뎌낼 수 있게 했다. 그리하여 일본인은 결코 타락하거나 퇴보하지 않았다. 자기부정과 복종을 강요하는 관습은 그와 동시에 담력과 용기를 키워서 쾌활함을 강하게 했다. 지배자 천황의 권력은 모든 사자의 힘이 그를 지지하고 있는 것이므로 저절로 무한했다. 허버트 스펜서는 "법률은 문서화되어 있는 경우에도 불문율의 경우에도 산 자에 대한 사자의 지배를 공식화한 것이다. 과거 세대가 그-육체적 혹은 정신적-특질을 전하는 것에 의해 현재 세대에 작용하는 능력이 추가되고 또한 과거가, 사자가 남겨준 생활 관습과 형태가 현재에 작용-입에서부터 입으로 전해지는 구술이나 문자로 전해지는 공적 행위를 규정한 법령을 통해-하는 능력이 있다. 나는 이런 진리를 강조하며, 좀 더 부언한다면 이들 진리에는 암묵적으로 조상숭배가 포함되어 있다는 것을 교시한다"고 말한다. 인간의 문명사상 다른 어떠한 법률도 옛날의 일본 법률만큼 스펜서의 견해를 잘나타낸 것은 없다. 일본의 법률은 '사자가 산 자를 지배하는 공식화'를 가장 잘 보여준다. 사자의 손은 무겁다. 오늘날도 그것은 산 자 위에 무겁게 드리워져 있다.

10

불교의 전래

이번 장에서는 일본 고대 종교가 외국의 종교 신앙에 반대한 실상에 대해 규명하고자 한다. 신도는 집안의 조상숭배를 토대로 조성되어 구미(組)가 조상숭배의 제약을 받아 씨족군, 즉 부족이 조상숭배로 통치되고 거기에다 최고의 지배자가 최고의 성직자이며 동시에 다른 모든 제사를 하나의 공통된 전통에 통합시키고 있는 조상숭배의 신이기도 하므로, 본질적으로 신도와 서로 융화될 수 없는 종교적 선전은 어떤 종교이든 간에 당연히 사회 전 조직에 대한 공격을 의미하는 것이었다. 이러한 사정을 감안한다면 불교가 유입 초기에 약간의 투쟁―그 속에는 유혈 투쟁도 한 번 있었다―을 겪은 이후 제2의 국교로 수용되는 데 성공한 것은 이상하게 생각될지도 모르겠다.

불교 본래의 교의는 본질적으로 신도와 서로 어울리지 않는 것이었지만 불교는 그 당시 인도, 중국, 조선 그 외 인근 여러 나라에서 완강한 조상숭배를 받들어 모시던 국민들의 정신적 호응을 얻고 있었다. 만약 그렇지 않았다면 조상숭배의 편협성 때문에 아주 옛날에 불교는 사멸해버렸을 것이다. 왜냐하면 불교가 확대된 이 광대한 지역의 국가들은 모두 조상을 숭배하기 때문이다. 인도, 중국, 조선은 물론 시암, 버마, 안남(安南)에서도 불교는 조상숭배를 근절하려 하지 않았다. 어디에서도 그 사회 관습의 적이 아니라 동맹자가 됐다. 일본에서도 대륙에서도 확실하게 진출할 수 있는 정책을 채용했다. 그리고 이 사실은 일본의 종교 사정을 명확하게 파악하기 위해서 유의해야만 한다.

일본의 현존하는 가장 오래된 고문서 ─ 신도의 축문 등을 예외로 한다면 ─ 는 8세기 이후 것이기 때문에 조상숭배 이외에 종교적 형태가 아무것도 없었던 고대사회에 대해서는 추측만 가능할 뿐이다. 당시 중국이나 조선의 영향이 전혀 없었다고 상상한다면, 이른바 신들의 시대의 상태에 대해서 막연하나마 어떤 관념을 가질 수 있을 것이다. 한편 중국이나 조선의 영향은 언제부터 시작됐을까. 그 시기가 언제인지는 불확실하다. 유교는 불교보다 상당히 빠른 시기에 유입된 것 같다. 그리고 그 발달 속도는 하나의 조직화 능력으로서 훨씬 빨랐다. 불교는 552년 처음으로 조선에서 일본으로 전해졌다. 그러나 포교의 성과는 실로 미미했다. 8세기 말까지는 일본 행정기구 전체가 유교 영향하에 중국식으로 재편성됐다. 그러나 불교가 실제로 일본 국내에 보급되기 시작한 것은 9세기 이후부터였다. 결국 불교는 국민 생활에 영향을 미치고 사상을 전부 그 색깔로 뒤덮어버리고 말았다. 그러나 고대 조상숭배의 이상한 보수성 ─ 융화 타협을 거부하는 고유의 힘 ─ 이 어떤 것이었는지는 1871년 불교 배제 시에 이 두 종교가 화끈하게 분리된 것에서도 알 수 있다. 약 천 년이란 시간 동안 불교에 의해 말 그대로 제압되어온 신도는 지금 그 옛날의 간소함을 회복해 고대 제사의 불변적 형태를 재건한 것이다.

신도를 정복하고자 했던 불교의 시도는 한때 거의 성공한 것처럼 보였다. 그 정복 방법은 800년경, 유명한 진겐슈(眞言宗)의 개조, 구카이(空海, 774~835, 일반적으로 홍법대사라고 부른다)의 생각에서 나왔다고 한다. 그는 처음으로 격이 높은 신들은 모두 불교의 여러 보살들이라고 설법했다. 그러나 이 점에서 홍법대사는 불교 정책의 선례를 따른 것뿐이었다. 양부(兩部) 신도[1] 이름하에 신도와 불교가 새롭게 합체된 종교는 천황의 칙허와 비호를 받았다. 이후 도처에서 이 두 종교는 같은 경내에서 모셔졌고 - 때로는 한 건물에서 제사 지냈다. 그래서 이 둘은 합체한 것처럼 여겨졌다. 그럼에도 융합된 것은 아니었다 - 이런 접촉이 10세기 동안이나 계속됐는데도 둘은 마치 각자 길을 지나가던 사람처럼 아무 일 없었다는 듯이 분리됐다. 불교가 영구적인 변화 변형을 부여한 것은 가정 내의 조상숭배 형식에서뿐이었다. 이것도 특별히 근본적이거나 보편적인 것은 아니었다. 어떤 지방에서는 각별한 변화도 보이지 않았다. 그래서 전국 어디에서나 사람들 대부분이 신도 형식의 조상숭배를 채용하고자 했다. 더욱이 불교로 개종한 사람들은 여전히 신도 신앙을 표명했다. 한편으로는 불교식에 따라 조상 제사를 지내면서 그와는 별개로 불교보다 오래된 신도의 신들을 가정에서 제사 지내고 있었다. 현재 대부분의 일본 가정에서는 신단과 불단을 모두 볼 수 있다. 신불(神佛) 두 분의 제사가 같은 지붕 아래에서 유지되고 있는 것이다.[2] 그러나 여기서는 단지 신도

---

1 양부라는 말은 2개 부문, 즉 2개 종교를 의미한다. - 원주
2 조상의 제사와 장례식은 일반적으로 그 가족이 불교 신자면 불교식으로 거행했다. 그러나 신슈(眞宗)에 속하는 경우는 제쳐두고, 대개의 불교 신자 가정에서는 신도의 신들에게도 같이 예배 드린다. 그렇지만 신슈 신자들 역시 옛 종교를 따르는 듯하고, 또 신도에게는 그들의 씨족신이 있다. - 원주

의 강력한 보수적 능력에 대해 설명하려는 것이지, 불교의 선전력이 약했다는 것을 말하려는 것은 아니다. 물론 일본 문명에 미친 불교의 영향력이 실로 심대했으며 다각적이었던 점은 이루 다 헤아릴 수 없다. 문제는 어째서 신도의 숨통을 영구히 막아버릴 수 없었던가 하는 점이다. 여러 저작자들이 경솔하게 서술하듯이 불교는 서민 종교, 신도는 국교가 됐다고 단정하는 것은 완전히 망설(妄說)이다. 사실 불교도 신도와 마찬가지로 국교가 된 적이 있으며, 빈민층 생활에 영향을 미친 것과 마찬가지로 최상층의 생활에도 영향을 미쳤다. 불교는 천황을 승려로 만들었고 황녀를 비구니로도 만들었다. 또한 통치자의 행동, 율령의 성격, 나아가 그 법령의 실시도 결정했다. 어떤 협동 사회에서도 승려는 그곳의 정신적 지도자였으며 동시에 공적인 관리였다. 그래서 승려들은 단가(檀家, 일정한 절에 소속된 불교 신자)의 촌락 내 호적 장부를 보관했고, 그 지역의 중대사가 그들을 통해 통치자에게 보고됐다.

유교는 학문에 대한 애호심을 받아들여 부분적으로는 불교 전래의 길을 준비해줬다. 이미 1세기경 일본에는 몇 명의 중국학 학자가 있었다. 그러나 중국 문학 연구가 처음으로 지배계급에 유행한 것은 3세기 말이 되어서였다. 유교는 새로운 종교는 되지 못했다. 그것은 일본의 것과 흡사한 조상숭배에 토대를 둔 윤리적 교훈체계였던 것이다. 유교가 제창한 것은 일종의 사회철학, 영원한 사물의 이치에 대한 해명이었다. 그것은 효도의 원리를 강조 선양하고 확대했다. 또 이미 있었던 여러 의식을 정리 정돈해 대성시켰다. 그리고 정치조직을 모두 체계화했다. 유교는 지배계급의 교육에 위대한 힘을 발휘했다. 그리고 현재에도 여전히 그 힘을 지니고 있다. 유교 원리는 가장 좋은 의미에서의 인간적 가르침이었다. 그리고 정치 정책에 영향을 미친 인간다운 효과의 가장 현저한 증거는 일본 지배자 중 가장 뛰어난 현자인 도쿠가와 이에야스의 법령이나 처세 교훈에서 찾아볼 수 있다.

불타의 종교는 일본에 또 하나의 더 광범위한 인간적 영향력, 자비라고 하는 새로운 복음을 가지고 들어왔다. 그리고 이 종교는 근본적으로는 일치하는 부분은 없지만 구신앙과 타협할 수 있도록 많은 새로운 믿음을 부가했다. 언어의 최고(最高) 의미에서 불교는 문명을 촉진하는 힘이 있었다. 인생에 대한 새로운 존경심, 인간만이 아니라 동물도 돌보는 의무, 현세에서의 행위가 내세에서의 여러 조건에 대한 결과로 나타난다는 것, 잊힌 과거의 잘못으로부터 비롯되어 피할 수 없는 결과로서 받게 된 고난에 대한 인내[忍從] 의무 등의 가르침 이외에도 중국의 미술공예나 산업을 일본에 소개했다. 건축, 회화, 조각, 판화, 인쇄, 원예 – 한마디로 인생을 아름답게 하는 데 도움이 되는 것들 – 가 불교의 영향 아래 처음으로 일본에서 발달했다.

불교에는 여러 가지 형태가 있다. 현재 일본에는 불교의 주된 종파가 12개나 있지만 우선 당면한 목적을 위해서는 다음 장에서 언급할 철학적 불교와 구별되는 것으로 개괄적인 일반 민중 불교만 서술해도 충분할 것이다. 가장 정도가 높은 대승불교는 어느 시기 또는 어느 나라에서도 널리 일반 민중 신봉자를 가질 수 없었다. 대승불교의 특별한 교의 – 예를 들면 열반 교의 – 가 일반 대중에게 설법됐다고 생각하는 것은 잘못이다. 교의가 난해해도 매우 소박한 사람들이 이해할 수 있고 매력을 느끼도록 설법됐을 뿐이다. 불교 속담에 '사람을 보고 불법을 말하라'는 말이 있다. 즉, 듣는 사람의 능력에 맞추어 불법을 말하라는 것이다. 일본에서의 불교는 중국의 경우와 마찬가지로 추상 개념에 익숙하지 않은 일반 대중의 정신적 능력에 맞추어 설법되어야 했다. 오늘날에도 대중은 해탈이라는 말의 의미를 잘 이해하지 못한다. 대중은 이 종교의 더 소박한 형태만을 배워왔던 것이다. 그러므로 이 점에 유의한다면 여기서는 종파나 교의적 차이를 고찰할 필요도 없다.

일반 서민의 마음에 비친 불교의 직접적인 영향을 이해하기 위해서는 신도에 윤회의 가르침이 없음을 상기해야 할 것이다. 앞서 서술했던 것처럼 고대 일본인의 사고에 의하면 사자의 영혼은 이 세상에 계속 존재하는 것이다. 즉, 사자의 영혼은 눈에는 보이지 않는 자연력과 그럭저럭 함께하면서 이 자연력을 통해 다양하게 움직이고 있다. 모든 일은 사자의 영혼 — 착한 영혼과 악한 영혼 — 의 활동에 의해 일어나는 것이다. 살아서 사악했다면 사후에도 여전히 악한 그대로이며 생전에 선했다면 사후에 착한 신이 된다. 그러나 어느 쪽에게든 모두 똑같이 제사를 지냈다. 내세에서의 응보라든가 형벌 등의 관념은 불교가 도래하기 이전에는 없었으며 극락이라든가 지옥 같은 개념도 없었던 것이다. 영혼과 신들의 행복은 똑같으며 그것은 산 자의 예배와 공물에 의한 것으로 여겨졌다.

불교는 다만 이 고대 신앙을 확대시키거나 상세하게 말하는 것만으로 — 완전히 새로운 빛으로 해석함으로써 — 그 속에 끼어들고자 했을 뿐이다. 이 수정 활동은 효과가 있었지만 압박은 없었다. 즉, 불교는 이 오래된 신앙을 모조리 받아들였다고 보아도 좋을 것 같다. 이 새로운 가르침도 죽은 자는 눈에 보이지 않지만 존재하며, 또 나아가 인간은 누구든지 간에 빠르든 늦든 불도 — 신의 신분 — 에 들어가는 운명에 처해 있기 때문에 사자가 신이 된다고 생각하는 부분에서도 특별히 다르지 않았다. 불교는 또한 신도의 품격 높은 신들의 속성이나 권위를 그대로 용인해 그들을 불타와 보살의 화신이라고 말한다. 그래서 신도의 태양신은 불교의 대일여래(大日如來)와 같고, 신도의 야와타 신은 불교의 아미타불(阿彌陀)과 마찬가지라는 것이다. 그리고 불교는 악신(惡神)이나 사악한 신의 존재도 부정하지 않았다. 즉, 이런 신들은 아귀(餓鬼)나 마귀[魔]와 동일한 것으로 여겨졌다. 일본 세간에서 악귀를 부르는 호칭인 마귀는 불교에 있는 것들과의 동일성에 대해 생각하게 한다. 나쁜 마음을 품은 망령은 전생의 악업에 의해 아귀 세계에 떨어져 영원히 순회하는 자업자득의 운명에 빠진 것이라고 여겨졌다. 질병이나 전염병 ─ 열병, 포창, 설사[赤痢], 폐병, 가래, 감기 ─ 의 신에게 예로부터 바쳐온 공물에 대해서도 불교는 용인해줬다. 그리하여 불교로 귀의하는 자는 성질이 악한 것을 아귀라 생각하고 아귀에게 음식물을 공양하도록 ─ 이는 제사를 올려주는 것이 아니라 아귀의 고통을 구제하기 위한 목적에서였다 ─ 가르침을 받았다. 조상의 영혼을 숭배하는 경우도 이와 마찬가지여서 불교 신자가 열심히 기도를 드리는 것은 망령을 기념하기보다는 이 방황하는 망령을 구원하기 위해 바치는 것이라고 설법했다. 독자들은 로마 구교가 이와 동일한 조건을 달아서 지금도 여전히 고대 유럽인의 조상숭배를 허용하고 있다는 사실을 상기해보면 좋을 것이다. 서양의 각국에서 농민들은 지금도 여전히 만령절(萬靈節)에 사자에게 맛있는 음식을 바치고 있다. 이런 점으로 미루어 보더라도 더 이상 조상 예배가 존재하지 않는다고는 도저히 생각할 수 없다.

그렇지만 불교는 옛날부터 내려온 제사를 허용하는 데 그치지 않고 이를 좀 더 육성해 훌륭한 것으로 성립시켰다. 이 같은 불교의 가르침 아래 집안 제사의 새롭고 아름다운 형식이 탄생했다. 현대 일본의 조상숭배에서 나타나는 매혹적인 시적 정취는 그 근원을 찾아 올라가보면 모두 불교 포교자의 가르침에 있다고 할 수 있다. 일본 불교 귀의자들은 사자를 불교 이전의 고대적 의미에서 신이라고 생각하는 것을 멈추게 했지만 사자의 영혼의 존재를 믿어 존경과 애정 어린 말을 걸어주도록 했던 것이다. 이런 가르침이 옛날부터 존재하던 공포 관념 ─ 집안 제사를 소홀히 하면 벌을 받는다는 ─ 에 새로운 힘을 부여하게 된 것은 주목할 가치가 있다. 이 세상에서 혐오받는 자의 망령은 신도에서 사용하는 용어의 의미로 악신이 될 수 없었다. 그러나 사람들은 성질이 나쁜 아귀를 악한 신들보다 더 무서워하게 됐다. 이는 불교에서 아귀의 사악한 힘을 정말로 무섭게 표현하고 있기 때문이다. 불교 여러 종파의 장례식에서 사자들은 아귀 – 애처롭게 여겨야만 하는 동시에 두려워해야 하는 존재 – 로 불렸다. 아귀는 인간의 동정과 구원을 필요로 하지만 또한 음식물을 부여해준 사람에게는 영험력으로 은혜를 갚을 수도 있었다.

불교의 가르침 중에 매혹적인 또 하나의 특색은 자연에 대해 단순하고 소박하면서도 기묘하게 설명한다는 것이다. 신도가 설명하고자 하지 않았으며 또 설명할 수도 없었던 무수한 사물을 불교는 시종일관 질서정연하고 명확하게 설명한다. 인간의 탄생이나 생명, 죽음의 신비성에 대한 해명은 청정한 마음의 소유자에게는 위로가 되고 심성이 사악한 이에게는 불안한 기분을 불러일으켰다. 사자의 행복과 불행은 사자에 대한 산 자의 배려나 태만 등에 직접 기인하는 것이 아니라 이승에서 사자의 행위 여하에 따르는 것이라고[3] 불교는 가르친다. 연이어 일어나는 재생이라는 대중적 교리 – 일반 대중은 매우 이해하기 어려운 – 를 말하지는 않았지만, 이는 누구라도 알 수 있는 윤회전생의 가르침을 상징적으로 말한다. 죽는 것은 자연 속으로 융해되는

---

3 독자들은 도대체 어떻게 불교가 계속 이어지는 재생 교리와 조상 예배의 관념을 접합시킬 수 있었는지 궁금할 것이다. 사람이 죽어서 바로 환생하는 것이라면 다시 살아 돌아오는 영혼에게 무슨 이유로 음식물을 대접하거나 기도를 올려야 하는 것일까. 불교는 이 난점에 대해 사자는 대개의 경우 당장 환생하는 것이 아니라 중유(中有)라 부르는 특별한 상태에 들어가는 것이라고 설명한다. 사자는 백 년 동안이나 이렇게 영육이 분리된 상태에 머무르다가 비로소 인간의 모습이 된다. 그래서 사자에 대한 불교 신도의 공양은 백 년으로 한정된다. – 원주

것이 아니라 다른 것으로 다시 태어나는 것이다. 어떤 형태로 다시 태어나는 가는 새로운 생존 규칙의 여러 가지 조건과 마찬가지로 현재 육체를 소유한 인간으로서의 행위와 생각 여하에 따른다는 것이다. 현재의 존재 상태와 조건은 모두 과거의 지나간 세상에서 행한 행위의 결과인 것이다. 어떤 사람은 전생에서 마음이 느긋하고 친절했으므로 현재 유복하고 유력한 자가 됐다. 또 다른 사람은 언젠가의 전생에서 물욕이 많고 이기적이었기 때문에 현생에서 병약하고 빈곤하다는 것이다. 어떤 부인이 남편 복도 많고 자식 복도 뛰어난 것은 전생에서 정절한 부인이자 사랑받을 만한 딸이었기 때문이며, 또 다른 부인이 비참하고 자식도 낳지 못하는 것은 전생에 질투심 많은 부인이자 사악하고 인색한 모친이었기 때문이란 것이다.

다음은 불법을 들은 사람들의 역설이다. "적을 미워하는 것은 어리석고 또 잘못됐다. 전생에서 그 사람은 당신의 친구가 되고 싶어 했는데 당신이 그 사람을 배신했으므로 그가 지금 당신의 적이 됐을 뿐이다. 그러므로 상대편이 현재 당신에게 행하는 비행에 몸을 맡겨라. 당신이 잊어버린 과거에 대한 보상으로 그것을 수용하는 것이 좋다. 당신이 결혼하고 싶어 하는 여자는 그녀의 양친에 의해 다른 집으로 시집갔다. 그러나 일찍이 전생에서 그녀는 당신의 사람으로 약속되어 있었다. 그런데 당신이 약속을 파기했던 것이다. 아이를 잃는 것은 정말로 괴롭다. 그러나 이런 타격은 전생에 당신이 당연히 애정을 쏟아야만 하는데도 그렇게 하지 않았던 것에 대한 당연한 결과다. 재난으로 불구자가 되어 전처럼 일하고 생활비를 벌 수 없다면 그 재난은 당신이 전생에서 터무니없이 타인에게 상해를 가한 결과다. 그 손으로 행했던 악행이 지금 모두 돌아온 것이다. 그러므로 스스로의 죄를 회개하고 현재의 고통으로 죄의 인과가 사라져버리도록 기도해야 할 것이다." 인간의 슬픔은 모두 이런 식으로 설명되고 위로됐다. 이를 인생에 비유한다면 인간의 삶은 끝없는 여로 중의 잠시 한순간으로서, 과거의 암흑 속으로 또 미래의 신비 속으로 계속 이어질 것이다. 이 세상 자체는 여행자가 잠시 머무는 휴게소, 즉 길가의 여관에 지나지 않는다.

불교는 일반 대중에게 열반을 언급하는 일 없이, 행복은 분명 얻을 수 있고 고통은 반드시 회피할 수 있는 것이라고 설법한다. 즉, 무량무변의 광명의 자리에 앉은 주인이 아미타불의 극락정토를 비롯해 등활(等活) 지옥이라 부르는 타는 듯이 뜨거운 8개의 초열(焦熱) 지옥, 또 아부타(頞部陀)라 부르는 8개의 얼음[氷寒] 지옥에 대해 설법하고 있다. 내세의 형벌이라는 주제에 대한 불교의 가르침은 매우 무서운 것이었다. 겁이 많은 사람에게는 일본어, 아니 한문으로 된 지옥 이야기를 읽도록 도저히 권할 수 없다. 그러나 지옥은 극악무도에 대한 형벌에 지나지 않는다. 그것은 영구한 것도 아니다. 악귀라 해도 최후에는 구원된다. 천국은 선행에 대한 응답으로 이뤄져 있다. 이 보답은 인과(응보)의 작은 수레바퀴들이 만나는 식으로 재생되는 과정이어서 매우 늦어지는 일도 있다. 그런데 한편으로는 하나의 성스러운 행위를 한 것만으로 이 세상에서 재빨리 응답이 찾아오는 일도 있다. 그 외에도 지상지고 (至上至高)의 보답을 얻는 시기가 도래하기 전부터 성스러운 불도에 부단히 정진을 거듭했다면 계속되는 재생의 하나하나가 전생의 재생보다도 행복해지는 경우가 있을 수 있다. 또 이 전환의 극치인 무상한 세상사에 관해서도 덕행의 결과는 적용됐다. 오늘 거지 신분인 자가 내일은 대영주로 환생할 수도 있으며 장님인 안마사가 다음 세상에는 일국의 대신이 될지도 모른다. 어떤 경우에도 이 응답은 공덕의 많고 적음에 비례하는 것이다. 속세에서는 최고의 공덕을 쌓기가 어렵다. 그리하여 커다란 응보를 얻는 것은 용이하지 않다. 그러나 모든 선행에 응보가 있는 것은 확실하고 선행을 행할 수 없는 사람은 있을 수 없다.

불교는 신도가 말하는 양심의 교의 ─ 하늘이 부여한 선악에 대한 감각 ─ 도 부정하지 않았다. 다만 이 양심이 부처 본래의 지혜이지만 각각의 개인 속에도 잠들어 있다고 설명한다. 즉, 이 지혜는 무지에 흐려지고 욕망에 가려져 업보에 속박당하지만 아침저녁으로 눈을 똑바로 뜨고 광명으로 마음을 가득 채우는 운명을 지니고 있는 것이다.

모든 생물을 돌보고 전 고행자에게 자비를 베푸는 것이 의무라고 설법한 불교의 가르침은 이 신종교가 아주 옛날부터 일반에 널리 강력한 영향을 미치고 있었음을 알려준다. 675년에 덴무덴노가 법령을 발포해 백성에게 '소, 말, 개, 원숭이, 닭을 먹는 것'을 금지했으며, 또 사냥감을 잡기 위해서 덫을 놓거나 구덩이를 파는 것을 금지했다.[4] 육식을 일절 금지시키지 않은 것은 이 천황이 신도와 불교 두 종교를 열심히 신봉했다는 사실을 말해준다. 즉, 절대적 금지는 신도 관례와 상충해 확실히 신도 전통과 맞지 않는 것이다. 어류는 여전히 일반 대중의 식료품이었지만, 대체로 이 무렵부터 백성들이 종래의 식사 습관을 버리고 불교의 가르침에 따라 조류나 육고기 식용을 그만두었다고 말할 수 있을 것이다. 이 금단의 가르침은 살아 있는 것은 모두가 하나라는 교리에 근거한 것이다. 불교는 눈에 보이는 일체의 세계를 인과응보 교리로서 ─ 일반 대중도 알 수 있도록 평범하게 ─ 설명했다. 여러 가지 형태의 생물 ─ 조류, 파충류, 포유류, 곤충, 어류 ─ 은 모두 인과관계의 각각 다른 결과물이었다. 그리하여 이들 각각의 영적 생활은 모두 동일한 것이고 최하급

---

4 W. G. 아스톤이 옮긴 『일본서기』 제2권 328쪽 참조. ─ 원주

생물도 불성의 깨달음을 구비하고 있는 것이었다. 개구리나 뱀, 혹은 새나 박쥐 등 모든 생물이 어떤 과거에 인간 − 혹은 인간 이상의 − 의 형태를 몸 안에 구비했던 것이다. 즉, 그들의 현재 상태는 그들이 일찍이 옛 세상에서 범했던 과실 결과의 표현에 지나지 않았다. 어떤 인간이라도 과실 때문에 차후 말로 의사를 표현할 수 없는 상태로 떨어져버릴지 모른다. 즉, 파충류, 물고기, 새 혹은 짐 싣는 말(荷馱)로 환생하지 않는다고는 장담할 수 없다. 어떤 동물에게든 터무니없이 심한 대우를 한다면 그는 그 동물과 같은 종류로 환생해 똑같이 잔혹한 취급을 받게 된다. 심하게 매질을 당한 소라든지 함부로 부려먹은 말이라든지 또 비틀려 죽음을 당한 새 등이 옛날에 우리의 가장 가까운 친척 − 선조, 양친, 형제자매나 아이들 − 이 아니었다고 그 누구도 잘라 말할 수 없는 것이다.

　다만 말로만 이런 모든 것이 설법되지는 않았다. 우선 신도에는 예술이라는 형태가 없었다는 사실을 기억해야만 한다. 즉, 신도의 사당은 적막하고 공허한 상태로 장식이 전혀 없다. 그런데 불교는 조각, 회화, 장식 등 일체의 예술을 줄줄이 수용하고 있다. 금빛으로 빛나면서 미소 짓는 보살상 − 극락의 수위나 지옥의 재판자, 선녀나 무서운 악당의 모습 − 은 그때까지 어떠한 종류의 예술도 접한 적이 없었던 사람들의 상상력을 일깨워 시야를 넓혀줬음에 틀림없다. 사원에 걸린 큰 폭의 훌륭한 그림, 벽이나 천정에 그려진 프레스코 벽화 등은 6계(六界)의 교의나 내세에 받을 응보, 형벌의 가르침을 언어보다도 훨씬 잘 전달해줬다. 즐비하게 늘어선 채 장식되어 있는 족자들에는 망령이 심판의 왕국으로 여행하는 도상에서 겪는 여러 가지 사건이나 다양하고 특이한 지옥의 무서움 등이 묘사되어 있었다. 이 중에는 죽음의 샘 근처에 무성하게 피어난 초록색의 예리한 대나무 잎을 오랜 세월 동안 손가락을 피로 물들인 채 잡아떼야 하는 운명에 처한 부정한 부인들을 묘사한 그림도, 남을 헐뜯고 모략한 자가 혀를 뽑히는 그림도 있다. 또 다른 그림에서는 호색한의 망자들이 온몸이 불덩어리인 여자의 포옹을 피하고자 헛되이 몸부림치거나 공포에 질려 반광란의 상태로 칼의 산을 기어간다. 또 고통받는 아귀의 모습이나 굶주린 망령의 고통, 파충류나 짐승으로 환생한 괴로움을 묘사한 것도 있다. 옛날의 이런 그림―대부분이 지금까지 보존되고 있다―은 결코 저급한 예술 작품이 아니다. 사자를 재판하는, 얼굴이 새빨간 염마(閻魔)는 망자가 생전에 범했던 비행의 숫자를 생생하게 비추는 귀신 거울[魔鏡]의 면영(面影), 즉 감식안으로 감춰져 있는 비밀스러운 죄들까지 모두 발견해낸다. 그리고 심판석 앞에 있는 머리가 2개 달린 괴물이나 악업의 냄새라면 모두 맡을 수 있는 망자 등 이러한 모든 것이 경험해보지 못한 일들을 상상하는 데 어떤 효과를 미칠 것인지 가늠할 수 없을 정도다. 아이가 있는 부모는 아이들의 망령의 세계를 다룬 그림―어린 망령들은 물이 마른 강바닥에서 귀신들의 감독하에 고역을 겪었다―을 보고 측은함에 가슴을 쳤다. 그러나 이런 그림들을 보면서 느꼈던 공포는 백의를 입은 자비의 여신인 아름다운 관음상, 어린 망령들과 노는 자애로운 미소의 지장보살, 푸른 하늘을 가로지르는 빛 속에서 오색빛의 날개로 날고 있는 천녀 등이 그려진 그림을 보는 사이 상쇄되어 없어진다. 불화 화가는 소박한 대중의 상상력을 부채질해 거기에다가 천상의 궁전을 열어 보이고 사람들의 희망을 인도해 보물의 숲이 우거진 정원을 지나 축복받은 영혼들이 연꽃 속에 재생해 천녀 유모의 보살핌을 받고 있는 연못으로 데리고 간다.

신도의 궁처럼 간소한 건축물에만 익숙했던 백성들은 승려들에 의해 조영된 새로운 사원에 경이로움을 느꼈음에 틀림없다. 거대한 인왕상이 지키는 웅장한 중국풍의 산문(山門), 청동으로 만들거나 돌로 조각한 중국 사자 및 등룡, 종루에 걸어놓고 당목(撞木)으로 때려서 울리는 거대한 종[釣鐘], 커다란 지붕과 차양 아래에 무리 지어 있는 용머리, 금색 찬란하게 빛나는 육리(陸離)의 수미단(須彌壇), 독경과 분향, 신기한 중국풍 음악이 연주되는 가운데 전개되는 의식 등은 사람들의 호기심 어린 마음에 기쁨과 외경을 부채질할 수밖에 없었다. 지금도 일본에 잔존하는 가장 초기의 사원이 서양인에게도 강력한 인상을 주는 것은 주목할 가치가 있는 사실이다. 오사카의 사텐노지(四天王寺, 이것은 종종 개축되기는 했지만 여전히 원형이 남아 있다)는 593년에 건립됐다. 나라(奈良) 근방에 있는 호류지(法隆寺)는 사텐노지보다 더 유명하고, 그 건축 연대는 607년경이다.

물론 명화나 걸작 조각품은 사원에서만 볼 수 있다. 그러나 마침내 불상 제작자들은 매우 먼 변방의 한적한 지방에도 불타나 보살의 석상을 안치하게 됐다. 처음에는 지장존상을 안치했는데 이것은 지금도 여전히 도처의 길가에서 여행객에게 미소를 짓고 있다 ― 가도의 수호신인 경신(庚申)상과 함께 세워져 있다 ―. 또 농가의 말을 지켜주는 마두(馬頭) 관음상이 만들어졌으며, 그 밖에 인도에서 유래한 것으로 추측되는 소박하고 치졸하면서도 매혹적인 기법의 여러 가지 상이 보인다. 마침내 묘지에도 몽상하고 있는 듯한 불타나 보살의 상 ― 이것들은 사자의 고마운 수호자로, 돌 연꽃[蓮華] 위에 정좌한 채 명상 삼매경의 자비로운 미소를 한가득 짓고 있다 ― 이 세워져 화려해졌다. 도시에서는 곳곳마다 불상 제작자들이 가게를 열었고 불교 각파에서 예배 드리는 본존불상을 만들어 신심 깊은 각 가정에다 안치하도록 했다. 그리고 위패, 즉 불교의 기념패를 만드는 상점이나 불단 상점도 번창했다.

한편 국민들은 종파에 따라 완전히 자유롭게 조상 제사를 지낼 수 있게 됐다. 그 결과 불교식을 따르는 자가 많아졌다. 이는 불교가 조상 제사 속에 주입한 독특한 정서적 매력에 사람들이 이끌렸기 때문이라고 할 수 있을 것이다. 구체적인 세부 사항을 제외한다면 신도와 불교 제사는 거의 다른 점이 없었다. 나아가 효도라는 오래된 생각과 불교식 사고가 가미된 새로운 조상숭배 사이에는 별다른 모순도 없었다. 불교에서는 독경(讀經)·창명(唱名) 기도에 의해 사자가 구원받고 행복해지며, 또 음식물을 바쳐 영혼을 위로할 수도 있다고 가르쳤다. 그들에게 고기류나 술은 바치지 못하게 되어 있었지만 과일, 쌀, 과자, 꽃, 향연 등을 올려 기쁘게 하는 것은 허용됐다. 그리고 매우 조잡한 음식 공물일지라도 독경의 힘으로 하늘에서 내려온 감로나 맛있는 것으로 변하게 할 수 있었다. 그렇지만 특히 이 새로운 조상숭배의 대중적 인기에 도움이 된 것은 기존 신도에는 없던 아름답고 매혹적인 관습이 불교에는 많았다는 사실일 것이다. 사람들은 해마다 돌아오는 사자를 맞이하기 위해 108개의 등불을 밝히는 것에 익숙해졌다. 그리고 소나 말의 역할을 맡기기 위해서 짚이나 작은 야채로 만든 대용물을 사자의 영전 앞에 두거나,[5] 또 조상의 정령들이 바다를 건너 저승[冥界]으로 돌아갈 때 탈 정령의 배[精靈船]를 준비하는 것도 익히게 됐다. 그로부터 본오도리(盆踊'), 죽은 자를 제사 지내는 춤)[6]를 개최하게 됐고 사자의 내왕 길을 환하게 밝히기 위해서 무덤에

---

5 나무못 4개를 다리로 박은 가지가 소를 대신하고 나무못 4개를 붙인 오이가 말의 역할을 맡았다. 이는 고대 그리스에서 제물을 바칠 때 진짜 동물의 대용물을 사용했던 것을 떠올리게 한다. 테베에서는 아폴로 예배에 임해 사지나 뿔을 나타낼 작정으로 나무못을 박은 사과를 양의 대용물로 바쳤다. ─원주

6 춤추는 것 ─ 매우 신기하며 매혹적이다 ─은 불교보다 훨씬 오래된 것이다. 그러나 불교는 이 춤을 관련된 축제의 구경거리로 꾸미고, 게다가 3일 동안이나 계속했다. 본오도리를 본 적이 없는 사람은 일본 춤이 어떤 것인지 전혀 알 수 없을 것이다. 보통 이것은 춤이라는

는 하얀 오본 등불[提燈], 또 집문 입구에는 채색 등롱을 다는 습관이 생겼다.

그러나 불교가 일본 국민에게 미친 최대한의 가치는 아마도 교육 면에 있을 것이다. 신도의 간누시는 교사는 아니었다. 초기 무렵 간누시는 대개 귀족으로서 씨족(씨족신)의 종교적 대표자였다. 그러므로 일반 서민을 교육하고자 하는 생각을 할 리가 없었다. 그런데 이에 반해 불교는 서민 모두에게 교육 ─ 단순한 종교 교육뿐만 아니라 예술이나 중국식 학문 교육 ─ 의 은택을 부여했다. 그 결과 사원은 모두의 학교가 되어 사원 부속학교가 생기기도 했다. 그리고 각 교구의 절에서는 그 촌락의 아이들에게 명목만의 비용으로 신앙적 교의, 중국의 고전적 지혜, 서도, 회화, 그 밖에 여러 가지 많은 것을 가르쳤다. 그리하여 점차 거의 모든 국민의 교육이 승려의 지배하에 놓이게 됐다. 그리고 그 도덕적 효과는 최상이었다. 무사계급에게는 별도의 특별 교육 제도가 있었다. 그리고 무사 가문의 학문 연구자는 이름난 학승 아래에서 그 지식을 완성시키고자 했으며 황실 자체에서도 불승을 초빙했다. 불승은 도처에서 일반 서민의 학교 교사였다. 승려들은 종교상의 임무 못지않게 교사로서의 임무 덕택에 지배계급과 어깨를 나란히 할 수 있었다. 일본인의 성격 중에 가장 매혹적인 것으로서 전래되고 있는 대부분의 것 ─ 사람을 대할 때의 온화한 기품 ─ 은 불교의 예의범절 교육에서 나온 것이 아닐까 생각한다. 불승이 공적 교사의 역할과 호적 담당이라는 공무를 겸한 것은 당연한 일이었다. 절의 영지[寺領]를 반환할 때 승려는 전국적으로 종교상의 관리자인 동시

이름으로 행해지는 것과는 전혀 다르다. 말로는 다 표현할 수 없을 만큼 고풍적이면서도 특이하고 매력 있다. 나는 몇 날 몇 밤을 새며 한밤중에 백성들이 춤추는 것을 바라봤다. 춤추는 아이들은 실은 춤을 추지 않았다. 그들은 춤추는 모습을 하고 있었을 뿐이다. 백성들이야말로 정말로 춤을 추고 있었다. ─ 원주

에 공공의 국가 관리이기도 했다. 그들은 교구 기록을 보관하고 필요할 때 출산·사망·가계증명서 등을 교부했다.

불교가 일본에 미친 방대한 문화적 영향을 정확하게 이해하기 위해서는 여러 권의 책이 필요할 것이다. 아주 개략적인 사실만을 서술해 불교 영향의 결과를 개설하는 것은 도저히 불가능하다. 이는 개설만으로서는 그곳에 완성된 업적의 진정한 전모를 도저히 구현할 수 없기 때문이다. 도덕적 능력 면에서 불교는 오래된 신도가 만들어낸 것보다 훨씬 더 커다란 희망과 공포심을 부여해 권력을 강화하고 복종의 정신을 함양했다. 또 교사로서는 최고 권력자로부터 최하층 백성에 이르기까지 이 나라 백성에게 윤리와 미학 교육을 실시했다. 일본에서 예술이라는 이름하에 분류될 수 있는 것은 모두 불교에 의해 유입 또는 발달됐다. 그리고 진정한 문학적 특질을 구비한 모든 일본 문학―신도의 축문 혹은 고대 시가 단편을 제외하고는―에 대해서도 마찬가지라 말할 수 있을 것이다. 불교는 희곡, 고도의 형식을 갖춘 여러 가지 시문, 소설, 역사, 철학 등을 도입했다. 일본인의 생활에서 세련되고 우아한 것은 불교의 도입과 관련이 있다. 적어도 기분 전환용이나 오락거리의 대부분이 그렇다고 할 수 있다. 이 나라에서 만들어진 흥미로운 또는 아름다운 것 중에 불교로부터 도움을 받지 않은 것은 거의 없을 것이다. 이처럼 광대한 은택의 범위를 서술하는 가장 간단한, 그리고 최상의 방법은 불교가 전 중국 문화를 일본에 들여와 일본인의 요구에 맞게 재창조했다고 말하는 것일 것이다. 중국 문명은 단지 일본의 사회구조에 중첩된 것이 아니라 이 구조에 적합하게 결합됐기 때문에 그 이음새나 봉합(縫合)의 흔적은 완전히 사라져 버리고 말았다.

11

대승불교

여기서는 철학적 불교에 대해 간단히 고찰할 필요가 있다. 그것은 두 가지 이유 때문이다. 첫 번째는 이 문제에 대해 오해가 있거나 무지할 경우에 일본의 지식계급이 무신론자가 아닌가 하는 공격이 나올 수 있기 때문이다. 두 번째는 일반 대중, 즉 국민의 대부분이 적멸(寂滅)해 열반(涅槃)한다는 — 실은 대중은 이 말의 의미도 잘 이해하지 못하지만 — 교의를 믿는 신자이고, 그래서 이 교의에서 말하는 이 세상에서의 고군분투가 무의미하므로 지상에서 사라져 없어질 것을 체념한다고 굳게 믿는 사람들이 있다는 점이다. 조금만 더 진지하게 생각해도 그런 신앙이 지식인이라 불릴 정도의 수준 있는 사람들에게, 또 미개인에게도 신앙인에게도 종교가 될 수 없다. 그런데 언제나 대다수의 서양인은 존재하지도 않는 설을 곰곰이 생각해보지도 않고 그대로 받아들인다. 그러므로 독자들에게 대승불교의 교리가 실은 일본 대중의 이해와 얼마나 동떨어져 있는가를 알릴 수 있다면 진리와 상식이 관련된 사물에 대해 다소나마 기여하는 것이리라. 그리고 이 문제에 관해 앞서 서술한 두 가지 이유 외에 세 번째 특수한 이유가 있다. 그것은 대승불교의 주제가 근대 철학 연구자들에게 절대적인 관심사 중 하나라는 것이다.

앞으로 나아가기 전에 먼저 염두에 둘 것이 있다. 그것은 불교의 주요 경전들이 이미 유럽 각국에 번역되어 있으며, 미번역 원전들도 대체로 편집 출판됐으므로 불교의 형이상학은 외국 어디에서나 연구할 수 있다는 점이다. 일본 불교의 텍스트는 한문이다. 그리하여 한학에 뛰어난 학자만이 대승불교의 세부적 특수 사항에서 빛을 발할 수 있다. 한문으로 된 불전 7,000권을 독파하기란 일반인에게 어려운 일일 것이다 – 일본에서는 이런 일이 성취되기는 했다 –. 또 여러 가지 주해, 각 종파의 이론 이설, 후세에 부가된 교의의 속출 등으로 혼란에 혼란이 거듭되고 있다.

일본 불교의 복잡 다양함은 이루 다 헤아릴 수 없다. 이에 대한 규명도 세부적으로 나뉘어져 있어 결국은 미로 속에서 길을 잃고 어찌할 바를 모르게 된다. 그래도 이는 현재 우리가 목적으로 삼는 것과는 아무런 관계도 없다. 나는 일본 불교가 다른 나라의 불교와 다르다는 것을 서술할 예정도, 또 각 종파의 차이에 대해 다룰 생각도 없다. 나는 더 고도의 불교 교의에 대해 개괄적인 것을 – 여러 가지 사실 중에서 이 교의를 규명하는 데 가장 적절하다고 생각되는 것만을 선택해 – 서술하고 싶다. 그리고 열반의 문제는 – 이는 대단히 중요한 것이지만 – 여기서 다루지 않겠다. 『부처 밭의 이삭(Gleanings in Buddha-Fields)』에서 그 문제는 구체적으로 취급했고, 여기서는 불교의 형이상학적 결론과 현대 서양 사상적 결론 사이에 어떤 상이점이 있을까 하는 화제에 집중하고자 한다.

여태까지 불교를 주제로 삼은 영문 서적 중에서 가장 훌륭한 책[1]의 저자인

고(故) 헨리 클라크 워런(Henry Clarke Warren)은 "불교 연구에서 내가 체험했던 대부분의 기쁨은 신기한 지적 풍경이라고 말할 수 있는 것들에서 비롯됐다. 그 속의 관념, 논의 양식, 또 거론됐지만 논의되지는 않았던 가설 등은 모두 진기했고 내게 친숙했던 것과는 전혀 달라 끊임없이 동화 속 나라를 걷고 있는 것 같은 착각이 들 정도였다. 동양적 사상과 관념을 접하면서 얻은 것은, 동양적인 것이 서양 범주에는 적합하지 않다는 것"이라고 말했다. 불교 철학의 깊은 매력은 더 이상 표현할 수 없을 정도다. 그것은 반대로 된 세계의 지적 풍경의 신기함으로서, 서구 사상가의 흥미를 끌었다. 서양의 범주에 적합하거나 거의 적합한 것 같다고 말할 수 있는 부류의 불교 개념이 있다. 대승불교는 일종의 일원론이다. 이 불교의 교의 중에는 독일이나 영국의 일원론과 깜짝 놀랄 만큼 일치하는 것도 있다. 이 일치는 실로 신기하고 흥미로운 점이라 할 수 있다. 특히 이 불교의 결론이 서양식 사고에서 비롯된 것이 아니고 과학적 지식의 도움도 받지 않은 정신적 과정을 거쳐 도달한 것임을 생각하면 감개무량함이 더욱더 깊어진다. 나는 스스로 감히 허버트 스펜서의 제자라고 자부하고 있었다. 그리고 내가 불교 철학에서 낭만적인 흥미를 발견한 것은 이 종합철학에 매료됐기 때문이다. 즉, 불교가 또 하나의 진화설이기 때문이다. 물론 서구의 과학적 진화론이 주장하는 중심 사상 — 동질로부터 이질로의 진화 법칙 — 은 이 세상의 생명에 대한 불교 교의와는 호응하지 않는다. 토머스 헨리 헉슬리(Thomas Henry Huxley) 교수에 의하면 인간이 생각하는 진화의 과정은 "박격포에서 발사된 탄환처럼 탄도선을 그려야만

---

1 1896년 하버드 대학교 출판부에서 출간된『번역된 불교(Buddhism in Translations)』를 가리킨다. — 원주

하며, 그 탄도의 하강하는 절반이 상승하는 절반과 동일한 것처럼 진화의 일반 과정 역시 마찬가지"라는 것이다. 이 탄도선의 최고점이 스펜서가 말하는 평형 부분 – 하강 시기 직전에 발진의 최고점 – 이다. 하지만 불교의 발전 진화에서는 이 최고점이 열반 중에 사라져버리고 만다. 그리하여 이 불교의 위상을 이해하려면 거꾸로 선 탄도선을 생각하는 것이 가장 좋다. 불교의 여러 관념은 현대 진화론 – 무한에서부터 하강해 내려오는 선이 지상과 접촉하고 또 신들로 상승해가는 과정 – 의 각종 관념과 놀랄 만한 유사점을 나타낸다. 그리고 서구 사상과는 가장 멀리 격리되어 있던 불교 사상이 근대과학으로부터 빌린 설명이나 언어적 도움으로 가장 잘 해석될 수 있게 됐다.

이로써 대승불교의 가장 대표적인 가르침을 고찰해볼 수 있게 됐다. 이미 설명한 열반 교리를 제외하면 대체로 다음과 같은 것이 될 것이다.

- 단 하나의 실재(實在)가 있다.
- 의식은 진정한 자아는 아니다.
- 사물이란 행위와 사고의 힘으로서 창출된 현상의 총화다.

일체의 객관적·주관적 존재는 인과응보에 의해 만들어진다. 현재는 과거가 만든 것이며, 현재와 과거의 행위가 결합되어 미래의 상태를 결정하는 것이다. 즉, 이것을 달리 말하면 사물의 세계와 – 어떤 조건이 붙은 – 마음의 세계는 그 진화 속에 엄정한 도덕적 질서를 나타낸다.

이들 교의를 근대사상과 관련지어 간단히 고찰한다면 노력한 보람이 있을 것이다. 우선 제일 먼저 일원론부터 시작하자.

형상과 명칭이 있는 일체의 것 – 여러 부처, 각종 신, 인간 및 일체의 생물,

태양, 달, 눈에 보이는 전 우주 − 은 변전무상(變轉無常)한 것이다. 스펜서가 말한 것처럼 실재의 증거가 되는 것이 영원한 것이라고 생각한다면 어떤 사람이라도 이 명제를 의아하게 여길 이유는 없다. 그것은 1894년판 『제1원리(The First Principles)』마지막 장에 결론으로서 서술하고 있는 주장과 전혀 다르지 않다. "주관과 객관의 관계는 마음과 사물이라는 상반된 개념을 필요로 하는 것 같지만, 마음이든 사물이든 이 양자의 근저에 존재하는 알 수 없는 실재적 증거에 지나지 않는다."

불교에서 유일한 실재란 절대자다. 즉, 제약이 없는 무한한 존재로서의 불타다. 진실된 개성, 즉 인격은 존재하지 않는다. 사물이든 마음이든 불타 이외에 진실적 존재는 없다. 아(我)와 비아(非我)는 본질적으로 서로 다르지 않다. 그리하여 "우리에게 주관적 또는 객관적으로 표명되어온 것은 동일한 실존어였다"라는 스펜서의 말을 떠올리게 된다. 스펜서는 더욱 논리를 전개해나간다. "현실에 존재하는 주관과 객관은 이 양자의 협력 작용으로 태어난 의식 속에 포함되어 있을 리가 없다. 그러나 이 양자는 필연적으로 의식에 의해 작용한다. 그리고 주관과 객관의 상반 작용은 의식이 존속하는 한 그곳을 초월해 진전하지 않고 이 2개가 합체해 하나가 된 궁극적 실체에 대해 일체의 지식을 불가능하게 한다"고 말한다. 대승불교의 대가 스펜서의 실재 변형론에 이의를 제기하는 사람은 없을 것이다. 불교는 현상으로서의 현실성을 부정하지는 않지만 그 영원성을, 또 현상이 인간의 불완전한 감각에 나타나는 가상적 진실성을 거부한다. 현상은 일시적이고 덧없는 것이며 보이는 그대로의 것이 아니므로 환영의 성격을 띠는 것이라고 생각해야만 할 것이다. 즉, 유일하고 영원한 실재의 일시적인 표현인 것이다. 그렇지만 불교에서 말하고자 하는 바가 불가지론은 아니다. 곧 이해하게 되겠지만 불교는 불가지론과는 놀라울 정도로 다른 것이다. 스펜서는 의식이 존속하는 한 인간은 실재를 알 수 없다고 서술한다. 그것은 의식이 존속하는 한 객관과 주관의 상반성(相反性)을 초월할 수 없기 때문이며, 또 의식을 가능하게 하는 것은 상반성 그 자체이기 때문이다. 그래서 불교 형이상학자는 "완전히 그대로다. 의식이 존속하는 한 인간은 유일한 실재를 알 수가 없다. 그러나 의식을 멸살시켜버리면 실재를 인식할 수 있게 된다. 마음이 그리는 환영을 말살하면 광명이 나타날 것"이라고 할 것이다. 이 의식멸각(意識滅却)은 열반을 의미한다. 즉, 그것은 인간이 자아라고 부르는 것의 완전한 소멸이다. 자아는 맹목적이다. 자아를 소각하면 실재는 무한한 환영으로서, 또 무한한 평화로서 나타나는 것이다.

두 번째, 불교 철학에서 현상으로서 눈에 보이는 우주가 의미하는 것은 무엇인지, 그리고 지각하는 의식의 성질은 무엇인지 알아보자. 아무리 변전무상하다 해도 현상은 의식에 인상을 남긴다. 그리고 의식 그 자체는 변전무상이더라도 여전히 존재한다. 그리고 그 지각은, 예를 들어 허망이라고 하더라도 현실적 관계가 있는 지각이다. 불교는 우주도 의식도 모두 인과응보의 단순한 종합에 지나지 않는다고 할 것이다. 어떤 요원한 과거를 통해 행위와 사상에 의해서 형성된 상태의 무수한 복합에 지나지 않는다고 답할 것이다. 모든 물질 및 유한한 마음 — 무한성의 마음과는 구별되는 것으로서 — 은 행위와 사상의 산물이다. 즉, 행위와 사상에 의해 신체의 분자는 통일되고 그 분자의 친화력 — 과학자라면 분자의 양극성이라고 말하지만 — 이 사멸(死滅)된 생명체 속에 어떤 형태를 취하고 있던 여러 가지 성향을 나타내는 것이다. 이 주제에 대한 최근 일본의 논설을 인용한다.

모든 유정(有情)한 존재의 집합된 작용이 다양한 산, 강, 지역 등 여러 가지 것들을 조성하고 있다. 이들은 집적된 작용으로서 생겨나는 것이기 때문에 집성(集成)적 결과라 부른다. 현재의 삶은 과거 행위의 반영이다. 사람들은 이러한 반영을 진정한 자아라고 생각한다. 사람들은 눈, 코, 귀, 혀 및 신체 ─ 그리고 그들의 정원, 삼림, 전답, 주거, 종업원 및 하녀 등과 함께 ─ 를 자신의 소유라고 생각하고 있다. 그러나 실제로 그것들은 무수한 행위에 의해 무한하게 만들어진 결과에 지나지 않는다. 인간은 만물의 궁극적 극한을 찾아 과거를 거슬러 올라가봐도 그 시작을 알아낼 수 없다. 그리하여 생과 사에는 시작이 없다고 말한다. 나아가 미래의 궁극적 한계를 살펴도 그 종말을 알 수가 없다.[2]

만물이 인과응보에 의해 만들어진다는 이 가르침 ─ 우주에 있는 좋은 것은 모든 선의적 행위와 상념의 결과가 현현(顯現)한 것이고, 나쁜 것은 모든 악의적 행위와 상념의 결과다 ─ 은 5대 종파에서 승인되고 있다. 따라서 이 가르침을 일본 불교의 주요 교리로 받아들여도 좋다. 그렇다면 우주는 인과응보의 종합이다. 그리고 인간의 마음도 하나의 종합이다. 그 시작을 알 수 없으며 그 종말도 상상할 수 없다. 그리고 그곳에는 열반을 종착점으로 하는 정신적 진화가 있다. 그러나 물질과 마음의 형성이 영원히 멈추고 마는 때 ─ 모든 안식이라는 최후 상태 ─ 에 대해 확실한 것은 아무것도 알 수 없다. 한편 종합철학은 현상의 진화에 대해서 이와 현저하게 비슷한 입장이다. 즉, 진화에는 시작도 없고 특별히 생각해야만 할 끝도 없다는 것이다.

≪노스아메리칸 리뷰(North American Review)≫에 한 비평가가 남긴 글에

---

2 구로다(黑田), 『마하야나 철학개론(Outlines of the Mabâyâna Pbilosopby)』. ─ 원주

대한 스펜서의 답변을 인용해본다.

　비평자는 내가 지구상 유기적 생명의 절대적 시작의 용인을 회피할 수 없다고 말한 것처럼 이야기하지만, 나는 그것을 분명히 부정한다. 우주 진화의 긍정은 그 자체 만물의 절대적 개시를 부정하는 것이다. 진화라는 점에서 해석한다면 일체의 존재는 깨달을 수 없을 정도로 천천히 앞서 존재하던 것에 작용해 일어난 변화의 소산이라고 생각된다. 이것은 유기적 생명이 점차 일어나는 발달의 경우에도, 또 유기적 생명의 개시 상정의 경우에도 모두 마찬가지로 통용될 수 있다. 유기적 사물은 급히 만들어진 것은 아니라 여러 가지 단계를 거쳐 성립된다는 것에 대한 신뢰성은 화학 실험에 의해 충분히 보증된다.[3]

　물론 불교가 사물의 시작과 끝에 대해서 아무것도 말하지 않는 것은 단지 현상이 만들어낸 것에 대해서뿐이며, 어떤 특수한 현상군의 존재에 대해서가 아니라는 점을 이해해야만 할 것이다. 단정 지을 수 있는 시작도 끝도 없다는 것은, 간단히 말해서 영원의 생성이라는 것이다. 그리고 불교는 모체인 고대 인도철학과 마찬가지로 우주의 상호 교대적인 현현과 소멸을 가르치고 있다. 어떤 무량겁(無量劫, 헤아릴 수 없는 무수한) 내의 시간에 십만억토(十萬億土)의 전 우주는 소실하지만 ─ 불타버리든가 아니면 어찌어찌해서 파멸해버린다 ─ 그 결과 형체가 또 형성되어 나타난다. 이러한 시기를 윤계(輪界, 월드 사이클)라고 부르며, 이 각각의 윤계는 다시 4개의 무변으로 나뉜다. 그러나 여기서 이 교의를 세목에 걸쳐 고찰할 필요는 없다. 정말로 흥미를 끄는

---

3 『생물학의 원리(Principles of Biology)』 제1권 482쪽. ─ 원주

부분은 진화의 리듬에 대한 근본적 생각일 뿐이다. 우주가 교대로 붕괴하거나 결합하는 것은 과학적 사고방식으로서, 누구에게나 공통적으로 받아들여질 진화론의 신조라는 것을 독자들은 새삼스럽게 떠올릴 필요도 없을 것이다. 그렇지만 또 다른 이유가 있기 때문에 이 주제에 대해서 서술한 스펜서의 견해를 인용하기로 한다.

앞에서 검토했듯이 편재적인 견인과 반발의 공존 세력은 우주의 모든 미소한 변화에도, 또 변화의 총화에도 명확히 율동을 필요로 하고 있지만, 견인력이 우세한 경우에 이 공존 세력은 우주를 응집시키는 광대무변한 시기를 창출하고 반발력이 우세한 경우에는 해체 분산을 일으키는 광대무변한 시기를 창출한다. 즉, 이것이 교대로 일어나는 진화와 분해의 시기다. 이렇게 현재 일어나고 있는 것 같은 진화를 유추시키는 지속적 진화가 과거에 있었다고 추측해볼 수 있다. 그리고 미래에도 그러한 또 다른 지속적 진화가 계속될 것이라는 생각이 탄생한다. 그때 원리는 같지만 구체적인 결과는 결코 동일하지 않다(『제1원리』, 183절).[4]

스펜서는 논리를 더욱 전개시켜 이 가설로부터 나오는 광대한 이론적 결과를 지적한다.

그렇게 생각해야만 하는 이유를 알았듯이, 가령 만물의 총화 속에 상호 교대의 진화와 해체가 있다 ― 즉, 힘의 불멸로부터 당연히 추론해야 하듯이 이 광대무변한 리듬의 어느 쪽인가 한쪽이 극한에 도달했을 때 그 반대 운동을 야기하는 상태가 탄

---

4 이 문장의 수정은 제4판에서 시작되어 1900년 결정판에서는 상당 부분에 이른다. ― 원주

생한다는 것이라 ─ 고 한다면, 광대무변한 과거를 충만시켜 또 광대무한한 미래를 충만하는 진화의 개념을 수용해야 한다면, 아무리 해도 시작과 종말이 명확히 눈에 보이는 창조나 또 다른 것과는 무관계한, 고립적인 눈에 보이는 창조를 생각할 수 없다. 그러한 창조는 과거와 미래의 모든 존재에 통합된다. 그리고 우주가 표시하는 힘은 생각 속에 어떠한 제한을 용인하지 않도록 공간과 시간의 범주 속에 들어가버린다(『제1원리』, 190절).[5]

　앞서 언급한 불교의 입장은 인간의 의식이 아주 작은 일시적 집합에 지나지 않는 것으로서, 결코 영원한 실체가 아니라는 것을 의미하는 데 충분하다. 영원불멸의 자아란 없다는 것이다. 즉, 일체의 삶 속에는 하나의 영원한 원리가 있을 뿐이다. 최고의 부처가 바로 그것이다. 근세 일본인들은 이 절대자를 마음의 진수라고 불렀다. 그중 한 사람은 이렇게 기술했다. "장작불은 장작이 다 타고 나면 꺼진다. 그러나 불의 본질은 결코 멸각(滅却)되지 않는다. 우주에서 일체의 사물은 마음인 것이다." 이렇게 말한다면 이 설은 비과학적인 것이 된다. 그러나 이런 결론에 대해 알프레드 러셀 월리스(Alfred Russel Wallace)도 거의 같은 말을 하고 있다. 또 마음으로부터 이뤄진 우주 이론을 말하는 근대의 설교자들도 적지 않음을 잊어서는 안 된다. 이 가설은 도저히 생각할 수 없는 것이다. 그러나 진실로 성실하게 생각하는 사람이라면, 일체의 현상과 불가지와의 관계는 완전히 파도와 바다의 관계와 비슷하다고 말하는 불교의 주장에 동의할 것이다. 스펜서는 말한다. "일체의 감정

─────────

5 1900년 결정판에서는 문장이 압축되거나 약간 수정됐다. 그러나 여기서는 제4판의 텍스트를 채용했다. ─ 원주

과 사상은 완전히 변화무상하므로 그러한 감정이나 사상으로 구성된 생명도 모두 변화무상하다. 아니, 생이 그 가운데를 통과해가는 사물은 다소의 항상성이 존재한다 해도 조만간에 각자 그 개성을 상실해가는 과정을 따르고 있으므로, 불멸은 이러한 변화되어가는 모든 형상의 그늘에 숨어 있는 미지의 실재임을 알게 된다." 여기까지는 스펜서와 불교 철학자의 견해가 일치한다. 그러나 그 이후 갑자기 의견을 달리하게 된다. 즉, 불교는 불가지론이 아니라 가지론으로서 이 불가지적인 것을 알고자 주장하기 때문이다. 그런데 스펜서 학파의 사상가들은 유일한 실재의 성질에 대해서도, 또 그 현현의 이유에 대해서도 가설을 세울 수 없다. 즉, 힘이나 물체나 운동의 성질에 대해서는 지적으로 아무것도 이해할 수 없다고 고백해야만 한다. 모든 기지(旣知)의 원소는 어느 한 개의 근원적 물질로부터 전개되어온 것이라는 가설을 용인하는 것이 정당하다고 여겨진다. 그것은 이 가설에 매우 유력한 화학적 근거가 있기 때문이다. 그래도 스펜서 학파 사상가들은 이 근원적 물질이 마음의 물질이라고는 하지 않으며, 또 이 마음의 물질을 완성시키는 힘의 성질을 해명하고자 시도하지도 않는다. 나아가 스펜서는 우리가 물질을 힘의 집합체로 알고 있고, 원자가 힘의 중심이며 결정이라고 인지한다는 사실을 인정하지만 이를 주장하려고는 하지 않는다. 그러나 독일의 진화론자들이 불교의 입장과 흡사한 태도를 취하고 있음을 우리는 안다. 그것은 우주에 편재해 있는 감성, 더 엄밀히 표현한다면 우주 편재의 잠재적 감성을 의미한다. 에른스트 하인리히 헥켈(Ernst Heinrich Haeckel)이나 그 밖의 일원론자들은 모든 물질에 대해서 이러한 입장이다. 그리하여 그들은 불가지론자가 아니라 가지론자다. 이들의 가지론은 대승불교의 가지론과 매우 흡사하다.

불교에 의하면 부처 이외에 실재는 존재하지 않는다. 즉, 그 밖의 것은 모두 업에 지나지 않는다. 하나의 생명, 즉 하나의 자아가 있을 뿐 인간의 개성이라든가 인격도 이 자아의 현상일 뿐이다. 물상(物象)도 업이고 마음도 업이다. 달리 표현하면 우리가 아는 마음이 업이라는 것이다. 업은 눈에 보일 때는 양과 질을 나타낸다. 심적인 것으로서 눈에 보이지 않는 경우에는 성격과 경향을 나타낸다. 근원적 물질, 일원론이 말하는 불가분의 원질(原質)에 상응하는 것은 5가지 원소로 이뤄지며 이 5원소는 신비하게 5개의 부처와 동일시된다. 게다가 이 5개는 한 부처의 각각 다른 모습이다. 이 근원적 물질이라는 사고방식은 당연히 우주 편재의 감성이라는 사고방식과 연결된다. 물질은 살아 있다. 그런데 독일의 일원론자들도 물질은 살아 있다고 본다. 세포 생리학 현상에 대해서 헥켈은 "원자에 감성과 의지의 근본적 형태가 없지는 않다. 더 잘 표현하다면 감정(지각력)과 성향(추성)의 근본적 형태라고 말해야 할 것이다. 즉, 가장 단순 지극한 보편적 영을 지닌다"고 주장한다.

이어지는 글은 헥켈의 『우주론의 비밀(Riddle of the Universe)』로부터 칼 포크트(Karl Vogt) 이외의 사람들이 지지하는 물질에 대한 일원론적 사고를 표현한 것이다.

물질의 두 가지 기본적 형태, 즉 계량할 수 있는 물질과 에테르는 죽지 않는다. 다만 외부로부터의 힘으로 움직일 뿐이다. 그러나 그것들에는 감성과 의지 — 물론 당연히 최저 정도이기는 하지만 — 가 부여되어 있다. 응집하려는 성향과 잡아당겨지는 것에 대해 혐오를 나타내는 것이다. 즉, 응집하고자 하여 잡아당겨지는 것에 저항한다.

감성은 어떤 결합의 형성으로서 시작된다. 감정은 유기체가 무기질로부터 전개되는 것과 같이 감정이 없는 것으로부터 나온다고 하는[정말로 존재할 것 같은 쿠르트 슈나이더(Kurt Schneider)의 가설은] 연금술사적 몽상의 부활을 멀리하게 할 것 같다. 그래도 이러한 일원론자의 생각은 모든 물질을 완성된 업으로 가르치는 불교적 사고와 놀랄 만큼 연결성을 띠고 있다. 그리고 이런 이유로 이 양자는 인정될 가치가 충분하다. 불교식 사고에 의하면 만물은 모두 유정(有情)하다. 이 유정성은 사정에 따라 변해간다. 즉, 일본의 불전에서는 바위나 돌조차도 부처에게 배례(절)할 수 있다고 한다. 헥켈 학파의 일원론에 따르면 원자의 특성과 친화성은 가장 단순 지극한 심령(心靈)인 감정과 성향을 나타낸다는 것이다. 불교에서는 이런 것들의 성질이 업에 의해 만들어진다고 본다. 즉, 전 존재의 상태 중에 형성된 경향을 나타낸다. 이 가설은 일원론과 흡사한 외관을 보인다. 그런데 서양의 일원론과 동양의 일원론 사이에는 하나의 거대하고도 매우 중요한 차이가 있다. 전자는 원자의 성질을 단지 일종의 유전 — 무한의 과거를 통해 작용해온, 우발적 영향 아래 전개된 경향의 불변성 — 으로 돌린다. 그런데 후자가 되면 원자의 역사를 완전히 순수하게 도덕적인 것이라고 주장한다. 불교에 의하면 만물은 모두 그 고유한 경향에 따라 고통이라든가 쾌락, 악이라든가 선의 상태를 향해 나아가 집합하는 감성(sentiency)을 나타낸다. 『마하야나 철학개론』의 저자는 다음과 같이 쓰고 있다. "청순한 행위는 우주의 모든 곳에 정토를 가져온다. 그런데 부정한 행위는 더러운 땅[穢土]을 만들어낸다." 즉, 도덕적 행위의 힘에 의해 완성된 것은 축복의 정토를 만든다. 그리고 부도덕한 행위로부터 나오는 힘에 의해 형성된 것은 고통의 세계를 조영한다. 모든 만물에는 일체의 마음과 마찬가지로 모두 그 '업'이 있다. 유성도 인간과 마찬가지로 행위와 사상의 창조력에 의해 형성된다. 그리고 모든 원자도 그것을 형성하는 성향의 도덕적 혹은 부도덕적 성질에 따라서 조만간에 모두 그것이 지향하는 장소에 낙착한다. 선악 사상이나 행위는 인간의 재생에 영향을 미칠 뿐만 아니라 가르칠 수 없는 무량의 '윤계(輪界)'를 거친 후에 — 우리가 또 살아야만 된다 하더라도 — 아직 생성되지도 않은 그러한 세계의 성질에 어떤 영향을 미치는 것이다. 물론 이 엄청난 생각과 딱 일치하는 근대 진화론 철학을 찾아볼 수는 없다. 스펜서의 이론은 주지한 대로다. 그러나 나는 불교의 사고방식과 과학 사상의 대조를 강조하고자 스펜서의 문장을 인용하지 않으면 안 된다.

성운의 응집이나 항성의 운행 혹은 별자리[星辰] 진화에 대한 윤리라는 것은 없다. 이 윤리라는 생각은 무기물과 아무런 관계도 없다. 나아가 유기물의 경우를 생각해봐도 윤리가 식물의 생존과 어떤 관계가 있다는 사실은 발견되지 않았다. 생존경쟁에서 이길 것인지 질 것인지는 식물의 우생과 열생의 탓이라고 하지만, 그것으로 칭찬이라든가 비난이라든가 하는 연상을 해서는 안 된다. 윤리 문제가 일어나는 것은, 동물의 세계에서 감성이 발생했을 때 비로소 문제가 될 뿐이다(『윤리의 원리(Principles of Ethics)』 제2권 326절).

한편 이와는 반대로 스펜서의 말을 빌리면, 성운 응집의 원리라고도 부르는 것을 현재 불교에서 가르치고 있음을 알 수 있다. 원래 불교의 성학(星學)에서는 성운의 응집이라는 말의 과학적 의미를 몰랐다. 물론 이 가설은 이를 실증하든 반증하든 간에 인지(人智) 능력으로도 미치지 않는 것이다. 그래도 우주에 순수한 도덕적 질서가 있다고 주장해 인간 행위의 미소한 점에까지 거의 무한의 결과를 부착시키고 있으므로 흥미로운 점이 있다. 옛날의 불교 형이상학자들이 만약 근대 화학의 제반 사실에 통효(通曉)했다면 그들은 그러한 화학적 사실에 그들의 교리를 놀랄 정도로 교묘하게 적용시켰을지도 모른다. 그들은 원자의 무도(舞蹈) 및 분자의 친화, 또 에테르의 진동을 그 업 이론으로서 매우 매혹적이고 공포에 떨도록 하는 방법으로 설명했을지도 모른다. 여기에는 암시의 우주가 있다. 지극히 기괴한 암시에 가득 찬 우주가 있다. 무기물의 세계에 도덕적 질서가 있다는 생각을 기초로 새로운 종교를 혹은 연금술 체계를 만들어내고자 하는 실험 능력과 야망이 있는 사람에게는 아주 암시가 풍부한 우주인 것이다.

그렇지만 대승불교에서 업의 형이상학은 원자 결합에 대한 어떤 연금술적 가설보다도 더욱 난해한 것이 여러 가지로 많이 포함되어 있다. 일반인을 위한 소승불교에서 말하고 있듯이, 재생 교의는 지극히 단순하다. 그 의미는 윤회와 다른 것이 아무것도 없다. 즉, 인간은 과거 몇백만 번도 살아왔으며, 그리고 그와 마찬가지로 미래에도 또 몇백만 번을 살아간다. 재생의 상태는 각각 과거 행위에 의한다는 것이다. 일반적으로 육체를 잃고 난 뒤 영혼은 얼마 동안 이 세상을 여행한 이후 다음에 환생할 장소로 유도된다. 사람들은 물론 영혼을 믿는다. 그런데 대승불교에서는 윤회를 부정하고 영혼의 존재를 부정하고 인격을 부정한다. 재생하는 자아도 없고, 또 윤회도 없다는 것이다. 그래도 재생은 존재한다. 괴로워하거나 기뻐하는 진정한 자아는 없다. 그런데도 주어지는 새로운 고통, 혹은 획득하게 되는 새로운 행복은 있다. 우리가 자아라고 부르는 것 — 개인적 의식이지만 — 은 육체의 죽음과 함께 해체된다. 그러나 사는 동안에 형성된 업이 그때 새로운 육체와 새로운 의식의 완성을 성취한다. 인간은 이 새로운 존재 속에서 전생에서의 행위 때문에 고통받는다. 게다가 그러한 행위의 당사자는 현세의 자신과 동일인은 아니다. 그렇다면 인간은 타인이 범한 과오의 책임을 짊어지는 것일까.

불교의 형이상학자는 다음과 같이 대답할 것이다. "이 질문은 개성의 존재를 가정하기 때문에 질문 형식이 우선 틀렸다. 대체로 개성이란 없다. 이 질문을 하는 '당신'이라는 개성은 실제로 없다. 고통은 사실 전생 혹은 대대로 있었던 누군가가 범한 과오의 결과다. 그러나 개성이 존재하지 않기 때문에 어느 타인의 행위에 대한 책임을 지는 일도 있을 수 없다. 과거에 있었던 '나'와 현재에 있는 '나' 변전무상의 연쇄 속에서 행위와 사상에 의해 일시적으로 창조된 집성의 종합(綜合)에 속하는 것이다. 그리고 고통은 질(質)의 결과로 생성된 상태로서 이 집성 종합에 속하는 것이다." 이것으로는 아무래도 모든 것이 너무 애매하고 명확하지 않다. 이 원리의 진수를 이해하려면 개성이라는 사고방식을 버려야만 하지만 그것 또한 매우 어려운 일이다. 연이어 이어지는 환생은 보통 의미에서의 윤회는 아니다. 다만 업의 자기 전파를 의미할 뿐이다. 일종의 정령의 맹아라고 말할 수 있고, 생물학의 말을 빌리면 어떤 상태가 영원히 증식해가는 것이다. 그렇지만 불교식 설명으로는 하나의 램프 심으로부터 다른 램프 심으로 불이 옮겨붙는 것과 같을 것이다. 이렇게 해서 하나의 램프 심으로부터 백 개의 램프에 불이 붙어 이 불들은 그 기원은 같은 것이면서도 모두 각각 다른 것이 되는 것이다. 이는 변화무상한 각자 삶의 불꽃 속에 유일한 실재의 일부가 포함되어 있다는 것이다. 그러나 이것은 윤회하는 심령은 아니다. 그래서 탄생으로부터 탄생으로 이행되어가는 것은 단지 업일 뿐, 즉 성격이라든가 상태뿐인 것이다.

이렇게 되면 당연히 이런 교리는 도대체 전체적으로 어떤 도덕적 영향을 미치는 것일까 하는 질문이 생길 것이다. 자신의 업에 의해 형성된 미래가 결단코 현재의 자아와는 동일하지 않다 ─ 자신의 업에 의해 전개된 미래의 의식이 본질적으로 자신과는 다른 의식이다 ─ 고 한다면 도대체 어떻게 해서 아직 태어나지도 않은 자의 고통에 심려를 끼칠 수 있을까. 그렇다면 불자는 반드시 다음과 같이 대답할 것이다. "역시 그런 질문은 틀렸다. 이 교리를 이해하려면 개성이라는 생각으로부터 탈각해야만 하며, 또 인간 개인을 생각하는 것이 아니라 감정과 의식이 연이어서 가는 상태, 또 그 각각으로부터 다른 자의 싹(맹아)이 된다는 것, 서로 모여서 연결되는 존재의 연쇄를 생각해야만 한다." 다르게 설명해보자. 우리가 이해하는 개인은 대개 모두 계속해서 변해간다. 육체의 구조는 끊임없이 소모되고 보충된다. 그리고 지금 이 시간 우리의 신체는 물질적으로는 10년 전의 신체와 같지 않다. 그런데도 똑같은 고통에 괴로워하고 똑같은 것에 기쁨을 느끼며 똑같은 조건에 한정된 힘을 낸다. 육체 조직에 어떤 분해와 개조가 행해진들 10년 전과 똑같은 육체적·정신적 특색을 보이고 있다. 의심할 바도 없이 두뇌의 세포는 분해됐을 것이며 또 재조직됐을 것이다. 더욱이 똑같은 정서를 경험하기도 하고 똑같은 기억을 상기하기도 하고 똑같은 것을 생각하기도 한다. 어디에서도 새로운 실질은, 변화된 실질의 성질과 경향을 띤다. 이러한 조건의 고집스러운 영속성은 업과 닮았다. 집성의 종합체는 변화해도 경향의 유전은 그대로 남는다.

여태까지 불교 형이상학의 진기한 세계를 조금 들여다보았다 — 지금까지 여러 가지로 충분히 논의했으나 그다지 잘 이해되지 못한 열반 교리도 포함되어 있다—. 총명한 독자라면 대승불교 — 추상 개념 구성력이 부족한 수백만 인의 종교 —가 종교 진화의 비교적 초기 단계에서조차 인기 있는 종교가 될 수 없었던 사정을 납득하는 데 충분할 것으로 믿는다. 대승불교는 대중에게 조금도 이해되지 못했으며, 또 지금도 대중에게 설법되고 있지 않다. 대승불교는 형이상학의 종교이자 학자의 종교이며 철학적 훈련을 쌓은 사람들에게조차 정말로 난해한 종교이므로 범부정설(汎否定說)이라고 오해받는 것도 무리가 아닐 정도다. 여하튼 독자들은 이제 어떤 사람이 개성 있는 신, 불멸의 영혼, 사후의 개성의 존속을 믿지 않는다는 이유로 그를 — 특히 그가 우연히 동양인 인 경우에는 — 무종교인이라고 단정해버릴 수 없음을 이해할 것이다. 우주 의 도덕 질서, 일체의 미래에 대한 현재의 윤리적 책임, 모든 사상과 행위는 예측하기 어려운[不測無量] 결과를 생성한다는 것, 악의 궁극적 소멸, 끝이 없는 기억과 무한한 환상 상태에 도달하는 능력, 이러한 모든 것을 믿는 일본 학자들을 — 편집(偏執)자나 무지한 자는 제쳐두고라도 — 무신론자라든가 유물 주의자라고 부를 수 없다. 일본인과 서양인의 종교 간 차이가 사상의 상징이 나 형식 면에서 아무리 심원하다고 하더라도 양자가 도달하는 도덕적 결론 은 매우 동일하다.

12

사회조직

　고(故) 존 피스크(John Fiske) 교수는 『우주진화론개설(Outlines of Cosmic Philosophy)』에서 고대의 중국, 이집트, 아시리아 사회에 대해 매우 흥미로운 견해를 제시한다. 그는 "이 고대 공동사회들이 현대 유럽의 국가들과 비슷한 것은 석탄기(石炭紀)의 시다류(羊齒類, 풀고사리류)가 현대 외장경성(外長莖性) 수목과 닮은 것과 흡사하다. 이러한 서술은 유추 이상의 것이다. 이들은 진화 과정에 관한 한 정말로 비슷하다"고 말한다. 이것이 중국에 대해서 진실이라면 일본에서도 마찬가지다. 구일본의 사회구조는 다름 아닌 가족－원시시대의 족장 가족－구조의 확충이었다. 현대의 유럽 사회도 모두 유사한 족장제 상태에서부터 발전했다. 즉, 그리스나 로마의 옛 문명도 마찬가지로 더욱 규모가 작은 것을 토대로 조성됐다. 그러나 유럽의 족장 가족은 이미 수천 년도 전에 멸망했다. 씨족도 큐리아 구족(區族)도 모두 분산되어 없어지고 말았다. 원래는 분명히 구별되어 있던 계급이 서로 융합·용해되고 말았다. 그리고 전면적인 사회 재구성이 점차 효과적으로 시행되어 곳곳에서 강제적인 협력·협동이 아니라, 자발적으로 나서는 적극적 전환이 이뤄졌다. 그리고 사회의 산업 형태화가 발전해갔다. 그리고 국가 종교가 예로부터 내려온 배타적 지방 제사를 능가하게 됐다. 그런데 일본 사회는 현재에 이르기까지 하나의 단결체가 되지 못하고, 민족 단계 이상으로는 발전하지 않았다. 이 사회는 종교적으로도 행정적으로도 다른 것과는 무관한 독립된 민족 집단 및 부족 집단의 느슨한 연합 집합체 그대로다. 그리고 이 거대한 집합체는 자발적 동의에 의한 공동체가 아니라 강력한 강제에 의해 통합됐다. 메이지 시대, 또 그 이후에도 한참 동안 중앙으로부터의 각종 압력이 약해지는 기세를 보이면 그 사회는 산산이 분열되어 붕괴할 것 같은 모습이 됐다. 이 사회를 봉건사회라고 불러도 좋을 것이다. 그러나 그것은 단순히 시다류가 수목과 닮았다고 말하는 의미 정도로 유럽 봉건사회와 닮았다.

우선 고대 일본 사회의 성격에 대해 고찰해보기로 하자. 그 기원적 단위는 집이 아니라 족장 가족이었다. 젠즈(gens, 씨족)라든가 클란(clans, 일족)이라고 부르며 공통 조상의 자손이라고 주장하는 수백 또는 수천 명으로 형성된 집단으로서, 종교적으로는 보통 조상숭배, 즉 씨족신 제사에 의해 통합된 것이었다. 이미 서술한 대로 이러한 족장 가족에는 오우지(대가족)와 고우지(소가족) 두 계급이 있었다. 고우지는 오우지로부터 분리되어 오우지의 지배를 받으며, 그리하여 종속된 고우지를 거느리고 있는 오우지에 의해 형성된 집단은 로마의 큐리아 구족이나 그리스의 씨족(phratry)과 비교해도 좋을 것이다. 농노나 노예의 대형 집단이 여러 오우지에 부속됐던 것 같다. 그리고 이러한 노예 집단은 아주 먼 옛날 초기 무렵에도 오우지보다 많았던 것 같다. 이러한 종속계급에 부여된 각각의 명칭은 그 예속 상태의 계급과 종류를 드러낸다. 어떤 명칭은 도모베(品部)라 하여 어느 토지나 지방에 속한 것인지를 나타낸다. 또 다른 명칭인 야카베(家部)는 한 가족에 속함을 의미하고, 나아가 가키베(民部)는 어느 땅이나 영지에 속한 자임을 뜻한다. 그 외에 가장 일반적으로는 다미(民)라는 것이 있다. 먼 옛날에는 기숙자(寄宿者)를 나타냈지만 지금은 영어의 민중(folk)이라는 의미로 사용된다. 백성의 대다수가 예속자 신분이었다는 것, 또 그 예속 복역에도 다양한 형식이 있었다는 것은 별다른 의문의 여지가 없다. 허버트 스펜서는 농노라든가 노예라든가 하는 말에 보통 붙어 있는 의미로 이 양자 간에 개괄적인 구별의 선을 긋는 것은 좀처럼 용이하지 않다고 지적한다. 종속계급의 실상은, 특히 사회조직이 형성되는 초기에는 특권이나 법률 사정을 따르기보다 주인의 인품과 사회적 발달 실정에 지배되는 경우가 많기 때문이다. 고대 일본의 제도를 말할 적에도 이 구별의 선을 긋는 것이 특히 어렵다. 즉, 고대의 이 종속계급의 상태에 대해 알려진 것이 매우 근소하다. 그러나 실제로는 당시 단지 2개의 커다란 계급이 있었다고 말하는 편이 안전할 것이다. 즉, 여러 등급으로 나눠진 지배층과 또한 여러 등급으로 나눠진 종속적 백성이 있었다. 노예는 자신의 소유자를 나타내는 표시[印]를 얼굴이나 신체의 어딘가에 문신으로 새겨넣었다. 극히 최근까지 그 문신제도가 사쓰마(薩摩) 지방에 남아 있었다. 그곳에서는 손에 문신을 했다. 그리고 그 외 많은 지방에서는 대체로 얼굴에 문신을 했다. 고대에 노예는 가축과 마찬가지로 매매됐으며 또 소유자로부터 공물로서 선물되기도 했다. 이는 고대 기록에서 끊임없이 나타나는 실례다. 노예의 단결은 인정되지 않았다. 이 사실로 로마의 기혼자(connubium)와 노예 기혼자(contubernium)를 구별한다. 노예가 아닌 남자와 노예 여자 사이에 태어난 아이는 노예였다.[1] 그런데 7세기에 사유 노예가 국가 재산이 된다고 포

고(布告)됐다. 그리하여 그때 대다수의 노예 ─ 거의 전부에 가까운, 아니 거의 대부분일 것이다 ─ 가 해방되어 직인이 되거나 유용한 직업에 임하기도 했다. 이렇게 해서 서서히 많은 숫자의 자유인 계급이 만들어졌다. 그들 대부분은 성이 없었다. 이것은 일찍이 노예 상태였던 증거라고 생각된다. 본래 노예는 그 소유주의 이름으로 등록됐다. 그리하여 그들에게는 자신의 제사가 없었다. 적어도 고대에는, 그리고 메이지 시대 이전에는 귀족, 무사, 의사, 교사만 ─ 아마 그 밖에 약간 예외는 있었을 것이다 ─ 성을 허가받았다. 이 문제의 또 하나 재미있는 증거는 고(故) D. B. 사이먼 박사가 소개한 종속계급의 머리 묶는 방법과 관계가 있다. 아시카가 막부 쇼군 시대(1334년)까지 귀족, 무사, 신관, 의사를 제외한 이들은 머리의 대부분을 밀어 마게(丁髷, 일본식 상투)를 묶도록 했다. 그리고 이 머리 묶는 방법을 '얏코 머리[やっこ頭]'라고 했다. 이것은 노예의 머리라는 뜻이고, 또 이 머리 묶는 방법이 노예 시대에 시작된 것임을 나타낸다.

일본 노예제의 기원에 대해서는 아직 연구되어야 할 여지가 많이 남아 있다. 이주자가 연이어 들어온 증거도 있다. 또 일찍이 일본에 자리 잡은 무리 중에는 침입자들에 의해 노예 신분으로 전락한 자들도 아마 있을 것이다. 그리고 조선이나 중국으로부터 온 이주자도 상당수 있어서, 그중 어떤 자는 좀

1645년 고토쿠덴노는 이 문제에 대해 다음의 칙령을 발포했다. "자유인 남자와 같은 자유인 여자 사이에 낳은 아이는 아버지에 속한 것으로 한다. 자유인 남자가 노예 신분의 여자와 결혼하면 그 아이는 어머니에 속한 것으로 한다. 만약 자유인 여자가 노예 신분의 남자와 결혼했을 때 그 아이는 아버지에 속한다. 부모 모두 노예인 경우에 그 아이는 어머니에 속한다. 사원의 노예의 자녀는 자유인 남자를 다스리는 법에 따른다. 그러나 노예된 자에 관해서는 노예에 대한 법규에 따라 다뤄야만 한다"(W. G. 아스톤이 옮긴 『일본서기』 제2권 202쪽). ─ 원주

더 나쁜 재난을 피하는 방법으로서 자진해 노예가 되기를 지원한 자도 있었던 것 같다. 그러나 이 문제는 아직 불분명한 점이 많다. 그렇지만 고대에 노예로 나락하는 것은 일반적인 형벌이었다는 것, 또 부채자가 부채를 반환할 수 없는 경우에 채권자의 노예가 되는 것, 나아가 도둑질한 자가 도둑맞은 자의 노예가 되도록 선포된 것[2] 등이 알려져 있다. 예속 상태에도 분명히 각각 큰 차이가 있었다. 노예 중에서도 불행한 계급은 가축보다도 못한 처지였다. 그러나 매매할 수 없거나, 특수 업무 이외에는 사용할 수 없는 노예도 있었다. 이러한 노예는 생활 유지와 신분 보전을 위해 자진해서 노예 신분을 택한 자였던 것 같다. 이러한 자와 주인의 관계는 로마의 식객과 그 보호자의 관계를 연상시킨다.

고대 일본 사회에서 해방된 사람들과 처음부터 자유인이었던 사람들의 관계를 명확히 구별하는 것은 어렵다. 그러나 지배계급 아래 있던 자유인은 두 가지로 구분되어 있었음을 알 수 있다. 즉, 구니쓰코(國造)와 도모쓰코(伴造)가 그렇다. 구니쓰코는 농민이고, 아마도 아주 오랜 옛날 내도한 몽고인의 자손으로서 중앙정부로부터 분리되어 자기 토지의 보유를 허락받았던 자들인 것 같다. 그들은 자기 토지의 영주이기는 했지만 귀족은 아니었다. 도모쓰코는 수공업자 직인(職人)이고, 대부분 조선인이나 중국인의 자손으로 추측되며 그 씨족의 숫자는 180개 이상이었다. 그들은 세습 직업에 종사

---

2 690년 지토텐노가 발포한 칙령에는 아버지가 자식을 노예로 팔 수 있다고 규정하고 있다. 그러나 채무자는 농노로서만 팔 수 있었다. 칙령은 다음과 같다. "만약 일반 백성의 동생이 형을 위해 팔렸다고 해도 그는 자유인의 무리로 상관없다. 만약 양친이 자식을 팔았다면 그때는 노예의 무리로 들어간다. 만약 빌린 돈의 이자를 지불하는 방법으로서 노예 신분에 징용됐다면 그는 자유인의 동료가 된다. 그리고 그의 자녀가 노예와의 사이에서 태어났어도 자유인의 동료가 된다."(W. G. 아스톤이 옮긴 『일본서기』 제2권 402쪽). ― 원주

했다. 이 씨족은 황족에 예속되어 그들을 위해 솜씨를 발휘하는 일을 했다.

원래 오우지와 고우지에는 그 자체의 영지, 수령, 기숙자, 농노와 노예가 딸려 있었다. 수령의 지위는 세습되어 최초의 족장으로부터 직계 부친, 그리고 아들에게 인계됐다. 대규모 씨족의 수령은 그에 속하는 고우지의 수령 위에 서서 이를 지배했다. 즉, 그의 권력은 종교적·군사적 양면이었다. 그 당시 종교와 행정이 동일시됐음을 잊어서는 안 된다.

일본의 모든 씨족은 3개의 부별, 즉 황별(皇別, 천황 일가)·신별(神別, 신의 일족)·번별(藩別, 외국인 일가)로 나뉘어 있었다. 황별은 황족을 나타내며 태양 여신의 자손으로 불린다. 신별은 그 밖에 다른 신들, 천신지지(天神地祇)의 자손이라 칭하는 씨족이며, 번별은 일반 서민을 나타낸다. 그리하여 지배계급의 입장에서 일반 서민은 원래 이방인, 즉 귀화해 비로소 일본인이 된 존재였다. 학설에 의하면 번별이라는 말은 처음에 중국인이나 조선인의 자손으로서 농노나 해방된 자유인에게 주어진 명칭으로 여겨졌다. 그러나 이것은 아직 증명되지 않았다. 다만 사회 전체가 그 선조가 누구인가에 따라 세 계급으로 나눠지고 그중 두 계급은 지배적 과두정치 체제를 형성하며[3] 나아가 나머지, 즉 이방인 계급이 민중의 대다수를 나타낸다는 것은 분명하다.

성계(姓階)에도 구별 － '성' 혹은 '가바네' － 이 있다. 나는 고대 일본 문명을 연구한 최고 권위자인 플로렌츠 박사(Dr. Florenz)를 모방해 계급이란 말을

---

3 플로렌츠 박사는 황별과 신별의 구별을 2개의 무력적 지배계급 － 침략과 이주라는 연속해서 일어나는 파동으로부터 탄생한 － 의 존재에 근거한 것으로 설명한다. 황별은 진무덴노에 종속된 자들이고, 신별은 진무덴노의 동정(東征, 동쪽 정벌) 이전에 야마토 지방에 정착하고 있던 앞선 정복자들이었다. 그는 이런 전 정복 세력을 쫓아내지 않았다고 생각한다. － 원주

사용한다. 그는 '성'이 '성계' 혹은 '색별(色別)'을 나타내는 산스크리스트어 '우루나'와 동일한 의미라고 말한다. 일본 사회에서 3대를 구분할 때 어떤 가족이든 성계에 소속되어 있다. 그리고 어떤 성계라도 직업이나 직능을 나타낸다. 아무래도 일본에서는 성계가 발전된 형태를 나타내지 않았던 것 같다. 가바네는 일찍부터 혼란의 경향을 보이고 있다. 7세기에는 이 혼란이 심해져 덴무덴노는 가바네의 재편이 필요하다고 생각했다. 이에 따라 모든 씨족이 8개의 새로운 성계로 재편됐다.

앞서 살펴본 것이 일본 사회의 당초 조직이다. 그런 까닭에 이 사회는 진정한 의미로서 충분히 형성된 국가는 아니다. 나아가 천황의 칭호도 정확하게는 그 초기 무렵의 지배자에게 적용할 수 없다. 독일의 석학 플로렌츠 박사는 일본 역사학자들의 설에 반대해 처음으로 이러한 사실을 발표했다. 일본 초기의 신 같은 군주는 아직 한 씨족만의 세습적 우두머리에 지나지 않았으며, 이 우지가 모든 우지 중에서 가장 강력했으므로 다른 여러 우지 위에 군림해 세력을 휘둘렀다고 한다. 이 신 같은 군주의 권위는 이 나라 전체로 확대되지는 못했다. 그러나 왕이 아니었다고 하지만 ― 그의 커다란 족장제 가족군 이외에 ― 그에게는 3개의 거대한 특권이 있었다. 첫 번째, 공통 조상신 앞에 다른 각 씨족을 대표하는 권한이다. 이것은 높은 사제자로서의 특권 및 권력을 포함한다. 두 번째, 외부와의 관계로서 각 씨족을 대표하는 권한이다. 이것은, 즉 모든 씨족의 이름으로 화해를 맺거나 전쟁을 선포할 수 있고, 그리하여 최고의 군사적 권력을 행사할 수 있는 권한이다. 세 번째, 각 씨족 간의 전쟁을 조정하고 새로운 씨족을 만들고 다른 씨족의 안녕을 위협하는 씨족을 폐지하는 권한이다. 이렇게 해서 그는 최고의 사제이자 군사령관이자 조정자이자 재판관이었다. 그러나 그는 최고의 국왕은 아니었다. 왕으로서의 권력은 씨족의 동의를 얻어 비로소 행사할 수 있었다. 후일 진짜 위대한 지도자가 되고 이보다 더 한 것 – 신직의 총 지배, 신이 된 왕, 신의 권화로 – 이 됐다. 그러나 영토가 확대됨에 따라 그 권위와 연결된 여러 가지 권능을 모두 행사하는 것이 점차 곤란해졌다. 그리하여 기능들을 다른 곳으로 위임한 결과 그의 권력은 일시적으로 쇠퇴의 비운을 걷지만, 그래도 여전히 그의 종교적 힘은 증대했다.

그래서 최상대(最上代) 일본의 국가 체제는 우리가 보통 말하는 봉건제도는 아니었다. 즉, 처음에는 방어와 공격을 위해 연결된 씨족과의 합체이며 각 씨족에게는 각자의 종교가 있었다. 하나의 씨족군이 경제적 부와 인력으로 서서히 지배력을 증가시켜 마침내 자신들의 제사를 남에게 확대시키자 그 세습의 두령을 지상 최고의 사제로 만들 수 있게 됐던 것이다. 태양 여신의 예배는 이렇게 해서 종족의 제사가 됐다. 그래도 이 태양 여신의 예배는 다른 씨족 제사의 상대적 중요성을 감소시킨 것은 아니었다. 그들에게는 공통 관습을 부여했고 마침내 하나의 국가가 형성됐다. 그래서 씨족은 사회의 진정한 단위로서 그대로 남았다. 그리하여 메이지 시대에 이르기까지 씨족 해소의 실체는 보이지 않았다. 적어도 법령이 성취한 범위에서는 그러했다.

각 씨족이 정말로 한 사람의 우두머리 아래 결합되어 민족 제사를 제정하게 된 시기를 일본 사회 진화의 제1기라고 불러도 좋을 것이다. 그렇지만 이 사회조직은 도쿠가와 막부 시대 이전까지는 그 종류의 형태가 완전히 발전하지 못했다. 그리하여 완성된 조직으로서 그것을 연구하기 위해서는 근세까지 시대를 내려오지 않으면 안 된다. 그렇지만 673년 무렵에 즉위한 것으로 되어 있는 덴무덴노 시대에 그 운명적 형태가 희미한 윤곽을 보이고 있다. 그 시대에는 불교가 이미 궁중 내에서 유력한 세력을 확보하게 된 것 같다.

그것은 천황이 현실에서 백성에게 채식을 부과했기 때문이다. 이것은 이론 뿐만 아니라 현실 면에서도 불교에 강력한 힘이 생겼다는 명백한 증거다. 이 시대 이전에 벌써 사회는 신분과 등급으로 정돈 배열되어 있었다. 상류계급 은 각각 관직을 나타내는 관(冠)의 형태와 품(品)으로 구별되어 있었다. 그러 나 덴무덴노는 여러 새로운 등급을 설치하고 또 중국 제도를 모방해 전 행정 기구를 108개 부문으로 나누어 재편성했다. 그때 일본 사회는 상류계급에 대해서 거의 전면적으로 계층구조(hierarchical) 형태에 가까운 것을 채용했 고, 이는 고스란히 도쿠가와 막부 시대로 전해졌다. 그리하여 도쿠가와 막부 는 그 기본적 구조에 중대한 변경을 가하는 일 없이 이 조직을 공고하게 만들 었다. 이 사회 진화의 제1기 말부터 국민은 실상 2개 계급으로 분리됐다. 즉, 귀족이나 무인을 포함한 지배계급, 그리고 그 잔여 일체를 포함한 생산자 계 급이 그것이다. 사회 진화의 제2기에 주요한 사건은 무가 세력의 대두였다. 무가 세력은 천황의 종교적 권한에는 손을 대지 않았으나 그 밖의 일체의 행 정적 기능을 빼앗아버렸다 — 이 주제에 대해서는 뒷장에서 고찰한다 —. 그 결 과 이 무가 세력의 힘에 의해 결정된 사회구조는 매우 복잡했다. 외면적으로 는 우리가 이해하고 있는 거대한 봉건제도와 비슷하지만, 본질적으로는 유 럽의 봉건제도와 달랐다. 그 차이는 특히 일본의 각 생활 협동체가 안고 있던 종교조직에 있었다. 즉, 이 협동체가 각각의 제사와 족장적 행정을 지니고 사방으로 흩어져 활거했다. 국가의 제사는 전통에 의한 구속력이지 단결력 은 아니었으며 종교적 결합도 아니었다. 불교는 널리 공포되어 있기는 했지 만 이러한 세상 속 질서에 진정한 변화를 주지 못했다. 즉, 어떤 지방사회가 불교의 신조 신봉을 선언한들, 진정한 사회적 결속의 유대는 씨족신 중심으 로 이뤄졌으므로 어찌할 도리가 없었던 것이다. 그리하여 도쿠가와 막부의 치세하에서 충분히 발달했다고는 하지만, 일본 사회는 여전히 무력적 강제에 의해 지속되어온 씨족 및 종속 고우지의 거대한 집합체에 지나지 않았다.

이 거대한 집합체의 우두머리로서 천황은 신과 같은 군주, 국민의 살아 있는 신 ─ 신관 황제이자 최고의 제사장 ─, 세계 최고(最古)의 왕조를 대표한다.

이 천황에 이어 공경(公卿), 즉 옛 귀족 ─ 대대로 천황이나 신들의 자손 ─ 이 대기하고 있다. 도쿠가와 막부 시대에는 이 고위 귀족 가문이 155개나 있었다. 이 중 하나인 나카토미(中臣) 가문은 최고 세습 신관의 지위를 오늘날까지도 보지하고 있다. 즉, 나카토미 가문은 천황 아래서 조상 제사를 관장하는 장이었다. 고대 일본 역사상의 오우지 ─ 후지와라씨, 헤이시, 겐지 ─ 는 모두 공경이다. 훗날의 역사에 나오는 오셋씨(大攝氏)나 쇼군도 대개 공경이나 공경의 후손이었다.

공경에 이어서 무가, 즉 무사계급이 있다. 오래된 표현 방식에 의하면 모노노후, 마스라오 또는 사무라이라고도 한다. 이 계급에는 광대한 조직이 있었다. 무사계급에서 수령과 무사의 차이는 대부분 수입과 칭호를 근거로 한 신분의 차이였다. 즉, 그들은 모두 똑같은 사무라이이며, 또 대부분이 황별이나 신별의 자손이었다. 옛날에 무가계급의 수령은 일시적 사령관으로서 천황이 임명했다. 후일 이들 사령관은 권력을 탈취해 그 직을 세습하고, 로마 인식으로 말한다면 진정한 다이쇼군(大將軍)이 됐다. 쇼군이라는 칭호는 유럽 독자들에게도 잘 알려져 있다. 쇼군은 전국 각 주, 각 지방의 200~300개에 이르는 다이묘를 지배했다. 또 이들 다이묘는 그 수입과 계급에 따라서 권력이나 특권도 달랐다. 도쿠가와 막부 시대에 이러한 영주, 즉 다이묘의 숫자는 292개였다. 그 이전에 각 영주는 자신의 영토 내에서 최고의 지배를 지향했다. 그리하여 예수회 선교사 및 근세 초기 무렵의 네덜란드나 영국 상인들이 이 다이묘들을 국왕이라 불렀다고 해도 하등 놀랄 일은 아니다. 다이묘의 이러한 전제주의는 도쿠가와 막부의 창시자인 도쿠가와 이에야스에 의해 처음으로 억제됐다. 그는 다이묘의 권한을 엄격하게 제한했으므로, 약간 예외는 있지만 시정(施政)에 압제나 잔혹한 혐의가 있는 경우 다이묘는 그 영토를 상실했다. 그는 다이묘를 4개의 커다란 부류로 나누었다. ① 산케(三家) 및 고산케(御三家), 즉 3개의 별격(別格, 고위층) 가문 ─ 필요할 경우에는 쇼군 후계자가 이 집안에서 선발된다 ─, ② 구니슈(國主), 즉 영국(領國)을 소유한 다이묘, ③ 도자마(外様), 즉 바깥 번의 다이묘, ④ 부다이(譜代), 즉 공이 있는 가문이다. 이는 이에야스에게 충훈을 바친 보상으로 다이묘 또는 그 외에 승진된 가문에 내린 명칭이다. 산케는 3개의 가문이다. 구니슈는 18개 가문, 도자마는 86개 가문, 그리고 부다이는 176개 가문이었다. 이들 다이묘의 수입 중 가장 적은 것은 쌀 1만 고쿠 ─ 고쿠의 가치는 시대에 따라 큰 차이가 있지만 1고쿠는 약 1만 파운드라 할 수 있을 것이다 ─ 이고, 최고 수입은 가가(加賀) 번 영주의 102만 7,000고쿠로 추정된다.

대다이묘는 각각 대소 가신을 거느렸고 능력 있는 무사, 즉 전사 병력을 비축하고 있었다. 나아가 향사(鄉土)라고 하는 농병계급도 갖추고 있었다. 그리고 이 향사 중에는 작은 다이묘들을 능가하는 특권과 권력이 있는 자도 있었다. 이들 향사는 대부분이 독립한 지주로서 일종의 자유민적 지위를 소유하고 있었다. 그렇지만 이 향사의 사회적 지위는 영국 자유민의 그것과는 크게 달랐다.

무사계급을 재편성한 것 이외에, 이에야스는 약간의 새로운 종속계급을 창출했다. 그중에서 중요도가 비교적 높은 것은 하타모토(旗本)와 고케닌(御家人)이었다. 하타모토는 '군의 깃발을 든 자들'이라는 뜻으로 약 5,000명,

고케닌 또한 약 5,000명이었다. 이 단체는 쇼군의 특별한 무력을 구성했다. 하타모토는 봉록이 많은 다소 높은 신분의 부하이고, 고케닌은 봉록이 적은 다소 낮은 신분의 부하였다. 하타모토와 고케닌은 모두 직접 쇼군에 대한 봉공에 참가한다는 이유만으로 보통 무사보다 상위였다. 모든 무사계급은 약 200만 명이었다. 그들은 세금을 면제받고, 칼을 2개나 차고 다닐 수 있는 특권을 부여받았다.

간단히 살펴봤지만 이상이 국가를 매우 엄격하게 지배해온 귀족계급 및 무가계급의 대체적인 조직이다. 대다수 일반 서민은 '농·공·상' 세 계급으로 나뉘었다 ― 이는 인도풍의 사고를 연상시킨다 ―.

이 세 계급 중에서는 농민(백성)이 최상위로 무사의 바로 아래에 위치한다. 무사계급과 농민계급 사이에 선을 긋는 것은 정말로 어렵다. 많은 무사들이 농민이었으며 또 농민들 중에는 보통 무사보다도 현저히 급이 높은 자도 있었기 때문이다. 농민(farmer, peasantry)이란 말은 농업으로만 생활하고 황별이나 신별의 자손이 아닌 자로 제한해야 할 것이다. 어쨌든 농업직은 명예가 있는 것으로 여겨졌다. 그러므로 농민의 딸은 궁중의 하인[女官]이 될 수도 있었다 ― 궁궐 근무는 격이 낮은 것이기는 했다 ―. 어떤 농민은 칼을 차는 [帶刀] 특권을 부여받았다. 고대 일본 사회에서는 농민과 병사 간의 명확한 구별이 없었던 것 같다. 즉, 그 무렵에 신체 건장한 농민은 언제 어느 때라도 전장에 나갈 수 있는 훈련된 전사였다. 옛 스칸디나비아 사회와 비교되는 사정이다. 전문 무인계급이 형성된 이후에도 일본에서는 지방에 따라 농민과 무사 사이의 구별이 막연했다. 예를 들면 사쓰마나 도사(土佐)에서는 현재까지 무사가 농경을 계속하고 있다. 즉, 규슈 지방 무사의 정예병은 대부분이 농민이었다. 그들의 체격과 체력이 뛰어난 것은 밭일로 단련됐기 때문이라고 했다. 그리하여 이즈모 지방에서 무사에게는 농사가 금지됐다. 그들은 산림을 소유하기는 했지만 전답을 소유할 수는 없었다. 여러 지방에서 다른 직업 ― 상업이라든가 수공업 ― 에 종사하는 것이 엄금된 경우일지라도 농경에 종사하는 것은 허락되기도 했다. 그리하여 어떤 시대에도 농경 일에는 불명예스러운 수모가 존재하지 않았다. 옛날 천황 중에는 그 스스로 농경에 흥미를 보인 자도 있었다. 현재 일본 천황이 살고 있는 아카사카 고쇼(赤坂御所) 뜰에는 지금도 작은 논이 있다. 태고로부터의 종교적 관습 행위로서 천황의 직영 전답(御料田)에서 익은 벼의 첫 이삭을 천황이 직접 베어 일 년의 아홉 번째 제사인 간나메사이(神嘗祭)[4]에 수확 공물로 조상신 앞에 바쳤다.

농민 아래에는 수공업자 계급(직인)이 있고 여기에는 대장장이(鍛冶), 목수(大工), 직공(織工), 도공(陶工), 즉 모든 수공업 종사자가 포함된다. 그들 중에서 가장 고위에 있는 자가, 예상한 대로 칼 대장장이다. 이 칼 대장장이는 그 계급을 능가해 존엄한 취급을 받았다. 어떤 자는 다이묘의 칭호에 사용되는 것과 똑같은 글자인 가미(守)라는 높은 칭호를 부여받았다. 대개 다이묘는 통례적으로 자기 영지(領國)의 가미로 불렸다. 자연스러운 흐름으로 그들은 가장 고귀한 자, 가령 천황이라든가 공경의 보호를 받았다. 고토바상황(後鳥羽上皇)이 궁중의 대장간에서 칼을 가는 일에 전념했다는 것은 잘 알려진 사실이다. 도검을 연마하는 동안 거행되는 종교적 의식은 현대까지 실행되어왔다.

또 수공업자는 모두 조합을 만들었다. 그 직업은 일반 원칙으로서는 세습

---

4 이 제사에서는 그해에 최초로 수확한 벼와 그해 처음으로 만든 비단을 천황이 몸소 태양 여신에게 바쳤다. ― 원주

이었다. 직인의 조상이 대개 조선인이나 중국인이었다는 추측에는 충분한 역사적 근거가 있다.

상인계급은 은행가, 상인, 상점 경영자, 그 외 모든 종류의 상업 관계자를 포함하며, 이 계층은 공적으로는 최하위 계급이었다. 돈을 버는 일은 상위 계급으로부터 멸시됐다. 노동 생산물의 매매로 이익을 얻는 수단은 모두 불명예스러운 것으로 간주됐다. 그리하여 무사라는 귀족 계층은 당연히 상인계급을 깔보았다. 그리고 대개 무가사회는 일반 노동 형식에 그다지 경의를 표하지 않았다. 그런데 옛날 일본에서 농민과 직인이라는 직업은 경시되지 않았다. 다만 상업만을 천한 것으로 생각했던 것 같다. 그리고 이 차별에는 도덕적 의미도 있었는지 모르겠다. 상인계급을 사회계층의 최하위로 밀어 내린 것으로부터 이상한 결과가 나타났음에 틀림없다. 예를 들면 쌀집 가게 주인이 아무리 부자라고 해도, 그는 그가 고용한 목수나 도공이나 뱃사공보다 신분이 낮다. 우연히 그가 다른 계급에 속했다면 이야기는 다르겠지만 말이다. 점차 근세에 들어와 상인계급에 상인 자손이 아닌 다른 사람들도 많이 유입됐다. 그리하여 상인계급은 실제적으로 자력 향상을 이룬 것이다.

국민의 4대 계급인 무사, 농민, 직인, 상인[이를 나타내는 데 사용된 한자는 '사(士), 농(農), 공(工), 상(商)'이다] 중에서 하층 세 계급은 '평민', 즉 '보통 백성'이라는 호칭으로서 일괄적으로 취급됐다. 평민은 무사에게 복종했다. 평민이 무례를 범하면 무사는 그를 칼로 베어버릴 수 있는 특권이 있었다. 그러나 실제로 평민은 국민이었다. 즉, 평민만이 나라의 부를 만들어내고 세입을 창출하며 조세를 지불해 귀족, 무사, 승려를 먹여 살렸다. 승려, 즉 불승 — 신도도 마찬가지다 — 은 불승끼리 계급이 있었으나 무사와 어깨를 나란히 했으므로 평민은 아니었다.

평민 외에 그들 아래의 최하 계급으로서 더 이상 부상할 희망도 없이 적체된 대규모 계급이 있었다. 그들은 일본인으로 불리지 못하고, 또 대부분 인간으로 여겨지지 못했다. 국가는 그들을 총괄적으로 조리(長吏, 에도 시대 천민의 호칭)라 불렀으며, 동물을 헤아릴 때 사용하는 수사로 – 한 마리, 두 마리, 세 마리 하는 식으로 – 헤아렸다. 오늘날도 그들은 사람이 아니라 사물로 취급된다. 영국의 독자들에게 – 앨저넌 프리먼-미트포드(Algernon Freeman-Mitford) – 의 뛰어난 명작 『옛 일본 이야기(Tales of Old Japan)』를 통해서 – 그들은 에타로 알려져 있다. 그들의 호칭은 종사하는 직업에 따라 각각 다르다. 그들은 일정한 거주지가 없는 부랑자다. 일본 저자들은 명백한 근거를 들어 조리가 일본 민족이라는 것을 부정한다. 이 여러 부족의 부랑자들은 법규상 시인되고 있는 독점 직업에 종사한다. 즉, 우물 파기, 뜰 청소, 짚 세공, 조리 만들기 등 각 지방에서 인가받은 일을 한다. 어떤 계층에서는 공식적으로 고문을 가하는 자나 목 베는 사람, 혹은 야경꾼, 아니면 무덤 파는 인부로 고용된다. 그러나 대부분의 에타는 가죽을 다루거나 피혁 세공에 종사했다. 그들만이 가축을 죽이고 그 가죽을 벗겨 여러 종류의 가죽 신발이나 가죽 끈, 북 가죽 등을 만들 수 있었다. 일본에서는 전국의 몇십 만 개나 되는 사원에서 북을 사용했기 때문에 이 북 가죽 제조업은 매우 돈벌이가 잘 됐다. 에타계급에는 동료 간의 규정이 있고 우두머리가 존재해 그가 생살여탈권을 휘둘렀다. 그들은 도시의 교외나 인접지에 거주했지만 그곳은 그들만의 분리된 부락이었다. 그들은 도시로 들어가 자신들의 상품을 팔거나 또 생필품을 사들일 수 있었다. 그러나 신발을 파는 가게 외에는 어느 상점에도 들어갈 수 없었다.[5]

---

5 이것은 지금도 이 나라 어떤 지방의 규칙이다. – 원주

전문적인 풍각쟁이 노릇도 허락됐다. 그러나 아무 집에나 들어가는 것은 금지됐다. 다만 거리에서 또는 뜰 밖에서 음악을 연주하고 노래를 부를 수는 있었다. 그들은 세습된 직업 외에는 어떤 일도 할 수 없었다. 상인계급 내에서 최하위에 있는 자와 에타 사이에도 장벽이 있었다. 이는 인도의 카스트 제도 전통과 비슷해 실로 뛰어넘기 힘들었다. 사회적 편견 때문에 에타의 부락이 다른 도시로부터 격리된 것은 유대인 지구가 유럽의 다른 도시나 성벽 및 문 등으로부터 격리된 것과 같은 취지다. 어떤 공적 임무라도 있다면 어쩔 수 없지만 그렇지도 않으면서 에타 부락에 들어가고자 하는 일본인은 한 사람도 없었다. 미호노세키는 자그마한 항구도시로 해안가를 따라 반달 모양으로 뻗어 있는 대로변 끝자락에 에타 부락이 자리 잡고 있다. 미호노세키는 일본에서 가장 오래된 도시 중 하나다. 그러므로 그곳의 에타 부락은 아주 오랜 옛날부터 있던 곳임에 틀림없다. 대로가 이어져 있는데도 오늘날까지 미호노세키 사람들은 어느 누구도 이 부락을 통과하려고 생각조차 하지 않는다. 특별히 표시가 있는 것도 아닌데 아이들도 그 경계를 넘으려 하지 않는다. 심지어 개조차도 편견의 표시인 그 선을 넘지 않는다. 그래도 이 부락은 청결하고 건물도 훌륭하며 정원, 목욕탕, 절도 있다. 깨끗이 청소된 일본의 도시 어느 지역과 비교해도 특별히 다를 바가 없다. 그래도 천 년 동안이나 인접한 양 지역 주민들 간에 동포애라는 것이 없었던 걸까. 이러한 부랑인들의 역사를 이야기해줄 수 있는 사람은 이제 없다. 즉, 그들의 사회적 절교의 원인은 아주 옛날 옛적에 잊히고 말았다.

에타 외에 히닌이라는 부랑인이 존재한다. 이 호칭에 포함되는 자는 직업적인 탁발승, 문지기(角つけ), 배우, 매춘부 및 사회로부터 추방된 사람들이다. 히닌 사회에도 우두머리가 있고 또 규정도 있었다. 일본 사회로부터 추

방된 자는 누구라도 히닌 무리에 들어갈 수 있었다. 그러나 그것은 덧없는 인간 사회에 작별을 고하는 것이었다. 정부도 눈치가 있어 히닌을 박해하지 않았다. 그들의 집시 같은 유랑 생활은 고통스러운 이 세상에서 하나의 구제가 되기도 했다. 히닌계급으로 추방되는 한 범죄자라도 감옥에 가둘 필요가 없었고, 또 온전한 생활을 영위할 자력(資力)이 없는 자라도 돌볼 필요가 없었다. 아무짝에도 쓸모가 없는 인간, 무뢰한, 거지 등은 히닌 사회에 들어가면 일종의 규정하에 속하게 된다. 그리고 실제로 군주의 눈에서 모습을 감추어버리고 마는 것이다. 히닌을 살해해도 살인죄가 적용되지 않았다. 다만 벌금형[科料]을 받을 뿐이었다.

독자들은 구일본 사회의 특성에 대해 가급적 정확한 개념을 정리할 수 있게 됐을 것이다. 그렇지만 일본의 사회제도는 내가 서술할 수 있는 것보다 훨씬 더 복잡하기 때문에 이 주제를 세세하게 다루고자 하면 여러 권의 책을 저술해야 할 것이다. 가장 적합한 말이 없으므로 '봉건'이라는 단어를 사용했으나 이 봉건 일본은 충분히 발달해 군국(軍國) 형태의 이중 조직 사회의 양상을 보이며, 아울러 삼중 조직 형태에까지 근접하고 있다. 두드러진 특성은 진정한 정교(政敎)정치의 결여였다. 이것은 정부가 결단코 종교로부터 분리되지 않았다는 사실에 근거한다. 어느 한 시기에는 불교의 일부에서, 중앙정권과 독립된 종교 정권을 수립하려는 경향을 나타낸 적도 있었다. 그러나 그것이 발달해가는 도중에 두 가지 치명적 장애가 있었다. 첫 번째는 불교의 실상─다수의 종파로 나뉘어 서로 다른 파를 통렬하게 공격했다─이다. 두 번째는 직간접적으로 어느 쪽이든 그들의 정책에 간섭하는 종교 세력을 질시하는 무사 씨족의 집요한 적의였다. 외래 종교가 행동의 세계에서도 얕보기 힘든 존재로 부상하자마자 비정한 수단이 강구됐다. 그리고 16세기에 오다 노부나가(織田信長, 1534~1582)가 저지른 전율할 만한 승려 대학살은 불교의 정치적 야망에 쐐기를 박았다.

그 외의 점에서 사회조직 편성은 군국 형태의 모든 고대 문명국가의 모습과 많이 닮았다. 즉, 모든 행동은 적극적으로도 소극적으로도 규칙으로서 조절됐다. 그리고 가문이 개인을 지배했다. 고닌쿠미(五人組, 다섯 가족의 공동체)가 각 호구를, 또 조손(町村, 지역사회)은 이 고닌쿠미를, 나아가 영주는 조손을, 그리고 쇼군은 영주를 지배했다. 전 생산계급의 생사여탈권을 200만 명의 무사가 휘둘렀다. 이러한 무사계급 위에는 다이묘들이 마찬가지로 권력을 행사했다. 그리고 이 다이묘들은 쇼군에 예속되어 있었다. 쇼군은 명목상으로는 덴노에 예속됐지만 실제로는 그렇지 않았다. 무력 강탈로 높은 자리에 오르면 그에 상응하는 자연적 질서를 교란시키고 바꿨다. 그렇지만 이 정치상의 변혁에 의해 귀족 이하에 대해서는 규제 규율이 엄격하게 강화됐다. 생산자 계급 사이에서는 무수한 단결, 모든 종류의 조합(길드)이 나타났지만 그것들은 압제 중의 압제, 공산주의적 질서의 압제였다. 조합원 각자는 자신 외의 사람들의 의지에 의해 지배됐으며, 기업은 상업적인 것이든 공업적인 것이든, 어쨌든 간에 일종의 자치 단체를 벗어나서는 아무 일도 할 수 없었다. 개인은 구미의 허가가 없으면 구미를 떠날 수 없고, 또 구미 이외의 자와 결혼할 수도 없으며, 나아가 외부인은 이방인(hostis)으로서 종교적으로 받아들여지는 것 외에는 다른 어떤 구미에도 들어갈 수 없다는 사실을 이미 검토했다. 그러므로 그 배타적인 점에서는 고대 유럽 사회와 사회 사정이 비슷하다. 그러나 군사상의 여러 사정은 오히려 아시아 대제국의 것과 유사하다.

물론 이런 사회가 유럽 문명의 근대적 형태의 어떤 것과도 공통된다는 것은 아니다. 어디까지나 구일본 사회는 느슨하게 결합하고 있는 씨족 집단의 큰 덩어리로서, 씨족군의 무사 우두머리가 전능함을 보이는 이중 정치체제 아래 종교의 우두머리는 예배 대상, 즉 제사의 살아 있는 상징에 지나지 않았다. 이 조직은 외견상 봉건제와 매우 닮았다고 해도 그 구조는 − 승려정치라는 점을 제외하면 − 오히려 고대 이집트나 페루 사회와 비슷하다. 최고(最高) 지위를 차지한 인물은 말 그대로서의 황제가 아니라, 즉 왕 중의 왕으로서 천제(天帝)의 대행자가 아니라 신의 권화(權化), 민족의 신, 이른바 태양의 자손 중 한 사람인 잉카 황제다. 이 신성한 사람 주위에 많은 부족이 늘어서 고개를 숙이고 엎드려 있는 광경이 눈에 들어온다. 그럼에도 각 부족은 각자 자신의 선조 제사를 따로 유지시키고 있다. 그리하여 부족을 만든 것이 씨족이고 이 씨족을 이루는 것이 구미이며 구미를 형성하는 것이 집안으로서 이들에게 모두 그 자신의 제사가 따로 있다. 그리고 이러한 제사가 모여 관습과 법규가 만들어졌다. 게다가 그 관습이나 법규는 어디를 가도 다소 차이가 난다. 그것은 그 기원이 여러 가지이기 때문이다. 단, 다음의 사실만은 공통적이다. 즉, 이런 관습이나 법규는 가장 겸허하고 절대적인 복종을 강요하며 공사 생활의 말단에 이르기까지 아주 세세하게 규제되고 있다는 것이다. 개성적 인격도 강제에 의해 완전히 압제당했으며 그 강제도 외부로부터 비롯된 것이 아니라 자발적인 것이었다. 이렇게 해서 각 개인의 생활은 자유로운 행동이나 언론, 사고를 문제시하지 않고 다른 사람의 의지에 의해 규제됐다. 이것은 아무리 생각해도 고대 그리스의 사회주의적 전제와는 비교되지 않는 가혹한 것이었다. 즉, 그것은 가장 두려워해야 할 종류의 무사계급 전제주의와 이중으로 중첩된 종교적 공산주의를 의미한다. 개인은 형벌 때 이외에는 법적으로 존재하지 않았다. 그리고 농노든 자유인이든 생산계급 전체를 통틀어 가장 심한 복종을 강요받았다.

　누구든지 간에 근대 지성인이라면, 이러한 상태를 견디며 살아갈 수 있다는 것은 도저히 믿을 수 없다 - 도쿠가와 이에야스에 의해 무사로 만들어진 영국인 선원 윌리엄 애덤스(William Adams)처럼 유력한 지배자의 비호가 있다면 다르지만 말이다 -. 정신적·도덕적 생활에 밤낮으로 쉴 새 없이 부가됐던 많은 제약은 그것만으로도 숨이 막힐 지경이었다. 오늘날 일본인의 이상한 조직력이나, 서양식 대의정치(代議政治)에 그들이 타고난 적응력을 발휘하는 증거로서 이들 국민의 '민주정신'에 대해서 기술하는 사람들은 진실과 외관을 착각하고 있다. 사회조직에서 나타나는 일본인의 이상한 능력은 실은 그들이 근대 정치의 어떤 민주주의 형태에도 적응하고 있지 않음을 가장 강렬하게 나타내는 명백한 증거다. 외면만을 본다면 일본의 사회기구와 근대 미국의 지방자치제, 영국의 식민지 자치제의 차이는 매우 적다. 서양인이 일본 사회의 완전한 자율성에 감탄하는 것도 무리가 아니다. 그러나 양자 간의 진정한 차이는 실로 근본적이고, 몇천 년이라는 세월에 의해 만들어진 거대한 것이다. 즉, 그것은 강제된 협력과 자유로운 협력의 차이다. 즉, 종교의 가장 오래된 형태 위에 만들어진 전제적 공산주의와 무제한적인 자유경쟁 권리를 지닌, 최고도로 진보한 산업 조합 형태의 차이다.

　서양 문명 중 공산주의라든가 사회주의라고 부르는 것은 민주주의의 어떤 완성된 형태를 지향하는 소망을 나타내는 근대적 소산이라고 생각하기 쉽지만 사실 이는 틀린 생각이다. 실제로 이러한 주의는 반전 - 인간 사회의 원시 상태로의 복귀 - 을 나타낸다. 고대의 모든 전제주의 형태하에 우리는 백성들의 자치적 행정 능력을 정확하게 찾아냈다. 그것은 고대 이집트인이나 페루인에게서도 나타났으며 고대 그리스인이나 로마인에게서도 그러했다. 현재 힌두인이나 중국인에게서도 마찬가지다. 타이나 안남의 촌락을 무대로 그것을 연구해보면 일본과 같다는 것이다. 그것은 종교적 전제정치 — 인격을 억압하고 개인기업을 금지시켜 경쟁을 공적으로 죄악시하는 최고의 사회적 폭정 — 를 의미한다. 이러한 지방자치제에도 그 나름대로의 편리함은 있다. 아무튼 일본이 다른 여러 외국과의 고립을 계속 고집하는 한, 이 자치제도는 일본인의 생활 요건에 완벽하게 맞춰질 것이다. 하지만 자기 동포를 희생시켜 개인이 이익을 올리는 것을 금지하는 도덕적 관습이 있는 사회가 그 반대로 가능한 개인에게 최대의 자유를 보장하고 기업 경쟁을 대대적으로 허용하는 협동 자치적 정치체제의 사회와 산업상으로 생존경쟁을 해야만 할 경우 매우 불리한 입장에 설 것은 자명하다.

정신적으로도 육체적으로도 그런 항구적인 억압을 받으면 결국 동일한 상태, 즉 모든 생활이 음울한 획일성 속으로 떨어져버릴 것이라고 생각할지도 모른다. 그런데 그러한 단조로움은 소속된 공동체 생활을 하는 중에만 존재하고 국민 생활상으로는 존재하지 않았다. 실제로 경탄할 만한 다양한 모습이 이 색다른 문화를 특징짓고 있다. 그것은 고대 그리스 문화를 특색 있게 만든 것이기도 하며, 더욱이 이 특색은 양자 모두 완전히 똑같은 이유로부터 나온 것이었다. 조상숭배에 의해 지배된 족장 문화에서는 절대적 동일성과 전반적 동질성을 지향하는 경향이 집합체 그 자체의 특성에 의해 저지된 것이다. 이 집합체는 결코 동일한 종류와 자유로운 형태가 될 수 없다. 집합체의 각 단위, 즉 집합체를 구성하는 다수의 소전제적(小專制的) 단체는 각자 단체의 독자적 전통과 풍습을 매우 집요하게 고수해 자족하는 상태를 이어가고 있다. 그 결과 기술적으로나 생산적으로, 또 건축이나 기계상에서 극히 세부적으로 많은 변화가 보인다. 일본에서는 이러한 분화와 특수화가 유지되어왔으므로 그 풍습, 산업, 생산 방법이 완전히 동일한 촌락은 전혀 찾아볼 수 없을 정도다. 아마도 이 나라의 어촌 풍습이 가장 좋은 예가 될 것이다. 일본 각 지방의 어촌은 어망의 건조 방법, 어선의 조작 조종법에 그들만의 독자성을 보유하고 있다. 그런데 1896년 대규모 쓰나미가 일어나 3만 명의 사망자가 발생하고 몇십 만 채에 달하는 촌락이 파괴됐을 때 고베(神戶)와 그 외 각지에서 유족들을 위해 거액이 모금됐다. 선의가 넘치는 외지인들은 어선이나 어로 용구의 손실을 보충해주기 위해 다른 지방에서 만든 어망이나 배를 대량으로 구입해 피해 지방으로 보냈다. 그런데 이들의 선물은 다른 종류의 배나 어망에 익숙하지 않았던 기타구니(北國, 북부 지방) 어민들에게는 전혀 도움이 되지 않았다. 이로써 각지의 작은 어촌일지라도 각각 특수성을 갖추고 있음을 알 수 있다.

한편 이런 어촌 생활에 나타난 것처럼 습관이나 풍습의 차이는 많은 수공업의 경우에도 동일하다. 가옥의 건축 방법, 지붕 잇는 방법이 거의 모든 지방마다 다르다. 마찬가지로 농경이나 원예 방법, 우물 파는 방법, 직물이나 칠기·도기, 그리고 기와를 만드는 방법 또한 각각 달랐다. 이름이 알려진 도시나 촌락에서는 거의 어디든지 지역의 명칭을 내걸고 특산품을 자랑했다. 물론 조상의 제사가 이러한 지방의 공예 특산을 보지(保持)하고 발전시켰음에 틀림없다. 즉, 직인의 조상들 ─ 동업조합의 수호신 ─ 이 자손들이나 예배자들의 제작품에 본래의 특색이 지속되기를 희망하고 있다고 여겨지는 것이다. 개인기업은 사회 법규로서 저지되기는 했지만 이 지방 생산품의 특수화는 제사 차이에 의해 장려됐다. 가족이나 조합이 본래 보수적이지만 현지 경험에서 우러난 제안을 했을 경우는 작은 개량이나 수정을 허가했을 것이다. 그러나 그들은 미지의 경험을 수용하는 데 이르러서는 아마도 미신 취급하듯이 주의 깊게 굴었을 것이다.

　또 일본인 스스로도 지방 특산물에 여러 가지 흥미로운 차이가 있음을 배웠을 것이다. 즉, 진기한 것, 생각하지도 못한 것, 생각해본 적도 없는 것을 발견하는 즐거움을 느꼈을 것이다. 구일본의 미술공예도, 근본을 말한다면 조선이나 중국으로부터 빌려온 것이었으나 수많은 지방 제사의 영향을 받아 다양하고 진기한 형태로 발전되고 보존된 것이라고 생각된다.

13

무사 가문의 발흥

　진정한 일본 역사의 대부분이 하나의 방대한 신화, 즉 무사 가문의 발흥과 몰락의 이야기로 형성되어 있다. 기원전 660년에서 585년까지 일본을 다스리고 127세까지 살았다는 진무덴노의 즉위와 더불어 이 나라의 역사가 시작됐다고 전해진다. 진무덴노 시대 이전은 가미요(神代), 즉 신화의 시대다. 그러나 진무덴노가 즉위한 후 천 년 동안은 신뢰할 만한 역사가 전해지지 않고 있다. 그러므로 천 년 동안의 편년사는 옛날 이야기 정도로만 생각해야 할 것이다. 사실적 기록도 있기는 하지만 사실과 신화가 완전히 혼합되어 있으므로 양자를 구별하기란 매우 어렵다. 예를 들면 202년 진구황후의 조선 정벌 이야기가 있지만 이는 실제로 존재하지 않았다는 것이 오늘날 입증됐다.[1]

---

1 일본아시아협회 번역서 중 W. G. 아스톤이 옮긴 『초기일본사(Early Japanese History)』 참조. ─ 원주

그 이후의 기록은 고대보다는 다소 신화의 흔적이 옅어진다. 제15대 오진텐노 시대에 조선으로부터 이민이 있었다는 분명한 사실에 근거한 구전도 있고, 그로부터 5세기 전반에 걸쳐 계속됐던 사회 혼란에 대한 기록도 보인다. 6세기 중엽에 불교가 전래되고, 이 새로 유입된 신앙에 대해 신도 측에서 맹렬한 반대가 일어나자 쇼토쿠태자(聖德太子, 불교 유입의 위대한 개조이며, 스이코덴노(推古天皇)의 섭정(攝政)이었다]의 기도에 따른 욘다이바오우(四提婆王)의 가호로 불교가 기적적인 승리를 얻게 됐다는 기록도 있다. 스이코덴노 시대(593~628)에 불교가 확립됨으로써 비로소 진정한 역사시대로 들어가게 되는데, 진무덴노로부터 헤아려 제33대 천황의 시대였다.

7세기 이전의 기록은 모두 설화의 안개 속에서 희미하고 절반 정도가 신화적인 것이라 하더라도, 여기서 제33대에 이르는 천황이나 여제 치세 중의 사회 상태에 대해 많은 사실을 추측할 수 있다. 고대 천황의 생활은 매우 간소해 신하들과 거의 다를 바가 없었던 것 같다. 신도학자 가모노 마부치(賀茂眞淵, 1697~1769)에 따르면, 천황은 진흙으로 벽을 바르고 판자로 지붕을 이은 작은 집에서 거주하고 삼베옷을 착용했으며 산포도 줄기를 둘둘 말아 만든 허술한 나무 칼집[白木鞘]에서 빼낸 칼을 늘어뜨리고 백성들 사이를 스스럼없이 활보했다. 또한 사냥을 나갈 때는 직접 자신의 활과 화살을 준비했다. 그러나 사회가 발달해 부와 권력이 증대함에 따라 고대의 소박함은 사라졌고 중국 풍습과 의례의 영향을 받아 큰 변화를 겪게 됐다. 스이코덴노는 중국의 궁정 의례를 수입해 귀족들 사이에 중국식 위계를 처음으로 제정했다. 중국의 학예와 함께 이윽고 중국식 사치를 궁정에서도 찾아볼 수 있게 됐다. 그 이후 천황의 권력이 직접 가동되는 일이 점차 적어진 것 같다. 새로운 번문욕례(繁文縟禮)는 천황의 다양한 업무 직접 수행 기능을 점점 곤란하게 만들었음에 틀림없다. 그리하여 정력이 넘치는 통치자조차도 업무가 많든 적든 간에 대행자에게 일임하는 경향이 강해졌던 것 같다. 아무튼 이 무렵부터 정치의 실제적 대행이 대행자 — 모든 이들이 공경 후지와라 가문 일족이다 — 의 손으로 넘어가기 시작한 것이다.

후지와라씨는 고대 귀족의 대다수를 대표해 신의 자손임을 주장했으며 그중에는 가장 관위가 높은 세습 신관도 있었다. 전체 155개의 공경 가문 중 95개 가문이 후지와라씨에 속했다. 5개의 섭관 가문[五攝家]이라 불리는 다섯 집안도 그중에 포함됐으며, 천황이 관습에 의해 대대로 황후를 책봉하는 것은 단지 이 다섯 가문 내에서만 가능했다. 후지와라라는 성의 역사는 간무덴노(桓武天皇, 782~806) 시대까지 소급할 수 있다. 천황은 나카토미 가마타리(中臣鎌足)에게 이 성을 명예의 표시로 증여했다. 그러나 그 이전부터 이 일족은 궁중에서 오랫동안 최고 지위를 차지하고 있었다. 7세기 말까지는 정치적 실권이 대체로 후지와라씨 손으로 옮겨갔다. 그 후 관백, 즉 섭정 관직이 설치되고 이 직책은 후지와라 가문이 세습해 근대까지 잔존했다. 나카토미의 후손들은 실권을 상실하고 말았지만, 그래도 거의 500년 동안이나 후지와라 일족은 이 나라의 진정한 섭정이 되어 그 지위를 남용했다. 문관직은 모두 이 일족의 손에 맡겨졌고 역대 천황의 황후 및 총희(寵姫)는 모두 이 집안의 여성이었다. 그리하여 정부의 실권은 이 일족의 손에 일임됐으며 천황의 정치적 실권은 상실되고 말았다. 거기에다 왕위 계승도 완전히 후지와라씨 손에서 통제됐다. 천황의 재위 기간까지도 그들 일족의 정책에 좌우됐다. 나이가 젊은데 억지로 퇴위당하기도 했고, 또 퇴위 이후에는 불승이 될 것을 권유하는 정책이 취해졌다. 선발된 후계의 천황이 매우 어린아이일 경우도 종종 있었다. 두 살에 즉위한 천황, 또 네 살에 퇴위당한 천황의 기록도 보인다. 다섯 살에 왕위에 오른 천황이 있는가 하면 열 살 때 퇴위당한 경우도 여러 명 있었다. 그러나 왕위의 종교적 존엄은 조금도 말살되지 않았을 뿐만 아니라 오히려 증대되어갔다. 천황의 존엄이 정책과 의식에 의해 일반 서민의 눈으로부터 분리되어 구름 높은 곳으로 올라가면 올라갈수록 천황의 격리성과 우에비토(上人, 구름 위의 사람)라는 신비성은 전설적 경외감을 심화시켰다. 티베트의 라마승처럼 이 살아 있는 신은 일반 민중의 눈에는 보이지 않게 됐다. 그리하여 천황의 얼굴을 보면 죽는다는 신앙이 생겨났다. 후지와라씨는 자신의 우위성을 확보하기 위해 저지른 이런 횡포한 수단에도 전혀 만족하지 않고, 어린 천황이 왕권을 주장할 정도로 기세가 넘치게 될 것을 두려워해 연소한 천황의 기질을 약화시키고자 궁중 내에 극도로 사치하고 여러 가지 타락한 생활이 행해지도록 했다고 전해진다.

이 찬탈 ─ 이로써 무사 시대의 길이 열리게 됐다 ─ 은 여태까지 정확하게 이해되지는 못했을 것이다. 고대 유럽 족장사회의 모든 역사는 이와 똑같은 진화의 모습을 나타낸다. 각자의 발달에서 어떤 시기에는 똑같은 상황이 일어나고 있음을 알 수 있는 것이다. 즉, 사제직인 국왕은 일체 정치상의 권력을 박탈당하지만 그럼에도 그 종교적 존엄성을 유지하는 것은 허가됐다는 사실이다. 후지와라씨의 정책을 단순한 야심과 강탈의 정책이라고 단정하는 것은 어쩌면 틀린 것일지도 모른다. 후지와라씨는 스스로 신의 후예임을 자부하는 종교적 귀족이다. 즉, 종교와 정치가 일체화되어 있는 한 사회의 씨족 두령이자, 그 입지는 에우파트리다이(eupatridae, 세습 귀족)가 고대 아티카 사회에서 차지하고 있던 것과 흡사하다. 천황은 원래 씨족의 두령들 대다수의 총의에 의해 만들어진 최고의 행정관이자 군대 사령관이며 종교적 사제장이었다. 그리고 각 씨족의 두령은 이 신성 군주가 사회 집합체를 대표하는 것과 마찬가지로 각 씨족사회의 대표자였다. 그런데 통치자의 권력이 국가 성장과 함께 확대되어갈수록 통치력 지지를 위해 결집해온 무리들은 이것의 위험성을 깨닫기 시작했다. 그리하여 그들은 신성 군주의 종교적 지상권에는 부딪히거나 접촉하지 않는 대신에 행정권이나 입법권을 박탈해버리고 말았다. 아테네, 스파르타, 로마, 그 외 고대 유럽 어느 나라에서도 이와 똑같은 정책이 동일한 이유로서 종교적 원로들에 의해 수행됐다. 퀴스텔 드 쿨랑주의 언급처럼 고대 로마의 역사는 사제장인 통치자와 종교적 귀족 간에 전개된 갈등의 성질을 잘 설명한다. 그런데 이와 똑같은 일이 모든 그리스 도시국가에서도 일어났고 결과는 마찬가지였다. 그 어떤 나라도 옛날에는 국왕으로부터 정권을 박탈했다. 하지만 대체로 그의 종교적 존엄성과 특권만은 여전히 잔존시켰다. 즉, 통치자는 아니더라도 최고의 제사장이었던 것이다. 이것은 일본에서도 마찬가지였다. 나는 차후 일본의 역사학자들이 후지와라씨의 성쇠에 대해 근대 사회학적으로 조명해 완전히 새로운 해석을 부여할 수 있을 것이라고 상정한다. 어쨌든 간에 신성 군주의 권력을 삭감한 것은, 종교적 귀족이 야심과 보수적 경계심으로 그런 행동을 취한 것이 틀림없다는 데 의문의 여지가 없다. 여태까지 법령이나 관습을 개변했던 천황은 여럿 있었다. 그러나 이 개변은 고대 귀족의 대다수에게 그다지 호의적으로 받아들여지지 못했다. 오늘날 식으로 말한다면, 라틴어만으로 사물을 기록하는 것이 즐겁다고 하는 천황도 있었다. 또 고토쿠덴노처럼 스스로를 살아 있는 신이라 칭하고 신도를 가볍게 여겨 이쿠노쿠니타마(生國魂) 신사의 신목(神木)을 베어 넘어뜨린 자도 있었다. 고토쿠덴노는 독실한 불교 신자이기는 했지만 — 정말 그랬을지도 모르지만 — 통치자 중에서 가장 현명하고 최고로 우수한 사람 중 하나였다. 그러나 신도를 가볍게 여긴 신성 군주의 예는 사제직 씨족에 중대한 반성을 촉구하는 사안이 됐음에 틀림없다. 그뿐만 아니라 또 하나 주목해야 할 일이 있다. 천황가는 몇백 년 세월이 흐르는 동안 우지(氏)로부터 완전히 분리되고 말았다. 다른 모든 단위와는 관계없이, 이 하나의 단위만이 만사전능이라는 사실 자체가 귀족들의 특권이나 제정된 제도에 대해 중대한 위험으로 작용했다. 모든 씨족의 관습 포기도, 또 씨족의 특권 폐지 등이 가능한 전능한 신으로서의 국왕의 개인적 성격과 의지에 너무나 많은 것을 의존하게 될지도 모를 일이었다. 그런데 씨족의 족장적 통치하에서는 모두가 안전했다. 그곳에서는 어느 한 씨족이 남을 희생해 권력을 휘두르고자 하면 저지할 수 있었기 때문이다. 그런데 명백한 이유로서 이 황실의 제사 — 모든 권위와 특권의 전통적 근원이다 — 는 털끝 하나도 건드릴 수가 없었다. 즉, 종교적 귀족이 참된 권력을 장악하고자 한다면 오로지 황실의 제사 유지와 강화에 집중해야 하는 상황이 되어버렸다. 사실 그들은 거의 500년 동안 그것을 보지해왔던 것이다.

일본의 섭정정치사는 대대로 이어져 왔던 권위라 하더라도 언제 어디에서건 자칫하면 그것을 대행한 권력에게 지위를 빼앗기기 쉽다는 일반 통칙을 충분히 설명해준다. 후지와라씨 일족도 결국, 정책상 자신들이 채용해 행한 사치에 희생되고 말았던 것 같다. 단순한 일개 궁정 귀족으로 전락하자 그들은 군사관계는 거의 대부분 무사 가문에 일임하고 문치내정 외에는 어떠한 권한도 휘두르려 하지 않았다. 8세기에 이르러 문무 양 조직 구분이 중국식에 따라 만들어졌다. 그리하여 강력한 무사계급이 탄생하고 급속히 그 힘을 확대해나가기 시작했다. 진정한 무사 씨족 중에는 겐지(源氏)와 헤이시(平氏)가 가장 유력했다. 후지와라씨는 전쟁에 관한 모든 중요 사항을 이들 씨족에게 대행하게 함으로써 결국 그들의 높은 지위와 영향력을 상실했다.

무사가 매우 강력해져 마침내 정부 지배 – 이는 11세기 중엽에 일어난다 – 에 나서게 되자 후지와라 일족이 수백 년 동안 독점해온 섭정 이하 요직의 우월성은 흘러간 꿈이 되어버리고 말았다.

그러나 무가도 상호 간의 치열한 투쟁을 겪지 않고는 대망을 실현할 수 없었다. 이것은 일본 역사 중에서도 가장 장기간에 걸친 매우 격렬한 전쟁이었다. 겐지도 헤이시도 모두 공경이었다. 그리고 양자 모두 천황의 후예라고 자부하고 있었다. 이 투쟁의 초기에는 헤이시가 모든 점에서 우세했다. 어떤 권력도 경쟁자 겐지를 멸망시키지 못하도록 헤이시를 누를 수는 없었던 것 같다. 그렇지만 운명은 마침내 겐지 쪽으로 호전됐다. 그리고 1185년 그 유명한 단노우라(壇の浦) 해전에서 헤이시는 멸망했다.

이렇게 해서 겐지의 섭정이라기보다는 오히려 쇼군치세가 시작됐다. 나는 이 쇼군이란 칭호가 로마 군대의 장군(Imperator)처럼 단지 사령관을 나타내는 것이라고 말한 바 있다. 그런데 이번에는 문무 양면의 이중 권능을 지닌 사실상 최고 지배자, 즉 국왕 중의 국왕의 칭호가 된 것이다. 겐지가 권력을 장악했을 때부터 쇼군의 역사 – 무사 최고지상의 긴 역사 – 가 정말로 시작됐다. 일본은 그 후 메이지 시대(1868~1912), 즉 현대에 이르기까지 사실상 2명의 왕(민족의 종교를 대표하는 신성 군주, 즉 신의 권화와 모든 집정 권력을 휘두르는 사실상의 쇼군)을 받들어왔다. 어쨌든 간에 적어도 모든 권한의 표현이라 생각되는 태양의 후계자 자리(日の御嗣位)를 힘으로 점령하고자 한 자는 한 사람도 없었다. 셋쇼, 즉 쇼군도 이 태양의 후계자 앞에서는 머리를 숙였다. 신성은 강탈할 수 없었던 것이다.

그렇지만 평화는 단노우라 전쟁 이후에 곧 도래하지 않았다. 겐지와 헤이시의 대투쟁에서 시작된 씨족 간 전쟁은 500년 이상 일정한 간격을 두고 지속됐다. 그래도 민족은 붕괴하지 않았다. 그리고 또 그 정도로 고귀한 희생을 치루고 난 뒤에 얻은 최고 권력을 겐지는 오랫동안 보존할 수 없었다. 겐지는 호조씨에게 정권을 대행시켰기 때문에 후지와라씨가 헤이시로 바뀐 것과 똑같이 호조씨에게 그 지위를 빼앗기고 말았다. 겐지의 쇼군은 겨우 3대에 걸쳐 통치하는 데 지나지 않았다. 13세기 전 시대와 그 이후 한동안은 호조씨가 이 나라를 계속 지배했다. 그리고 여기서 주의해야 할 것은, 이들 셋쇼는 결코 쇼군의 칭호를 사용하지 않고 다만 쇼군 슈켄(執權)직이라 칭했다는 점이다. 그리하여 삼두정치(三頭政治) 비슷한 것이 출현하게 됐다. 그것은 겐지가 가마쿠라(鎌倉)에 궁정 비슷한 것을 운영했기 때문이다. 그러나 그것은 단순한 그림자가 되고 말았다. 그리하여 지금도 그들은 가게(影, 그림자) 쇼군이라든가 괴뢰 쇼군이라는 의미심장한 명칭으로서 기억되고 있다. 그러나 호조씨의 집정에 그림자 같은 것은 아무것도 없었다. 그들은 정력이 절륜하고 수완이 능수능란한 자들이었다. 그들에 의해 천황도 쇼군도 거침없이 퇴위당하거나 추방당했다. 가마쿠라 막부 쇼군의 무능력함은 제7대 호조 슈켄이 7대 쇼군을 폐위시킬 때 쇼군을 물구나무 자세로 가마 속에 밀어 넣어 집으로 돌려보냈다는 사실만으로도 추측할 수 있다. 그럼에도 호조씨는 그런 유령 장군직을 1333년까지 질질 끌고 왔다. 그들이 취한 방법은 무법천지였으나 셋쇼는 유능한 통치자였다. 그리고 이 나라를 난관으로부터 구할 역량이 있음을 실제로 증명했다. 그것은 1281년 몽고 쿠빌라이 칸이 기도한 유명한 침략이었다. 호조씨가 이 침입을 되받아칠 수 있었던 것은 신사에 올린 기도의 가호로서 적 함대가 궤멸했다고 전해지는 태풍 덕택이었다. 하지만 국내의 소요나 반란을 처리하는 데는 그 정도의 수완을 보이지 못했다. 불온한 불승들이 일으킨 전란의 경우에는 특히 그러했다. 13세기 중에는 불교도들이 하나의 강한 군사력이 될 만큼 발전했다. 신기하게도 이것은 유럽 중세의 전투 교회와 매우 흡사하다. 즉, 현세의 악과 싸우는 승병 및 전투적 승정(僧正)의 시대였던 것이다. 불교 사원은 무장한 자들이 충만한 성채로 변했다. 불교도의 위협은 한두 번이 아니고 궁중 깊은 곳까지 공포를 불러왔다. 겐지 정권의 창시자이자 선견지명이 있던 미나모토 요리토모(源賴朝)는 일찍부터 불교계에 군사적 경향이 있음을 통찰하고 모든 승려와 승정에게 무기 소지 및 군대 양성을 금지하고자 시도했다. 그런데 그의 후계자들은 이 금령을 이행하는 데 거의 신경을 쓰지 않았다. 그 결과 승병 세력이 급속히 발전해 그토록 빈틈없던 호조씨도 이들에 대항할 힘이 없는 것처럼 보일 정도로 위험한 지경이었다. 결국 이 승병 세력은 호조씨에 중대한 문제를 부여하게 됐다. 제96대 황제 고다이고덴노(御醍醐天皇)가 과감하게 호조씨의 횡포를 억누르고자 궐기했고 승병들은 이에 가담했다. 하지만 천황은 어이없이 패배해 오키 섬에 유배됐다. 그러나 천황의 이 거동은 오랫동안 슈켄 전제 정치 아래 숨죽이고 있던 유력한 영주 호족들의 지지를 받았다. 호족들은 서로 병력을 결집하고 유배 간 천황을 복위시키기 위해 슈켄직의 수도 가마쿠라를 맹공격했다. 이 수도는 맹렬한 공격 앞에 소실되어버렸다. 호조씨 최후의 통치자는 용감하게 싸웠으나 보람도 없이 '할복자살'했다. 그리하여 가마쿠라 막부 쇼군직은 호조씨 슈켄직과 함께 1333년에 소멸했다.

한동안 정치적 전 권력이 천황에 의해 회복됐다. 그런데 불행히도 고다이고덴노는 성격이 너무 유약해 이 호기를 충분히 이용하지 못했다. 천황은 자기 아들을 쇼군에 임명해 이미 없어진 쇼군직을 부활시켰다. 또 우유부단한 그는 충성심과 용기로 자신을 복위시켜준 이들의 공적을 무시했다. 게다가 용렬하게 아무리 생각해도 멀리 피해야 할 사람들의 세력을 강화시켰다. 그 결과 일본 역사상 가장 심각한 정치적 파국, 즉 천황가의 분열을 보게 됐다.

호조 정권의 무법적인 전제 독재주의는 이미 그러한 사건이 일어날 가능성을 키우고 있었다. 13세기 말 무렵 교토에는 당시 천황 자리에 임한 천황외에 같은 시기에 폐위된 3명의 천황이 있었다. 그런 연유로 천황 계승 싸움이 일어난 것은 무리가 아니었다. 그리고 고다이고덴노가 미련하게 특혜를 베풀었지만 두 마음을 품고 배반한 장수 아시카가 다카우지(足利尊氏)가 성공하게 된 것이다. 아시카가는 고다이고덴노의 복위를 돕기 위해 호조씨를 배반했다. 하지만 그는 행정력을 장악하고자 천황의 신임도 배반했다. 천황이 이 반역을 눈치챘을 무렵은 이미 때가 늦었다. 아시카가를 토벌하기 위해 군대를 보냈지만 패배하고 만 것이다. 그 후 여러 차례 공방전이 있은 뒤 아시카가는 수도를 점령하고 고다이고덴노를 축출해 이에 대항할 천황을 옹립하고 새로운 쇼군직을 창설했다. 이에 천황 가문이 2개파로 나뉘어져 각각 유력한 영주들의 지원을 받아 왕위 계승권을 다투게 됐다. 일본의 역사학자들은 고다이고덴노를 대표로 받들어 활동을 계속한 '남방파(南朝)'를 유일한 정통파로 본다. 다른 또 하나의 파는 '북방파(北朝)'라고 하며, 교토에서 아시카가씨 세력에 의해 유지됐다. 그동안 고다이고덴노는 어느 사원으로 피신해 이 나라의 신기(神器)를 보지했다. 그 후 56년 동안 일본에는 2명의 천황이 군림했다. 그 결과 일어난 소란은 국가의 안녕을 위협할 정도였다. 일반 백성은 어느 쪽 천황의 주장이 옳은 것인지 결정하기가 쉽지 않았을 것이다. 종래 천황은 국가 신성의 대표였다. 그리고 황거는 국가 종교의 전당으로 여겨졌다. 찬탈자 아시카가씨에 의해 행해진 이 분열은 당시 사회적 존재의 기초였던 일체의 전통 파괴라는 것 이외의 의미는 없었다. 그 혼란은 확대되어 위험이 점차 증대해갔으며 마침내 아시카가 자신도 놀라고 말았다. 그는 이 혼란을 정리하고자 남조 제5대 천황인 고카메야마덴노(後龜山天皇)를 설득해 북조 천황 고코마쓰덴노(後小松天皇)에게 신기를 양위하도록 시도했다. 1392년 이 양위가 거행됐으므로 고카메야마덴노는 양위한 천황이라는 명예 칭호를 받고 고코마쓰덴노가 정통 천황으로서 전 백성에게 인정받게 됐다. 그러나 북조의 다른 4명의 천황은 공식 기록에서 제외되고 말았다.

이렇게 해서 아시카가 쇼군은 비상사태를 헤쳐 나갔다. 그러나 이 무력의 독재 시대는 1573년까지 계속되어 일본 역사상 최고의 암흑시대란 운명을 짊어지게 됐다. 아시카가씨는 이 나라에 15명의 통치자를 탄생시켰다. 그중 몇 명은 대단한 수완가였다. 그들은 산업의 진흥을 꾀하고 문학이나 예술을 장려했다. 그러나 평화를 부여할 수는 없었다. 언제나 전쟁이 계속됐으며 쇼군의 위엄이 먹히지 않는 영주들은 서로 전쟁을 했다. 궁정 귀족들이 교토를 벗어나 자기들을 보호할 수 있는 강력한 다이묘 아래로 피난했다고 말할 만큼 교토는 공포 상태에 놓였다. 도적 떼가 나라 안을 횡행했고 해적은 해상을 위협했다. 쇼군은 스스로 중국에 조공을 바쳤다. 그 결과 강력한 다이묘의 영토 이외에는 농업도 산업도 더 이상 존재하지 않게 됐다. 지방은 황폐해지고 나아가 기근, 지진 및 역병은 그칠 새 없는 전란의 불행 위에 서민들에게 공포를 더했다. 상하계급 모두가 빈궁했음은, 고쓰치미카도덴노(後土御門天皇, 1442~1500, 태양신 아들의 제120대 후계자에 해당한다)가 죽었을 때 장례식 비용을 마련하지 못해 그 유해를 40일 동안이나 왕궁 출입문 주변에 방치해놓았던 사실로도 잘 알 수 있다. 1573년까지 이 불행은 계속됐다. 그동안 쇼군직은 존재하지만 없는 것이나 다름없는 존재가 되고 말았다. 그때 우연히 강력한 무장이 나타나 아시카가씨를 폐위시키고 힘으로 지배권을 장악했다. 이 찬탈자가 오다 노부나가다. 이 찬탈이 없었다면 일본은 결코 평화로운 시대를 맞이할 수 없었을지도 모른다.

이렇게 말하는 것은 500년 동안이나 이 나라에 평화가 없었기 때문이다. 덴노도 셋슈도 쇼군도 그 어느 누구도 이 나라 전체를 확실하게 다스릴 수 없었다. 도처에 씨족 간의 투쟁이 끊이지 않았다. 16세기경까지 개인의 안전은 군사적 지도자의 보호 아래 있는 경우에만 획득됐으며, 이러한 지도자는 군사 보호를 대가로 제멋대로 조건을 강요할 수 있었다. 왕위 계승 문제 － 이 때문에 14세기 동안 이 나라는 엉망진창이 되고 말았다 － 는 언제 어느 때라도 난폭한 도당들에 의해 또다시 일어나지 않는다고는 장담할 수 없으며, 그럴 경우 당연히 문화가 파괴되고 백성들은 어쩔 수 없이 야만적인 원시 상태로 되돌아갈 수밖에 없었다. 일본의 장래가 이만큼 어두웠던 적은 없었다. 이때 갑자기 오다 노부나가가 등장해 최강 일본군의 지도자가 됐다. 신관의 자손이었던 노부나가는 무엇보다도 애국자였다. 그는 쇼군 칭호에는 눈길도 주지 않았으며, 또 그것을 받으려고도 하지 않았다. 그의 희망은 이 나라를 구하는 것이었다. 그리고 이를 위해서는 일체의 봉건 세력을 하나로 결집시키고 국법을 엄격하게 단행하면 된다고 보았다. 그는 주변을 돌아보며 달성 가능한 방법과 수단을 생각했다. 그리고 제거해야만 할 첫 번째 장애 중 하나가 불교도의 군사력 － 호조씨 집권하에 발달한 봉건적 불교, 특히 신슈와 덴타이슈 (天台宗)로 대표된다 － 이라고 간주했다. 양자 모두 그의 원수들을 원조했으므로 싸움을 걸 이유를 찾아내는 것은 아무것도 아니었다. 그는 우선 덴타이슈에 대해 행동을 개시했다. 전투는 그야말로 처참했다. 히에잔(比叡山) 사원의 요새는 강력한 공습을 받아 파괴됐고 승려는 1명도 남김없이 그 신도들과 함께 칼로 베어졌다. 여자나 아이들에게도 용서는 없었다. 노부나가는 잔인하지 않았지만 그의 정책은 잔혹했다. 그는 상대에 일격을 가할 때와 그 이유를 체득하고 있었다. 이때 히에잔의 탑당(塔堂) 3,000개가 소실됐다. 이러한 규모로 이 살육 이전의 덴타이슈 세력을 유추할 수 있을 것이다. 오사카에 본거지를 두고 있던 신슈파는 덴타이슈에 뒤지지 않는 세력이었다. 현재의 오사카 성 자리를 차지하고 있던 이 사원은 이 나라에서 가장 견고한 요새이기도 했다. 노부나가는 오로지 그 공격 준비를 하면서 여러 해를 기다렸다. 승병들은 잘 싸웠다. 이 포위전에서 5만 명 이상이 목숨을 잃었다고 한다. 그래도 천황의 중재가 있어 이 사원이 분쇄되고 사원 안의 사람들이 살육되는 것을 면할 수 있었다. 천황에 대한 숭경심으로 노부나가는 신슈파 승려들을 살려주도록 승인했다. 하지만 승려들은 사원 영지를 몰수당했고 사방으로 흩어져, 승려 세력은 영구히 분쇄되고 말았다. 이와 같이 불교도가 순조롭게 평정됐기 때문에 노부나가는 서로 싸우고 있는 씨족들에게 이목을 끌 수 있게 됐다. 노부나가는 이 나라가 낳은 가장 위대한 무장들 ― 도요토미 히데요시 및 도쿠가와 이에야스 ― 의 지지를 받으면서 평화 건설과 질서 강화에 몰두했다. 그리고 노부나가의 대망이 바야흐로 성취되려는 찰나, 사적 원한에서 비롯된 가신의 배신으로 그는 1582년 목숨을 잃었다.

헤이시(平氏)의 피가 흐르던 노부나가는 본질적으로 귀족이었으며, 행정적으로는 그가 속한 오우지의 재능을 모두 이어받았다. 그리고 외교적 관습에도 정통했다. 원수들을 쳐부수고 후계자가 된 히데요시는 전혀 다른 형태의 군인이었다. 그는 신분이 낮은 미즈노미(논밭을 소유하지 않은 최하층의 농민)의 아들로서 빈틈없는 기민함, 용기, 타고난 무략, 병법과 군략에 대한 천부적 재능에 의해 높은 지위에 오른 천재였다. 노부나가의 대망에 그는 항상 공감했으며 또 그것을 직접 실행하기도 했다. 그는 자신을 셋슈 간바쿠(攝政

關白)에 임명한 천황의 이름으로 일본 남쪽에서 북쪽에 이르기까지 전국을 평정했다. 이렇게 해서 전국적인 평화가 일시적으로 확립됐다. 그러나 히데요시가 집합시켜 훈련해온 방대한 병력은 그 스스로도 제어하기 힘든 위협적인 존재가 됐다. 그는 이 병력의 사용처로 조선을 지목했고 정당한 이유도 없이 전쟁을 벌였다. 운이 좋다면 조선에서 중국까지 차지할 수 있으리라 생각한 것이다. 조선에서의 전쟁은 1592년에 개시되어 히데요시가 죽은 1598년까지 별다른 성과도 올리지 못한 채 시간만 끌고 있었다. 그가 불세출의 위대한 군인이기는 했지만 통치자 중 최우수자라고는 말할 수 없다. 그가 적극적으로 맡을 수 있었다면 조선에서의 전쟁 결과도 더 좋았을 것이다. 이 전쟁은 두 나라의 병력을 쓸데없이 소모한 것에 지나지 않았다. 일본이 비싼 희생을 지불하고 해외에서 얻은 승리의 표식이라 내세울 만한 것은 나라(奈良)의 이총(耳塚, 토벌한 이방인의 머리에서 베어온 3만 쌍의 귀를 대불전 경내에 매장한 것) 외에는 아무것도 없었다.

그리고 이 권력의 빈자리에 일본이 낳은 가장 저명한 인물 중 1명이 기세를 떨치며 나타났다. 그가 바로 도쿠가와 이에야스(德川家康, 1542~1616)다. 이에야스는 겐지의 후예로서 골수 귀족이었다. 무장으로서도 그는 히데요시를 한 번 패배시킨 적이 있을 만큼 히데요시에게 조금도 뒤지지 않았다. 그러나 이에야스는 군인 이상의 인물이었다. 즉, 먼 미래에 대한 통찰력이 있는 정치가로서 매우 뛰어난 외교가이자 학자이기도 했다. 냉정하고 신중하며 쉽게 남을 신뢰하지는 않지만 관대한 부분 ― 엄격하지만 애정(情愛)도 있었다 ― 도 있었다. 폭넓고 다면적인 그의 천재성은 율리우스 카이사르(Julius Caesar)와 비교해도 손색이 없다고 말할 수 있을 것이다. 노부나가와 히데요시가 소망하면서도 이루지 못했던 것을 그는 모두 성취했다. 그는 조선에 있

던 군대가 이역에서 방황하는 망령이 되지 않도록 하기 위해, 즉 제사를 받지 못한 영혼이 생기지 않도록 하라는 히데요시의 유언을 이행한 다음에 자신의 정권욕을 저지하고자 결속한 다이묘들과 대결하지 않으면 안 됐다. 일본 천하를 판가름하는 세키가하라(關が原) 전쟁은 그가 이 나라의 주인 자리에 오르는 결과가 됐다. 당장 그는 권력을 공고히 하여 무단정치의 모든 기구를 구석구석 세세한 곳에 이르기까지 완비하는 방책을 강구했다. 그는 쇼군으로서 다이묘 제도를 재편성해 봉토 영분의 대부분을 자신이 신뢰할 수 있는 자들에게 분배했고 새로운 무사계급을 창시했으며 큰 다이묘들이 감히 모반을 시도할 수 없도록 새로 조직을 갖추는 힘의 조절을 행했다. 후일 다이묘들은 두 마음이 없음을 보증해야만 했다. 즉, 다이묘들은 일 년 중 일정 기간은 예외 없이 쇼군이 거주하는 도시에서 머물고 그 나머지 기간은 가족을 인질로 남겨두어야만 했다.[2] 행정 전체는 간소하고 현명한 기획하에 재정비됐다. 그리고 이에야스의 법률은 그가 뛰어난 입법자임을 실증한다. 이에 일본 역사상 처음으로 국민이 통합됐다. 적어도 사회적 단위의 특질이 가능한 범위에서 통합됐다. 그 밖에도 건설자의 교훈은 대대로 그의 후계자에게 이어졌다. 도쿠가와 막부의 쇼군직은 1867년까지 계속됐으며 이 나라에 15명의 무사 통령 쇼군이 산출됐다. 이들 쇼군 지배하에서 일본은 250년간 평화와 번영을 누렸다. 이렇게 해서 일본 사회는 그 특수한 형태의 극한까지 발전할 수 있었던 것이다. 공예는 신기하고 경탄할 만큼 발전했으며 문예도 고귀한 보호자를 얻었다. 국가의 제사는 주의 깊게 유지됐다. 또 14세기 무렵 이 나

---

2 의무적으로 에도에 체류하는 기간이 모든 다이묘에게 동일하지는 않았다. 어떤 경우에는 이 의무 기간이 6개월 더 연장되는 경우도 있었던 것 같다. 또 어떤 때는 일 년씩 교대로 체류하도록 되어 있었다. - 원주

라를 황폐화시켰던 왕위 계승 분쟁이 두 번 다시 일어나지 않도록 모든 예방적 배려가 취해졌다.

일본에서 무력 지배가 진정한 역사의 거의 모든 시기인 근세 시대까지 행해진 사정, 나아가 이 지배가 일본 민족 통합의 제2기에서 끝나게 된 사정을 살펴봤다. 제1기는 여러 씨족이 처음으로 최대 씨족의 수장지도권을 승인한 시대까지였다. 그 이후 이 수장은 하늘의 왕, 최고의 성직자, 최고의 재판관, 최고의 사령관, 최고의 행정관으로서 숭앙받아왔다. 족장 국왕이 옹립되어 원시적 통합이 이뤄지기까지 얼마나 오랜 시간이 걸렸는지는 잘 모른다. 그러나 이두정치 아래 후기의 통합에 천 년 이상이 걸렸음은 잘 알려진 사실이다. 그런데 여기서 주의해야 할 사실은 몇백 년 동안 황실 제사만은 천황의 원수들의 손에 의해서조차 귀중하게 유지되어왔다는 것이다. 민족적 신앙에서 유일한 정통적·합법적 지배자는 천자, 즉 하늘의 아들인 천황이었다. 아무리 혼란한 시대에도 이 태양의 자손은 민족적 존숭의 대상이었으며 그의 거처인 황거는 민족 신앙의 전당이었다. 위대한 무장들이 천황의 의지를 억압한 일은 있었을지언정 그들은 스스로를 신의 권화의 예배자이자 노복이라고 칭했다. 법령에 의해 모든 종교를 폐지하고자 시도한 자가 없었던 것처럼 천황 자리를 빼앗고자 한 자도 없었다. 단 한 번, 아시카가 쇼군의 용렬한 전단(專斷)으로부터 황실 제사가 심각한 간섭을 받은 적은 있었다. 그리고 이 천황가가 분열된 결과 일어난 사회적 지진은 찬탈자들에게 그들이 범한 과실의 엄청난 정도를 깨닫게 했다. 왕위 계승, 만세 일계의 보전, 즉 황실 제사의 평화로운 지속만이 융화하기 어려운 사회 속에서 여러 단위의 결집을 가능하게 만들었던 것이다.

허버트 스펜서에 따르면 종교적 왕조에는 그 수명의 영속성에 이상한 힘이 있다. 그것은 왕조가 변혁성에 대해 이상한 저항력을 지니고 있기 때문이라고 한다. 한편 무력에 의한 왕조는 그 영속성이 군주된 자의 개인적 성격에 의존하기 때문에 특히 분해·붕괴되기 쉽다고 한다. 이 가르침은 단순한 무력 지배를 대표하는 잡다한 쇼군직 및 셋슈직의 역사와 일본 천황의 연면(連綿)한 무궁함을 대비해볼 때 가장 현저하게 드러난다. 지난 2,500년간 연면히 이어지는 황통을 살펴보았을 때 무력에 의한 왕조는 역사에서 사라지고 만 것이다. 여기서 종교적 보수주의의 전통적 특질인 모든 변혁을 거부하는 저 절대적 힘의 증거를 봄과 동시에, 다른 한편으로는 쇼군직이나 셋슈직의 역사에는 종교적 기초가 없고, 또 그 때문에 종교적 결집력도 없어 그 제도 조직이 분해·붕괴하는 경향이 있음을 실증하고 있다. 후지와라씨의 지배가 다른 지배와 비교해 현저하게 영속됐던 것은 아마 후지와라씨가 무력의 귀족이라기보다는 종교적 귀족을 대표했다는 사실로써 설명될 것이다. 도쿠가와 이에야스가 고안해낸 저 탁월한 무력 배경 권력의 구성조차, 외국으로부터의 침략 세력이 그 와해를 촉진하기 이전부터 무너지고 있었다.

14

충의의 종교

『사회학 원리』의 저자는 말한다. "무력 중심의 사회에는 그 사회의 승리를 행동 최고 목표로 간주하는 애국심이 있어야만 한다. 그들은 권위에 대한 복종심이 집중되는 곳에 필연적으로 충의심을 나타낸다. 그리고 그들이 순종하기 위해서는 당연히 풍부한 신앙이 있어야만 한다." 일본인의 역사는 이러한 진리를 강하게 예증한다. 이 민족 이외의 다른 어떤 민족의 경우에도 충의심이 이 정도로 인상적이고 특별한 형태를 보이지 않는다. 또한 복종심이 이만큼 풍부한 신앙으로 육성되지는 않는다. 이 신앙은 조상 제사로부터 나온 것이다.

효도 — 복종이라는 가정에서의 종교 — 가 사회 진화와 더불어 확대되어 마침내 사회가 요구하는 정치적 복종이 되고 또 쇼군이 강요하는 군사적 복종이 됐지만, 이것은 단순한 순종이 아니라 피가 통하는 순종이며, 또 단지 책무라는 관념뿐만 아니라 본래 의무라는 감정적인 것임을 독자들도 이해했을 것이다. 그리하여 효도는 기원적으로는 본분적 복종이고 본질적으로는 종교적이었다. 그것은 충의로 나타난 경우에도 종교적 성질을 띠었으며 자기희생적 종교의 불변적 표현이었다. 충의는 무인들의 역사 속에서 일찍부터 발달했다. 고대 일본의 편년사에는 그 감동적 증거가 나타난다. 그와 동시에 두렵고 무서운 예 — 자기희생의 이야기 — 가 보인다.

일찍이 부하된 자는 신의 자손인 주군으로부터 일체 — 이론으로뿐만 아니라 실제로도, 즉 물건, 가옥, 자유에서 생명까지도 — 를 빌린 것이었다. 무엇 하나라도 혹은 하나도 남기지 않고 주군을 위해서 내놓아야 할 경우에는 불평 없이 바치게 되어 있었다. 게다가 주군에 대한 의무는 조상에 대한 의무와 마찬가지로 죽으면 끝나는 것도 아니었다. 양친의 망령이 이 세상에 살아 있는 자식들로부터 음식물을 받듯이, 주군의 정령도 생존 시 그를 직접 모시던 자들에 의해 공경스럽게 모셔지도록 되어 있었다. 영주의 영혼이 부하들도 없이 혼자 명부 세계로 들어갈 수는 없는 노릇이었다. 그래서 적어도 살아생전에 주군에게 봉사하던 자들 중 몇 명은 함께 죽어 동행하도록 되어 있었다. 그리하여 고대에는 산 인간을 제물로 바치는 풍습이 생겨났다. 처음에 그것은 강제적이었으나 후일에는 자발적이 됐다. 앞서 서술했듯이 일본에서는 스야키(素燒) 하니와(埴輪, 토용)가 살아 있는 제물을 대용하게 되는 1세기 무렵까지 순장이 큰 장례식에서 빠지지 않았다. 이 의무적인 순사(殉死), 즉 죽은 주군의 뒤를 좇는 풍습이 폐지된 이후에도 16세기 무렵까지 자발적 순사가 계속되어 무사의 엄연한 풍습이 된 사정은 이미 서술한 바 있다. 그 무렵 한 다이묘가 죽으면 보통 그의 부하 중 15명 내지 20명이 할복자살을 했다고 한다. 도쿠가와 이에야스는 단호하게 이 자살 풍습을 금지시켰다. 유훈 제76조에 다음과 같이 기록되어 있다.

부하가 그 주인의 죽음에 임해 이를 뒤좇고자 하는 것은 분명히 고래 이래의 관습이기는 하다. 그렇지만 그렇게 해야만 할 이유가 조금도 없다. 공자는 용(俑, 죽은 자와 함께 묻는 인형)을 바보짓이라고 말했다. 직신(直臣)은 물론이고 최하급의 배신(陪臣)에 이르기까지 이와 같은 행위를 엄금한다. 이 금령을 어기는 자는 충성된 부하와는 거의 반대라 할 수 있다. 법령을 따르지 않는 자는 훈계하고 그의 자손은 재산 몰수와 같은 슬픈 일을 당해 궁핍으로 고생하게 될 것이다.

이 같은 명령으로 그는 자신의 순사 실행은 볼 수 없었다. 그러나 그의 사후에도 순사는 계속되고 또 부활했다. 1664년 막부는 순사한 자가 어떤 사람이든 그 가족이 처벌받는다는 법령을 발포했다. 그리고 이를 실행하는 데 노력을 기울였다. 우에몬베에(右衛門兵衛)라는 자가 자기 주인이 죽었을 때 할복자살해 이 법령을 위반하자 국가는 곧바로 이 자살자 가족의 영토를 몰수하고 그의 아들 2명도 처형했으며 남은 가족들까지 유배시켰다. 순사는 메이지 시대에 이르기까지 계속되고 있지만 도쿠가와 막부의 단호한 태도로 순사의 실행이 크게 저지되어 그 이후 가장 열렬한 충의자는 종교의 힘을 빌려 산 제물이 됐다. 즉, 주인의 죽음에 임해서 할복을 하는 대신에 머리카락을 자르고 승려가 됐던 것이다.

이 순사 풍습은 일본인의 충의심을 보여주는 아주 작은 일면에 지나지 않는다. 이보다 더 중요하다고 말할 수는 없지만 어쨌든 이와 같은 의미에서 무사의 자살이 있다. 이것은 순사가 아니라 무사 법도에 의해 정해진 것으로 스스로 자기에게 가하는 형벌이다. 형벌로서의 자살을 금지하는 명백한 이유가 있는 금령은 없었다. 자기 손으로 자신을 멸망시키는 이 형벌은 고대 일본에는 알려져 있지 않았던 것 같다. 무사의 다른 풍습과 더불어 중국에서 이입된 것일 것이다. 『일본서기』에 그 예증이 보이는 것처럼, 고대 일본인의 자살은 대체로 액사(縊死, 목매어 죽음)였다. 무사계급은 배를 가르는 것을 자신들의 풍습 또는 특권으로 삼았다. 주장(主將)이 일찍이 패배하거나 맹렬한 공습에 의해 낙성될 우려에 처한 성곽 수비군은 적의 손에 떨어지는 것을 막기 위해 이렇게 스스로 죽었던 것이다. 이것은 현대까지 계속되어온 풍습이다. 15세기 말경에 무사에게 처형이라는 치욕을 가하지 않고 배를 가르는 것을 허락하는 무인 가문의 풍습이 전반적으로 확립된 것 같다. 그 이후 무사들은 지도자의 말 한마디에 따라 자결하는 것이 본분이라고 여기게 됐다. 적어도 무사란, 예를 들어 일국일성의 주인이라 하더라도 이러한 징벌적 법칙에 따라야만 했다. 그리고 무사의 가족들은 남녀를 불문하고, 일신의 명예를 지키기 위해 또는 군주의 의지를 좇아 언제라도 자결할 수 있는 방법을 훈련받았다. 부인은 할복자살이 아니라 자해(自害)를 했다. 즉, 단도로 자신의 목을 도려냈다. 그렇게 하면 단 한 번만으로도 동맥이 절단되어버렸다. 배를 가르는 작법의 상세함은 이 문제에 대해 앨저넌 프리먼-미트포드가 번역한 일본 문헌에 잘 나타나 있으므로 여기서는 언급하지 않는다. 명기해야만 할 중요 사항은 그 명예와 충성심이란 것이 언제라도 칼 하나에 자결할 것을 요구하고 있다는 점이다. 무사에게는 신뢰관계의 파탄 ─ 그것이 자신으로부터 비롯된 경우든지, 아니면 상대편이 가한 경우든지 간에 ─, 어려운 사명을 완수하지 못한 경우, 꼴사나운 실수를 저지른 경우, 주인으로부터 불쾌하다는 감정 표시를 읽은 경우, 모두가 배를 가르는, 즉 상류 인사가 즐겨 쓰는 한자로 표현한다면 셋부쿠(切腹)의 충분한 이유가 된다. 최고의 봉록을 먹는 중신들은 주군의 난행에 사리를 밝혀 진언하는 수단이 다했을 때 셋부쿠로 간언을 대신했다. 그리고 이 비장한 풍습은 사실을 근거로 만들어진 몇몇 유명한 사극의 주제가 되기도 했다. 무사의 부인인 경우 — 직접적 책무관계는 주군이 아니라 남편에 대해서였다 — 전시에는 후일 명예를 전하기 위해 자해라는 수단을 취했다. 그렇지만 때로는 남편의 갑작스러운 죽음 이후 그의 영혼에 바칠 단순한 정절의 희생으로 자해를 행하기도 했다.[1] 젊은 처녀의 경우 이유는 다르지만 자해는 일반적이었다. 무사의 딸들은 곧잘 고귀한 집으로 봉공을 보냈다. 그런데 그곳에서 잔혹한 음모 등이 있으면 간단한 자해를 초래하거나 또는 모시는 부인에 대한 충의심으로 자해할 각오를 굳히는 일이 있었다. 봉공 중인 무사 가문의 딸은 무사가 주군에게 봉사하는 것과 마찬가지로 모시는 부인에게 충절을 다해야만 했다. 그리하여 일본 봉건시대에는 열녀, 정녀(貞女)가 많았다.

아주 옛날 사형에 처해진 관리의 부인이나 딸은 자살하는 습관이 있었던 것 같다. 고대 편년사에는 그러한 예가 매우 많다. 이 습관은 고대 법률에 의하면 대개 설명이 된다. 즉, 죄인이 배출된 집의 가족들은 사건의 사실 여부와는 관계없이 처벌된 자와 마찬가지로 죄에 대해 책임 있는 자가 됐기 때문이다. 그렇지만 남편을 잃은 부인이 절망 때문이 아니라 저세상으로 간 남편을 사모해 살아 있을 때처럼 모시고 싶다는 염원으로 자살한 사례도 있었던 것은 분명하다.

죽은 남편에 대한 의무라는 옛날 식 이상을 나타내는 부인의 자살은 최근에도 자주 보인다. 이러한 자살은 통례적으로 봉건시대 규칙에 따라 행해졌다. 즉, 부인은 그때 시로무쿠(白無垢, 겉옷과 속옷 모두 흰옷 차림) 복장을 했

---

1 일본의 실천도덕학자 가이바라 에키켄(貝原益軒, 1630~1714)은 다음과 같이 기록하고 있다. "부인에게는 봉건영주가 없다. 즉, 부인은 남편을 공경해 따르지 않으면 안 된다." — 원주

다. 최근 있었던 중국과의 전쟁(1894년, 청일전쟁)으로 이런 종류의 자살이 도쿄에서 일어났다. 이 희생의 자해자는 전쟁에서 쓰러진 아사다 중위의 부인으로, 그녀는 겨우 스물한 살이었다. 그녀는 남편이 전사했다는 비보를 접하고 당장 자해 준비에 들어갔다. 옛날 작법대로 친척에게 이별을 고하는 편지를 쓰고 신변 정리를 한 다음에 집 안을 정성들여 청소했다. 그리고 수의를 입은 후 거실의 도코노마 앞에 자리를 깔고 남편 사진을 장식해 그 앞에 공물을 올렸다. 만단의 준비가 끝난 다음 그녀는 반듯하게 앉아서 단도를 끄집어냈다. 그리고 한칼에 능숙하게 목의 동맥을 절단했다.

천 년 뒤의 명예를 남기기 위해 자살하는 본래 의무 외에, 무가의 부인들에게는 도덕적 항의로서 자해하는 의무도 있었다. 최고 봉록을 받는 가신들은 주군의 파렴치한 행적에 대해 모든 설득 수단을 동원해도 여전히 효과가 없을 경우에 간언해 멈추게 하는 방책으로서 '배를 가르는 것'을 도의상의 본분이라고 생각했다는 것을 이미 언급한 바 있다. 그와 마찬가지로 무사의 부인들은 ─ 봉건시대의 이야기이지만 남편을 주군으로서 생각하도록 가르침을 받았다 ─ 남편이 조언이나 충고에도 귀 기울이지 않고 불명예스러운 행동을 했을 때 그에 대한 항의로서 자해하는 것을 도덕적 책무로 여겼다. 이러한 희생을 감행하는 것이 부인으로서 본분이라는 이상은 지금도 여전히 잔존하고 있다. 도의상의 어떤 비행을 책망해 자기 생명을 아낌없이 버리는 예는 근년까지도 자주 보였다. 1892년 나가노(長野) 현 지방선거 때 사람들의 마음을 울린 사건이 있었다. 이시지마라는 부자 선거인이 어느 후보자의 선출을 응원한다고 공약했다. 그러나 그는 이 후보의 경쟁 상대인 다른 후보 쪽으로 지지 의사를 바꿨다. 남편이 약속을 파기했다는 사실을 안 부인은 시로무쿠 차림에 옛날 무사 작법대로 자해해 죽어버렸다. 지금도 그 지역 사람들은 이 열녀의 묘를 꽃으로 장식하고 향을 올린다.

주군의 명령을 좇아 스스로 자기 목숨을 끊는 것 ― 충의로운 무사가 꿈에도 의심을 품지 않는 본분이지만 ― 은 그 밖의 또 다른 본분과 비교하면 정말 쉬운 것으로 여겨졌던 것 같다. 그 밖의 것은 주군을 위해 처자나 집을 희생하는 것이었다. 일본에서 인기 있는 비극의 대부분은 주군의 아이를 구하기 위해 자신의 아이를 죽인 이들의 희생 이야기다.[2] 이런 이야기의 대부분은 봉건 시대에 있었던 사실(史實)이다. 연극 작품이기 때문에 과장됐을 것이라고 생각할 이유는 조금도 없다. 물론 그러한 사건은 연극적인 요소에 적합하도록 재구성되거나 확대되기도 한다. 그러나 그런 식으로 구성된 고대사회의 모습은 아마도 흘러가버린 과거의 현실보다는 침울한 기분이 희박할 것이다. 일본인은 지금도 여전히 그런 비극을 애호한다. 극문학을 다루는 외국 비평가들은 이런 비극의 피비린내 나는 장면만을 지적한다. 그리고 대중이 유혈이 잔혹한 정경을 좋아하며, 이는 이 인종의 핏속에 어딘지 불령(不逞, 좋지 못한)한 잔인성이 숨겨져 있는 증거라고 이야기한다. 그러나 이 종래의 비극에 대한 애호심은 오히려 외국 비평가들이 항상 무시하려고 노력해온 것, 즉 이 국민의 매우 깊은 종교적 성격의 증거일 것이다. 이런 연극은 즐거움만을 주는 것이 아니다. 이런 연극이 항상 기쁘지 않은 것은 공포 때문이 아니라 그 속에 담긴 도덕적 교훈 때문이다. 희생과 용기의 본분, 즉 충의의 종교가 구현되어 있기 때문이다. 이런 연극은 봉건사회의 순난(殉難)을 최고 지순한 이상으로 표현하고 있다.

---

2 하세가와(長谷川)가 출판한 「데라코야(寺子屋)」라는 연극 대본 ― 멋진 삽화가 들어 있다 ― 이 좋은 예가 될 것이다. ― 원주

봉건사회 전체를 통해 이와 똑같은 충의 정신은 여러 가지 형태로 표명되고 있다. 무사가 주군을 향한 것과 마찬가지로 도제는 오야카타(親方, 스승)에 대해 그러했으며, 또 마찬가지로 가게 지배인이 가게 주인에 대해서 그러했다. 사용인과 주인 사이에는 의무감 같은 감정이 존재해 항상 신뢰가 있었다. 어떤 생산업에서도 어떤 직업군에서도 각자 충신(忠信)의 종교가 있었다. 한쪽이 필요에 의해 절대복종과 희생을 요구하면 또 다른 쪽은 친절과 원조를 요구했다. 거기에다 죽은 자가 이 세상을 떠난 다음에도 온통 산사람을 지배했다.

양친이나 주군을 위해 목숨을 버린다는 본무(本務)와 마찬가지로, 이 양자의 살해에 보복한다는 사회적 책무도 아주 옛날부터 있었다. 사회제도가 갖춰지기 전에 이미 이 의무의 존재가 인정됐다. 일본의 최고(最古) 연대사에는 이 의무적 복수의 예가 풍부하다. 공자의 가르침이 이 의무감을 한층 더 강고하게 했다. 주군, 양친 혹은 형제를 죽인 자와는 같은 하늘 아래에 살아가는 것을 금지한 것이다. 그리고 혈족이나 친척 간에 등급을 매겨 그 범위 내에서 복수의 의무는 강제적인 것으로 여겨졌다. 공자의 가르침이 아주 옛날부터 일본 지배계급의 도덕으로서 근세까지 계속되어왔음을 명기해두어야만 할 것이다. 이미 앞서 서술했듯이 공자의 가르침, 즉 유교의 전 체계는 조상숭배를 토대로 하며 오로지 효도의 확장과 앙양을 표명하고 있다. 이는 일본의 도덕적 경험과 완전히 일치한다. 일본에서 무사 세력이 신장되어감에 따라 복수에 대한 중국 법률이 일반적으로 용인됐고, 후세가 되면 법적으로도 관습상으로도 지지를 받았다. 도쿠가와 이에야스도 이를 지지했다. 즉, 원수의 토벌을 염원하는 자는 신고서를 써서 지방 재판소에 제출하도록 규정한 것이다. 이 문제에 대한 그의 문서는 흥미롭다.

주인 혹은 부친에 가해진 위해(危害)에 대한 복수는, 보복자와 가해자가 함께 같은 하늘을 떠받들 수 없다고 하여, 성현 공자도 인정했던 것이다. 이러한 보복을 생각하는 자는 반드시 재판하는 곳에 신청서를 기술해 제출해야만 한다. 그 목적을 위해 허가된 기간 내에 계획을 실행하는 데는 별다른 저지도 방해도 없을 것이지만, 다만 원수 징벌에 즈음해 폭동 소란을 떠는 것을 금지한다. 복수 계획의 의도에 대해 신고하지 않는 무리는 무엇인가 구실로서 일을 하고자 하는, 늑대 같은 자들이다.[3] 그때 그들의 처벌과 용서는 오로지 그 사건의 사정 여하에 달려 있다.

양친과 마찬가지인 일가친척, 또 주군과 다름없는 스승의 원수도 갚아도 좋다고 되어 있다. 인기 있는 이야기나 희곡 중 다수가 부인이 원수를 갚는 내용이다. 사실 피해자 가족 측에 복수할 의무를 맡을 남자가 남아 있지 않은 경우에는 부인이나 아이들이 원수를 갚았다. 도제가 자기 스승의 원수를 갚기도 했고, 또 친우(盟友) 간에조차 서로 원수 갚을 의무가 있었다. 이상의 내용을 통해 원수를 갚는 의무가 혈연으로 연결된 육친 범위 내에 한정되어 있지 않았음은 물론이고, 일본 사회조직의 특수성에 대해 알 수 있다.

여태까지 족장적 가족이 종교적 협동체라는 것, 또 가족의 연대가 자연스러운 애정의 유대가 아니라 제사라는 연대로 이뤄진 것임을 알아봤다. 이로써 또 하나의 가족이 속한 구미에 대한 관계, 구미와 씨족의 관계, 하나의 씨족과 그 부족의 관계, 각각의 종교적 관계도 이해하게 됐다. 그리하여 당연한 결과로서, 고대의 원수 갚는 풍습은 혈족의 유대에 의해 규제되는 것과

---

3 위선의 늑대들을 말한다. 즉, 정당화될 수 있는 보복이란 구실로 죄를 변명하려는 잔인한 살해를 의미한다. 의역은 J. F. 로더(J. F. Lowder)를 따랐다. ─ 원주

마찬가지로 가족, 구미, 부족, 제사 등의 굴레에 의해 규제됐다. 그리고 중국의 도덕관이 도입되어 무력정치 체제가 발달함에 따라 의무로서의 복수 관념도 점차 그 범위가 확충되어갔다. 의무라는 점에서는 양자나 의형제도 피를 나눈 친자식이나 친형제와 똑같듯이, 사제관계는 부자관계와 마찬가지였다. 친아버지를 구타하면 사형이었으며, 스승을 구타한 경우는 법률적 명분에서 친아버지를 구타한 것과 같은 죄목이 적용됐다. 스승을 부친으로 존경하는 사고방식은 중국으로부터 들어왔다. 즉, 효도 의무를 정신적 아버지로까지 확대한 것이다. 이러한 확대는 다른 데서도 찾아볼 수 있다. 그리고 그 어떤 것도 기원을 소급해보면, 중국과 일본 모두 조상숭배에 낙착하게 된다.

그런데 옛 일본 풍습을 다루는 저서에서도 타당하게 논술되지 못한 것은 이 복수에 원래 종교적 의의가 있다는 것이다. 고대사회의 복수 풍습에서 공통적으로 종교적 기원을 발견할 수 있음은 누구나 아는 사실이다. 그러나 그 종교적 성질이 조금도 변하지 않고 현대까지 지속되어온 것을 생각하면 일본식 복수는 특별히 흥미롭다. 복수를 성취했을 때 행하는 의식 — 적을 토벌하게 한 사람의 묘 앞에 적의 목을 위령 공물로서 바치는 의식 — 은 본질적으로 위로 행위였다. 이 복수 의식에서 가장 인상적인 것은 적을 토벌하게 한 사람의 영혼에 바치는 보고문이다. 이 보고문은 원래 말로 서술하는 것이지만 때로는 문장으로 기록해 묘 앞에 바치기도 했다.

앨저넌 프리먼-미트포드가 쓴, 언제 읽어도 재미있는 『옛 일본 이야기』 중에서 「47명의 낭인」 실화를 모르는 독자는 없을 것이다. 그러나 그 이야기에서 기라 고쓰케스케(吉良上野介)의 목을 베어 깨끗이 씻는 행위, 의사(義士)들이 오랫동안 인내하며 참아왔던 신중함, 죽은 주군에게 보고를 올리는 것의 의미에 대해 많은 사람들이 이해했는지는 의문이다. 프리먼-미트포드의 번역본에서 인용하는 다음의 보고문은 영주 아사노 후(候)의 묘 앞에 바쳐진 것이다. 이것은 지금도 센가쿠지(泉岳寺)라는 절에 보관되어 있다.

겐로쿠 15년(1703) 12월 15일, 오늘 저희는 신하로서의 예의를 다하기 위해 여기에 왔습니다. 오이시 나이죠스케(大石內藏助)로부터 아시가루 데라사카 기치우에몬(足輕寺坂吉右衛門)에 이르기까지 전원 47명 모두 주인님을 위해 기꺼이 목숨을 바치고자 하고 있습니다. 저희는 이러한 사정을 전하의 영전 앞에서 삼가 말씀드리는 바입니다. 작년 3월 14일, 사건의 내용을 알 수 없지만 전하께서 기라 고쓰케스케에게 칼로 상처를 입히셨습니다. 그리고 전하께서는 목숨을 잃으셨지만 기라 고쓰케스케는 살아남았습니다. 막부의 재판 이후에 저희의 시도가 전하의 마음에 들지 않을까 걱정했습니다만, 전하의 봉록을 받아먹고 산 저희는 '주군의 원수와는 한 하늘 아래에서 살 수 없고 또 같은 흙을 밟을 수 없다'는 말을 부끄러움 없이는 반복할 수 없었습니다. 그리하여 전하의 억울하심을 풀어드리지 않으면 저세상에 갈 때 전하 앞으로 나아갈 수 없을 것 같았습니다. 참고 기다리던 인내의 나날이 저희에게는 삼추(三秋)와도 같이 너무나 길었습니다. 실제로 저희는 하루하루를, 아니 이틀 동안 계속해 눈을 밟고 참으며 단 한 끼만을 먹고 지내던 때도 있었습니다. 나이가 들어 쇠퇴한 자, 병이 들어 약해진 자도 기꺼이 목숨을 바치고자 나왔습니다. 세상은 저희를 보고 당랑지부(螳螂之斧, 분수도 모르고 강한 상대에게 대항함)라고 조롱했고, 저런 꼴로는 주군에게 수치를 더할 뿐이라고 비웃었습니다. 그러나 무슨 말을 듣는다 한들 저희는 복수라는 일념을 저버릴 수가 없었습니다. 어젯밤 저희는 의논에 의논을 거듭한 결과 고쓰케(上野介) 전하를 호위해 바로 지금 여기, 전하의 무덤 앞으로 왔습니다. 이 소도(작은 칼)는 지난 해 전하께서 비장하고 계시던 것으로, 저희에게 보관하도록 맡기신 물건입니다. 그것을 저희가 이곳에 가지고 왔습니다. 황송

하오나 만약 전하의 영혼이 지금 이 무덤 앞으로 오신다면, 저희의 부탁이오니 그 표시로서 제발 이 소도를 받으시고 적의 목을 다시 한 번 쳐 원한을 영구히 갚으십시오. 이상 47명 모두가 삼가 말씀 올리는 바입니다.

영주 아사노 후가 마치 살아서 그들의 눈앞에 있기라도 한 것처럼 말을 걸고 있음을 알 수 있다. 적의 머리[首級]는 살아 있는 손윗사람 앞에 목을 내 놓을 때의 예법에 따라 정성 들여 씻었다. 그리고 그 머리는 9인치의 단도와 함께 무덤 앞에 바쳐졌다. 이 단검은 아사노 후가 막부의 명령으로 '할복자살'할 때 사용했던 칼로 그 후에는 오이시 나이죠스케가 기라 고쓰케스케의 목을 벨 때 썼다. 이렇게 아사노 후의 영혼으로 하여금 이 단도를 쥐고 적의 머리를 치게 함으로써 망령의 분노와 고뇌를 영구히 무산시키고자 한 것이다. 그리고 47명의 부하들은 모두 '할복자살'을 선고받고 주군의 동행이 되어 그의 무덤 앞에 매장됐다. 이들의 무덤에는 참배객들이 바치는 분향 연기가 200년 동안이나 쉼 없이 피어오르고 있다.[4]

이 충의의 이야기를 유감없이 이해하기 위해서는 일본에 살면서 옛 일본인 생활의 진수를 몸으로 체득해야만 할 것이다. 그러나 프리먼-미트포드의 이 번역본 또는 그것과 관련된 문헌의 번역을 유의해 읽는다면 그 누구라도 저절로 감동을 받았다고 고백하게 될 것이다. 특히 저들이 주군의 무덤 앞에서 읽은 보고문은 사람들의 마음을 애절하게 만든다. 거기 나타나 있는 애정과 신의, 이 세상을 넘어 저세상까지 지고 가는 의무감 때문이다. 복수는

---

4 이 47명의 낭인의 묘 앞에 조문자가 자기의 명찰을 남기는 것은 오래된 풍습이다. 내가 센가 쿠지를 방문했을 때는 묘지 지면 전체가 조문객의 명함으로 새하얗게 덮여 있었다. ─ 원주

근대적 윤리관으로는 맹렬한 비난을 받는 것이 당연하겠지만, 일본인이 행한 충의의 복수 이야기에는 고귀한 일면이 담겨 있다. 그리고 이들 이야기에는 야만적인 보복과는 무관한 표현, 즉 보은, 자기부정, 죽음을 두려워하지 않는 용기, 눈에 보이지 않는 것에 대한 신앙심의 발현이 나타나 종교적인 감동을 준다. 이것이 단순한 개인적 복수 – 한 개인에 대한 위해의 집념 깊은 복수 – 라고 한다면 인간의 도덕적 감정은 이에 반발할 것이다. 그러한 보복심을 선동하는 감정은 짐승과 같은 것, 즉 인간이 지닌 동물적 형태와 연관되는 것이라고 교육받았기 때문이다. 하지만 죽은 주인에 대한 의무라든가 보은이라든가 하는 감정에 의해 행해진 보복살해 이야기에는 인간에게 존재하는 고도의 도의적 동정 – 몰아적 타성이나 확고부동한 충성, 불변적 애정의 박력 등 – 에 아름다움을 느끼게 하는 여러 사정이 존재할 것이다. 그리고 47명의 낭인 이야기가 바로 그러한 부류 중 하나다.

그러나 여기서 명심해야 할 것은 순사, 할복자살, 복수라는 무서운 풍습으로 최고조를 표현한, 옛날 일본인이 신봉한 충의의 종교는 그 범위가 정말로 좁다는 것이다. 그것은 사회기구 그 자체를 위해 제약됐다. 이 나라 국민은 모든 집단을 통해 어디에서라도 똑같은 의무 관념에 지배되고 있기는 하지만, 그 의무 범위가 각자가 소속되어 있는 씨족군보다 바깥으로 확대될 수는 없었다. 자신의 주군을 위해서라면 부하는 언제라도 죽음 앞으로 나아갔다. 그러나 그 부하는 쇼군 직속의 하타모토(旗本, 만 석 이하의 녹봉을 받던 무사)가 아닌 한, 막부를 위해 자신을 희생할 의무가 있다고는 생각하지 않았다. 그의 조국, 고향, 세계는 다만 주인의 영내 경계선까지로 한정되어 있었다. 주인의 영역에서 한 걸음이라도 밖으로 나가면 그는 완전한 유랑자, 즉 주인이 없는 유랑민에 지나지 않았다. 이러한 사정하에서는 국왕이나 국토에 대한 애정과 일치하는 더 큰 충의 ─ 옛날 같은 좁은 의미가 아니라 근대적 의미의 애국심을 가리킨다 ─ 가 충분히 발달하지 못했다. 어떤 공통의 위기, 전 국민에게 미치는 위험 ─ 몽고인의 일본 정복 시도를 예로 들 수 있다 ─ 은 일시적이지만 진정한 애국심을 환기시켰다. 그러나 그러한 일이 없는 한, 애국심 같은 감정은 발달할 기회가 없었다. 이세신궁의 제사는 국민 전체의 종교를 대표해 씨족이나 부족의 예배와는 구별된다. 그러나 각 개인은 자기 주인에 대한 의무가 첫 번째라고 교육받아왔다. 사람은 누구라도 실수 없이 2명의 주인을 잘 섬길 수 없다. 게다가 봉건 정부도 현실적으로는 그런 방향으로 흐르는 경향을 철저히 억압해왔다. 그리하여 영주는 개인을 정신적·육체적으로 완전히 소유하고 있었다. 그리하여 부하된 자의 마음에는 주인에게 다할 의무 외에 국가에 바칠 의무감 따위는 음미할 시기도 기회도 없었다. 예를 들면, 보통 무사에게 천황의 명령은 법령이 아니었다. 그리하여 그들은 자기가 봉사하는 다이묘 법령 이상의 법령을 인정하지 않았다. 다이묘는 환경이 변하는 데 따라 천황의 명령에 따르기도 하고 따르지 않기도 했다. 즉, 다이묘의 직접 상관은 쇼군이었다. 다이묘는 신으로서의 천황과 인간으로서의 천황 사이에서 자신을 위한 정책상의 구별을 해두지 않으면 안 됐다. 무가의 권력이 극점에 달하기 이전에 천황에게 충성을 바쳐 자신을 희생했던 다이묘들은 매우 많다. 하지만 천황의 의지를 무시해 공공연하게 반역을 꾀했던 경우가 오히려 더 많았다. 에도 막부의 치세가 되어서는 천황의 명령에 따를지 여부가 쇼군의 태도에 달려 있었다. 그리하여 천황이 거주하는 교토 궁궐 쪽에 복종해 에도 막부에 활을 잡아당기는 위험을 범하는 다이묘는 한 사람도 없었다. 적어도 에도 막부가 붕괴할 때까지는 이런 상태였다. 이에미쓰(家光, 1604~1651) 시대 다이묘는 에도로 참근(參觀, 다이묘가 에도에 가 쇼군을 알현하고 막부에 출사하는 일)하는 중에 천황이 사는 교토 궁궐 근처를 통행하는 것이 엄금됐다. 이는 조정의 명에 있다 하더라도 어쩔 수 없었다. 또 천황에게 직소하는 것도 금지됐다. 에도 막부의 정책은 교토 궁궐의 천황과 다이묘 간의 직접 교류를 일체 막는 데 있었다. 이 정책은 그 후 200년 동안 다이묘의 음모를 무력화시켰으나 애국심의 발달을 저해했다.

그리고 다름 아닌 이러한 이유 때문에 마침내 일본이 생각하지도 못한 서구의 침입 위기에 직면했을 때 다이묘 제도를 폐지해야 할 필요성이 통감됐다. 이 최대의 위기는 총동원이 가능하도록 사회의 여러 단위가 견고한 하나의 단체로 결합되어야만 한다는 것 ― 씨족 및 부족 집단제는 영구히 해체되어야만 한다는 것 ―, 모든 권위·권력은 당장에 국가 종교 대표자에게 집중되어야 한다는 것 ― 신(神)인 천황에 대한 복종의 의무가 즉각적으로 또 영원히, 지방 영주에 대한 복종이라는 봉건적 의무감을 대신해야 한다는 것 ― 을 요구했다. 그러나 과거 천 년 동안의 전란에 의해 배양되고 발전해온 충의 종교는 간단히 버릴 수가 없었다. 그리하여 이것을 적당하게 이용한다면 이루 다 헤아릴 수 없는 가치 있는 국민적 보배가 될 것이었다. 하나의 현명한 의지에 의해, 단 하나의 현명한 목적을 위해 지도된다면 기적을 가능하게 할 도덕적 힘이 될 것이었다. 유신 개혁도 이것만은 파괴할 수 없었다. 그러나 이것을 전향하고 변용할 수는 있었다. 그리하여 이것은 더 고귀한 목적을 향해 전향해 ― 가장 커다란 필요에 적합하도록 확대되어 ― 신뢰와 의무라는 새로운 국민감정이 됐다. 즉, 이것이야말로 근대적 의미에서의 애국심이다. 이 애국심은 겨우 30년 만에 어느 정도의 경이를 성취했다. 지금 전 세계는 그것을 인정하지 않을 수 없을 것이다. 나아가 이것이 이 이상 무엇을 성취할 수 있을 것인가는 미래의 과제로 남겨질 것이다. 적어도 지금 여기서 단 하나 명확한 것이 있다.

그것은 일본의 장래가 고대 사자의 종교에서부터 오랜 시대를 거쳐 발전해 온 이 새로운 충의의 종교를 유지하는 데 달려 있다는 것이다.

15

그리스도교도의 재액(災厄)

　16세기 후반은 일본 역사 중 가장 흥미로운 시기다. 그 이유는 세 가지다. 첫 번째는 위대한 무장들, 즉 오다 노부나가, 도요토미 히데요시, 도쿠가와 이에야스의 출현이다. 이들은 일본 민족이 최대 위기에 직면했을 때만 나타나는 인물의 전형이다. 무수한 세대를 거쳐 나타난 인물 중에 최고의 재능을 지녔을 뿐 아니라 주위 사정과의 신묘한 결합에 의해 비로소 출현한 것이다. 두 번째는 이 시대에 고대의 사회조직이 비로소 완전히 결합됐다는 것이다. 즉, 모든 민족적 영주(호족)가 중앙 무력 정부로 확연히 통합된 시대이므로 매우 중요한 시기인 것이다. 그리고 마지막으로 이 시대에 일본을 그리스도 교화하고자 한 최초의 사건, 즉 예수회(Jesuit) 교파 세력의 흥망 이야기가 속해 있으므로 특별히 흥미를 불러일으키는 것이다.

　이 삽화적인 사건의 사회적 의의는 매우 교훈적이다. 12세기에 있었던 일본 황실의 분열을 제외하면, 아마도 일본 민족의 국민적 통합을 위협했던 최대 위험은 포르투갈 예수회 종파에 의한 그리스도교 도입일 것이다. 일본 국민은 헤아릴 수 없는 재해를 겪었고 몇만 명에 달하는 인명이 희생됐으며 또 무자비한 수단에 의해 겨우 궁지를 탈출했다.

이 생소한 교란 발생 요인이 프란치스코 하비에르(Fransisco Xavier, 1506~1552)와 그 신도들에 의해 이 나라에 도입된 것은 노부나가에 의해 권력 집중이 이뤄지기 직전의 대혼란 시기였다. 하비에르가 가고시마(鹿兒島)에 상륙한 것은 1549년이며, 그 후로 1581년까지 이 나라에 200개 이상의 교회가 세워졌다. 이 사실로만으로도 이 신종교의 급속한 유포 속도를 잘 알 수 있을 것이다. 그리하여 이 신종교가 일본 전 국토를 석권하는 것이 마치 운명처럼 생각됐다. 1585년 일본의 종교 사절이 로마에서 영접을 받았다. 그때까지 적어도 11명 이상의 다이묘 ─ 예수회 종파는 이 다이묘들을 '왕'이라 불렀다. 이런 인식이 반드시 무리는 아니다 ─ 가 개종했다. 그중에는 매우 유력한 다이묘도 몇 명 있었다. 나아가 이 새로운 신앙은 일반 서민에게 급속히 확대되어 엄밀한 언어적 의미에서 대중적이 됐다.

노부나가는 권력을 장악하고 나서 여러 가지 방법으로 예수회 종파에 호의를 보였다. 그는 그리스도교도가 되려고는 전혀 생각하지 않았으므로 특별히 그들의 신앙에 공감한 것은 아니었다. 다만 불교도를 상대로 싸우는 데 그리스도교 세력이 도움이 될 것이라고 생각했을 뿐이다. 예수회와 마찬가지로 노부나가는 목적을 달성하기 위해 수단과 방법을 가리지 않았다. 무정하고 잔혹하기가 영국의 윌리엄 정복 왕을 능가했던 노부나가는 자신의 뜻을 거역하면 동생이나 의부(義父)도 가릴 것 없이 죽여버리고 말았다. 단순한 정치적 이유에서 시작된 외국인 수도사들에 대한 원조와 보호는 예수회 세력을 점차 확대시켰고 이로써 노부나가는 후회하게 됐다. J. H. 구빈스(J.

H. Gubbins)는『중국과 일본의 그리스도교 전래에 관한 논설(Review of the Intro-duction of Christianity into China and Japan)』에서『이부키모구사(伊吹艾)』라는 일본 문헌을 인용해 이 문제를 지적한다.

노부나가는 그리스도교 포교를 허용했던 종래 자신의 정책을 후회하기 시작했다. 그리하여 가신들을 집합해 이렇게 이야기했다. "선교사들이 백성에게 금전을 주어 그 신앙에 참가하도록 설득하고 있는데 그놈들의 방식이 왠지 마음에 들지 않는다. 이에 남만 절 ─ 남만인들의 사원, 포르투갈 교회를 그렇게 불렀다 ─ 하나를 처부수고자 하는데 모두의 생각은 어떻느냐?" 이에 마에다 도쿠젠인(前田玄以, 1539~1602)은 "남만 절을 파괴하기에 지금은 너무 늦었습니다. 이 종교의 힘을 저지하고자 하는 것은 대해의 조류를 막으려는 것과 같습니다. 대소 제후들도 이미 열렬한 신자가 됐습니다. 지금 이 신앙을 근절하고자 하면 주인님의 가신들 간에도 소동이 일어날 우려가 있습니다. 제 소견으로는 남만 절을 파괴하고자 하는 생각은 버리셔야만 할 것입니다"라고 대답했다. 그 결과 노부나가는 자신이 여태까지 그리스도교에 대해 취했던 조치를 깊이 후회하며 그것을 근절시킬 수 있는 방법은 없을지 여러 가지로 고민하게 됐다.

1586년에 일어난 노부나가 암살로 그리스도교 용인 기간이 연장됐다. 노부나가의 후계자 히데요시는 외국인 성직자의 영향력에 대해 위험하다고 판단하기는 했지만, 마침 이 나라에 평화를 가져오기 위해 무력 장악 집중이라는 큰 문제로 정신이 없었다. 그러나 남부 지방 그리스도교의 심각한 편협성은 이미 많은 적들을 만들었고, 이 새로운 신앙의 잔혹함에 대해 어떻게해서라도 보복하고 싶다는 의욕을 불태우게 했다. 우리는 이 포교의 역사 속에서 개종한 다이묘들이 수천 개의 불사를 불태우고 무수한 불교미술을 파괴했으며 불승을 살해했다는 것을 읽었다. 또 예수회파 필자가 이 종교전쟁을 성스러운 열성의 증거로서 찬양했다는 것도 보았다. 초기 얼마 동안 이 외국으로부터 들어온 신앙은 오로지 설득할 뿐이었다. 하지만 노부나가의 보호와 장려 아래 세력을 증가시켜 강제적·고압적이 됐고 또 흉폭하게 변해 갔다. 이에 대한 반동은 노부나가 사후 약 일 년 만에 일어났다. 1587년 히데요시는 교토, 오사카, 사카이의 전도 교회를 파괴하고 예수회파 사도들을 수도에서 추방했다. 그리고 그 이듬해 그리스도교 사도들을 히라도(平戶) 항구에 집합시켜 일본에서 퇴거할 준비를 갖추라는 명령을 내렸다. 그러나 그들은 자신들이 이미 강력해졌다는 것을 알았으므로 이 명령에 따르지 않았다. 그리고 나라 사방으로 흩어져 그리스도교 다이묘 아래 몸을 숨기고 비호를 받았다. 히데요시는 아마도 이 이상 일을 진행시키는 것은 정치적이지 못하다고 생각했을 것이다. 수도사들도 비명을 죽였고 또 공공연하게 설교하거나 전도하지도 않았다. 그들의 은인자중(隱忍自重)은 1591년까지는 매우 효과적이었다. 그런데 그해 에스파냐의 프란치스코파가 출현하면서 사태가 일변했다. 이들은 필리핀으로부터의 사절 수행원으로서 도착한 것이므로 그리스도교 포교를 하지 않는다는 조건으로 이 나라에 체제할 허가를 얻었다. 그러나 그들은 이 서약을 파기함으로써 이 나라의 신중하고 사려 깊은 태도를 깡그리 무시했다. 이것이 히데요시의 분노를 폭발시키고 말았다. 히데요시는 본때를 보이기로 결심하고 1597년 6명의 프란치스코파와 3명의 예수회파, 그리고 여러 명의 그리스도교 신자를 나가사키(長崎)로 끌고 가 십자가형에 처했다. 대다이코(大太閤) 히데요시가 취한 이 조치는 외래 신앙에 대한 반동을 촉진하는 결과를 가져왔다. 이 반동으로 각 지방에서 봉화가 오르기 시작했다. 그러나 1598년 히데요시가 죽음으로써 예수회파는 운수 대통의 희망을 안게 됐다. 히데요시의 후계자로서 심려원모(深慮遠謀)하며 냉정했던 이에야스는 그들에게 희망을 주어 교토, 오사카, 또 그 외의 지역에서 재차 활동을 시작해도 좋다는 허가를 내렸다. 이에야스는 그때 세키가하라 대전에서 당시 일본의 판도를 판가름할 일대 항쟁을 준비 중이었다. 그는 그리스도교 교파의 분열 — 어떤 지도자는 그의 편이고, 다른 지도자는 그의 원수 편이었다 — 을 알고 있었다. 이런 이유로 어떤 탄압 정책을 취하기에는 시기가 좋지 못했다. 그러나 1606년, 이에야스는 세력을 충분히 공고히 하자마자 단호하게 그리스도교 반대 정책을 천명하고 이 이상의 전도를 금지하며 외래 종교를 채용한 자는 버릴 것을 촉구하는 포고령을 발포했다. 그럼에도 그리스도교의 전도는 계속됐다. 이미 예수회파에 의한 전도뿐만 아니라 도미니크파와 프란치스코파가 경쟁하고 있었다. 당시 일본의 그리스도교도 숫자는 약 2만 명으로 — 매우 과장됐다고는 하지만 — 알려져 있다. 그러나 이에야스는 1614년 전까지는 엄격한 탄압 정책을 취하지 않았고 취하려고도 하지 않았다. 즉, 이 해부터 대대적인 탄압이 시작됐다고 보아도 좋을 것이다. 그때까지는 다이묘가 직접 나선 지역적 박해만 있었을 뿐, 국가에 의한 것은 아니었다. 예를 들어 규슈에서 일어난 박해는 예수회파가 그 세력을 마음대로 누릴 무렵, 그들의 편협성 때문에 일어난 자연적 결과로 생각된다. 어쨌든 그 무렵에는 개종한 다이묘가 절을 불태우고 불승을 살해했다. 그리고 이러한 박해는 분고, 오무라(大村), 히고 등에서 가장 무자비하게 행해졌다 — 그곳에서는 그 지역의 고유 종교가 예수회파의 선동에 의해 가장 통렬하게 박해를 받았다 —. 그런데 1614년 — 이때 일본 64개 번 중에서 그리스도교가 도입되지 않았던 번은 겨우 8개였다 — 부터 외래 신앙 탄압은 국가 소관의 업무가 됐고 그 탄압이 조직적이고 쉴 새 없이 시행되어 마침내 그리스도교의 흔적이 더 이상 눈에 띄지 않게 되어버렸다.

　그리하여 그리스도교의 전도 운명은 이에야스와 그다음 후계자에 의해 결정된다. 여기서 특히 주의해야 할 것은 이에야스의 역할이다. 위대한 3명의 무장－노부나가, 히데요시, 이에야스－은 모두 외래 종교 전도에 대해 의심하게 된 것 같다. 그러나 이에야스만이 이 신앙이 불러일으켰던 사회문제를 처리할 적기를 포착해 그의 수완을 보일 수 있었다. 히데요시조차도 규모가 광대해져 버린 그리스도교 세력에 엄중한 조처를 취할 시 눈앞의 정치적 난문이 더욱 복잡해질 것을 두려워했다. 이에야스는 오랫동안 주저했다. 그 이유는 복잡하지만, 주로 외교상의 것이었다. 그는 성급하게 일을 처리하려고 하지 않았다. 즉, 어떠한 편견에도 사로잡히지 않으려 했다. 그를 겁쟁이라고 생각했다면 실제 그의 성질과는 반대로 생각한 것이리라. 물론 이에야스는 과장이라 해도 신도 100만 명 이상이라고 호언장담하는 종교를 멸절시키는 것이 심상한 일은 아니라는 것과, 또 그것을 결행하려면 헤아릴 수 없는 고난을 맛보아야 한다는 것 정도는 알고 있었음에 틀림없다. 쓸데없는 고난을 불러일으키는 것은 그의 성격에 맞지 않았다. 또한 그는 언제나 어진 정치를 헤아려 일반 서민 편에 섰다. 그러나 무엇보다도 그는 정치가이자 애국자였다. 그리하여 그에게 주요한 문제는 이 외래 신앙이 일본의 정치적·사회적 상태와 어떤 식으로 관련되는가였다. 이 문제에 대해서는 오랫동안 참을성 있게 조사할 필요가 있었다. 그는 가능한 한 주의를 기울였다. 그리고 마침내 그리스도교가 중대한 정치적 위험을 초래하므로 그 세력을 박멸시키는 것은 피할 수 없는 필수 불가결한 조치라고 결단했다. 이에야스와 그 후계자가 그리스도교를 단속한 엄격한 수단－이 수단은 200년 이상 엄수되어왔다

― 으로도 이 외래 신앙을 완전히 근절하기 어려웠다는 사실은 그 뿌리가 얼마나 깊이 내려져 있었던가를 나타내는 증거일 것이다. 외부에서 보면 일본인의 눈앞에서 그리스도교의 모든 흔적이 사라져 버린 것 같았다. 그러나 1865년 나가사키 부근의 촌락에서 로마교 풍의 예배 관습 외에 포르투갈어와 라틴어가 사용되고 있음이 발견됐다.

이에야스 ― 그때까지 일본이 낳은 정치가 중 가장 예리한 통찰력의 소유자였으며 또한 가장 민심을 잘 파악한 인물이었다 ― 의 이 결단을 정당하게 평가하기 위해서는 일본인 입장에 서서, 왜 그가 그런 행위를 할 수밖에 없었는지에 대해 충분히 고찰할 필요가 있다. 이에야스는 예수회파가 일본에서 벌이고 있는 음모에 대해 충분히 알고 있었음에 틀림없다. 그 음모의 일정 부분은 이에야스를 겨냥한 것이었다. 그러나 그는 이러한 음모가 일어났다는 사실보다도 이 음모의 궁극적 목적과 그 결과에 대해 더 깊이 생각했던 것 같다. 종교적 음모는 불교도의 경우에도 특별히 신기한 것은 아니었으며, 그것이 국가의 정치나 공공질서와 관계되는 경우가 아니면 막부는 아무런 문초도 하지 않았다. 그러나 종교적 음모의 목적이 정부 타도라든가 종파로서 국가 영유를 꾀하고자 하는 경우라면 심사숙고하지 않을 수 없었을 것이다. 노부나가는 이러한 음모의 위험성을 깨달아 불교에 엄격한 교훈을 가했다. 이에야스는 예수회파의 음모가 가장 정치적 목적이 강하다고 판단했다. 그러나 그는 노부나가보다 훨씬 더 참을성이 강했다. 1603년에 이르러 그는 일본의 모든 지역을 자신의 지배 아래 두었다. 그러나 그 후로도 11년이 흐를 때까지 최후의 포고령을 발포하지 않았다. 외국 수도사들이 이 나라 정부를 빼앗으려고 계획하고 이 나라를 영유하고자 시도하고 있음을 그는 포고령에 분명히 나타냈다.

그리스도교도 일당이 일본에 도래한 것은 필수품 교역을 위한 무역선을 보내온 것만이 아니라, 사악한 법을 넓혀 바른 교의를 뒤엎고 이리하여 이 나라 정부를 대신해 이 국토를 영유하기 위해서였다. 이것은 대혼란의 맹아이므로 당연히 쳐부수지 않으면 아니 될 것이다. …… 일본은 신(신도)과 부처의 나라다. 그러므로 신을 공경하고 부처를 존숭하고 있다. 바테렌(バテレン, 그리스도교)[1] 도당은 신의 도를 믿지 않고 진정한 법을 파괴하여 올바른 행동을 더럽히고 바른 것을 해치고 있다. 그들이야말로 바로 신과 부처의 원수다. 만약 이것을 빨리 금지하지 않으면 앞으로 국가의 안전은 분명히 위험에 처하게 될 것이다. 국사를 담당하고 있는 자들이 이 악을 억제하지 않는다면 그들 스스로 하늘의 천벌을 불러일으킬 것이다. …… 이러한 소행(전도)은 당장에 일소시켜 일본 국내에 그들이 발을 내딛지 못하도록, 한 치의 땅이라 하더라도 그들에게 주어서는 안 된다. 만약 그들이 이 명령에 따르는 것을 거부하면 엄중히 처벌해야 한다. 천지사해가 굽어 보시도다. 마음을 모아서 따라야만 할 것이다.[2]

이 문서 중에 그리스도교에 대한 두 가지 명백한 비난이 들어 있음을 알 수 있다. 종교라는 허울을 덮어쓰고 국가 찬탈을 시도하는 정치적 음모에 대한 비난과 일본 고래의 신도 및 불교의 예배 형식을 부정하는 배타적 공격에 대한 비난이 그것이다. 신불에 압박을 가했던 예수회파의 편협한 배타성은 그들이 작성한 문서에도 잘 나타나 있다. 음모에 대한 비난은 입증하기가 쉽

---

1 바테렌: 포르투갈어 'padre'가 와전된 것으로서 지금도 종파 구별 없이 가톨릭 사제를 가리키는 말이다. ─ 원주
2 이 포고령의 전문은 매우 길다. 어네스트 사토우가 번역했으며 『일본아시아협회 회보』 제6권 제1부에 나온다. ─ 원주

지 않았다. 그러나 로마 구교의 교단들이 개종한 다이묘들의 이름으로 재빨리 지방정권을 관리·지배할 수 있었던 것처럼, 만약 기회만 있다면 나라 전체를 지배하고자 시도할 것이었다. 이는 사물의 이치상 누구라도 의심할 수 없는 것이다. 또 이 금령이 포고될 무렵 이에야스는 로마 구교를 매우 나쁘게 생각하게 될 악평을 들었음에 틀림없다. 에스파냐의 아메리카 대륙 정복, 서인디언 부족의 멸절, 네덜란드의 박해, 종교재판소의 작태, 펠리페 2세(Felipe II)의 영국 정복 시도 및 두 차례에 걸친 대무적함대의 실패 등이 그것이다. 이 금령은 1614년에 포고됐다. 이에야스는 1600년경 이러한 사정에 대해 들을 기회가 있었을 것이다. 그 해 영국 도선사 윌리엄 애덤스가 네덜란드 선박의 관리 위탁을 받아 일본에 도래했다. 애덤스는 1598년 다사다난한 항해를 시작했다. 이 해는 에스파냐 무적함대의 제1차 실패로부터 10년째, 제2차 전멸로부터 일 년째 되는 해였다. 애덤스는 위대한 엘리자베스 여왕 시대 — 당시 여왕은 살아 있었다 — 를 보았고, 하워드(Howard), 세이모어(Seymour), 드레이크(Drake), 호킨스(Hawkins), 프로비셔(Frobisher), 또 1591년의 영웅 그렌빌(Grenville) 등을 만났을 가능성이 크다. 왜냐하면 애덤스는 켄트 주 출신으로서 여왕을 모시는 선박의 선장과 도선사 역을 맡은 적이 있었기 때문이다. 이 네덜란드 선박은 규슈에 도착하자마자 나포됐고 애덤스와 그 선원들은 분고 지역 다이묘에 의해 감금됐다. 이 사건은 바로 이에야스에게 보고됐다. 그런데 이 새로운 종교를 가진 선원들의 도래는 포르투갈 예수회 교도들에게는 중차대한 사건이었다. 어쨌든 예수회 교도들에게는 다른 종교의 신교도들과 일본 지배자의 회견 결과를 두려워할 그들 나름의 이유가 있었다. 한편 이에야스 쪽에서도 이 사건을 중요하게 생각했다. 그리하여 오사카의 거주처로 애덤스를 압송하도록 명령했다. 이에야스는 이 사건에 대한 예수회의 불안을 놓치지 않았다. 애덤스가 남긴 기록에 의하면 예수회파는 재삼재사 이 선원들을 살해하고자 시도했다. 그리고 분고에서 이 선원들 중 망나니 2명을 협박해 거짓으로 증언하게 했다.[3] 애덤스는 "예수회 교도와 포르투갈인들은 우리가 여러 나라에서 도적질과 노략질을 하는 자들이라며 우리에게 불리한 증거를 황제(이에야스)에게 제출했다. 그리고 우리를 살려 두는 것은 황제와 국가를 위해 도움이 되지 않는다고 신고했다"고 기록하고 있다.

그러나 사려 깊은 이에야스는 오히려 애덤스에게 호의를 느끼게 됐던 것 같다. 애덤스의 말에 의하면 이에야스는 그들에게 다음과 같이 대답했다고 한다. "이 자들은 나와 이 나라에 별다른 해독도 손해도 끼치지 않았다. 그런 데 이 자들을 사형에 처하는 것은 도리와 정의에 어긋난다." 그리하여 예수회 교도가 가장 두려워하던 — 그들이 협잡이나 허위 선전, 음모를 동원해 저지하려 했지만 허사가 된 — 이에야스와 이단 애덤스의 회견이 이뤄지게 됐다.

애덤스는 기록하길 "그런 연유로 내가 이에야스 앞에 나가자 그는 우선 '당신네들 나라는 어디에 있는가'라고 물었다. 나는 모든 것에 대해 대답했다. 그는 열국 간의 전쟁이나 평화에 대해 이것저것 물었다 — 그것을 여기에

---

3 나날이 활개 치는 포르투갈인들은 재판관과 백성을 선동했소. 그리고 동료 중 2명이 배반해 자진해서 왕(다이묘)에게 봉사했다오. 그들은 생명을 보장받았으므로 무슨 일이든 왕과 공동 보조를 취하는 것으로 했소. 그중 한 명은 길버트 데 커닝이라는 사람 — 자신의 어머니는 미들보로에 살고 자신은 이 선박에 실린 모든 화물을 담당하는 상인이라고 떠벌렸소 — 이고, 또 한 사람은 아벨손 반 오웨터라 했소. 이 배반자들은 화물을 손에 넣기 위해 여러 가지 일을 벌였고 항해 중에 일어났던 사실을 왕에게 모두 폭로했소. 우리가 도착한 지 9일 째 되는 날에 이 나라의 대왕(이에야스)으로부터 호출이 있었소(애덤스가 부인에게 보낸 편지). — 원주

상세히 서술한다면 지루할 것이다 ―. 그때 같이 왔던 선원 중 한 사람과 나는 감옥에 갇혔지만 대우는 상당히 좋았다". 애덤스의 다른 서간에 의하면 그때 회견은 심야까지 계속됐고 이에야스의 질문은, 특히 정치 및 종교와 관련된 것이었다. 애덤스는 말하길 "'당신들 나라는 어딘가에서 전쟁을 했느냐?'라고 이에야스가 물었다. 나는 '그렇다. 조국은 지금 에스파냐 및 포르투갈과 싸우고 있다. 하지만 그 외의 나라들과는 평화롭다'고 답했다. 그는 나에게 종교가 무엇인지 물었다. 나는 하늘과 땅을 창조한 하나님을 믿는다고 대답했다. 그는 종교와 관련된 것을 여러 가지 물어본 다음에 다른 것에 대해서도 이것저것 물었다. 예를 들면, 어떤 길을 통해 이 나라에 찾아왔느냐고 물었다. 내게는 전 세계 해도(海圖)가 있었으므로 마젤란 해협으로 통하는 길을 그에게 가르쳐줬다. 그는 이 부분에서 납득이 가지 않는지 우리가 거짓말을 하고 있다고 생각했다. 이런 식으로 대화는 계속 이어졌고 밤이 샐 때까지 그의 거처에 있었다".

아마도 이 두 사람은 한눈에 서로가 마음에 들었던 것 같다. 이에야스에 대해서 애덤스는 의미심장하게 말하고 있다. "그는 나를 유심히 관찰했고, 그 이후 아무래도 호의적이 된 것 같다."

이틀 후 이에야스는 다시 애덤스를 불러 예수회파가 암흑 속에 감추고 싶어 하는 것에 대해서 여러 가지를 꼬치꼬치 물었다. "이에야스는 에스파냐와 포르투갈이 영국과 전쟁을 하게 된 동기에 대해서 또다시 설명해줄 것을 요구했다. 그리하여 나는 그가 잘 알 수 있도록 설명했다. 그는 내 이야기를 기쁘게 듣고 있었던 것 같다. 다시 감옥에 돌아가라는 명령을 받았으나 임시 숙소는 이전보다도 좋아졌다." 애덤스는 그 후 6주 동안 이에야스를 만나지 못했고 마지막으로 호출됐을 때 세 차례 정도 이것저것 상세하게 심문을 받았다. 그 결과 그는 자유의 신분이 됐고 이에야스의 총애를 받았다. 그 이후 때때로 이에야스는 애덤스를 불렀다. 애덤스의 말에 의하면 "이 뛰어난 대정치가는 내게 '기하학 약간과 수학 기술의 이해 및 기타'를 배웠다".

이에야스는 애덤스에게 많은 선물을 하사했고 봉록도 넉넉히 주었으며 원양항행(遠洋航行)용 선박 건조를 위촉했다. 결국 이 도선사는 무사 작위를 받고 땅도 부여받았다. 애덤스는 "황제를 모시도록 선택받았으므로 그는 나에게 영국 귀족에게 하듯이 노예—종복으로서 80~90명의 농부—를 봉록으로 주었다. 일본에서 이러한 일은 처음으로, 이와 비슷한 선례는 여태까지 어떤 외국인에게도 주어진 적이 없다"고 기록했다. 애덤스가 영향력 있는 인물이었다는 증거는 영국의 쿡 선장(Captain Cook)의 서한에도 나타난다. 그는 1614년 애덤스에 대해 다음과 같이 썼다. "황제는 그(애덤스)를 매우 높이 평가하고 있다. 그는 끊임없이 출근해 여러 다이묘 및 중신 등을 물린 자리에서 황제와 단독 면담했다."[4] 영국이 히라토(平戶)에 상관을 세우도록 허락받을 수 있었던 것은 애덤스의 영향력 때문이었다. 17세기 진귀한 이야기 중에 이 영국 도선사의 이야기만큼 신기한 것은 찾아볼 수 없다. 그가 의지했던 힘은 오로지 정직과 상식뿐이었다. 그런데 일본 지배자 중에서도 가장 위대하고 통찰력 있는 사람으로부터 파격적인 은혜를 받았던 것이다. 그렇지만 애덤스는 영국으로 귀국하는 것만큼은 허락받을 수 없었다. 아마도 그의 봉공이 매우 소중했으므로 그것을 상실할 수는 없다고 여겨진 것 같다. 애덤스

---

4 신의 고마우신 부르심으로 세상에는 신기한 일이 일어나게 됐다. 에스파냐인과 포르투갈인은 나의 불구대천지 원수였다. 그런데 지금은 아무런 내세울 것도 없는 부족한 우리에게 그들이 기대지 않을 수 없게 됐다. 그것은 에스파냐인도 포르투갈인도 그들의 무역 일체를 내 손을 통하지 않으면 안 됐기 때문이다(1613년 1월 12일자 애덤스의 편지). ―원주

는 서한에서, 이에야스는 자신이 부탁하는 것은 아무것도 거절하지 않았지만 영국 방문의 특권만은 들어주지 않았다고 했다.[5] 애덤스는 여러 번 그것을 부탁했으나 그때마다 노(老) 황제는 언제나 침묵했다.

애덤스의 이 서간은 이에야스가 종교, 정치와 관련된 외국의 직접적 정보를 입수하기 위해서 수단 방법을 가리지 않았던 사정을 증명해준다. 이에야스는 일찍이 찾아볼 수 없을 정도로 잘 완비된 은밀한 첩보조직을 거느리고 있었던 탓에 국내에서 일어난 일은 모두 알고 있었다. 그러나 이에야스는 이미 말한 대로 이 금령을 발포하기까지 14년이나 기다렸다. 히데요시의 금령은 이에야스에 의해 1606년 갱신됐다. 그것은 서슴없이 벌어지고 있는 그리스도교의 포교 활동에 대해서였다. 외부에서 봤을 때 전도 선교사들이 일본법에 굴복하고 있는 듯 보이는 동안에는 그 영지 내의 포교 활동이 묵인됐다. 박해는 다른 곳에서 행해졌다. 그러나 비밀 전도가 이뤄졌으므로 선교사들에게는 아직 희망이 있었다. 그래도 폭풍전야의 심상치 않은 기운이 감돌았다. 1613년 사리스 선장이 쓴 편지에는 매우 암시적이고 가슴 아픈 사건이 담겨 있다. "나는 상류층 부인들이 선실에 들어갈 수 있도록 허가해줬다. 그곳에는 큐피드와 비너스가 함께 있는 그림 액자가 걸려 있었다. 부인들은 그 그림 속 인물이 성모 마리아와 그 아들이라 생각했는지 그 앞에 꿇어앉아 예배를 드렸다. 그리고 속삭이는 목소리로 — 무리 중에 비신자들에게는 들리지

---

5 애덤스는 자기를 죽이려고 한 사람들에게도 호의를 보였다. 애덤스는 서한에 이렇게 기록하고 있다. "나는 그(이에야스)의 마음에 들었다. 그리하여 내가 말하는 것에 대해 그는 어떤 것이든 반대하지 않았다. 옛날 나의 적들은 그것을 이상하게 생각했다. 그들은 잘 봐달라고 내게 부탁하는 처지가 되었다. 나는 에스파냐인과 포르투갈인 어느 쪽에도 그렇게 해주었다. 악을 선으로 갚은 것이다. 이런 까닭으로 생명을 연명해 나날을 보내고 있다. 처음에는 매우 고생스럽고 어렵기도 했으나 하느님은 나의 고생을 기뻐하셨던 것이다." — 원주

않도록 – '저희는 그리스도교도입니다'라고 말하는 것이었다. 그리하여 이 여인들이 포르투갈 예수회파 개종자임을 알았다."

이에야스가 처음으로 강경 수단을 취한 것은 예수회 종파를 겨냥한 것이 아니라 그보다 훨씬 파렴치한 교단을 대상으로 한 것이었다. 이것은 애덤스의 편지로부터 알 수 있다. "1612년 프란치스코 종파는 모두 타도됐다. 예수회 종파에게는 특권이 있었다. 나가사키에서는 모든 종파에 자유가 허가됐다. 다른 곳에서는 그렇지 않았다." 로마 구교는 이 프란치스코회 사건이 있은 뒤 2년간 은전(恩典)을 부여받았다.

이에야스는 그가 내린 금령과 다른 금령들에서 왜 그리스도교를 '허위 부패한 종교'로 몰아붙일 수밖에 없었던 것일까. 그 이유를 생각해보기로 하자. 이에야스는 공평한 조사를 한 후에 극동 사람의 견지에서 판단을 내릴 수밖에 없었던 것이다. 그리스도교는 일본 사회조직의 토대가 된 모든 신앙적 전통과 본질적으로 반대였다. 일본은 사회조직의 정점에 놓인 왕을 신으로 모시는 종교적 사회다. 즉, 이러한 사회 관습에서 도덕은 관습 그 자체이고 효도는 사회질서의 기반이었다. 충의도 이 효도에서 출발했다.

그런데 이 서양의 신조는 남편이 양친을 떠나 부인을 따라야만 한다고 설명하며, 효도를 하급 도덕 정도로 생각했다. 양친, 영주, 지배자에 대한 의무도 로마 교회의 가르침에 어긋나지 않는 경우에만 의무로서 인정됐다. 그리고 최고 복종의 의무는 교토에 있는 신, 즉 왕이 아니라 로마 교황에 대한 것이라고 말했다. 게다가 전도자들은 신이나 부처가 악마라고 말하는 게 아닌가. 이러한 교의는 아무리 해명한다고 한들 명확히 국가를 어지럽히고 파멸시키는 것이었다. 게다가 사회 세력으로서 신앙의 가치는 당연히 그 성과로부터 판단을 받는 것이었다. 유럽의 신앙은 쟁란, 전쟁, 박해, 야만적 잔혹성의 끊임없는 원인이 됐다. 이 신앙은 일본에서 사회불안의 동란을 유발하고 사회적 음모를 선동해 예측할 수 없는 재해를 야기시키고 있었다. 장래에 정치적으로 복잡한 일이 일어났을 때 이 신앙은 반드시 자식이 부모에 대해, 부인이 남편에 대해, 부하가 영주에 대해, 영주가 쇼군에 대해 불복종하는 것을 정당화시키려 할 것이었다. 국가의 최고 임무는 현재의 사회질서를 강제하고 평화와 안전보장을 유지하는 것이다. 그것이 존재하지 않았던 것만으로 국민은 천 년이라는 긴 세월 동안 계속되어온 쟁란에서 헤어 나오지 못했다. 그런데 이 외래 종교에 의해 사회질서의 토대가 공격당하고 흔들린다면 평화란 있을 수 없다. 이에야스가 그 유명한 금령을 발표했을 때는 이러한 확신이 마음속에 충분했음이 틀림없다. 다만 믿을 수 없는 사실은 그가 그렇게도 오랫동안 기다렸다는 것이다.

무슨 일이든 적당히 하지 않았던 이에야스가 그리스도교의 능력 있는 지도자가 한 사람도 남지 않을 때까지 참을성 있게 기다렸다고 한다면 그의 진면목을 알 수 있는 것이다. 1611년 이에야스는 그리스도교도인 사도시마(佐渡島), 도형자(徒刑者)가 일하는 광산 지구의 지배자 오쿠보(大久保)가 음모를 계획했고, 이것이 성공하면 그가 이 나라의 지배자가 될 것이라는 보고를 받았다. 그러나 이에야스는 기다렸다. 1614년 그리스도교도들은 일루의 희망이었던 지도자 오쿠보를 잃었다. 그리고 16세기 중엽에 개종했던 다이묘들은 죽거나 영지를 몰수당하거나 혹은 추방당했다. 뛰어난 그리스도교도 무장들은 처형됐고 살아남은 자 중에 사회적으로 유명한 몇몇 개종자들은 나라의 감시하에 실제로 할 수 있는 것이 아무것도 없었다.

외국의 성직자나 이 나라 출신의 전도자들은 1614년 금령이 발표되자마자 가혹한 취급을 받은 것은 아니었다. 이들 중 약 300명은 국외로 추방됐다.

여기에는 종교적·정치적 음모 혐의를 받았던 일본인 — 예수회파 저자들이 주스토 우콘도노(Justo Ucondono) 전하라고 부른, 전 아카시(明石)의 다이묘였던 다카야마우콘(高山右近) — 도 포함되어 있다. 그는 히데요시에게도 같은 혐의로 영지를 몰수당하고 신분을 빼앗겼었다. 이에야스는 불필요하게 가혹한 처벌을 하지 않았다. 그러나 금령 발포 이듬해인 1615년에 일어난 사건 때는 더 엄격한 수단이 강구됐다. 이런 사건들이 터지기 전에 — 1599년 마에다 도시이에(前田利家)가 사망함으로써 — 히데요시의 아들 히데요리(秀賴)의 후견 보호인이 이에야스로 교체됐다. 이는 일본을 위해서 다행스러운 일이었다. 이에야스는 히데요리를 여러모로 돌봐왔으나 이 젊은이를 정치에 참여시킬 생각은 없었다. 그것은 약관 23세의 젊은이가 감당할 수 있는 일이 아니었던 것이다. 여러 가지 정치적 음모에 히데요리가 관여하고 있음에도, 이에야스는 여태까지처럼 거액의 세입과 일본 최대의 견고한 성 — 천재 히데요시가 난공불락으로 조성했던 위대한 오사카 성 — 을 히데요리의 손에 일임했다. 히데요리는 히데요시와는 달리 예수회 종파의 편을 들었다. 그리고 이 견고한 성을 '허위 부패한 종교' 신자들의 은신처로 제공했다. 정부 측 밀사로부터 오사카 성에서 위험한 음모가 준비되고 있다는 보고를 받은 이에야스는 이 세력을 격멸할 결심을 굳히고 맹공격을 가했다. 히데요리는 필사적으로 방어에 나섰으나 오사카 성은 이에야스의 맹공격에 불타버리고 말았다. 히데요리는 맹렬한 화염 속에서 죽었고 10만 명이 이 공방전에서 목숨을 잃었다고 전해진다. 애덤스는 히데요리의 운명과 그 음모의 결과에 대해서 다음과 같이 기록하고 있다.

그는 황제와 싸웠다. 이 전쟁은 예수회파와 프란치스코파 교단이 가담한 것으로,

그들은 히데요리에게 신의 은총으로 반드시 기적과 불가사의가 일어날 것이라고 믿게 했다. 그러나 결국 결과는 그 반대가 되고 말았다. 노 황제는 시기를 놓치지 않고 육해 양쪽으로 군대를 갖추어 히데요리가 머문 성을 포위했기 때문이다. 적과 아군 측 군대 모두가 엄청난 손해를 입었지만 결국 오사카 성벽이 무너지고 성 안에 불이 나 히데요리는 불타 죽었다. 이렇게 해서 이 전쟁은 끝났다. 그런데 황제는 예수회 교도들과 사제들이 적과 함께 성에서 계속 저항하고 있다고 들었으므로 그리스도교도들을 모두 국외로 퇴거하도록 명령했다. 그 교회는 파괴되고 불탔다. 이것은 노 황제 생존에 계속 행해졌다. 1616년 노 황제가 세상을 떴다. 그리고 그의 아들이 뒤를 이어 세상을 다스렸다. 그는 아버지보다도 더욱 통렬한 로마 교회의 반대자였다. 그는 신하 중에 어느 누구도 로마 교도가 되지 못하도록 명령하고 이를 위배하는 자에게는 사형을 명하는 등 전 영토에 이르러 그리스도교를 금지했다. 그는 가능한 한 모든 방법을 동원해 이 로마 교회 종파를 막고자 어떤 대도시에서도 서양 상인의 체류를 금지했다.

여기서 언급한 아들은 히데타다(秀忠)다. 그는 1617년, 일본에서 발견되는 로마교의 사제나 수도사는 모두 사형에 처한다는 포고령을 내렸다. 이 포고령은 일본에 이미 추방된 많은 사제들이 비밀리에 돌아왔다는 사실, 아니면 여전히 잔류 중이거나 갖가지 모습으로 분장하고 전도를 계속하고 있다는 사실에 자극받은 것이었다. 이 동안에도 제국 전체의 모든 도시와 농촌에서 로마 그리스도교 멸절을 위한 모든 수단이 강구됐다. 어떤 부락에서건 이 외래 신앙자가 있으면 그 책임을 물었다. 또 국가가 금지하는 종교의 신도를 찾아내서 처벌하기 위해 그리스도교 부교[奉行]라 부르는 종교재판관이 임명됐다.[6] 믿음에 집착하지 않고 전향한 그리스도교도들은 처벌받지 않고 다만 감시하에 놓였다. 고문을 받아도 전향을 거부하는 자는 노예 신분으로 하락하거나 사형에 처해졌다. 지방에 따라서는 매우 심한 학대가 이뤄지거나 억지로 전향 개종시키기 위해 온갖 고문이 행해졌다. 그러나 매우 잔인한 박해라 해도 그것은 지방 지배자나 부교 개인적인 흉악함에 근거하고 있었음이 분명하다. 예를 들면 다케나가 우네메쇼 시게요시(竹中采女正重儀, 연도 미상~1634)는 나가사키에서 권력을 남용해 박해를 뇌물 수뢰 수단으로 삼은 혐의 때문에 막부의 명령으로 할복자살했다. 그러나 이것은 제쳐두고라도, 이 박해는 마침내 아리마 다이묘 영내에서의 그리스도교 반란을 야기하거나 혹은 그 반발에 도움을 주었다. 이것은 역사상 시마바라의 난(島原の亂)으로 기억되고 있다. 1636년에 영주들―아리마(有馬)와 가라쓰(唐津) 두 지역 모두 개종 다이묘―의 폭정으로 절체절명의 위기에 빠진 백성 일대가 무기를 들고 일어나 부근의 절들을 모두 불태워버리고 종교전쟁을 선언했다. 군기에는 십자가 기장(記章)을 표시했으며, 지도자는 그리스도교도 무사로서 얼마 안 가 전국 각지에서 온 그리스도교 망명자들과 합류해 그 숫자가 3만~4만 명에 달했다. 그들은 시마바라 반도 해안가인 하라(原) 지역의 폐성을 점령하고 농성을 벌였다. 그 지방 관헌도 이 궐기에 손을 쓸 방법이 없었다. 반

---

6 이러한 포고령에서 신교도들은 대상이 되지 않았다는 점을 유념해야 할 것이다. 네덜란드인은 이 포고령에 따르면 그리스도교도로 여겨지지 않았으며, 영국인 또한 마찬가지였다. 어느 전형적 촌락에 나붙었던 포고령을 인용하면 다음과 같다. 구미 장부, 즉 구미의 단속 법령을 보면 그 구미에 가톨릭교 개종자가 있는 경우 구미 전체에 책임을 물었던 것을 알 수 있다. "매년 1월과 3월에 '슈몬초(宗門帳, 종교 장부)'를 개정한다. 만약 금지된 종교에 속한 자가 발견되면 당장에 다이칸(代官)에게 보고해야 한다. 하인이나 일꾼은 그리스도교도가 아니라는 증서를 주인에게 제출해야만 한다. 일찍이 그리스도교도였으나 지금은 그렇지 않은 자들에 대해서는 그 자가 마을에 출입하는 것을 보고하도록 약속한다." 존 헨리 위그모어 교수의 『옛 일본의 토지소유권 및 지방제도에 대한 연구 노트』를 참조. ― 원주

란군은 점점 그 방위를 강화시켰고, 마침내 진압을 위해 16만여 명에 달하는 막부 군대가 파견됐다. 102일에 걸친 방어전이 펼쳐진 다음에 1638년 이 폐성은 강습당했다. 이로써 그 성 안의 농성자들은 부녀자들까지 모두 군대의 칼에 쓰러졌다. 공식적으로는 이 사건을 햐쿠쇼 잇키(百姓一揆, 농민반란)로 취급했다. 그리고 책임자로 지목된 사람들은 엄벌에 처해졌다. 시마바라의 영주 아리마는 할복자살을 명령받았다. 일본의 역사학자들은 이 반란이 그리스도교도들에 의해 계획·지도됐으며 그들이 나가사키를 점령하고 규슈를 차지한 후 외국에 군사 지원을 요청하는 등, 다름 아닌 정변을 강행하고자 시도한 것이라고 말한다. 그러나 예수회파의 저자들은 그런 음모는 전혀 없었다고 주장한다. 다만 한 가지 확실한 것은 혁명적 구호가 그리스도교도들에 의해 일어나 크게 호응을 받았고 이것이 놀랄 만한 결과를 초래했다는 것이다. 3만~4만 명의 그리스도교도들이 고수한 규슈 해안가의 한 폐성이 중대한 위험을 만들어낼 장소 ─ 에스파냐는 어느 정도 성공 가능성을 걸고 이 나라에 침입을 시도했으며, 이곳이 바로 침입에 유리한 거점이었다 ─ 를 구축한 것이다. 막부는 일찍이 이런 위험성을 인지했기 때문에 압도적 병력을 시마바라로 보냈던 것 같다. 만약 외국의 원조가 이 반란에 투입됐다면 그 결과는 장기적 내란이 될 수도 있었다. 대규모 인명 손상에 대해서 말한다면, 그것은 일본 법률의 시행을 나타내고 있다는 것뿐이다. 즉, 어떤 사정하에서도 영주에게 반항한 백성을 기다리고 있는 것은 죽음이었다. 이를 두고 살육 정책 운운한다면, 도발 행위가 이 경우보다 훨씬 미약했음에도 노부나가가 히에잔의 텐타이슈 불교도들을 모조리 죽인 사건을 떠올려야만 할 것이다. 시마바라의 이슬로 사라져 버린 용자들 각각의 사정은 애석하다. 또한 영주의 극악무도한 폭정에 대항한 반란에는 동정이 간다. 그러나 이것은 어디까지나

정의 공정의 문제이고, 일본 정치상의 견지에서 사건 전모를 고찰할 필요가 있다.

네덜란드인들은 이 반란을 진압하는 데 함선과 대포를 원조했다는 이유로 맹렬한 비난을 받았다. 네덜란드인들은 이 성에 426발의 포탄을 발사했음을 인정했다. 그렇지만 그들이 이런 행동을 한 것은 협박을 받아 어쩔 수 없었기 때문이다. 현존하고 있는 히라토 네덜란드 무역관(상관)의 문서가 바로 그 사실에 대한 명백한 증거다. 여하튼 그들이 단순히 종교적 탄핵을 가하고자 그런 행동을 했다고 해도 그것이 타당한 이유가 되기란 쉽지 않다. 그들의 행동이 인도적 견지에서 충분히 비판받아야 하는 것은 당연하다. 네덜란드인의 입장에서 본다면 반란을 진압하는 일본 관헌에 협조하는 것이 솔직히 거부할 일은 아니었을 것이다. 그 이유는 이 반란자의 대다수가 네덜란드인 남녀를 이단으로 몰아 산 채로 불태워 죽인 이들과 같은 종교를 믿었기 때문이다. 이 협조에 참여한 네덜란드인의 적지 않은 친척이 우연히 알바 장군 시대에 피해를 당했을 가능성도 충분하다. 만약 포르투갈과 에스파냐의 선교사들이 완벽하게 그들의 수중에 막부를 넣었다면 일본에 있었던 모든 영국인이나 네덜란드인에게 어떤 일이 일어났을지는 명백하다.

시마바라의 몰살로 포르투갈과 에스파냐 전도의 진정한 역사는 종말을 고했다. 이 사건 이후에 그리스도교는 서서히, 그리고 가차 없이 그 모습을 감췄다. 그리스도교는 겨우 60년 동안 묵인 또는 반묵인되어왔다. 즉, 전도와 붕괴의 전체 역사가 90년이 될까 말까 하다. 왕후로부터 빈자에 이르기까지 거의 전 계급의 사람이 그 때문에 고통받았다. 몇천 명이 그 신앙 때문에 고문을 당했다. 고문은 매우 처참했다. 다수의 선남선녀를 무익한 순교에 몰아넣은 예수회 교도 3명[7]도 혹독한 고문 때문에 그들의 신앙을 부정할 수

밖에 없었을 정도다. 화형을 선고받은 온화한 부인들은 도와달라고 말하기보다 자식과 함께 불 속으로 뛰어들었다. 더욱이 수천 명의 목숨을 헛되이 잃게 했던 이 종교는 악(惡) 이외의 아무것도 일본에 가져다주지 못했다. 그것은 소동, 박해, 반란, 정치적 문제, 전쟁 등이었다. 사회를 보호하고 유지하기 위해 필설로 다할 수 없을 정도의 어려운 대가를 지불하고 겨우 얻은 국민의 미덕 − 자기부정, 신의, 충의, 절조와 용기 − 조차 이 암흑의 신앙 때문에 왜곡되어 마침내는 그 사회를 파괴로 이끄는 힘으로 변용됐던 것이다. 혹여라도 저 파괴가 효력을 얻어 그 폐허 위에 새로운 구로마제국이 설립됐다면 그 제국의 힘은 사제의 횡포함을 더욱 확대시키고 종교재판을 확충해 양심의 자유와 인간의 진보를 막는 끝없는 예수회 교도의 전쟁에 사용됐을 것임이 틀림없다. 이 무자비한 신앙의 희생자들에게 애도를 바치며, 무익으로 끝나고 만 그들의 용기에 찬양을 보내는 것은 당연한 일이지만, 그들의 활동이 결실을 맺지 못한 것을 누가 한탄할 수 있을까. 종교적 편협함과는 다른 관점에서 보아도, 또 솔직하게 그 결과로부터 판단해도 일본을 그리스도교화하고자 한 예수회 교파의 노력은 인도적으로 어긋난 하나의 죄악, 파괴 유린의 행위로 여겨야 할 것이다. 경미한 지진이나 쓰나미, 화산 폭발에 비교할 만한 재해로 보아야 할 것이다.

히데타다가 채용하고 그의 후계자들이 수호했던 고립정책 − 일본을 세계 열국으로부터 차단해버린 − 은 이 종교적 음모에 선동됐던 공포를 유감없이 드러내준다. 네덜란드 무역상 이외에 모든 외국인이 이 나라에서 추방됐을

---

7 이 3명은 프란치스코 카솔라, 베드로 마르케스, 쥬제페 치아라를 가리킨다. 이 중 2명은 − 아마도 강제로 − 일본 여인과 결혼했다. 그 이후 그들의 이야기는 『일본아시아협회 회보』 제6권 제1부에 있는 어네스트 사토우의 기록을 참조. − 원주

뿐만 아니라 포르투갈인이나 에스파냐의 피를 받은 혼혈아도 국외로 추방됐다. 그리고 일본인이 그런 혼혈아를 양자로 삼거나 숨겨주는 것도 금지됐으며 그 금령을 어긴 가족은 전원 남김없이 처벌받았다. 1636년에는 287명의 혼혈아가 선박을 통해 마카오로 송출됐다. 통역으로 활동할 수 있는 그들의 능력을 특히 걱정하는 자들이 있었을 것이다. 그러나 이 포고령이 발포될 무렵 종교적 적개심에 의해 인종적 증오가 강력하게 환기된 것은 물론이다. 시마바라의 난 이후에 모든 서양인은 예외 없이 노골적인 불신의 대상이었다.[8] 포르투갈과 에스파냐의 무역상은 네덜란드인으로 교체됐다 — 영국의 무역 상관은 이보다 몇 년 전에 이미 폐쇄됐다 —. 그러나 이런 경우도 매우 신중하게 고려된 것이었다. 네덜란드인들은 히라토의 좋은 지역을 빼앗기고 나가사키의 데지마(出島)로 무역 상관을 이전하게 됐다. 이곳은 길이 600피트(약 183미터), 폭 240피트(약 73미터)밖에 되지 않는 작은 섬이었다. 이 섬에서 네덜란드인들은 죄수처럼 끊임없이 감시당했다. 그들은 주민과 어울릴 수 없었고 어떤 사람도 허가 없이는 그들을 방문할 수 없었다. 또 창녀 이외에 일본 부인들은 어떤 사정이 있어도 네덜란드인들의 거류지에 들어갈 수 없었다. 그러나 그들은 네덜란드와의 통상을 독점했다. 네덜란드인들은 무역 이익을 위해 이 같은 조건 아래 200년 동안이나 인내했다. 네덜란드 상관과 중국인을 제외한 외국과의 교역이 모두 금지됐다. 즉, 일본인은 누구라도 일본을 떠나면 중죄에 처했으며 몰래 출국에 성공한 이라도 귀국하면 사형에 처했다. 이 법의 목적은 일본인이 예수회파의 주선으로 포교 훈련을 받기 위해 해외로 건너갔다가 일반인으로 가장해 되돌아오는 경우에 대비한 것이

---

8 중국 상인은 네덜란드인과 비교하면 훨씬 자유로웠다. — 원주

었다. 또 원양항해에 견딜 수 있는 선박 건조도 금지됐으며 정부 규정을 넘는 크기의 선박은 모두 파기됐다. 이국선을 감시하기 위해 연안 각소에는 망루대가 축조됐으며 네덜란드 회사 선박 이외의 모든 유럽 선박은 어느 나라라 하더라도 일본 항구에 들어오면 습격을 받아 파괴됐다.

포르투갈인의 전도가 처음 얼마 동안 대성공을 거뒀던 점은 생각해봐야 할 과제로 남아 있다. 일본의 사회사에 대한 현재 우리의 지식은 아직 미숙한 상태고, 그리스도교에 관한 이야기 전부를 이해하기란 쉽지 않다. 예수회 측의 전도 기록은 많이 남아 있다. 그러나 동시대의 일본 측 연대기는 이 전도에 대한 지식을 별로 제공해주지 않는다. 그것은 아마 17세기에 그리스도교 문제를 다룬 서적 중 '그리스도교'라든가 '이국'이라는 단어가 나오면 금서로 만들어버리는 법령이 발포됐기 때문일 것이다. 어떤 것이 예수회파 서적인지 아직 규명된 것이 없기 때문에, 만약 허용된다면 일본 역사학자들이 조상숭배를 토대로 세워졌으며 외부로부터의 침입에 거대한 저항력을 나타내던 사회가 어떻게 저 정도까지 급속하게 예수회파 세력에 잠식되어 부분적으로나마 무너져버렸는지를 꼭 해명해주기 바란다. 일본이 증거 자료를 들어 반드시 대답해줄 것을 간절히 원하는 문제 중의 문제는 다음과 같다. 그리스도교 전도는 어느 정도까지 이 나라의 조상숭배를 간섭했던 것일까. 이것은 중요한 문제다. 중국에서 예수회파는 조상숭배 속에 개종 권유에 대한 저항이 담겨 있던 사정을 재빨리 파악했다. 그리하여 그들보다 먼저 불교가 어쩔 수 없이 채용한 것처럼 영리하게도 조상숭배를 묵인하고자 노력했다. 만약에 교황청이 이 방책을 지지했다면 예수회파는 중국의 역사를 바꿨을지도 모른다. 그러나 다른 여러 교단이 이 타협에 맹렬하게 반대해 그 기회는 소멸되고 말았다. 일본에서 포르투갈의 전도사들은 어느 정도까지 조상숭배를 묵인했을까. 그런 조사는 사회학상 대단히 흥미를 불러일으키는 사건이다. 물론 최고 황실 제사는 명백한 이유에서 건드리지 않고 조용히 내버려뒀다. 현재 신교나 로마 구교의 전도자로부터 집안 제사가 집요하게 공격을 받고 있는 것처럼 당시의 집안 제사가 공격당했다고는 도저히 받아들이기 어렵다. 예를 들면 개종자들이 조상의 위패를 버리거나 폐기하는 일은 생각할 수 없다. 또 한편으로 하층계급의 아주 가난한 개종자들 – 소사라든가 그 외 다른 평민 – 이 과연 집안 조상 제사를 지냈는지 여부에 대해서는 의문의 여지가 있다. 이때 다수의 개종자들을 포함하고 있던 부랑자 계층은 염두에 두지 않아도 된다. 이 문제에 대해 공정한 판단을 내리기에 앞서 무엇보다도 먼저 16세기 평민의 종교 사정 실태를 파악할 필요가 있다. 그것이 어떤 방법이었든 전도 초기의 성공은 경탄할 만하다. 이 나라 사회조직의 특수성 때문에 전도는 상류층으로부터 시작됐다. 일반 백성은 영주가 허가해야만 비로소 그 신앙을 바꿀 수 있었다. 무릇 전도 활동 초기에는 이 허가를 얻기가 수월했다. 막부의 고지에 의하면 경우에 따라 민간인은 이 새로운 종교를 수용하기가 자유로웠다. 또 어떤 경우에는 개종한 다이묘가 자기 영민에게 개종을 명령한 일도 있었다. 이 외래 신앙을 처음에는 불교의 새로운 종파로 착각했던 것 같다. 1552년 야마구치(山口)에서 포르투갈 전도사 전원에 부여됐던 인가 문서를 보면 일본어로 인가 – 그중에는 다이도지(大導寺)라는 사원도 포함되어 있었던 것 같다 – 란 불법을 선포하기 위해 – 불법 융성(紹隆)을 위해 – 이방인들에게 주어진 것이라고 분명히 서술되어 있다. 이 문서는 어네스트 사토우에 의해 다음과 같이 번역됐다 – 그는 이 원본의 복사본을 첨가했다 –.

스오(周防) 국 요시키(吉敷) 군 야마구치 현의 다이도지에 대해서다. 이 증서는 서양으로부터 이 나라에 온 사제들에게 그 청원과 희망을 담아 그들이 부처의 가르침을 넓히기 위한 사원이나 주거지를 선정하는 데 건립 허가를 부여한다는 것을 증명한다. _덴문 21년 8월 28일 스오노스케(周防之介) 가오(花押)[9]

　만약 이런 오해가 야마구치에서 일어났다면 똑같은 일이 다른 지역에서도 일어날 수 있다고 생각하는 것이 당연하다. 외관상으로 로마 구교의 여러 의식은 일반 불교의 의식과 비슷하다. 즉, 사람들은 근행, 법의, 묵주(數珠), 예배, 신불의 상, 종, 분향 등과 같은 여러 형식에 평소 친숙함을 느끼고 있었다. 성처녀나 성자들이 광배가 있는 보살이나 부처와 닮은 점이 있다고 생각했을 것이다. 또한 천사나 악마는 다름 아닌 천인(天人)이나 귀신 같은 것으로 보였을 것이다. 일반 대중이 불교 의식에서 즐거운 상상을 하는 데 도움이 되는 것들은 모습이나 형태에 다소 차이가 있지만 예수회 전도자들에게 양도되어 교회나 예배당으로 변화된 사원에서도 볼 수 있었다. 이 두 가지 신앙을 분리하는 밑도 끝도 없는 심연에 대해서 보통 서민은 깨달을 수도 없었다. 그러나 외관적 유사성은 바로 눈에 띄었다. 또 그중에는 눈길을 끄는 신기한 것도 있었다. 예를 들면 예수회 전도자들은 일반 대중의 주의를 끌 목적으로 종종 기적을 다룬 연극을 교회에서 상연했다. 그러나 외관상의 매력이 어떠한 것이든, 또 그것이 불교와 비슷했다는 것은 새로 들어온 이 종교를 확대 보급하는 데 큰 도움이 됐을지는 몰라도 이 종교 전도의 급격한 보급과 전파

---

9 이 인가 문서는 라틴어 및 포르투갈어 번역이라기보다는 오히려 거짓 번역이다. 하지만 이 문서는 불도의 설파에 대해서는 아무것도 언급하지 않는다. 그런데 일본 문서에도 없는 것이 여러 가지 추가됐다. 이 문서 및 그 거짓 번역에 대한 어네스트 사토우의 주석으로는 『일본아시아협회 회보』 제8권 제2부를 참조. ― 원주

를 설명하는 데는 도움이 되지 않는다.

강제성이 다소 부분적으로는 이 종교의 급격한 보급과 전파를 설명해줄지도 모른다. 여기서 강제성이란 개종한 다이묘가 부하들에게 가했던 강요를 말한다. 각 지방의 영민들이 개종한 영주의 종교를 추종했음 — 강력한 강제에 따른 것이다 — 은 널리 알려져 있다. 그리고 수백 명, 아니 수천 명이 충의 일변도의 습관으로 똑같은 일을 했음이 틀림없다. 이 경우 도대체 다이묘들을 어떻게 설득했을까 생각해보는 것은 의미가 있다. 이 포교 전도에 큰 도움이 된 것 중 하나는 포르투갈인의 상법, 특히 화기와 탄약의 거래다. 히데요시가 권력을 장악하기 이전, 이 나라가 혼란에 빠져 있던 시대에 이 교역 방법은 지방 영주와 종교적 교섭을 추진하는 데 실로 강력한 뇌물이었다. 화기를 사용할 수 있는 다이묘는 그러한 무기를 소유하지 못한 경쟁 상대 다이묘에 대해 당연히 유리한 입장에 설 수 있었다. 그리고 이러한 통상을 독점할 수 있는 영주는 근린 영주들을 격파해 힘을 증강시킬 수 있었다. 그런데 이 교역에는 포교 특권의 교부라는 조건이 붙어 있었다. 그리고 때로는 그러한 특권 이상의 것이 요구됐으며 그것이 부여되기도 했다. 1572년 포르투갈인들은 자신들의 교회에 대한 선물로 나가사키 전 시내 — 이 시의 사법권을 포함 — 를 요구했다. 그리고 이 요구를 거절하면 다른 장소에 자신들의 근거지를 설치할 것이라고 위협했다. 나가사키의 다이묘 오무라는 처음에는 이를 거절했지만 결국 양보했다. 그리하여 나가사키는 교회가 직접 지배하는 그리스도교도의 영토가 됐다. 그러자 곧바로 신부들은 이 지역의 종교에 통렬한 공격을 가해 그들 신앙의 특질을 밝히기 시작했다. 그들은 불교 대사원인 진구지(神宮寺)에 불을 지르고 이 불을 신의 분노 탓으로 돌렸다. 이렇게 폭거가 있은 뒤 개종자의 열의가 높아지자 나가사키 시내 및 그 주변에서 약 80개의 절이 불타버렸다. 나가사키 영내의 불교는 모두 탄압받았다. 승려들은 박해를 받아 추방됐다. 분고 지방에서는 예수회 교파의 불교 박해가 훨씬 극대화되어 대규모로 행해졌다. 그 지방에 세력을 떨치고 있던 다이묘 오토모 쇼린(大友宗隣), 슈킨(宗近)은 영내의 절들(약 3,000개)을 모두 파괴했을 뿐만 아니라 다수의 불승을 살해했다. 히코산(英彦山)의 대대적인 사원 파괴에 즈음해 불승들은 이 폭군의 죽음을 기원했다고 한다. 오토모는 사악하게도 그 파괴의 날로서 5월 6일(1576년), 즉 초파일을 선택했던 것이다.

영주가 절대적 맹종에 길들여진 영민들에게 가한 강제성은 포교 초기의 성공에 대한 해명이 될 것이다. 그러나 아직도 해명되지 않은 많은 사실이 남아 있다. 즉, 그 이후 비밀리에 행해진 포교의 성공, 박해하에 있었던 개종자들의 열의와 용기, 적의를 품은 이 신앙의 진전에 대해서 조상의 제사를 관장하는 두령들이 오랫동안 무관심으로 일관해온 점 등이 그것이다. 그리스도교가 처음 로마제국에 퍼지기 시작했을 무렵 로마의 조상숭배 종교는 이미 붕괴해 사회기구로서 본래의 형태를 상실했다. 그리하여 진정 저항의 실효를 얻을 수 있을 만한 종교적 보수주의는 이미 존재하지 않았다. 그러나 16~17세기 일본에서는 조상을 모시는 종교가 활기를 띠었다. 게다가 일본 사회는 아직 불완전한 조직의 제2기에 막 진입한 무렵이었다. 예수회의 개종은 고대 신앙을 이미 상실해버린 사람들 사이에 행해진 것이 아니라 그때까지 가장 치열하게 종교적·보수적이었던 시기에서 이뤄졌다. 어떤 종파의 그리스도교도 사회구조의 — 적어도 지방적 특성의 — 파괴를 동반하지 않고는 그런 사회로 도입될 수 없었다. 우리는 이 파괴가 어느 정도까지 확대되어 침투했는지 알 수 없다. 또 이 위험에 직면하면서 국민의 종교적 본능의 오랜 타성이 어떻게 됐는지에 대해서도 적당한 해답을 얻지 못했다.

그러나 이 문제에 대해 적어도 측면으로부터 빛을 비추어준다고 할 수 있는 역사적 사실이 전혀 없는 것은 아니다. 중국에서 전도 초기 무렵, 예수회의 마테오 리치(Matteo Ricci)는 개종자에게 조상 제사를 시행할 수 있는 자유를 일임했다. 이 정책이 속행되는 동안은 포교가 번성했다. 그러나 이 타협의 결과에 대해 의견 차이가 발생해 그 결과가 로마에 보고됐다. 인노첸시오 10세(Pope Innocent X, 교황 재위 1644~1655)가 1645년에 발포했던 교서에서는 이교 금지를 결정했다. 그리하여 예수회파의 포교는 실제로 중국에서 궤멸당하고 말았다. 그런데 교황 인노첸시오의 결정은 그다음 해 알렉산더 8세(Pope Alexander VIII, 교황 재위 1689~1691)의 교서에 의해 취소되고 말았다. 그러나 이 조상숭배 문제에 대해 종교 단체들 간에 재삼재사 논쟁이 일어나 마침내 1693년 클레멘스 11세(Pope Clement XI, 교황 재위 1700~1721)는 개종자가 어떤 형식으로든 조상숭배를 행하는 것을 단호히 금지했다. 그 이후 극동 지역에서 모든 그리스도교 포교 전도의 노력은 별다른 진전을 꾀할 수 없게 되고 말았다. 그 사회학적 이유는 명명백백하다.

1645년까지 중국의 예수회파가 조상숭배를 묵인함으로써 전도유망한 성과를 거두었음을 알 수 있다. 또한 이 묵인 정책이 일본에서도 16세기 후반까지는 다분히 채용됐을 것이다. 일본 포교는 1549년에 시작되어 1638년 시마바라 대학살로 막을 내렸다. 그것은 조상숭배의 묵인에 대해 교황이 내린 최초의 결정보다 약 7년 전에 일어난 일이다. 예수회 포교는 모든 반대에도 착실히 번영의 길을 걸었으나 마침내 사려 부족하고 타협할 줄 모르는 광신자들의 방해와 간섭을 받게 됐다. 1585년 그레고리 13세(Pope Gregory XIII, 교황 재위 1572~1585)에 의해 발포되어 1600년 클레멘스 8세(Pope Clement VIII, 교황 재위 1592~1605)에 의해 확인된 교서에 따르면 예수회파만이 일본에서 포교할 수 있는 권리가 공인됐다. 그런데 그 특권이 프란치스코파 광신자들에게 무시당하면서 일본 정부와의 갈등이 일어나기 시작했던 것이다. 1593년 히데요시가 6명의 프란치스코파를 처형한 것은 이미 언급했다. 1608년 바오로 5세(Pope Paul V, 교황 재위 1605~1621)가 발포한 새로운 교황 교서에 의하면 로마 구교 각 교단의 일본 포교는 인정하지만 예수회파의 이권은 무효로 했다. 1612년 이에야스가 프란치스코파에게 탄압을 가한 것은 기억하겠지만 — 이는 히데요시로부터 맛보았던 아픈 경험이 그들에게 그다지 효험이 없었다는 증거라 할 수 있을 것이다 —, 전체적으로 도미니크파, 프란치스코파, 예수회파 — 도미니크파와 프란치스코파는 예수회파를 겁쟁이라고 비난했다 — 가 현명하게 조용히 엎드려 접촉하지 않고 무모하고 지나치게 간섭한 것이 포교 전도의 피할 수 없는 파멸을 재촉한 것 같다.

17세기 초 그리스도교 신자가 100만 명이었다는 사실이 의심스러운 것은 당연하다. 약 60만 명이라 한다면 일단 용인할 수 있다. 이교도를 묵인하는 시대인 오늘날, 외래 포교 전도 단체의 노력이 결집되어 이 사업을 지지하기 위해 매년 거액의 비용을 지출하고 있는데도, 신뢰할 수 있는 평가에 의하면 옛날 포르투갈인이 획득했던 성과의 겨우 5분의 1을 거두고 있을 뿐이라 한다. 16세기의 예수회파는 많은 다이묘와 영주를 통해서 그들의 지배 아래 있는 전 주민에게 강력한 강제성을 가할 수 있었다. 그러나 현대의 포교 전도에는 강제성을 추진할 불명확한 힘보다도 훨씬 더 나은 교육·재정·입법상의 편의가 마련됐다. 그럼에도 그 성취 결과가 초라하기 짝이 없는 데는 설명이 필요하다고 생각된다. 그 해명은 어렵지는 않다. 조상숭배를 향한 쓸데없는 공격은 당연히 그 나라의 사회조직에 대한 공격이다. 그리고 일본 사회는 자신의 도덕적 기반에 가해진 공격에 대해 본능적으로 저항했다. 즉, 현재 일본 사회가 서양의 2~3세기경 로마 사회 상태에까지 도달했다고 생각하는 것은 틀렸다. 이 나라의 사회 상태는 여전히 기원전으로부터 수세기 전의 그리스 사회와 닮은 단계다. 철도, 전신, 정교한 근대적 무기, 또 모든 종류의 근대적 응용과학이 도입되기는 했지만 아직도 사물의 근본적인 질서 변혁에까지는 미치지 못하고 있다. 하지만 표면적 붕괴는 급속히 진전 중이며 새로운 기구도 착착 만들어지고 있다. 그러나 그 사회적 사정은 남유럽에서 그리스도교가 도입되기 훨씬 이전 상태와 유사하다.

종교 형식이 어떤 것이든 그 근본에는 진리가 담겨 있다. 진화론자에게는 종교를 분류할 필요가 있다. 진화론자는 인간 사상에서 다신교보다 일신교가 현저하게 진보했다고 생각한다. 일신교는 무수한 영혼에 대한 신앙을 눈에 보이지 않는 전능한 힘이라는 커다란 생각에 용해해 확대시켜나간다. 그리고 심리학적 진화론의 입장에서 말한다면 진화론자는 물론 범신론을 일신론보다도 한층 진화한 것이라고 생각해야 하며, 나아가 이 두 이론보다 한층 더 진화한 것으로서 불가지론을 생각해야만 한다. 그러나 신앙의 가치는 당연히 상대적인 것이다. 그 가치 문제는 어느 단일한 교양 계층의 지성 발달에 대한 적응성이 아니라, 그 도덕 경험을 구현하는 사회 전체에 대한 더 광범위한 정서적 관계에 의해 결정되어야만 한다. 어떤 사회든 종교 가치란 그 사회의 도덕 경험에 대한 종교의 자기 적응력에 의해 결정될 것이다. 가톨릭교는 일신교적 사고방식이므로 원시적 조상숭배 진보의 한 단계임을 용인할 수 있다. 그러나 가톨릭교는 중국 문명도 일본 문명도 아직 도달하지 못한 사회의 어느 형식에만 적응해왔다. 이 형식은 고대사회가 해체되어버리고 효도의 종교가 잊힌 사회 형식이다. 그리하여 예수회는 더 아름답고, 또 비교가 되지 않을 정도로 인간적이며, 더욱이 그 포교에서는 이냐시오 로욜라

(Ignatius Loyola)보다도 천 년 이전에 포교 전도의 성공 비결을 터득했던 인도 신앙과는 완전히 상이해 일본 사회 상태에 자신을 적응시킬 수가 없었다. 그리고 이 무자격, 무능함이라는 사실로부터 그들 전도의 운명은 예정되어 있었던 것 같다. 잇달아 시행되는 이교 금지, 음모, 야만적 박해 – 예수회파의 모든 불신행위나 잔학성 – 는 바로 그러한 무능력, 무자격이 드러난 것으로 생각된다. 한편 이에야스와 그 후계자들이 취한 탄압 수단은 사회학적 견지에서 본다면 민족적 최대 위기에 대한 애국적 통찰이라 할 수 있을 것이다. 이들은 만약 외래 종교가 승리한다면 일본 사회가 모두 붕괴되어 외국의 통치를 받게 될 것이라 인식했기 때문이다.

예술가도 사회학자도 이 포교 전도의 실패를 조금도 애석히 여겨서는 안 된다. 가톨릭교의 궤멸은 일본 사회를 극한적 형태로까지 발달시켰으며 현대인이 일본 예술의 경탄할 만한 세계를 볼 수 있도록 보존해줬다. 나아가 그보다 더 경이로운 세계 – 일본의 전통, 신앙, 풍습 – 까지도 보관해줬기 때문이다. 이 외래 종교가 승리했다면 의기양양해 이러한 일체를 없애버렸을 것이다. 포교 전도에 대한 예술가 본래의 자연적 반항심은 포교자가 항상, 또 반드시 용서할 수 없는 파괴자라는 사실 속에서 발견할 수 있다. 예술적 진보는 어떤 형태로든 종교와 제휴한다. 그리고 한 민족의 예술이 그들의 신앙을 반영하는 한, 그 신앙의 적들에게 미움을 받는다. 불교에 기원을 둔 일본 예술은 특히 종교적 암시가 풍부한 예술이다. 회화라든가 조각에서뿐만 아니라 장식이나 또 거의 모든 예술적 취미의 생산품을 생각해봐도 그러하다. 수목이나 꽃에 머무는 일본적 미, 정원의 아름다움, 자연이나 자연의 소리에 대한 애정 – 한마디로 일본의 모든 것 속에 담긴 시적 흥취 – 에서는 종교적 감정과의 연관을 느끼게 된다. 예수회파와 그 동맹자들은 이러한 지엽적이고 세세한 것들을 조금도 거리낌 없이 박멸해버렸을 게 틀림없다. 설사 그들이 이런 신비한 아름다움을 찬양하는 일본적 세계 ─ 두 번 다시 반복할 수도 없다면 또 원래대로 재현할 수도 없는 민족 경험의 소산 ─ 의 의미를 이해하고 체감할 수 있었다 해도 그들은 그것을 말살하는 데 조금도 주저하지 않았을 것이다. 사실 저 탄복할 만한 예술 세계는 확실히, 또 회복 불가능할 정도로 서구 산업주의에 의해 파괴되고 있다. 산업주의의 힘이 가차 없지만 불필요하다고 말하는 것은 아니다. 게다가 이 파괴가 그렇게 엄청난 속도로 이뤄진 것도 아니기 때문에, 퇴색해가는 미의 이야기는 인류 문명의 미래를 위해 전해질 수 있을 것이다.

16

봉건제의 완성

일본 문화가 극도로 발달한 것은 도쿠가와 막부 시대 후기 – 현대 정치체제의 바로 전 시기 – 였다. 그 이상의 발전은 사회조직을 개조하는 것 말고는 더 이상 불가능했다. 이런 완성 상태는 주로 그 이전에 존속해왔던 상태의 강화 및 확립을 나타낼 뿐이다. 그래도 근본적 변혁을 지향하는 것은 거의 없었다. 그 전보다 더욱더 오래된 협동 체제에 대한 강제성이 강화되고, 또 여러 의식에서 관습의 세부 사항에 이르기까지 타협 없는 엄격한 규제를 받아들였다. 그 이전 시대는 좀 더 무자비하고 엄격했다. 그러나 한편으로 좀 더 자유롭기도 했다. 그래도 이 강화된 강제적 결과에 도의적·윤리적 가치가 보이지 않는 것은 아니었다. 개인적 자유가 개인의 이익이 되는 시대와는 매우 동떨어졌으나 도쿠가와 이에야스 치세하의 인자한 아버지 같은 강제력은 일본의 민족성에서 여러 가지 매력적인 것을 발전시키고 강화하는 데 도움이 됐다. 그것은 전쟁이 끊이지 않던 몇백 년 동안 일본 국민의 자질 속에 있던 아름다운 성질, 즉 우아하고 꾸밈없는 친절함, 또 후일 일본인의 생활에서 유례를 찾아볼 수 없는 매력인 생활 속의 기쁨 등으로, 이러한 아름다운 기질을 키울 기회가 그다지 없었다. 그러나 평화로웠던 쇄국 체제하의 200년 동안 일본 민족은 인간적 우미(優美)함과 매혹적인 면에서 개화할 기회를 얻었다. 그리고 법률과 관습이라는 많은 제약이 개화를 촉진시키고 개화한 꽃에 재미있는 형태를 부여했다. 그것은 마치 정원사가 노력을 거듭한 기술로 신기한 아름다움이 깃든 몇백 가지의 국화꽃을 만들어낸 것과 똑같았다. 이런 통제하에 일반 사회의 경향은 옹색해지기 십상이지만, 그래도 이 통제는 특수한 방면에서 도덕적·심미적인 교양의 여유를 남겨뒀다.

이 나라의 사회 상태를 이해하려면 당시 사회의 법제적인 면에서 자부(慈父) 같은 통치법의 성질을 음미할 필요가 있다. 근대인에게 옛날 일본 법률은 매우 가혹한 것처럼 여겨질 것이다. 그러나 실제로 그 법률의 운영과 집행을 서양의 것과 비교해보면 융통성이 부족한 것도 아니다. 게다가 최상층 계급에서 최하층 계급에 이르기까지 법률은 모든 계급에 중압감을 부가하고 있지만 각자의 능력에 따라서 적용되는 정도가 달랐다. 즉, 사회적으로 최하층 계급일수록 법률을 적용받는 엄중함의 정도가 옅었다. 적어도 이론상으로는 오랜 옛날부터 가난한 자나 불행한 자는 자비를 입을 자격이 있다고 여겨졌다. 현존하는 일본 최고의 법규, 즉 쇼토쿠태자 율령에도 그런 사람들에게 되도록 자비를 베풀 의무가 분명하게 나타나 있다. 그러나 법률 적용의 차이가 가장 두드러진 예는 이에야스의 유훈이다. 이것은 사회가 발달하고 제도가 점차 확고히 정착해 모든 구속력이 강력해진 시대의 정의감을 나타낸다. 이 준엄하고 현명한 지배자는 '백성은 국가의 근본'임을 간파해 자비 관대를 중심으로 하층 빈민을 대우하라고 명령했다. 또 다이묘는 그 지위와 관계없이 법을 어겨서 '백성에게 재난이 되는' 일을 벌이면 영지 몰수라는 단죄를 받아야만 한다고 규정했다. 이 입법자의 인도적 정신은 범죄에 관한 법규, 예를 들면 간통 — 이것은 조상숭배에 토대를 둔 사회에서는 당연히 제일가는 중죄였다 — 문제를 언급한 것 등에 강력하게 나타나 있다.

유훈의 제50조는 피해자인 남편에게 유죄인을 죽일 권리 — 예부터 내려온 것이다 — 를 보장한다. 그러나 유죄인 중 한쪽만을 죽인다면 그는 스스로를 죄인과 마찬가지로 생각해야 한다는 중요한 조항이 추가되어 있다. 재판에서 범인들에게 판결을 내릴 때, 특히 서민에게 관대한 조치를 취할 것을 이에야스는 훈계한다. 즉, 그는 인간성의 약함을 지적했으며, 나이가 어리고 사려가 부족한 자들이 본성이 타락하거나 부패하지 않았음에도 일시적 격정을 억누르지 못해 어리석은 행동을 하는 데 경계를 촉구했다.

한편 제51조 — 똑같은 간통죄가 상류층 계급의 남녀 간에 발생했을 때 — 에서는 자비를 베푸는 일은 일절 안 된다고 명령한다. 이에야스는 "이들은 분별이 있으며 법규를 어겨 소동을 일으키지 않도록 교육받고 있다. 그런데도 이들이 문란한 놀이, 즉 불법부정하게 결합된 관계에서 법을 어겼을 때는 배려할 필요 없이 바로 처단해야만 한다.[1] 백성, 직인, 상인의 경우와는 다르다"고 했다. 이 법전 전체에서 무사계급에게는 법의 구속력을 강화하고 하층계급에 대해서는 자비로운 인정을 베풀어 구속력을 느슨하게 하는 경향을 살필 수 있다. 이에야스는 불필요한 처벌을 몹시 못마땅하게 생각했다. 그리고 형벌이 빈번한 것은 백성이 저지른 비행 때문이 아니고 오직 윗사람의 탓이라 생각했다.

---

1 즉시 사형에 처한다. — 원주

제91조에서는 쇼군직에 대해서조차 이것을 분명하게 규정하고 있다. "이 황국(皇國)에 처벌이나 처형이 빈발하는 것은 무사 지배자가 덕이 부족하고 타락한 증거다." 특히 그는 권력자인 영주나 다이묘의 잔인함과 탐욕으로부터 백성을 보호하기 위한 법령을 생각하고 있었다. 다이묘들은 그 외에도 참근(參觀) 도중 '숙소에서 백성에게 난폭한 짓을 하거나 폐를 끼치는 일', '무사라고 거드름을 피우며 제멋대로 행동하는 일'을 엄격히 금지당했다. 다이묘들은 공적 소행은 물론이고 사적 행동도 막부의 감시를 받았다. 그리하여 실제 비행 혐의로 처벌받은 다이묘도 있었다. 다이묘들의 방탕에 대해 이 입법자는 "그것은 딴마음을 품고 있다고는 확언할 수 없지만 아랫사람에게 나쁜 예를 보이는 정도에 따라서 판단한 다음 처벌해야만 할 것이다"(제88조)[2]라고 말한다. 정말로 두 마음(반역심)을 품었을 때는 일말의 용서도 없었다. 이 문제에 대한 법의 준엄함은 그 어떤 제외나 예외 규정도 허락하지 않았다.

제53조는 반역심을 극악대죄로 생각했음을 증명한다. 즉, "주인을 죽이는 부하의 죄는 원칙적으로 천황에 대한 대역죄와 같다. 그와 직접 연결되는 친척─가장 먼 친척이라도 모두 다 남김없이─의 뿌리를 끊어 근절해야 한다. 주인을 죽이지 않더라도, 단지 주인 머리에 손을 대기만 해도 그 부하의 죄는

---

2 다이묘라 해도 방탕 때문에 종종 처벌됐지만 이에야스는 법에 의해 모든 죄악을 억압하려는 편의주의를 믿지 않았다. 제73조에서 이 주제에 대한 그의 입장에는 신기하게도 근대적 여운이 맴돈다. "성현들은 시서나 고전서에서 유녀나 매춘부가 사는 사창가는 도회나 도시의 불량한 장소라고 말한다. 그러나 이런 것은 필요악이므로 엄중히 처단하고 폐기해버리면 나쁜 생각을 품은 자들이 엉킨 실처럼 되어 매일 처벌과 태형만으로도 끝이 없을 것이다"라고 말했다. 그렇지만 많은 조카마치(城下町)에서 그러한 사창가는 결코 허락되지 않았다. 아마도 그러한 거리에는 방대한 무사 세력이 모여 있어 거리의 보안을 유지하기 위해서는 철통 같은 규정을 발포해야만 했을 것이다. ─ 원주

위와 똑같다." 그러나 하층계급 사이에 이뤄지는 법 집행에 대한 법 정신은 이 엄격한 법령과는 극명한 대조를 이룬다. 위조품 제조, 방화, 독살 등은 화형이나 책형 등의 중죄에 처해졌다. 그러나 보통 죄를 범한 자들은 사정이 허락하는 한 관대하게 다루도록 재판관이 명령했다.

제73조에서는 "하층계급과 관련된 사소한 형벌은 한나라 고조의 관인대도(寬仁大度)를 배우는 것이 좋다"고 말한다. 나아가 형사, 민사, 법정의 부교(행정·재판 사무 등을 담당하는 상위 무사의 직명)는 "자비롭고 인자하며 명예가 높고 청렴결백한 사람 중에서만 선출하라"는 명령이 내려졌다. 이들의 행적은 엄중한 감독하에 있었으며 막부의 첩자를 통해 일일이 보고됐다.

인정미가 있는 도쿠가와 법령의 또 다른 일면은 남녀관계에 대한 명령에서 나타난다. 축첩은 사내아이를 낳아 가문의 제사를 잇는다는 이유로 무사계급에서는 묵인됐지만 이에야스는 단순히 이기적이라는 이유로 이 특권의 남용을 비난했다. "우둔하고 몽매한 남자는 내연관계의 여자에 대한 애정 때문에 본처를 소홀히 하여 가장 중요한 인륜을 어지럽히고 만다. 그런 지경에까지 빠지는 남자는 신의도 성실도 없는 무사라고 유념해야 한다."

사람들에게 일반적으로 비난받았던 독신 ─ 불교 승려를 제외하고는 ─ 은 유훈에서도 똑같이 비난받았다. 이 입법자는 "사람은 열여섯 살 이후부터 독신으로 살아서는 안 된다. 인류는 결혼을 최초의 자연법으로 인정하고 있다"고 말했다. 자식이 없는 자는 양자를 받아들여야만 했다.

제47조는 자식이 없이 죽은 사람이나 양자를 들이지 않고 죽은 사람의 재산은 그 사람의 친척이나 일가와는 관계없이 몰수해야 한다고 명령한다. 이 법률은 물론 사람이 사람으로서 지켜야만 할 지상의 의무로 여겨지던 조상의 제사를 유지하기 위해 만들어졌다. 그러나 양자와 관련된 정부 법규는 누

구라 해도 특별한 고생 없이 법의 요구를 만족시키도록 되어 있다.

정성을 다해 사람으로서의 도를 말하고 도덕적 방종을 훈계하며 독신을 금지하고 더욱 강력하게 가문 제사를 유지시킨 이 법전이 예수회의 포교 전도 근절 시대에 작성된 것을 생각하면 종교적 자유에 대한 막부의 태도가 매우 신기할 만큼 관대하게 보인다.

제31조에서는 "신분의 상하에 관계없이 거짓되고 부패한 종파 ─ 가톨릭교 ─ 를 제외하고는 현재까지 행해져온 종교상의 교리에 대해 자신이 좋아하는 것을 따라도 상관없다. 원래 종교상의 다툼은 현재 황국의 재난으로 불행한 일이 되어왔기 때문에 엄중히 경계하지 않으면 안 된다"라고 천명하고 있다. 그러나 이 조항이 일견 자유롭게 보이는 것을 오해하면 안 된다. 가족의 종교에 관해 엄중한 법령을 제정했던 이 입법자는 일본인이 자국의 신앙을 버리고 외국 신앙을 마음대로 신봉해도 된다고 말할 사람은 아니었다. 이에야스의 진정한 입장을 이해하기 위해서는 유훈 전체를 주의해서 읽어야만 한다. 즉, 그것은 누구든 조상 제사를 수행하고 난 뒤에야 나라가 묵인한 종교라면 어떤 것을 채용해도 본인의 자유라는 것이다. 이에야스는 불교 정토종 신도이며 대체로 불교에 호의가 있었다. 그러나 우선은 무엇보다도 신도를 신봉했다.

제3조에서는 "마음을 청정하게 해라. 그리고 우리의 몸, 즉 오체가 있는 한 신을 공경하고 존숭하도록 유념하라"며 가장 첫째가는 의무로서 신에 대한 헌신을 명령한다. 이에야스가 고대 이래의 제사를 불교 위에 둔 것은 제52조 조문을 보아도 명백하다. 여기서 그는 누구든지 간에 다른 어떤 형식의 종교를 믿어도 그 때문에 국가 신앙을 소홀히 해서는 안 된다고 말한다. 이 조문은 매우 흥미롭다.

나의 오체도 남의 오체도 신들의 이 황국에 태어난 것이므로 다른 나라들의 가르침 – 유교, 불교, 도교 – 을 무조건적으로 수용해 오로지 그것에만 몰입하고 귀의하는 것은 우리 자신의 주인을 버리고 다른 주인에게 충성하는 것이 될 것이다. 이것은 우리의 존재 기원을 잊어버리는 것이 아니겠는가?

쇼군은 먼 옛날 신들의 자손으로부터 그 권력을 이어받았다고 공언하면서 그 신들을 의심할 권리가 있다고 제멋대로 주장하는 것은 모순이다. 즉, 공적인 쇼군직으로서는 종교적 의무로부터 타협할 여지가 없었던 것이다. 그러나 유훈에 담긴 이에야스의 의견에서 찾아볼 수 있는 흥미로운 사실은 이 유훈이 공적인 것이 아니라 그 후계자들만이 숙독하고 지침으로 삼고자 했던, 완전히 사적인 문서였다는 점이다. 이에야스의 종교적 입장은 오늘날 일본 정치가들의 자유로운 사고방식과 완전히 동일하다. 즉, 국민의 첫 번째 종교적 의무는 조상 제사, 즉 고대국가 이래 신앙인 애국적 신념에 의해 확실한 보증이 된 불교의 좋은 점은 모두 존경하는 것이었다. 이에야스는 불교를 좋아했다. 그러나 이 점에서도 그는 도량이 좁지는 않았다. 유훈 중에 "우리 자손들은 항상 정토종을 공경해야만 한다"라고 쓰고는 있지만 그는 히에잔의 덴타이슈 고승을 매우 존경했다. 그는 이에야스의 스승이었으며 그 때문에 덴타이슈로서, 또 불승으로서의 최고 지위를 얻었다. 그리하여 쇼군은 히에잔으로 참배를 하러 가서 공적으로 국가 번영을 기원했다.

이 나라의 상당 부분을 차지했던 쇼군 가문 직할지, 즉 덴료(天領) 내의 일반 형법 집행은 매우 자비로웠으며 서민의 경우 정상이 매우 많이 참작됐다고 생각되는 이유가 여러 가지 존재한다. 필요 이상의 가혹함은 고도의 무사 사회 법규에 비추어 볼 때 죄였으며 그때 이미 상하의 신분적 차별은 없었다.

예를 들면, 농민반란의 주모자는 사형을 선고받지만, 영주의 폭정 때문에 반란이 일어났다고 하면 그 영주는 영지의 일부나 전부를 몰수당하거나 지위가 강등됐으며 또는 '할복자살'까지도 명령받았다. 일본 법률을 연구해 이 문제를 처음으로 해명한 존 헨리 위그모어 교수는 옛날 법 집행 정신에 대해 뛰어난 논문들을 썼다. 그는 이 법의 집행이 결코 근대적 의미에서 몰아적이지는 않았다는 것, 또 적어도 일반 서민의 사소한 범죄에 대해서 융통성 있게 적용됐음을 지적했다. 법은 굽힐 수 없다는 앵글로색슨족의 사고방식은 공평무사, 불과 같이 가차 없는 재판관의 사고다. 즉, 법을 범한 자는 누구라도 따끔한 맛을 보는 것이 당연하다는 것이다. 이는 — 뻔히 그렇게 될 줄 알면서 — 손을 불 속에 넣으면 당연히 화상을 입을 수밖에 없다는 것과 똑같은 사고방식이다. 하지만 옛날 일본의 법 집행에서는 만사가 모두 고려됐다. 즉, 범죄자의 정황, 지능, 교육 정도, 평소의 행위, 동기, 참아온 고통, 격발된 분노, 그 외에도 여러 가지가 있다. 그리고 최후의 판단은 법규나 법령보다 오히려 도덕적 상식에 의해 결정됐다. 친구나 친척은 방법이 정직하다면 어떻게 해서라도 범인을 돕는 것이 허락됐다. 무고죄를 덮어썼지만 심문 결과 결백함이 증명됐을 때는 위로의 말뿐만 아니라 실질적 보상도 받았던 것 같다. 게다가 부교는 중대한 재판이 끝나면 죄를 벌함과 동시에 선행을 칭찬하는 관례가 있었던 것 같다.[3] 한편 소송판결은 공적으로는 심사하게 되어 있었다. 그

---

3 다음 인용하는 문장은 유명한 명재상, 오오카 다다스케의 재판 선고문 중 일부를 발췌한 것이다. "무사시야 조베와 고토 한시로, 너희 2명의 행동을 쇼군께서 높이 칭찬하고 계신다. 그리하여 상으로 은 10냥을 각자에게 하사하셨다. 백성, 너는 형을 보살핀 데 대한 칭찬으로 제니 5칸메(錢五貫目)를 하사한다. 그리고 조하치의 딸은 효행심이 매우 깊으므로 그 점을 헤아려서 은 5냥을 상으로 내린다"[월터 데닝(Walter Dening), 『옛날의 일본(Japan in Days of Yore)』을 참조]. 효행, 용기, 자비 등이 두드러진 경우에 상을 주는 훌륭한 옛 관습은 오늘

러나 어떤 사건이라도 가능한 한 법정에 가지 않도록 저지하고 구미아이(組合, 조합)의 중재로 낙착 또는 타협하게 했다. 그리고 법정은 부득이한 경우의 최후 수단으로 생각하게 가르쳤다.

　도쿠가와 막부 치세의 일반적 성격은 이상의 여러 사실로부터 어느 정도 추측할 수 있을 것이다. 250년 동안 좋든 싫든 간에 태평을 누리며 산업을 장려해온 이 치세는 어떤 의미에서든 공포의 시대는 아니었다. 민족문화가 여러 가지 수많은 방법으로 제약되어 싹이 짓밟히고 가지가 잘리기는 했지만 동시에 또 그것은 육성되고 강화됐다. 오랫동안의 평화는 이 나라 구석구석까지 종래에는 없었던 안정감을 만들어냈다. 개인은 그 이전까지보다는 법률과 풍습의 속박을 받았다. 그러나 또 보호도 받았다. 그리하여 자신들에게 매달린 쇠사슬 내에서는 아무런 걱정 없이 움직일 수 있었다. 동료로부터 억제를 받았지만 그것을 즐겁게 참을 수 있도록 상호 간에 힘을 빌릴 수 있었다. 누구나 구성원으로서 해야 할 의무를 다하고 구미아이 내의 협동 생활을 부담할 수 있도록 서로를 도왔다. 그리하여 세상 세태[世態]는 전반적으로 번영과 동시에 행복을 누렸다. 그 무렵에는 생존경쟁, 적어도 현대적인 의미의 생존경쟁이란 없었다. 생활상의 요구가 손쉽게 만족됐다. 각자 누구에게라도 자신을 먹여 살려주고 보호해줄 주인이 있었다. 경쟁은 억제되거나, 아니면 경쟁 의욕 자체가 말살됐다. 따로 특별히 노력하거나 능력을 무리하게 연마할 필요도 없었다. 게다가 서로 겨루면서 경쟁해 찾지 않으면 안 되는 것은 아무것도 없었다. 즉, 대다수의 서민은 싸워서 얻어야 할 획득물이 아

날 법정에서는 시행되지 않게 됐지만 지방관청에서는 아직도 여전히 보존되고 있다. 상은 소액이지만 그 수상자에게 미치는 공적 명예가 매우 크다. ─ 원주

무엇도 없었던 것이다. 신분이나 수입도 정해져 있었고 직업은 가문 대대로 세습이었다. 그리고 재산을 모으고자 하는 소망을 가져본들 부자(父子) 간에 마음대로 그 돈을 써보고자 한들, 거기에 여러 가지 제약이 있었으므로 전혀 꼼짝달싹할 수 없었다. 대단한 다이묘도, 아니 쇼군조차도 제멋대로 할 수 없었던 것이다. 보통의 서민 — 백성, 직인, 상인 — 은 원하는 대로 집을 지을 수도 없고 사소한 것 하나조차도 마음대로 할 수 없었다. 또 자기 취미로 사들이고 싶은 사치품도 포기해야만 했다. 부자인 평민은 신분이 더 높은 사람들의 풍습을 흉내 내서는 안 되고, 그런 사람들과 같은 특권을 누려서도 안 되는 자기의 처지를 떠올려서 엄격하게 자숙해야만 했다. 어떤 종류의 물건은 사적 용도로도 주문할 수 없었다. 신분이 낮은 사람들이 심미적 취미를 만족시키기 위해 사치품을 창작하는 세공사나 미술가에게 위탁하는 일은 생각할 수 없었다. 즉, 그들은 귀족이나 다이묘를 위해 일했으며 후원자의 기분을 상하게 하는 일은 아무것도 할 수 없었다. 한 사람의 즐거움은 그의 사회적 지위에 따라서 많든 적든 규제됐으며, 지위가 아래로부터 위로 상승하는 것은 보통 일이 아니었다. 간혹 기량이 아주 뛰어난 사람의 경우, 신분이 높은 사람의 후원에 힘입어 지위가 상승하기도 했지만 그러한 출세에는 많은 위험이 뒤따랐다. 그리하여 평민이 취할 수 있는 최선의 현명한 방책은 자기 신분에 만족하고 법이 허락하는 범위 내에서 가능한 한 많은 행복을 발견하는 것이었다.

개인의 소망이 이렇게 제약된바 생활비는 서양인이 생각하는 필요 액수를 훨씬 밑도는 금액으로 긴축됐기 때문에 사치 금지령이 발포됐음에도 실제로 특정 문화 방면에는 고도로 바람직한 상태가 형성됐다. 국민은 오락이나 공부에서 생활의 단조로움을 풀어줄 위안을 구할 수밖에 없었다. 도쿠가와 막부는 문학과 - 돈이 별로 들지 않는 - 미술 방면에는 부분적이면서도 자유로운 상상 활동을 허락했다. 그리하여 이 두 방면에서 억압됐던 개성이 돌파구를 찾아 창조적으로 변모됐다. 이러한 지적 탐닉에 따르는 위험은 어느 정도 있었다. 그것을 견디고 많은 것이 이뤄졌지만 심미안적인 취미는 대체로 저항이 적은 쪽을 따라갔다. 관찰은 일상생활에 대한 흥미로 집중됐다. 창문이나 또는 정원에서 바라본 두서없는 것, 사계마다 친숙한 자연의 모습 - 수목, 꽃, 새, 짐승, 물고기, 개구리, 곤충 - , 여러 가지 세세한 것, 마음에 남는 좋은 일이나 재미있고 신기한 것에 대해서였다. 이렇게 해서 이 나라의 천재들은 지금도 여전히 서양 수집가들에게 즐거움의 원천인 진기한 골동품들을 만들어내게 됐다. 화가, 상아 조각사, 조개 장식 세공사 등이 그린 봉래산의 선경이나 정교하고 교묘하며 기묘한 작품, 금은과 칠보, 그리고 금가루를 뿌린 기적이라고도 말할 수 있는 더할 나위 없이 정교한 기예에 특별히 이러쿵저러쿵 잔소리를 늘어놓을 필요가 없다. 그러한 작은 것에서 그들은 자유를 느낄 수 있었다. 그 자유의 결실이 오늘날 유럽이나 미국 미술관의 보물로 전시되어 있다. 이러한 미술 - 대부분이 중국에 기원을 두고 있다 - 은 도쿠가와 시대 이전에 상당히 발달했다. 그러나 비싸지 않은 값으로 일반 서민의 손이 닿는 곳에서 심미적 희열을 정착시키기 시작한 것은 도쿠가와 시대부터다. 사치 금지령과 법률은 고가 제작품의 사용 및 소유에 적용됐지만 모양을 감상하는 정도에는 상관없었다. 그리고 종이나 상아 또는 흙이나 금 등 대개 무엇인가를 이용한 세공품이라든가 아무튼 아름다운 것은 언제나 문화를 추진하는 힘이 됐다. 기원전 약 4세기경 그리스 도시에서는 아주 별 볼 일 없는 가정용 도구류까지도 모두 의장장식(意匠裝飾) 면에서 미술품이었다고 한다. 그와 마찬가지로 좀 생소한 방법이기는 하지만 일본 가정의 모든 것에 대해서도 그렇게 말할 수 있다. 즉, 교양인들은 금으로 된 촛대, 유기[眞鍮]로 된 등유 접시, 철병(鐵瓶), 초롱, 대나무 발, 침봉, 나무 쟁반 같은 일상용품에서 서양의 저렴한 제작품에서는 전혀 찾아볼 수 없는 미적 감각과 적합성을 발견한 것이다. 이러한 미적 감각이 일상생활의 모든 것에 생명을 불어넣기 시작한 것은 도쿠가와 시대부터다. 이때 삽화 예술도 진보됐다. 이어서 호사가 부자들이 그렇게 열심히 수집했던 신기하고 멋진 우키요에 — 풍속화를 말한다. 언제 어떻게 만들어진 것들 중에서도 가장 아름다운 것이다 — 도이 세상에 나타났다. 문학도 미술과 마찬가지로 상류계급만을 위한 위안물에 그치지 않고 대중에게도 적합한 형태로 전개되어갔다. 이 시대는 통속소설의 시대, 저렴한 서적의 시대, 대중연극의 시대, 나이 든 사람도 젊은 사람도 모두 소설을 읽는 시대였던 것이다. 우리는 도쿠가와 시대를 일본 민족의 긴 역사 중에서 지극히 축복받은 시대라고 불러도 좋을 것이다. 모든 사람이 문학이나 예술에 눈뜨게 된 것은 제쳐두고 인구나 부의 증가만을 보아도 그렇다. 이 시대는 대중의 향락 시대임은 물론, 또 교양의 보편화와 사회적 세련이 이뤄진 시대였던 것이다.

여러 가지 풍습이 사회 상층에서부터 하층으로 확대되어갔다. 도쿠가와 치세 중에는 그전까지 상류사회에만 보급되어 있던 여러 가지 오락이나 예능이 일반 서민에게도 널리 공유됐다. 그중 세 가지는 고도로 세련된 취미다. 그것은 우타아와세[歌合, 두 팀이 서로 와카(和歌, 일본 고유의 정형시)를 지어 승부를 겨루는 놀이], 다도(茶道), 종합예술인 꽃꽂이다. 이것들은 모두 도쿠가와 시대보다 훨씬 이전에 일본 사회에 도입됐다. 우타아와세의 유행은 일본 역사와 마찬가지일 만큼 오래된 것이다. 그러나 그러한 오락이나 예능이 전 국민화된 것은 도쿠가와 막부 치세하에서였다. 그리고 다도는 전국적인 여성 교육의 한 특색이었다. 이 정교하고 미묘한 특기는 그림을 곁들이지 않으면 도저히 설명할 수 없다. 이 예능을 습득하기 위해서는 오랜 시간에 걸친 학습과 실습이 필요하다. 다도의 기능은 세부적인 사항을 포함해 한 잔의 차를 끓여서 손님을 대접하는 것일 뿐이다. 그렇지만 그것만으로 진정한, 가장 절묘한 예술이다. 차를 끓인다는 행동은 그 자체로서는 아무것도 아니다. 하지만 극도로 중요한 것은 차를 끓이는 것이 최고로 정성이 들어간 가장 완전하고 부드럽고 아름다운 몸짓으로 행해진다는 것이다. 모든 행동 － 숯불을 일으키는 것에서부터 차를 손님에게 대접하기까지 － 이 최고의 예법 규정에 따라 이뤄져야만 하는 것이다. 그 규칙을 충분히 습득하기 위해서는 대단한 인내심과 자연스러운 정숙함이 필요하다. 그리하여 다도 학습은 오늘날도 은근과 끈기, 섬세한 배려의 수련으로 여겨지고 있다. 생화 꽃꽂이의 기능도 마찬가지로 정묘정치하다. 거기에는 수많은 유파가 있다. 그러나 이 각 유파의 목적은 요컨대 가능한 한 아름다운 방법으로 － 자연 그 자체 같은 불규칙적인 아름다움으로 － 잎과 꽃이 달린 작은 가지 몇 개를 심어 보이는 것일 뿐이다. 이 기능도 습득하려면 몇 년이라는 세월이 필요하다. 그리고 이 교습에도 역시 심미적 가치와 도덕적 가치가 함유되어 있다.

예의 작법이 극도로 함양된 것도 이 시대였다. 예법을 분별하는 것이 단지 풍조가 아니라 하나의 기능으로써 모든 계층에 보급되어 있었다. 무력을 존중하는 형태의 문명사회에서는 예의 바른 것이 옛날부터 민족적 특징이었다. 그리고 일본 고어에서 알 수 있듯이 역사시대 이전부터 예법은 공통 의무가 된 게 틀림없다. 이 주제에 대한 공적인 법칙은 빨라도 7세기 무렵에 일본 불교의 창시자였던 쇼토쿠태자에 의해 만들어졌다. 그는 "여러 귀족과 백관[群卿百寮]은 예의를 지키는 것을 근본으로 삼아야 한다.[4] 백성을 다스리는 근본은 반드시 예법을 지키는 데 있다. 위에 예법이 없으면 아래가 정돈되지 않는다. 아래에 예의가 없을 때는 반드시 죄가 있다. 이로써 군신에게 예의가 있으면 위계질서가 어지럽지 않다. 백성이 예의가 있을 때 국가는 저절로 잘 다스려진다"고 말했다.

이와 마찬가지 취지의 중국의 가르침이라 할 수 있는 것이 그 천 년 뒤의 이에야스의 유훈에 재창되어 "나라를 다스리는 기술은 군자가 예의로서 신하를 대우하는 데 있으며, 이것을 잘하지 못하면 몸이 죽고 나라가 멸망하게 됨을 알아야만 한다"고 했다. 예절이라는 것이 무사의 지배에 의해 모든 계급에 엄격하게 강제되어온 사정을 우리는 이미 알고 있다. 즉, 적어도 이에야스 이전의 천 년 동안은 칼날 아래에서 예절을 습득했다. 그러나 도쿠가와 막부 아래에서 예의는 특히 일반 서민의 특징이 됐다. 즉, 일상생활의 관계에서부터 최하층 내에서도 지켜지는 행동 예법의 규칙이 됐다. 상층사회에서는 이 예의가 생활의 아름다움을 나타내는 기술이 됐다. 그 무렵 귀금속으로 미술품을 제작하는 취미, 풍치 있는 우아함, 정밀한 식별력은 물론, 언어와 동작의 모든 세세한 점까지도 창출됐다. 예법은 하나의 도덕적·심미적 연구로서 기교 흔적을 더 이상 조금도 남기지 않을 정도까지 완벽한 수준에 도달했다. 우아함과 매력은 이미 습관 — 인체 조직의 유전체 — 이 되어버렸다는 느낌을 준다. 여성의 경우는 정말로 그러하다.

왜냐하면 일본이 만들어낸 가장 심미적인 제작물은 상아 세공품이나 도자기 및 칼, 그 외 조각 금세공이나 칠기가 아닌, 일본 여성이라는 말이 있기

---

4 세레머니(예의)를 말한다. 이를 나타내는 한자 '儀式'은 예의를 갖춘 모든 품위 있는 행동을 나타내는 데 사용된다. 이 번역문은 W. G. 아스톤의 것이다(『일본서기』 제2권 130쪽 참조). ─ 원주

때문이다. 어떤 나라에서든 여성이 남성에 의해 만들어진다는 설이 어느 의미에서 진실이라고 한다면 이 설은 다른 어떤 나라보다 일본에 가장 적합하다고 할 수 있을 것이다. 물론 그러한 여성을 만들어내기 위해서는 몇천 년이라는 세월이 걸릴 것이다. 그러나 이 일이 완성된 것이 도쿠가와 시대라는 것이다. 이러한 윤리적 창조물을 앞에 두고는 비평가도 입을 다물어야 할 것이다. 즉, 그곳에는 자기중심주의와 투쟁만의 세계에는 도저히 적합하지 않은, 도덕적 아름다움 이외에는 단 하나의 결점도 없기 때문이다. 지금 여기서 우리가 칭송을 보내고자 하는 이는 도덕적 예술가, 즉 서양인이 도달할 수 없는 이상의 실현자다. 도덕적 존재로서 일본 여인은 도저히 일본 남자와 같은 민족이라고 생각할 수 없다는 이야기를 자주 들었다. 유전이 성(性)에 의해 제한된다고 주장하면 여기에는 이유가 있다. 즉, 일본 여인은 윤리적으로 일본 남자와 다른 존재다. 아마도 이런 형태의 여인은 앞으로 10만 년 동안 이 세상에 두 번 다시 출현하지 않을 것이다. 즉, 그것은 산업혁명 문화의 여러 형세가 이런 여성의 존재를 허락하지 않을 것이기 때문이다. 일본 여성은 근대풍의 사회에서는 나타날 수 없으며, 또한 현재 생존경쟁 때문에 우리에게는 이미 완전히 익숙해져 버린, 비도덕적 형태를 취하게 하는 이 사회에서는 도저히 만들어질 수가 없기 때문이다. 심상치 않은 법규와 통치하에 있는 사회 — 모든 자기주장은 억압되고 자기희생이 전부 똑같은 의무가 된 — 만이 울타리 안에서 개성을 다듬고 꽃 피우는 것을 허락하며, 외부로부터 단절된 사회만이, 요컨대 조상숭배 위에 세워진 사회만이 이런 형태를 만들 수 있다. 이러한 형태에는 현대의 20세기 인간성과 공통되는 것이 없다 — 아마도 그것과 비교할 수 있는 것이 없을 것이다 —. 그것은 마치 그리스의 화병에 그려져 있는 생활에 우리와 공통되는 요소가 없는 것과 같다. 저 형태의 아름다움은 이미 소멸된 세계에 존재하는 것으로서, 근대어가 탄생하기 전의 서양에서는 이미 멸절된 꽃처럼 매혹적이고 신기해 표현할 바 없는 아름다움인 것이다. 그것을 이식해 멋들어지게 뿌리를 내리게 하는 일은 생각조차 할 수 없다. 이국땅의 햇볕 아래에서는 그 모습이 전혀 닮지 않은 이상한 것으로 바뀌어 색깔은 퇴색되고 향기는 옅어진다. 일본의 여인은 자신이 태어난 고향에서만 본령을 발휘할 수 있는 것이다. 즉, 그 도덕적 존재의 매력 — 섬세한 감수성, 더할 나위 없는 솔직함, 어린아이 같은 신심 깊은 신뢰성으로 주위를 즐겁게 하기 위해 여러모로 멋들어지고 섬세하게 수단을 감별하는 재주를 지닌 — 이 이해되고 존중될 수 있는 신비한 사회를 위해 옛날 식 교육에 의해 준비되고 또 완성된 일본 여인은 모국에서만 겨우 이해받을 수 있을 것이다.

이상에서 나는 일본 여인의 도덕적·정신적 아름다움에 대해 말한 것에 지나지 않는다. 외국인이 일본 여인의 육체적 아름다움을 인정하려면 시간이 필요하기 때문이다. 서양인의 기준에서 이 종족에게 미가 있다고 말하기는 어려울 것이다. 아니, 그 미는 아직 발달하지 않았다고 해야 할까? 서양의 심미적 기준을 만족시킬 수 있는 얼굴 각도[顔面角]를 구해봤자 쓸데없는 일이다. 일본인에게 육체적 단려함 — 균제미(均齊美)의 표출, 서양인들은 이를 우아함이라고 말한다 — 이 드러나는 경우는 아주 드물다. 그러나 얼굴과 모습 어느 쪽에도 대단한 매력이 있다. 즉, 그것은 손발이 아직 충분히 자라지 못한, 가늘고 가냘프고 예쁜, 정말로 사랑스러운 손발을 하고 있는 유년기 — 아직 유연하고 윤곽도 분명하지 않은 (프랑스 미술가들이 종종 말하는, 윤기를 죽이는) 이목구비의 — 의 매력인 것이다. 그 눈을 보면 우선 놀라게 된다. 눈꺼풀[眼瞼]이 아리안의 것과는 전혀 다른 형태다. 그럼에도 때때로 매우 아름다운 눈을 볼 수 있다. 이 눈꺼풀 선의 특수한 아름다움을 표현하기 위해 일본·중국 미술이 고안해낸 우미한 표현을 서양 미술가도 놓칠 리 없다. 서양 기준에 따르면 일본 여인은 단려하다고는 말할 수 없지만 귀엽고 예쁜 어린아이처럼 사랑스럽다고 할 수 있다. 서양의 잣대로 우아한 부인은 좀처럼 볼 수 없지만 일본 여인은 그 나름대로 서양 여인과는 비교할 수 없이 단아하다. 그것은 꾸밈없이 자연스러우면서도 진실로 정숙하고, 또 다소곳하게 행동하는 몸동작이나 눈매에서 우러난다. 옛부터의 관습에 따라 일본 여성은 그 우아함을 왕래하는 외부 사람에게 두려움 없이 내보이는 일이 허락되지 않았다. 길을 걸을 때는 동동거리며 걸었고 게다의 보폭이 작아서 발을 허벅지 안쪽을 향해 교대로, 특히 약간 기울어진 안짱걸음으로 걸어야만 했다. 그러나 일본 여성의 아름다움이 자연스럽게 드러나는 집안에서 그녀들의 모습 — 단지 집안일이나 손님 접대, 꽃꽂이를 하고 있는 — 을 바라보는 것은 극동 아시아의 미학을 수양하고픈 의욕과 마음이 있는 사람에게는 이미 하나의 교육 현장이다. 그렇다면 이 일본 여인은 하나의 인공적 산물, 동양 문명이 억지로 만들어낸 산물이 아닌가 하고 묻는 사람이 있을지도 모른다. 그에 대해서는 '그렇다', '그렇지 않다'라는 두 가지 답변을 내놓고 싶다. 모든 성격이 인위적으로 만들어진다는 진화론적 의미에서 그녀들은 인공적·인위적 소산이기는 하다. 그리고 그 제작에는 몇백 년이라는 시간이 걸렸다. 하지만 다른 한편으로 그녀들은 인공적·인위적 형태가 아니다. 왜냐하면 사정이 허락하기만 한다면 언제라도 진정한 자기 자신이 될 수 있도록, 달리 표현한다면 편하게 자연 그 자체가 될 수 있도록 훈련되어왔기 때문이다. 여성에 대한 고풍적인 교육은 본질적으로 여성다움에 대한 것이었다. 친절, 순종, 동정심, 부드러움, 섬세한 마음씨 등의 여자다움이 배양되어 비교할 바 없는 아름다운 꽃으로 피어났다. "어여쁜 아가씨들이여, 얌전하게 굴어라. 그리고 똑똑하게 처신해라. 온종일 헛꿈만 꾸지 말고 덕행(德行)을 해라." 킹슬리(Kingsley)의 이 말은 일본 여성 교육의 중심 사상을 멋지게 구현하고 있다. 물론 이러한 교육에 의해서만 조성된 존재는 당연히 사회의 보호를 받아야 한다. 그리하여 여성은 구일본 사회에서 보호받았다. 여성을 예외로 취급해도 법규에는 특별히 영향은 없었다. 내가 말하는 의미는, 즉 여성은 정서적 예법 범위 내에서 안전하고 순수하게 자기 자신이 될 수 있다는 것이다. 여성의 인생에서 성공이란 선량함, 복종, 친절함에 의한 애정, 즉 완전히 타인이었던 집의 가족 모두 – 단지 남편만이 아니라 남편의 부모나 조부모, 그의 형제자매까지 – 로부터 애정을 획득하는 그녀의 능력에 의해 달성되는 것이다. 이렇게 성공하기 위해서는 천사 같은 선량함과 참을성이 필요했다. 그리고 일본 여인은 적어도 불교의 이상형 천녀(天女)를 실현하고 있다. 타인을 위해서만 일하고 생각하며, 타인을 기쁘게 함으로써만 행복을 느끼는 – 불친절해서는 안 되고 이기적일 수 없고 선조로부터 이어받은 정의의 생각을 벗어난 일은 아무것도 할 수 없는 – 인간, 이러한 부드러움과 온화함에도 의무를 다하기 위해서는 여차하면 언제라도 자기의 생명을 던져 모든 것을 희생할 수 있는 인간이다. 이 같은 것이 일본 여성의 특질이다. 이 어린아이 같은 영혼 속에 온화함과 강인함, 또 부드러움과 용기가 결합을 이루고 있는 것은 매우 불가사의해 보인다. 그러나 그러한 예는 의외로 주변 가까이에서 찾을 수 있다. 그녀의 부인으로서 부모로서 또 어머니로서의 애정보다 강렬한 것, 즉 여성으로서의 어떠한 정서보다도 강렬한 것, 그것은 그녀의 위대한 신앙에서부터 나오는 도덕적 신념이다. 이 종교적 특성은 서양에서는 수도원의 어둠 속에서만 발견할 수 있다. 그곳에서는 다른 모든 것을 희생해 이러한 종교적 특성이 양성되는 것이다. 그리하여 일본 여성은 곧잘 자선원의 수녀와 비교된다. 그러나 당연히 그녀들은 자선원의 수녀를 훨씬 능가한다. 즉, 그녀들은 며느리와 처, 그리고 어머니의 3역을 겸하며 이 중 어디에서도 불평이 나오지 않도록 다각적 의무를 다해야만 한다. 그러므로 오히려 기품 높은 그리스형 여성, 예를 들면 안티고네(Antigone)나 알세스티스(Alcestis)에 비교되는 것이 지당하다. 옛부터의 수련에 의해 형성된 일본 여성의 경우, 인생을 살아가면서 하는 행위가 모두 신앙의 행동이며 그녀의 존재가 이미 하나의 종교이고 집은 종교적 전당이며 그녀의 입에서 나오는 말과 사상은 모두 사자의 제사 규정의 명령을 받고 있는 것이다. 확실하게 사라져가는 운명에 놓여 있기는 하지만 이 경이로운 형태는 아직 소멸되지 않았다. 앞을 다투어 남을 밀쳐버리는 미래의 이기적인 세계에서는 심장 박동 하나하나, 또 피 한 방울 한 방울이 신과 사람들을 위한 봉사에 도움이 되도록 양육된 인간의 설 자리가, 지옥 속에 있는 천사 자리보다 더 없을 듯하다.

17

신도의 부활

도쿠가와 막부가 서서히 약체화된 원인은 그 이전 셋슈 정권의 쇠퇴를 초래한 원인과 비슷하다. 도쿠가와 지배에 의해 시작된 천하태평이 오랫동안 계속되어 백성들이 나약해졌으며, 또 강력한 건국자들의 뒤를 이어받은 계승자들이 점차 유약해졌던 것이다. 그럼에도 도쿠가와 이에야스가 철두철미하게 고안하고 완성한 행정기구가 운영의 묘미를 발휘해 도쿠가와 막부의 정적들은 외국의 침입이 그들에게 의외의 도움이 되기 전까지는 막부를 공격할 기회를 잡을 수 없었다. 막부의 최대 난적은 2개의 큰 번인 사쓰마와 조슈(長州)였다. 이에야스는 어느 한계를 초월하자 그들의 힘을 약화시키고자 하지 않았다. 이는 억지로 제재를 가하면 위험이 더욱 증대됐기 때문이고, 또 한편으로는 이 2개 번의 동맹이 당시에는 정치적인 중대사였기 때문이다. 이에야스는 오로지 안전한 세력균형 수단을 이용해 무시하기 어려운 이 두 번 사이에 그가 신뢰할 수 있는 ─ 첫째, 이해관계상, 둘째, 혈연관계에 토대를 둔 − 영주가 다스리는 신흥 번들을 배치했다. 그러나 이에야스는 막부에 대한 위험이 사쓰마와 조슈로부터 일어날 가능성이 있다고 언제나 생각하고 있었다. 그리하여 그는 후계자들에게 이런 가상의 적에 대한 정책을 마련하는 데 주의 깊은 지시를 남겼다. 이에야스는 자기가 한 일이 아직 완벽하게 되지 않았다고, 즉 건물 중앙부로부터 멀리 떨어진 부분이 다른 부분과 잘 맞아떨어지지 않는다고 생각했다. 그는 통합 강화 선상에서는 더 이상의 일을 전개시킬 수 없었다. 그러기에는 사회 구성의 제반 재료들이 불충분했으며, 따라서 완전하고 영구적인 접착 결합을 도모할 수 없었다. 그것을 성취하기 위해서는 여러 번을 해체해야 했다. 이에야스는 이런 사정하에서 사람의 선견지명으로 시도할 수 있는 것은 모두 해봤다. 그의 훌륭한 조직의 약점을 그보다 예리하게 파악한 사람은 아무도 없었다.

200년 동안 여차하면 사쓰마와 조슈와 언제라도 동맹할 마음이었던 몇몇 번은 도쿠가와의 지배하에 굴복하고 있었다. 그러나 그들은 그런 상황을 못 견디고 매우 초조해하고 있었다. 때가 되면 멍에를 던져버릴 기회를 노리고 있었던 것이다. 그리고 그동안 그들을 위한 기회가 천천히 만들어졌다. 그것은 어떤 정치적 변혁에 의한 것이 아니라 일본 문인들의 끈기 있는 노력의 선물이었다. 이들 문인 중 3명 − 일본이 그때까지 낳은 최대의 학자들 − 이 그들의 지적 노력으로 도쿠가와 막부 폐지로 향하는 길을 준비했던 것이다. 그들은 신도의 학자였다. 그들은 외래 사상과 외래 신앙의 오랜 압제 − 중국으로부터 수입된 문학과 철학 및 관료제도가 미친 영향 − 와 외래 종교인 불교가 교육에 미친 강력한 영향 − 일본인 고유의 보수적 정신의 자연스러운 반동 − 을 드러내 보였다. 이들 외래적인 것에 대해 일본 고유의 고대 문학, 고대 시가, 고대 제사, 신도 초기 무렵의 관습과 의식을 대립시킨 것이다. 이들 3명은 가모노 마부치, 모토오리 노리나가, 히라타 아쓰타네다. 이 세 학자가 기울인 노력의 결실이 불교 폐기와 1871년의 신도 대부흥이다.

이들에 의해 행해진 지적 혁명은 오랫동안 평화롭게 지내던, 또 지배계급의 보호와 후원을 받고 있던 무리들의 손에 의해 처음으로 준비됐다. 미묘한 기회로부터 이 신도학자들의 일을 가능하게 만든 것 – 장려와 원조를 처음으로 문학에 부여한 – 은 다름 아닌 도쿠가와 가문이었다. 이에야스는 원래 학문 애호자였다. – 시즈오카(靜岡)에서 은퇴하고 – 만년에는 고서나 고문서 수집에 여생을 바쳤다. 그는 자기가 소장한 일본 서적을 여덟 번째 아들인 오와리(尾張) 영주에게 남기고 한문으로 된 서적은 또 다른 아들인 기슈(紀州) 영주에게 주었다. 오와리 영주는 직접 일본 고문서를 편찬하고 있었다. 이에야스의 다른 자손들도 이 뛰어난 쇼군에게 흐르는 문학 애호의 피를 이어받았다. 그의 손자 중 1명인 제2대 미토(水戸)의 영주, 미쓰쿠니(光圀, 1622~1700)는 여러 학자의 도움을 받아 『대일본사(大日本史)』 240권을 편찬했다. 그는 또 황실의 제반 의전과 의례에 대한 500권의 저술을 편찬했으며 이 막대한 저서의 출판 비용을 마련하기 위해 자기 수입에서 매년 약 3만 파운드에 상당하는 금액을 공제했다. 이러한 뛰어난 다이묘들의 비호하에 새로운 유파의 문인들이 서서히 나타나기 시작했다. 그들은 기존의 중국 문학에 대한 관심을 일본 고전 연구 쪽으로 돌렸다. 그들은 고대의 시가나 연대기를 새로 편집하고 풍부한 주해를 달아 신성한 기록은 재출판했다. 그리고 종교, 역사, 언어 등 여러 주제의 시리즈물[群書]을 저술했다. 또 문전(文典)이나 사전을 만들었으며 작시 작가의 법칙이나 세속의 일반적 오류, 신들과 관련한 여러 특성이나 제정(祭政), 고대 풍속 습관에 대해 여러 가지 논고를 썼다. 이 신흥 학파의 기초를 만든 이는 두 사람의 신관, 가다(荷田)와 가모노였다.

최고위층의 학문 옹호자들은 그들이 장려하며 원조하는 이 같은 탐구의 결과물에는 결코 위구심이 없었다. 그러나 고대의 기록, 문학, 정치 및 종교적 실상에 대한 연구는 사람들로 하여금 스스로 이 나라 고유 학문을 질식시켜버린 외국 문학의 영향을 깨닫게 하고, 또 조상신을 제사 지내는 종교를 압도해버린 외래 종교의 역사에 대해 생각하게 했다. 중국의 도덕과 제반 의례, 불교는 이 나라 고대 이래의 신앙을 경소한 신앙으로, 아니 거의 미신 상태로까지 추락시키고 말았다. 이 신흥 학파 중 한 사람은 목소리를 높여서 "신도의 신이 마침내 불교의 하인으로 나락하고 말았다"고 말했다. 신도의 신들은 이 민족의 조상이다. 천황과 왕자들의 아버지와 할아버지[父祖]다. 즉, 이러한 신들이 나락했다는 것은 황실의 전통이 땅바닥에 떨어졌다는 것이었다. 천황은 이미 아주 옛날부터 권리와 특권뿐 아니라 세입도 박탈당했다. 수많은 천황들이 자리를 박탈당하거나 유배형을 당하거나 여러 가지 모욕을 받았다. 신들이 불교의 여러 부처들보다 하위 신격으로 수용되는 것과 마찬가지로, 신들의 살아 있는 자손은 지금도 무력 찬탈자의 기숙자로서만 통치를 허용받았다. 신성한 법규에 의하면 이 제국의 전 국토는 하늘의 왕에 속하는 것이었다. 그런데 황실에 종종 큰 궁핍이 발생했다. 황제가 생활을 유지하는 데 충당되는 세입은 천황 가족의 궁핍을 구제하는 데도 부족했다. 이것은 누가 생각해도 분명히 잘못된 것이었다. 막부는 태평성대를 구축해 처음으로 번영의 토대를 만들었다. 그러나 그 번영의 원천이 따지고 보면 황실 제반의 권리를 무력으로 찬탈한 것임은 누구도 잊을 수 없었다. 옛날 권력의 자리에 하늘의 아들을 회복시켜 무가 두령들을 부하로 삼는 상태로 돌아갈 때 비로소 진정한 국가의 최상 이익이 나타나게 될 터였다.

모두 이런 것을 깨달았고 이는 공공연하게 역설됐다. 그러나 모든 것이다 공공연하게 말해진 것은 아니었다. 무력 정권이 천황의 지위를 찬탈했다고 말한다면 파괴를 불러올 것이었다. 신도학자들은 그 시대의 정치와 체질이 허락하는 한에서 과감하게 활동했다. 그들은 위험 지역의 한계선까지 접근했고, 그 맹아가 보이는 18세기 말경 마침내 고대 신앙의 공적 부활, 황제의 지상(至上) 권력 회복 및 무력 권력을 제압할 수 있는 — 근절은 불가능하더라도 — 강력한 무리를 탄생시켰다. 막부는 이에 놀라서 1841년 대학자 히라타 아쓰타네를 에도에서 추방하고 그의 저술을 금지했다. 그 이후 얼마 되지 않아 히라타는 죽었다. 그래도 그는 40년 동안 말할 수 있었다. 그는 이미 몇백 권이나 되는 책을 저술하고 출판했다. 그를 최후이자 최대의 신도학자로 삼은 학파는 그 무렵에 이미 광대한 영향을 미쳤다. 조슈, 사쓰마, 도사(土佐) 및 히젠(肥前) 등의 불령 불손한 다이묘들은 호시탐탐 기회를 노리고 있었다. 그들은 새로운 사상이 자신들의 정책에 도움이 될 것이라고 인정해 이 새로운 신도주의를 장려했다. 그들은 도쿠가와의 잔재를 모조리 쓸어버릴 수 있는 희망의 시절이 다가왔음을 느꼈다. 그리고 그들의 시기는 페리 제독(Admiral Perry) 함대의 일본 도래와 함께 드디어 찾아왔다.

그때의 사건은 모든 세상이 주지하는 것이므로 여기서 장황하게 늘어놓을 필요도 없다. 막부는 겁을 먹고 아메리카 합중국 및 그 외 열강과 통상협정을 맺었고 외국과의 무역을 위해 어쩔 수 없이 각지 항구를 개항했다. 그러자 불만 여론이 와자지껄하게 들고 일어났으며 무력 정권의 적대 세력은 이를 더욱더 선동했다. 막부는 외국의 침입을 거부하는 것이 불가능하다는 것을 확실히 알게 됐다. 즉, 서양 제국의 힘을 매우 잘 알게 됐다. 그러나 황실은 이런 사정을 전혀 알지 못했다. 막부는 이런 정보를 조정에 알리기를 꺼렸다. 서양의 침입을 방어할 힘이 없다는 것이 알려지면 도쿠가와 가문의 붕괴를 불러오게 될 것이었다. 다른 한편으로 외국에 저항한다면 황국의 파멸을 가져오게 될 것이었다. 막부의 적들은 이때 조정을 설득해 양이(攘夷, 오랑캐를 물리친다) 명령을 내렸다. 이 명령－이는 본질적으로 만민이 하나같이 인정하고 있던 권력의 근원으로부터 내려진 종교적 명령이라는 것을 명기해두는 바다－은 무력 정권을 심각한 궁지로 몰아넣었다. 막부는 힘으로 성취할 수 없었던 것을 외교로서 확보하고자 노력했다. 그러나 막부가 외국인 거주자의 인양 문제를 교섭하고 있는 동안 사태가 갑자기 긴박해졌다. 조슈 번의 영주가 열강 선박들에 포격을 가한 것이다. 이 시모노세키(下關) 포격으로 배상금 300만 달러를 지불해야만 했다. 쇼군 이에모치(家茂, 1846~1866)는 이 적대 행위를 문책하기 위해 조슈 번 정벌을 계획했다. 그러나 이 시도로 무력 정권의 허약함이 드러났다. 이 정벌이 패배한 후 곧 이에모치가 세상을 떠났다. 그 뒤를 이어받은 히토쓰바시(一ツ橋)도 아무런 수완을 발휘할 기회를 얻지 못했다. 그것은 막부의 허약함이 확실하게 눈에 띄어 적들이 치명적인 타격을 가했기 때문이다. 그들은 조정을 협박해 막부 폐지 포고를 요청했으며, 결국 막부는 조정의 칙령에 의해 폐지됐다. 히토쓰바시는 이 결정에 순종했다. 이렇게 도쿠가와 막부 통치가 종말을 고하게 됐다. 그 이후 2년 동안 온전히 충성을 바쳐왔던 도쿠가와 세력이 권력 회복을 꾀하며－승산을 무시하고－싸웠지만 1867년에는 행정기구 전체가 재편성됐다. 최고 권력이 문무 모두 황제에게 복귀됐다. 그 후 얼마 안 있어 관명(官命)에 의해 원래의 간소한 형태로 부활한 신도는 국교로 선포됐다. 그리고 불교는 기본 재산을 빼앗겼다. 그리하여 제국은 옛날 형태를 좇아 재건됐다. 그리고 옛날 문인 집단이 염원하던 것이 모두 실현된 것처럼 보였다. 단 한 가지만을 제외하고.

여기서 예의 문인 집단이 탁월한 신흥 신도주의 창시자들이 꿈꾸던 것보다도 훨씬 앞을 내다본 사정에 대해서 살펴보기로 하자. 후기의 열광적 신도자들은 막부 폐지, 왕권 회복, 고대 제사 부흥만으로 만족하지 않았다. 그들은 사회 전반을 원시시대의 간소함으로 되돌리고 싶어 했다. 그들은 모든 외국적 감화를 제거하고 국가적 의식 전례, 미래의 교육과 문학, 도덕이나 법률까지도 모두 순수하게 일본적이기를 희망했다. 그들은 불교로부터 세습재산을 박탈하는 것에 만족하지 않고 전면적인 억압을 가하자고 제안했다. 그러나 그렇게 하면 사회가 야만의 상태로 돌아가버릴 것이었다. 예의 신도 대학자들도 불교나 중국의 가르침을 모두 버리라고는 결코 말하지 않았다. 이나라 고유의 종교나 문화가 앞서야 한다고 주장할 따름이었다. 그러나 이 신흥 문인 단체는 과거 천 년 동안의 경험을 없애버리고자 했던 것이다. 다행히도 막부를 무너뜨린 제번의 번사들은 각각 다른 관점에서 과거와 미래를 바라봤다. 그들은 우선 국가의 존망이 위험에 처해 있다는 것, 또 외국으로부터의 압박을 거부하는 것이 불가능하다는 것을 깨달았다. 1863년 사쓰마는 가고시마의 포격을 경험했으며 1864년 조슈는 시모노세키 포격을 받았다. 그리하여 서구에 대항하려면 서양 과학을 끈기 있게 학습하는 것 외에는 다른 방도가 없음을 명백히 깨달았다. 즉, 제국이 살아남을 길은 국가와 사회의 서구화뿐이었다. 1871년 번 체제가 폐지됐다. 1873년에는 그리스도교 금지령이 철폐됐다. 1876년에는 무사가 칼을 차는 관습이 금지됐다. 군사 단체로서의 무사는 억압됐다. 그 이후 모든 계급이 법 앞에 평등하다고 선포됐다. 법전이 새로 제정됐다. 새로운 육군과 해군이 조직 편성되고 신식 경찰제도가 창설됐다. 최신 교육제도가 국비로 도입됐다. 나아가 신헌법 제정이약속되어 마침내 1891년에 일본의 최초 국회 ― 엄밀히 말해서 ― 가 소집됐다. 그 무렵 사회 전체 윤곽이 유럽풍 형태를 취해 법이 만들어낼 수 있는 한에서 최대한 새로 만들어졌다. 이렇게 해서 국민은 통합 완성의 제3기에 달했다. 번벌(藩閥)은 법적으로 해체되어버렸다. 가족은 이미 사회의 법적 단위가 아니었다. 신헌법에 따라 개인이라는 것이 인정됐다.

정치적으로 급격한 대변화의 역사를 지엽적이고 세세한 것들 — 이 운동의 여러 요소, 직접적인 원인이나 결과의 결합, 강렬한 개성의 영향력, 어쩔 수 없이 개인적인 행동을 취하게 된 사정 — 에서만 고찰해간다면 그 변혁은 소수의 탁월한 인물들의 사업이자 공적으로 보이기 십상이다. 하지만 이는 그 소수의 걸출한 인물들도 그 시대의 소산이라는 것, 또 이러한 연이은 속사포적인 변이 하나하나가 개인의 두뇌 작동에 의한 것임과 동시에 국민적·민족적 본능의 움직임인 것을 잊고 있는 것이다. 메이지 유신(明治維新)의 다양한 사건은 위기에 직면해 발휘된 민족 본능적 행동, 즉 갑작스러운 환경 변화에 대처한 내적 관계의 조절을 신기할 정도로 잘 설명한다. 새로운 상황이 눈앞에 닥치자 구정치조직이 얼마나 무력한지 알게 됐다. 그리고 그런 조직을 탈바꿈시켰다. 오래된 군사조직으로는 스스로를 지킬 수 없음을 깨닫고 조직을 개편했다. 예상하지 못한 필요성으로 종래의 구교육 체제는 쓸모가 없음을 깨달았다. 그리하여 이 체제를 대체하고 동시에 불교의 힘도 무력화시켰다. 그렇게 하지 않으면 새로운 발전을 향해 골치 아픈 반대론이 나올 것이었다.

국가 존망의 최대 위기를 만나 민족 본능은 주저하지 않고 일찍이 가장 의지했던 도덕적 경험, 즉 절대복종의 종교인 고대의 제사를 구현하는 경험으로 되돌아갔다. 국민은 신도적 전통에 의지해 고대 신들의 자손인 지배자의 주변에 모여 열렬한 신앙적 열의에 불타 이 지배자의 의지를 기다렸다. 그 명령을 엄수하면 비로소 이 난국을 벗어날 수 있다. 그렇지 않고는 결코 헤쳐나갈 수 없다. 이것이 전 국민의 확신이었다. 군주의 명령은 다만 국민이 분투해 가능한 한 적국의 지력과 동등하게 되도록 노력하자는 것이다. 이 명령이 얼마나 충실하게 지켜지는가 — 또 이 민족의 고래의 도덕적 훈련이 국가 존망의 위기에 얼마나 효험이 있는가 — 는 두말할 필요가 없었다. 일본은 자력 으로 근대열강의 문화 제국 대열에 진입했다. 새로운 군사조직으로서 무시 당하지 않게 됐고 실용 과학 영역의 업적도 존경받을 만하다. 겨우 30년 동안 에 이 경이로운 자력 개선을 성취한 능력, 일본의 이러한 힘은 자국의 고대 제사, 즉 조상숭배 종교로부터 태어난 도덕적 관습에 힘입고 있다. 이 위업 을 공평하게 측정하기 위해서는 일본이라는 국가가 처음 학습하기 시작했 을 때는 적어도 2,700년이란 시간의 진화적 측면에서 근대 유럽의 어떤 국가 보다도 젊었음을 염두에 두어야만 한다.

사회에 대한 종교제도의 커다란 가치는 그 사회집단에 대한 결집 응고의 힘, 즉 관습 준봉을 강제하고 또 분산 확산을 일으킬 요소가 될 만한 혁신을 거부 반대해 통치를 강화하는 힘에 있다고 허버트 스펜서는 말한다. 다시 말 하면 사회학적 견지에서 본 종교적 가치는 그 종교의 보수적 정신에 있다는 것이다. 많은 저자가 일본 국교의 약점은 바로 압도적인 불교 영향력에 대항 할 수 없는 데서 실증된다고 논술한다. 그러나 나는 일본의 사회사 전체가 그 반대를 입증한다고 생각하지 않을 수 없다. 신도의 학자들도 인정하는 것 처럼, 불교가 오랜 세월에 걸쳐 신도를 거의 흡수해버린 것처럼 보이고, 조상 제사를 소홀히 하거나 가볍게 여긴 불교 신자의 천황도 있었지만, 또 천 년이 란 시간에 걸쳐서 불교가 국민교육을 지도해왔음에도, 신도는 그동안 생기 발랄하게 살아남아 최종에는 그 상대를 넘어뜨렸을 뿐만 아니라 타국의 지 배로부터 조국을 구할 수 있었다. 신도의 부활이 한 무리 정치가들이 벌인 공상된 정책의 우연한 연극일 뿐이라고 단언하는 것은 이에 앞섰던 사건을 완전히 무시하는 것이다. 이러한 대변혁은 국민적 감정이 그에 호응하지 않았다면 한 조각의 법령만으로는 도저히 성취할 수 있는 것이 아니다. 그때까지의 불교 번영에 대해서 염두에 두어야 할 세 가지 중요한 사실이 있다. 첫 번째, 불교는 제사 형식을 수정하면서도 가족 제사를 보호했다. 두 번째, 불교는 실제로는 씨족신 제사를 대신한 것이 아니라 씨족신 제사를 유지시켰다. 세 번째, 불교는 황실의 제사에 결코 간섭하지 않았다. 한편 다음 세 가지 조상숭배―가정 제사, 지역사회 제사, 국가 제사―는 신도에서 모두 그 생명의 흐름을 구성하고 있다. 오랫동안 불교의 지배하에 있었어도 고대로부터 내려온 신앙의 본질적 요소는 무엇 하나도 약체화되지 않았고, 하물며 폐기되지도 않았다.

지금 최고(最高)의 제사는 국교가 아니다. 신도의 여러 영수(領袖)들의 요청에 의해 공적으로는 하나의 종교로서 분류조차 되지 않는다. 이는 명백한 국가정책적 이유하에 결정된 것이다. 신도는 훌륭한 위업을 달성했으므로 이미 그 지위에서 물러났다. 그러나 민족 감정, 의무감, 충의의 지정(至情), 또 조국애에 감응하는 모든 전통을 대표하는 것으로서 아직도 여전히 측량할 수 없는 힘이 있다. 그것은 앞으로도 민족적 위기가 일어났을 때 그 감응(感應)을 기도하면 결코 공허하지 않은 힘으로 존속해갈 것이다.

18

전대(前代)의 유물

어느 불교 사원 마당에 몇백 년 된 유명한 노목이 몇 그루 있다. 이 나무들은 모두 경탄할 만큼 잘 손질되어 있다. 용 모양이 있는가 하면 불탑이나 배, 우산 모양도 있다. 이 나무들이 각각 자연스럽게 뻗어가는 대로 내버려뒀다면 오랫동안 이 나무를 손질하면서 변형됐던 기이한 모습은 결국 없어지고 말았을 것이다. 새로 돋아나는 어린 나뭇잎은 처음 얼마 동안은 가장 저항이 적은 방향으로만 뻗어 나가므로 상당 기간 이 나무의 외형은 그다지 변하지 않는다. 즉, 식목 가위와 칼로 처음 만들어진 형태에 머무는 것이다. 칼과 법령과 옛 일본 사회도 이 나무들과 마찬가지로 잘리거나 구부림을 당하면서 속박되어왔다. 그리고 메이지 유신 이후에도, 즉 막번 제도가 폐지되어 무사 계급이 궤멸된 이후에도 사회는 여전히 구태를 보수했다. 그러나 그것은 이 나무들이 처음 정원사의 손길에서 벗어나 자라는 경과와 흡사하다. 봉건시대의 법률적 연대로부터 벗어나 무사 지배라는 가윗날에서 해방됐다고는 하지만 사회구조의 대부분은 예부터 내려온 모습을 보존하고 있다. 그리하여 진기한 풍경은 서양에서 온 구경꾼들을 당혹하게도 기쁘게도 하며 또 속이기도 한다. 이곳은 실로 요정의 나라다. 다른 곳에서는 도저히 찾아볼 수 없고 비유할 데 없는 특이한 형태 — 모양이 색다르고 아름답고 진기하며 또 매우 신비하다 — 로서 매혹적이다. 그리스도 탄생 이후 19세기의 세상이 아니라 기원전 몇 세기의 세상인 것 같다. 게다가 이처럼 신기한 와중에 더욱 신기한 사실은 여전히 인정되지 않은 채로 있다. 그리고 현재에도 많은 사람들이 이를 인식하지 못하고 있다.

30년 전쯤, 아직 표면적 변화가 일어나지 않았던 시절에 이 경이로운 요정의 나라에 발을 디뎌 이곳의 생활을 접하는 특권을 누린 사람들은 정말 매우 행복했을 것이다. 어디에서든지 사람들은 누구나 우아하며 미소를 머금고 있고 조용하다. 그들은 강한 인내심으로 묵묵하게 일하고 거리에는 비참함도 싸움질도 보이지 않는다. 지금도 외국의 영향에 별로 물들지 않은 머나먼 시골에 가면 오래전 옛날 생활의 아름다움이 숨 쉬고 있어 놀라게 된다. 그런데 보통 여행자들은 이러한 것에 어떤 의미가 있는지 알 수 없다. 모두가 예절 바르고 누구도 말다툼을 벌이지 않으며 하나같이 방긋 미소 짓고 있는 것, 표정에 고통도 슬픔도 나타나지 않는 것, 새로 배치된 경찰은 할 일이 없어 무료한 것, 이러한 모든 것은 이들의 인간성이 도덕적으로 우수하다는 증거일 것이다. 그러나 수련을 거듭한 사회학자에게 이것은 어딘가 특이하고 기분 나쁘며 무서운 것을 암시할지도 모른다. 그에게는 이 사회가 더할 나위 없는 강압 아래 특정 형태에 맞추어 만들어졌다는 것, 그리고 그런 강압이 몇천 년 동안이나 특별히 방해받지 않고 지속되어왔음이 실증될 것이다. 그리하여 도덕과 관습이 여전히 분리되지 못하고 있으며 각 개인의 행위가 타인의 의지에 따라 제약되는 것을 매우 간단히 인정할 것이다. 그는 이런 사회 환경에서 개성은 발달할 수 없다는 것, 즉 어떤 개성도 그 우수성을 주장할 수 없으며 어떤 경쟁도 허락되지 않음을 안다. 또 이러한 생활의 외관적 미 ― 그 자체의 부드러움, 꿈속의 세계에서나 나올 법한 침묵의 미소 ― 는 모두 사자의 지배를 의미한다. 그는 또 이 사람들의 마음과 자신이 살고 있는 시대 사람들의 마음 사이에 존재하는 사상과 감성의 유사성 및 공감대가 존재하지 않는다는 것, 즉 이들 양자를 격리시키는 해안이 수천 리라는 지상적인 거리로 측정할 수 있는 것이 아니라 몇천 년이라는 시간적 거리만으로 측량할 수 있다는 것, 즉 심리적 간격은 유성에서부터 유성에 이르는 거리처럼 측정할 가능성이 없음을 인정할 것이다. 그러나 이런 진상을 알아도 그가 일본 사물의 본질적인 아름다움에 맹목적이 될 수는 없을 것이다. 아니 결단코 맹목적이 되어서는 안 된다. 이 태고 이래 생활의 아름다움을 느끼지 못한다는 것은 모든 미에 대한 불감증의 증거일 수도 있다. 서양의 시인이나 학자들이 그토록 애정 넘치는 칭찬을 퍼붓는 그리스 세계는 여러 가지 점에서 이와 비슷한 성격의 세계였을 것이다. 그러나 일본인들의 일상적인 정신생활을 근대인이 향유하는 것은 이미 불가능하다.

몇백 년 동안 그토록 경이로울 만큼 멋지게 다듬어져 소중하게 육성되어 왔던 일본이라는 큰 나무가 그 이형적인 모습을 상실하고 있다. 지금 여기서 그 원래 모습을 어느 정도까지 찾아갈 수 있을지 시도해보자.

외국인 방문자의 눈에 비친 현대 일본의 외관적 양상이 일본의 옛날 모습을 제대로 보여주지 않는 것 같지만 사실 그 모습은 아직도 존속하고 있다. 지금도 먼 옛날 식 제사가 전 국토를 지배하고 있으며 여전히 가족적 규정, 공동생활 지역적 규정, 옛날 막번 체제하의 규정 ― 각각 다양하다 ― 이 사람들의 생활과 행동을 지배하고 있다. 나는 성문화된 법률을 말하는 것이 아니라 조상숭배에서부터 시작되어 많은 의무를 동반하지만 문서화되지 않은 종교적 규정을 말하고 있다. 정말로 많은 변화 — 현자의 의견으로서는 너무 많다고 하지만 — 가 민법 중에서 행해진 것은 사실이다. 그러나 '국가법은 단지 7일 동안뿐'이라는 옛날 속담은 조령모개(朝令暮改, 아침에 명령하고 저녁에 고친다는 뜻으로 빈번한 법률 개정을 의미한다) 식 법 개정에 대한 일반 서민의 생각을 나타낸다. 옛날의 오래된 규정, 즉 사자에 대한 규정에 의해 행동하고 생각하는 것, 그것이 일반 서민의 기호다. 옛날의 다양한 사회집단은 공적으로 폐지됐지만 그에 해당하는 다른 단체가 전국 각지에서 본능적으로 또 조성됐다. 이론상으로 개인은 자유롭다. 그러나 이 자유는 실제로 선조들이 겪은 부자유스러움과 대동소이하다. 관습을 깨뜨리는 것에 대한 옛날 형벌은 폐기됐다. 그러나 지역사회의 의견은 지금도 옛날 식 복종을 강요할 수 있다. 어떤 나라에서도 법 시행과 동시에 당장 일반적인 감정이나 오랜 시간이 걸려 만들어진 관습에 변경이 일어나는 일은 있을 수 없다. 일본인들처럼 고정되어버린 성격의 사람들 사이에서는 특히 그렇다. 젊은이들은 오늘날도 여전히 막부 시대의 그들 부모처럼 마음먹은 대로 자유롭게 결혼할 수 없으며 가족의 승인이 없다면 자신의 재력이나 노력을 자기 사업에 쏟아부을 수도 없고, 또 가족의 권능을 염두에 두지 않고 자기중심적으로 생각할 수도 없다. 그러므로 현재도 여전히 제멋대로 행동할 수 없다고 말하는 편이 더 나을 것이다. 아무튼 어떤 사람이든 아직도 자신의 활동, 시간, 재력을 완전히 자기 것으로 만들지 못했다는 것이다.

이제 개인은 호적에 등재되어 직접 법률에 책임을 지는 자가 됐고 가정에서 각자의 행위에 대해 옛날 같은 책임을 지는 것은 면제됐지만, 여전히 가족이 실제상의 사회적 단위며, 호주라는 조직과 특수한 제사가 있다. 현대 입법자는 현명하게도 이 집안 종교를 보호했다. 그 이유는 현시점에서 이 유대를 약하게 하면 국민 정신생활의 기초가 약해져 사회조직의 최저 구조에 균열이 오기 때문이라는 것이다. 새로운 법전은 상속으로 한 집안의 가장이 된 자가 그 가문을 폐절시키는 것을 금했다. 즉, 그는 제사를 단절시킬 수 없었다. 가장이 될 수 있는 법정(法定) 상속인은 양자 또는 사위가 되어 다른 집으로 갈 수 없으며 나아가 부모의 집을 버리고 자기만의 독립된 가족을 만들 수 없었다.[1] 물론 예외적인 경우를 위한 대응책이 준비되어 있기는 했다. 그렇지만 정당하고 또 충분한 이유가 없다면 누구라도 집안 제사를 책임지도록 한 전통적 의무로부터 멋대로 이탈할 수 없었다. 양자에 대한 새로운 법률은 옛날 정신을 그대로 존속시켜 가문의 종교 유지라는 새로운 준비를 갖췄다. 즉, 양자는 양부모보다도 연소하다는 간단한 조건에서 법정 연령에 달한 자라면 누구라도 양자가 되는 것을 허가했다. 새로운 이혼법은 다만 자식을 낳을 수 없다는 점만으로는 부인과의 이혼을 허락하지 않았다 — 이런 이유 때문에 하는 이혼은 일본인의 감정으로는 옛부터 어쩔 수 없는 것으로 받아들여졌다 —. 그러나 양자 입적에 주어진 편의라는 것을 생각하면 이 개정은 가문의

---

1 말하자면 그는 법률상 가족과 인연을 끊을 수 없다. 그러나 별거는 자유다. 가족의 형태가 점점 붕괴되어가는 경향은 근년 일어나고 있는 풍습 — 특히 도쿄에서 두드러진다 — 을 보면 잘 알 수 있다. 그것은 며느리에게 시부모와의 동거를 강제하지 않는다는 것을 결혼 조건으로 요구하는 것이다. 이 풍습은 아직도 일부 계급에만 한정되어 있으며 반대론도 매우 많다. 많은 젊은이들이 결혼을 하면 양친의 집을 떠나 독립된 세대를 꾸린다 — 법률적으로는 양친 가족에 부속되어 있다 —. 이런 경우 제사는 도대체 어떻게 될 것인지 물을 것이다. 제사는 양친의 집에 존속해 있다. 양친이 돌아가시면 그때 조상의 위패가 결혼한 아들 집으로 옮겨진다. — 원주

제사 존속을 위험에 빠뜨리는 일은 없다. 이 양자 결연 법률이 여전히 조상 제사 보호법 속에 나타나는 흥미 깊은 예는 노령으로 자식이 없는 과부가 자기 가족의 최후 대표자가 됐을 경우 후사가 없는 채로 있는 것이 허용되지 않는 데서 찾아볼 수 있다. 그녀는 가능하면 양자를 맞이해야 하지만 가난하다든가 그 밖의 이유 때문에 불가능한 경우에는 지방 당국이 그녀를 위해 양자 후사를 알아봐준다. 즉, 집안 제사를 유지하기 위해 후사를 이을 아들을 찾아주는 것이다. 이러한 관청의 간섭은 서양인에게 압제로 생각될 것이다. 그런데 그것은 단순한 부모의 마음으로서, 동양 신앙에서의 최대 불행 − 집안 제사가 단절되어 유족이 보호받지 못하는 것 − 은 지금도 예로부터의 규정이 존속함을 나타낸다. 이 무렵의 법전은 또 그 밖의 점에서도 전 시대 사람들에게는 잘 알려지지 않았던 개인의 자유라는 것을 허락하고 있다. 그렇지만 보통 사람들은 세상의 일반적인 의견에 반대되는 법률상의 권리를 요구하고자 하는 일은 꿈에도 생각하지 못했을 것이다. 지금도 여전히 가족이나 일반 세상의 감정은 법률보다도 훨씬 유력하다. 일본의 신문은 때때로 부부가 되고자 하는 사이를 방해하거나 그 사이를 갈라놓으려 하는 데서 일어나는 비극을 보도한다. 이러한 비극은 많은 젊은이들이 집안의 결정에 저항하거나 법률에 호소하면 아마도 좋은 결과를 얻겠지만, 그렇게 하기보다도 오히려 동반 자살을 택하는 쪽이 좋다고 생각하는 데 대한 강력한 증거가 될 것이다.

강압성이 지역적 형태로 나타나는 것은 대도회에서는 그다지 분명하지 않다. 그러나 그것은 어느 정도 어디에서도 보이며, 특히 농경 지방에 많이 남아 있다. 새로운 여건과 오래된 여건 사이에는 다음과 같은 차이가 있다. 즉, 마을의 속박을 도저히 참을 수 없게 되면 그곳으로부터 도망칠 수 있다. 그런데 50년 전에는 그렇게 할 수 없었다. 마을로부터 도망칠 수는 있지만 그 결과는 거의 똑같은 종류의 복종을 강제당하는 다른 상태로의 이동일 뿐이었다. 그래도 사람들은 이동할 수 있는 새로운 자유를 잘 이용했다. 그래서 해마다 몇천 명이 도회지로 몰려들었다. 한곳에서 일 년이나 한 계절 동안 일하고 다른 곳으로 옮겨갔다. 그렇게 되면 환경이 바뀌지만 다른 경험을 한다는 정도의 희망이 있을 뿐이다. 해외 이민도 대규모로 이뤄졌다. 그러나 서민계급에게 이민의 이점은 더 높은 임금을 손에 넣을 수 있는 기회라는 점뿐이다. 해외로 이주한 일본인들의 사회는 스스로의 가정 설계에 근거해 조직된다.[2] 그리고 개인적 이민은 캐나다, 하와이, 필리핀에서 살아도 본국에 있을 때와 마찬가지로 지역사회의 강압을 받는다. 그러한 강제성이 있다 해도 ─ 외국에서 ─ 지역사회 조직이 보증하는 보호와 원조에 의해 보상되는 이익이 있었음은 재차 말할 필요도 없다. 그러나 본국에서 안정된 삶을 살 수 없는 사람들이 해마다 증가하고 해외로의 이민 활동이 끊임없이 확대되어 가고 있으므로 강제적 협력을 요구하는 단체의 힘은 가까운 미래에 매우 약화될 것이 틀림없다.

부족이나 씨족의 법률은 어떻게 됐을까? 이것들은 행정적인 면에서도 정치적인 면에서도 거의 만능의 모습을 보일 정도로 완벽히 살아남았다. 이는

---

2 지역 제사에 관한 것을 제외하면 아마 그러한 조직일 것이다. 집안(가문) 제사는 함께 가지고 간다. 가족을 동반하는 해외 이주자는 선조 위패를 모시고 가는 것이다. 지역 제사가 어느 정도까지 이민 가는 지역에서 거행됐던가를 나는 아직 잘 알 수 없다. 그렇지만 이민 지역에 씨족신[氏神]이 없는 것은 그러한 신사(神社)를 세울 자격이 있는 관리자를 두기에는 금전상으로 곤란하기 때문이라고 생각된다. 예를 들면 타이완의 일본인 이민 지역의 가정에서는 각자 조상 제사가 유지되고는 있지만 씨족신은 건립되어 있지 않다. 그렇지만 정부는 몇 개의 중요한 신사를 건립했다. 그리고 내가 들은 바에 의하면 일본의 이민 인구가 증가하는 훌륭한 명목이 생기면 이러한 신사는 씨족신이 될 것이라는 것이다. ─ 원주

선거인, 관리, 입법자 등이 서양식 언어적 의미의 주의를 준봉하기 때문은 아니다. 그들은 사람에 따르고 명령에 복종한다. 그러한 행동 범위 내에서 명령 불복종에 대한 벌은 가혹했고 오래도록 계속됐다. 그러한 죄를 하나라도 범하면 몇 년 동안이고 악의 넘치는 행위가 계속되는 마력에 포위된다. 이 마력은 논리고 뭐고 할 것 없이 용서도 없고 장님처럼 겁 없이 무턱대고 달려든다. 그 압력과 집요하기가 자연력, 즉 바람이나 해류와 같다. 최근 15년 동안의 일본 정치사를 이해하려면 번벌의 역사를 조금이라도 알아야 한다. 번벌과 그 부하의 역사에 대해 정통하면 정당의 지도자는 일을 훌륭히 해나갈 수 있다. 오랫동안 일본에서 생활한 경험이 있는 외국인 거주자가 번벌의 이익을 명확히 파악해 정계에서 큰 힘을 휘두를 수 있을 정도다. 그러나 일반 외국인에게는 현재 일본의 정치가 혼돈과 분열 그 자체로, 붙잡을 곳 없는 하나의 유동체처럼 보일 것이 틀림없다. 실상은 이렇다. 즉, 변해가는 외부 형식하에서 만사 의연하게 '옛날 그대로'인 것이다. 급속하게 변해가는 증기와 전기의 시대를 만나 변동은 매우 빨라졌지만 결과는 더욱 명확하지 않게 되어버렸다.

지금 살아 있는 일본 정치가 중 최대 거물인 이토 히로부미(伊藤博文) 후작은 입헌정치를 성공시키는 데 최대의 장애물은 도당 만들기, 즉 번벌 집단 만들기의 정치 생활 경향임을 일찌감치 인식했다. 그는 이런 경향을 제압할 수 있는 것은 지방 번의 이익이 아니라 중대한 일, 최고의 희생을 지불할 만한 가치가 있는 일뿐이라는 것을 알고 있었다. 그리하여 그는 국가이익을 위해서는 번, 당, 개인, 또 그 외 어떤 종류의 것의 이익도 무시하고 돌아보지 않겠다고 서약한 사람들만으로 정당을 결성했다. 1903년 반대 측의 내각과 충돌했을 때 이 당은 그 사사로운 원한을 억누르고 세력 다툼에서 적을 옹호하는 멋진 연기를 했다. 그런데 이런 활동을 전개하는 과정에서 상당수의 당내 세력이 탈락했다. 이런 집단행동의 경향 ― 번벌 감정 ―, 즉 민족성과 동일한 이 감정은 여태까지 깊이 뿌리를 내린 것으로서 이토 후작의 정략이 궁극적으로 성공을 거두기에는 아직 의심스럽다고 생각될 정도였다. 여태까지는 다만 국가적 위험, 즉 전쟁의 위기만이 각 당을 뭉치게 만들고 모든 의지를 하나로 결합할 수 있었던 것이다.

정치 한 가지뿐만 아니라 근대 생활의 거의 모든 면이 구사회 붕괴가 근본적인 것이기보다는 오히려 표면적이라고 말할 수 있는 증거다. 해체된 건물이 그 외관은 원래 형태와 다르게 다시 세워졌으나, 내부는 원래와 똑같은 설계로 만들어졌다. 즉, 실제로 이뤄진 해체는 단지 덩어리가 산산이 부서진 것이고 실질이 분열되어 독립적 단위가 된 것은 아니었다. 그리고 이들 덩어리가 재차 응집되어 덩어리로서만 행동을 계속해갔던 것이다. 서양식 의미에서 개인행동의 독립은 지금도 여전히 인정되지 못하고 있다. 최하층에서 그보다 위의 계층에 속한 각 개인은 강압자이지만 동시에 피강압자인 상태를 계속해갔다. 단체 중의 원자(原子)처럼 개인은 진동할 수 있다. 그러나 그 진동의 궤도는 고정되어 있었다. 개인은 옛날 시대와 그다지 다르지 않은 방식으로 행동하고 행동을 수용해야만 했다.

수행자 측 입장에서 행동에 대해 말하면 일반인은 세 종류의 압박을 받고 있다. 우선 위로부터의 압박, 상위자(上長)의 의지에 의한 경우다. 주위로부터의 압박은 한 패나 동료의 공통되는 의지로부터 오는 경우다. 그리고 밑으로부터의 압박은 아랫사람의 일반감정에 의해 대표된다. 그리고 이 아래로부터의 강제는 좀처럼 무시하기 어려울 만큼 강력하다.

첫 번째 압박 ― 권위에 의해 대표되는 ― 에 개인이 저항하는 것은 도저히 생각할 수 없다. 연장자는 씨족이나 계급, 즉 어떤 신분층에서 매우 많은 다수의 힘을 대표하는 자이기 때문이다. 현 세상 풍토에서 단 한 사람의 개인이 하나의 결합체에 칼날을 겨누는 것은 도저히 있을 수 없는 일이다. 부정에 대항하기 위해서는 충분한 지지를 얻어야만 하며 그렇지 않으면 저항도 개인의 행동을 나타내지 못한다.

두 번째 압박 – 지역사회의 강압 – 에 대한 저항은 그 자신의 파멸, 즉 자신이 그 사회단체의 일원일 수 있는 권리의 상실을 의미한다.

세 번째 압박은 눈앞의 공통 감정에 구현되어 있지만 이 압박에 대한 저항은 그때의 사정 여하에 따라 거의 모든 결과를 야기한다. 일시적인 고통을 음미하는 것으로부터 시작해 당장에 목숨을 잃는 일도 있다.

이런 세 종류의 압박은 모든 형태를 취하고 있는 사회 속에서 어느 정도는 대부분 이뤄지고 있다. 그러나 일본 사회에서는 대대로 이어져온 경향과 전통적 정서 때문에 이런 압력이 행사하는 힘이 엄청나게 세다.

이렇게 해서 개인이란 사방팔방 각 방면에서 집단 의견의 전제에 직면하고 있음을 깨닫게 된다. 개인이 단체의 한 단위로서 움직이지 않고 안전하게 행동하기란 불가능하다. 첫 번째 압박은 개인으로부터 도덕적 자유를 박탈하고 명령에 대한 무제한적 복종을 강요한다. 두 번째 압박은 개인이 자기 이익을 위해 스스로 최선의 능력을 최상의 방법으로 행사하는 권리를 거부하는 것이다 – 즉, 개인의 자유경쟁 권리를 거부하는 것이다 –. 세 번째 압박은 타인의 행동을 지도할 때 전통을 준봉하게 하고 새로운 발상은 삼가도록 하며 아무리 편리하고 유효하다 하더라도 아랫사람에게 기쁘게 수용되지 못할 것 같은 변화는 모두 피하도록 개인을 강제하는 것이다.

이러한 세 가지 강압은 보통 상태에서는 안정성과 보수성을 조성하는 사회적 여건이다. 그리고 이런 강압은 모두 사자의 의지 표현이다. 이 존재는 군사국가에서는 피하기 어려운 것이다. 이것이 국력을 만든다. 막강한 군대를 육성하게 하고 유지하기 쉽게 만들어준다. 그렇지만 이런 것들은 장래 국제 간의 경쟁, 즉 비교가 되지 않을 정도로 탄력적이고 훨씬 고도의 정신적 활력을 지닌 사회에 대항해 산업 면에서 성공을 거두는 데는 결코 유리한 상태라고 말할 수 없다.

19

현대의 억압

근대 일본을 막연하게나마 이해하기 위해서는 개인의 활동력과 능력에 가해진 억압으로서 앞서 서술했던 것 같은 세 가지 형태의 사회적 강제력에서 파생된 결과를 고찰해볼 필요가 있을 것이다. 그 세 가지 형태의 강제력은 모두 고대 종교적 책임의 흔적이다. 그래서 나는 순서를 거꾸로 해서 아래로부터의 압박에 대해 먼저 다뤄보기로 하겠다.

일본의 진정한 힘은 위에서부터 작용하는 것이 아니라 밑에서부터 솟구쳐 나오는 것이라고 외국인 관찰자들은 종종 말한다. 이런 단정에는 어떤 진리가 담겨 있다. 그러나 모두가 진실인 것은 아니다. 어쨌든 간에 사정이 매우 복잡하므로 개괄론에서는 도저히 다 언급할 수 없다. 부정할 수 없는 것은 상위자의 권위가 하부로부터 밀고 올라오는 저항력에 의해 많든 적든 억압되어 있다는 것이다. 예를 들면, 일본 역사상 그 어떤 시대에도 농민은 과도한 압박에 대해 의지할 데가 없는 상태는 아니었던 것 같다. 그들의 생활에 가해진 굴욕적인 법규가 있었음에도 말이다. 그들은 촌락 법규를 만드는 것, 자신들이 지불하는 조세액 산정, 또 피도 눈물도 없는 착취에 대해서 — 관리들의 손을 통해서지만 — 이의를 제기할 수 있었다. 그들은 힘에 부치지 않을 정도의 상납을 하게 되어 있었지만 상납 때문에 파산하거나 굶어 죽는 것 같은 슬픈 일을 당하지는 않았다. 게다가 가족 재산의 매각과 양도를 금지하는 법률이 있었으므로 소유물은 대체로 보장됐다. 그것이 적어도 일반 통칙이었다. 그렇지만 간혹 악질 다이묘가 존재해 영내 농민들을 다루는 데 극도로 잔혹하고 이에 대한 불평불만과 항의가 막부의 귀에 들어가지 않도록 온갖 방해 수단을 강구하기도 했다. 이러한 폭정은 대부분 잇키(一揆, 백성의 저항 운동)로 귀결됐다. 그때 폭군은 이 소요에 대한 책임을 지고 처벌받았다. 논리상으로는 부정되면서도 압제에 대해 잇키를 일으키는 농민의 권리는 실제로 효력이 있었다. 즉, 잇키는 처벌받았지만 압제자도 동시에 처벌받았던 것이다. 다이묘는 조세나 강제 노동력을 새로 부과할 경우 농민의 사정을 잘 고려해야만 했다. 나아가 평민은 무사계급 하위에 위치하기는 했지만 대도시의 경우 직인이나 상인들이 강력한 조합을 만들어 그 힘으로 무사들의 폭압을 막을 수 있었던 것 같다. 어디에서라도 일상적으로 행해지던 권력에 대해서 일반 서민들은 복종심을 보였지만 일상적이지 않은 권력에 대해서는 언제라도 그것을 거부하는 비상한 각오가 있었던 것이다.

종교와 정치, 윤리와 풍습이 실제적으로 일체화되어 있던 사회가 권위에 저항하는 현저한 사례를 제공한 것은 정말로 기묘하게 생각될지도 모른다. 그러나 종교적 사실이 이것을 설명해줄 것이다. 아주 오래전 옛날부터 일반 서민들의 마음속에는 일상적 사정하에서 권위에 대한 절대복종이 일반적인 의무라는 확신이 견고하게 형성되어 있었다. 그런데 이 확신에는 또 하나의 확신이 연결되어 있었다. 그것은 권위 — 최고 지배자의 신성한 권위는 예외다 — 에 저항하는 것도 특이한 사정하에서는 똑같은 의무라는 확신이었다. 그리고 이 일견 모순되는 것처럼 보이는 두 확신은 실은 모순되지 않는다. 통치가 선례에 의하고 있는 한 — 명령이 아무리 가혹해도 그것이 정서와 전통에 충돌하지 않는 한 — 통치는 종교가 되어 그곳에서는 절대복종이 이뤄졌다. 그런데 통치자들이 — 극도로 비정하고 또 탐욕적인 마음으로 — 윤리상의 관습을 파기하면 그때 사람들은 자진해 순교자적 정열에 불타 저항하는 것이 종교적 의무라고 느꼈던 것이다. 지방에서 폭정의 모든 형태에 대한 위험 신호는 옛 관례로부터의 이탈이었다. 섭정이나 제후의 행동일지라도 부하들의 공통된 의견에 따라야 했고, 또 어떤 종류의 독단적 행위는 암살을 유발할 수도 있었기 때문에 매우 큰 제약으로 작용했다.

가신이나 수행원[從者]의 감정을 고려하는 것은 옛부터 일본 위정자에게 필요한 정책이었다. 단지 불필요한 압박에 자극되어 위험이 일어난다는 것뿐만 아니라, 그보다 오히려 의무라는 것은 부하들이 자신들의 노력이 공평하게 고려되고 있다는 확신이 들 때만 유감없이 행해진다는 것, 또 불필요한 개변을 급하게 시행해 주위에 불이익을 주지 않도록 하는 것임을 잘 인식하고 있었기 때문일 것이다. 이 고래의 정책은 지금도 여전히 일본 행정의 특색으로 작용하고 있다. 높은 자리에 있는 사람이 하급자 집단의 의견을 존중하는 데는 서양인 관찰자도 놀라며 당황해한다. 하급자 집단이 영향을 미침으로써 이 정서상의 보수적인 힘은 멋지게 잔존하고 있다. 이는 서양인이 볼 때 사회가 진보하려면 필수적으로 기율이 확립되어야 한다는 생각과 배치되는 것이다. 옛날 일본에서 지방의 지배자가 영민(領民)의 행동에 책임을 지는 것과 똑같이 현재 신일본에서도 한 부서의 책임을 맡은 관리는 각자 자기 업무가 원활하게 운영되도록 책임을 지고 있다. 그것은 그가 업무적 효율성에만 책임을 져야 한다는 것은 아니다. 즉, 그의 휘하에 있는 부하, 또는 대다수의 희망을 만족시키지 못한다면 그것에도 책임을 져야 한다는 것이다. 만약 대다수 부하가 윗선인 장관, 도지사, 사장, 지배인, 장, 이사 등에게 불만이 있다면 해당자가 행정적으로 무능하다는 증거로 여겨질 것이다. 이 오래된 책임감이 나타나는 곳 중 가장 특이한 곳은 아마도 교육계일 것이다. 학생들이 소동을 일으키면 그들이 시종 책임지는 것이 아니라 교장이나 교사가 직무를 잘하지 못했기 때문이라고 여긴다. 이렇게 대학의 학장이나 교장은 그의 관리가 학생 다수에게 만족을 준다는 조건하에서 자기 직책을 유지해가는 것이다. 공립 고등학교에서 교사나 강사는 각자의 강의에 책임을 지게 되어 있다. 다른 방면에서 아무리 능력이 뛰어나다고 해도 학생들의 마음에 들도록 행동하지 않는 교사는 인사 발령장 하나로 쫓겨나고 말 것이다. 다만 누군가 유력한 보호자가 있어 그를 변호해준다면 이야기는 다르지만 말이다. 그 사람의 노력 ― 국가관리의 경우 ― 이나 세상 통념에 의한 잣대 혹은 본질적인 가치에 따라 판정되는 것도 아니었다. 평균적인 인심에 미치는 직접적인 영향에 따라서만 고려되는 것이다.[3] 거의 모든 곳에서 이 오래된 책임 체제는 유지되고 있다. 장관도 일반 국민의 감정에 따라 행정 성과에

---

3 이 정책 ― 서구와는 매우 다른 윤리적 상태를 필요조건으로 하는 ― 은 서양인의 시각에서는 단연코 부당하다고 생각될지 모르지만 신질서하에서는 아마도 최선이었을지 모른다. 교육 시스템이 급변한 것을 고려하면 교사가 직접 가르치는 강의가 ― 지금으로부터 20여 년 전에는 ― 학생을 매혹시키는 능력이 있었다는 것은 분명할 것이다. 만약 교사가 학생들의 평균 능력 이상으로 혹은 그 이하로 가르치려고 하거나, 아니면 새로운 지식에 굶주려 있지만 그것을 얻는 방법을 모르는 생도들의 마음을 붙잡을 수 없는 강의를 한다면 이 교사는 경험 부족으로 그 학급 생도들의 의지에 따라 시정 조치될 수 있었다. ― 원주

대한 책임을 문책당할 뿐 아니라, 담당 부처 내에서 일어난 부정이나 분쟁에 대해서도 장관이 그런 사태를 방지할 수 있었는가 여부와는 관계없이 똑같은 책임을 진다. 그러므로 상당한 정도까지는 궁극적으로 부하에게 책임이 있는 것이 사실이다. 최고 지위에 있는 관리가 어떤 방면에서 자신의 개인적 의지를 강하게 드러내면 무사히 일을 끝내지 못한다. 현재는 최고 지위에 있는 일부 관리의 권역이 이처럼 제한되는 것이 아마 좋은 일일 것이다.

사회의 모든 계층에서 위에서부터 아래로의 이런 똑같은 책임체제, 또 개인적 의지 행위에 가해진 똑같은 억제는 여러 가지 상이한 형태하에 뿌리 깊게 존속하고 있다. 가정 내 사정도 이 점에 관해서는 정부 각 성 관청 내의 사정과 그리 다르지 않다. 예를 들면 가장이라 해도 일꾼이나 기숙자에 대해서 어느 일정한 한도를 넘어 자기 의지를 강제할 수는 없다. 또 정상적인 하인이라면 애정이나 금력에 휘둘려 전통적인 관습을 범하는 일은 하지 않는다. 하인의 진가는 그런 것에 휘둘리지 않는 강직함으로써 증명된다는 고래의 의견이 몇백 년 동안의 경험에 의해 정당한 것으로 판명됐다. 일반 민중의 감정은 의연히 보수적이다. 그리고 외관적 개혁에서 보이는 열의가 생활의 실제 질서를 나타내는 것은 아니다. 유행이나 의례, 집안일이나 바깥 풍경, 습관이나 방법, 그 외 생활 외관 모두를 바꿔버렸다. 그러나 사회의 오래된 조직 편제가 이 표면적 변화에 뿌리 깊게 남아 있다. 그리고 국민적 성격은 메이지 시대의 모든 개혁에도 거의 영향을 받지 않은 채 살아 있다.

개인이 복종하고 있는 제2형식의 강압 - 공동생활을 하면서 혹은 공산주의적으로 - 은 경쟁하는 권리에 대한 실제적인 억압을 의미하므로 이것이 유해한 것임을 머지않아 알게 될 것이다. 일본의 어떤 도시건 일상생활에 대중이 여전히 집단으로 행동하고 생각하는 양식을 무수히 떠오르게 한다. 구루마야(車屋, 인력거)를 끄는 규칙만큼 이 사실을 가장 친숙하고 강력하게 예증하는 것은 없다. 그 규칙의 조항에 의하면, 그들은 똑같은 방향으로 달리고 있는 다른 인력거를 추월하려 하지 않는다. 개인이 수용한 차부(車夫, 체력을 극한까지 발휘할 것이 기대되는 자로서 그런 체력과 속력 때문에 선택된 사람)에 따라서는 도리 없이 예외가 생긴다. 그런데 길거리에서 손님을 기다리는 수많은 차부 무리 중에 젊고 혈기왕성한 이가 나이 들고 힘없는 동료를 추월하려 해서는 안 된다. 그 차부가 불필요하게 느릿느릿하게 달리는 게으름뱅이인 경우에도 마찬가지다. 자기 자신의 뛰어난 체력을 믿고 남에게 경쟁을 거는 것은 직업 규약상 위법이며 동료의 분노를 사는 행위임이 틀림없다. 만약 발이 빠른 차부를 선택해 전속력으로 달려줄 것을 부탁했다고 하자. 그는 신나게 계속 달리다가 결국, 기운이 약해지든가 게으름 때문에 평균 속도로 가능한 한 느릿느릿하게 달리는 구루마야를 추월하게 된다. 하지만 능숙한 차부는 단숨에 그런 구루마야를 추월하지 않고 구루마야 바로 뒤에 붙어서 자기 발걸음을 늦추어 걷는다. 강건하고 발이 빠른 자는 약하고 발이 느린 자를 위해 기다려줘야만 한다는 규정에 의해 탑승객은 30분간, 아니면 그 이상 늦을 수도 있다. 어쩔 수 없이 동료를 추월한 차부는 화가 단단히 난 동료로부터 비난을 받는다. 그의 화난 음성에 담긴 의미는 이런 식으로 표현해도 좋을 것 같다. "뻔뻔하게 동료에게 불이익을 주다니. 이 장사는 힘들다고. 제멋대로 하는 경쟁을 막을 규정이라도 없는 날에는 우리 생활이 지금보다 더 괴로워진단 말이야." 물론 이러한 규약이 상업 이익에 어떤 영향을 미칠 것인지 구체적으로 생각하고 있는 것은 아니다. 그런데 구루마야의 도덕법은 여러 가지 형태로 일본의 모든 직인계급에게 언제나 부과된 불문율, 즉 '특별한 인가 없이 동료보다 앞서 가면 안 된다'는 것을 예증한다고 볼 수 있다. '출셋

길은 재능 있는 자를 위해 열려 있다. 그렇지만 경쟁은 금지되어 있다!'이다.

도덕법은 자유경쟁에 대한 현대의 억압은 물론 고대사회를 지배하고 있던 저 이타적 정신의 부활과 확충을 나타내는 것이며, 단순히 고정된 관습을 지속하는 것은 아니다. 봉건시대에는 구루마야가 없었다. 그래도 직인이나 노무자는 모두 동업조합(길드)이나 동료조합(컴퍼니)을 만들었다. 그러한 조합의 규약은 단지 개인의 이익만을 위한 경쟁을 금지했다. 이와 마찬가지로, 혹은 거의 같다고 말할 수 있는 형태의 조직은 지금도 공장(工匠)이나 노무자에 의해 유지되고 있다. 그리고 솜씨를 보이는 일과 조합 밖에 있는 고용주의 관계는 오래된 옛 공동체의 방법처럼 동업조합 또는 동료에 의해 제약을 받았다. 예를 들어 멋진 집을 한 채 세운다고 하자. 그 일을 위해서는 우선 솜씨가 좋고 머리가 뛰어난 무리와 교섭해야만 할 것이다. 왜냐하면 일본의 가옥 목수는 장인(수공업자)이기는 하지만 거의 예술가 반열에 들어갈 정도이기 때문이다. 건축회사에 의뢰해도 좋을 것이다. 그러나 일반적으로는 도목수[棟梁]의 목공[大工]에게 의뢰하는 쪽이 더 나을 것이다. 도목수는 건축기사, 청부업자, 건축업자를 자기 혼자서 겸비하는 자다. 그런데 어떤 경우에도 직인을 선택해 고용할 수는 없다. 동업조합 규약이 그것을 금지하기 때문이다. 가능한 것은 계약을 맺는 일뿐이다. 그리하여 도목수는 설계가 승인되면 그로부터 나머지 모든 일 ─ 재료 구입에서부터 운반, 목수, 미장이[左官], 기와공, 다다미 제조자, 표구사[經師屋], 철물상[金物屋], 돌 집, 열쇠 집, 유리 집 등까지 고용 일체 ─ 을 도맡는다. 도목수는 자기 조합 이외의 곳에서도 안면이 통한다. 즉, 그는 가옥 건축과 실내장식에 관계된 모든 직종에서 그의 단골을 확보해놓았다. 그래서 그런 도목수의 요구와 특권에 손을 댄다든지 하는 일은 꿈에도 생각해서는 안 된다. 도목수는 계약에 따라서 가옥을 건축한다.

그런데 그것은 인연(연고)의 시작에 지나지 않는다. 이용자는 그 계약에 상응하는 충분한 이유 없이 파기해서는 안 되는 종신계약을 도목수와 체결해 버린 것이다. 그로부터 차후 이 집의 어딘가 ─ 벽이나 바닥, 천정, 지붕, 토대 ─ 에 문제가 생기면 모두 이 도목수에게 수선을 받아야 하며 절대로 다른 사람에게 부탁해서는 안 된다. 예를 들어 지붕에 비가 새면 가장 가까운 곳의 함석장이를 불러서는 안 된다. 마찬가지로 칠을 입힌 것이 삭아서 떨어져도 근처의 미장이를 불러서는 안 된다. 그 집을 건축한 자는 그 집의 전체 상태에 책임을 지며 또 그 책임을 평생 소중하게 다룬다. 즉, 그만이 함석장이나 미장이를 부를 권리가 있다. 이 권리를 침범한다면 생각하지도 못한 불유쾌한 일을 당할 수도 있다. 이 권리 건으로 만약 법에 호소한다면 어떤 조건을 내걸어도 그 일에 지원할 목수도 기와장이도 미장이도 구할 턱이 없다. 서로 이야기하다 보면 화해는 언제든지 가능하다. 그렇지만 동업조합 측에 이런 쓸데없는 법에 대해 호소해봤자 기분만 상하게 될 것이다. 그래서 결국 이러한 직인조합과는 언제나 성실하게 일을 수행해 좋은 사이를 유지하는 것이 상책이라 말할 수 있을 것이다.

나아가 또 하나, 정원사 일을 들어보기로 한다. 조그만 정원을 원해서 추천된 전문 정원사를 고용한다. 정원이 완성됐고 대금을 지불했다. 그런데 이 정원사는 실은 해당 조합을 대표하고 있다. 그래서 고용된 이 정원사 ─ 또는 그가 소속된 조합의 동료 중 다른 사람 ─ 는 계속해서 이 정원을 손질한다. 계절마다 이 정원을 돌보러 와서 여러 가지로 손질을 해준다. 과수나무를 가지치기하고 울타리를 수선하고 덩굴을 다듬거나 꽃을 손본다. 더위가 심한 계절이라면 약한 관목 등을 햇빛으로부터 보호하기 위해 종이로 된 가리개를 덮어주고 눈이나 서리가 내리는 계절에는 작은 가마니 울타리 등을 만든다. 이처럼 아주 작은 보수를 받고 여러 가지로 도움이 되는 일을 능숙한 솜씨로 처리한다. 누가 들어도 통할 수 있는 타당한 이유가 있지 않는 한 이 정원사를 파면시키고 다른 정원사를 고용할 수는 없다. 다른 정원사는 앞서 정원사와의 관계가 상호 간 납득되어 해결된 것을 확인하기 전까지는 아무리 높은 임금을 준다 해도 오지 않는다. 불평할 만한 이유가 있다면 중개인을 세워서 일을 처리할 수 있다. 그리고 그때는 앞으로 더 이상 폐를 끼치지 않도록 조합이 돌봐주는 것이다. 그러나 별다른 이유 없이 그저 다른 사람을 고용하기를 원하는 경우에는 정원사를 해고할 수 없다.

앞서 서술한 사례들은 아직 무수한 형태로 유지되고 있는 옛날 협동생활체 식의 조직 성격을 잘 나타낸다. 이 공영·공존주의는 각 집단 간 외의 경쟁을 억압했으나, 그것은 좋은 일을 보장하고 동시에 직인에게 편안한 생활 상태를 확보해줬다. 결핍이라는 것을 모르고 지내던 쇄국시대에 그 이유는 분명하지 않지만, 사람들은 자신의 수준이 수치화되어 나타나면 심각한 압박에 내몰렸다. 그러므로 백성들이 심각한 억압 속에 늘 수준 이하의 삶을 살았던 것처럼 생각되는 시대에는 가능한 한 가장 좋은 제도였을 것이다. 잔존하는 유풍 중 또 하나 재미있는 것은, 지금도 여전히 남아 있는 연기봉공(年期奉公, 햇수를 정하고 하는 고용살이) 상태다. 이것도 그 기원은 역시 족장조직에 있다. 그곳에서도 경쟁에 대해 별도의 억압이 가해졌다. 옛날 제도에서 연기봉공은 대체로 무급이었다. 상업 견습생으로 상가에 보내진 아이, 혹은 오야카타(장인의 스승)의 제자로 들어간 자는 파견된 곳에서 먹고 자고 교육까지 받았으며 희망한다면 남은 일생을 그곳에 고용되어 살아도 상관없었다. 그러나 주인의 사업이나 거래 방법을 익히면 개인 상업이나 작업장 등을 충분히 관리할 수 있을 때까지 임금은 받지 못했다. 지금도 대형 도매집에서는 이런 상태가 상당한 정도로 이뤄지고 있다. 물론 현재 상점 주인이나 오야카타가 견습생이나 도제를 학교에 통학시킬 필요는 없다. 대부분의 대형 상점에서는 훌륭하게 경험을 쌓은 이에게만 급료를 지불하고 있다. 그 외의 일꾼에 대해서는 견습 기간이 끝날 때까지 훈련시키고 돌봐줄 뿐이며 견습 기간이 끝나면 그중 가장 똑똑한 자는 유능함을 인정받아 재차 그 상점에 고용된다. 그리고 그 밖에는 원조를 받으며 각자의 상업에 착수한다. 수공업의 도제 연기봉공의 경우에도 마찬가지로 정해진 기간의 근무를 완료하면 독립된 장인으로서 다시 오야카타에게 고용되거나 오야카타의 알선하에 다른 곳에 정식 고용된다. 고용주와 고용인 간의 이런 양부모 같은 관계는 생활을 즐겁게 하고, 또 업무에 격려가 되는 도움으로 존재해왔으므로 이것이 없어지면 모든 공예작품의 질에 커다란 영향을 미치게 될 것이 틀림없다.

일반 가정집의 개인적 봉공의 경우에도 이 족장적 제도가 상상할 수 없을 정도로 행해졌다. 그리고 이 문제는 형식적인 서술로 지나갈 수 없는 점이 있다. 특히 하녀 고용인[女中奉公]에 대해 말하고자 한다. 옛날 관습에 따르면 하녀는 원래 고용주가 책임을 지는 것이 아니라 그녀의 부모가 책임을 지는 것이다. 그리고 봉공 조건도 부모와 정해야만 한다. 부모는 딸의 품행을 약속하고 보증한다. 일반적으로 훌륭한 딸은 급료를 위해 ─ 근일에는 급료를 지불하는 습관이 됐지만 ─, 혹은 생활을 위해 일할 가정을 찾는 것이 아니라 주로 시집갈 준비차 일하러 나서는 것이다. 이 준비는 미래의 남편감 집에 조금이라도 적합한 여자가 되고 싶고, 동시에 또 자기 집의 관록을 붙이고 싶다는 희망을 실현하기 위해서다. 가장 우수한 하녀는 시골 출신 처녀다. 하녀들은 때때로 나이가 얼마 되지 않을 때부터 봉공에 보내졌다. 양친은 이렇게 자기네 딸을 봉공으로 보낼 집을 선택하는 데 여러 가지로 신경을 썼다.

양친은 특히 딸이 좋은 예법을 배울 수 있을 법한 집으로 보내고 싶어 했다. 그래서 옛날 예법에 따라 만사가 잘 정돈되어 있는 집을 원했다. 훌륭한 처녀는 고용인으로서보다는 오히려 도우미로서 대접받고 싶어 했다. 즉, 친절한 배려를 받으며 누구에게나 신뢰와 사랑을 받기를 원했다. 고풍 있는 집에서 하녀들은 그렇게 대우를 받았다. 상호 간의 관계는 결코 단기간의 것은 아니었다. 봉공 기간은 보통 3~5년이다. 그러나 11~12세에 봉공 보낸 딸은 대략 8~10년 동안 봉공을 계속하게 된다. 급료 외에 일 년에 두 번, 주인으로부터 옷가지와 그 외 의상에 필요한 부속품을 받았다. 또한 며칠간 휴일을 얻었다. 그래서 고용주로부터 받은 급료나 용돈으로 좋은 의상을 살 수 있었다. 생각하지도 못한 불행과 재난이 일어난다면 몰라도, 양친 쪽에서는 딸의 급료를 염두에 두지 않았다. 딸은 여전히 부모가 말하는 대로 했다. 그래서 결혼을 시키고자 집에서 부른다면 돌아가야만 했다. 딸의 고용 기간 중 주인 측에서 요구하는 것은 아니지만 딸의 부모는 여러 가지 봉사를 제공했다. 주인집 부인이나 가장이 자기 딸을 돌봐준 데 대해 고마운 마음을 반드시 보내는 것이다 ─ 알아주기를 바라는 것은 아니다 ─. 만약에 하녀가 농가 출신이라면 야채나 과일 또는 과수 정원목 등 시골에서 보낼 수 있는 선물을 관습으로서 정해져 있는 기간에 보냈다. 만약 부모가 수공업자라면 훌륭한 수제 세공품을 감사의 표시로 보냈다. 양친이 표시하는 감사는 딸이 받는 급료나 의상 때문이 아니라 주인 측에서 딸에게 베풀어주는 교육과 이른바 일시적으로 맡긴 아이에 대한 물적·심적 양면으로의 보살핌에 대한 답례의 차원에서다. 주인 측은 하녀의 부모 측의 이런 마음에 대한 답례로 하녀의 결혼 준비에 축하 선물을 해주는 경우도 있었다. 이것으로 알 수 있듯이 주인과 하녀의 관계는 개인지간이 아니라 완전히 가족 대 가족의 관계인 것이다. 더욱이 그

관계는 영구적이다. 봉건시대에는 이러한 관계가 수대에 걸쳐 이어져 왔다.

전 시대의 유풍이 예증해주는 족장 시대적 상태는 생활을 용이하고 또 즐겁게 하는 데 도움이 됐다. 그리고 현대적 관점에서 비로소 이런 상태에 대한 비판이 가능해졌다. 이런 것들에 대해 말할 수 있는 최악의 것은 그 도덕적 가치가 주로 보수적이며 나아가 새로운 쪽으로 향하는 노력을 억압하는 경향이 있다는 것이다. 그러나 이런 경향이 지금도 여전히 존속하는 곳에서의 일본 생활은 어딘가 모를 옛날의 아름다움을 지니고 있다. 그리고 이런 것이 소실되어버린 곳에서는 그 아름다움도 영구히 없어지고 말았다.

이제 남은 것은 억압의 제3형식, 즉 관리가 개인에게 가했던 억압에 대해서 고찰하는 것이다. 여기서도 또 여러 가지의 전 시대 유풍을 볼 수 있다. 이 억압에는 밝은 면과 동시에 어두운 면도 있다.

개인은 옛날 법률에 따라 부과된 의무의 대부분으로부터 법적으로 해방됐는가? 이런 사정은 우리가 이미 알고 있는 바다. 개인은 이제 특정한 직업에 구속될 의무가 전혀 없다. 여행하는 것도 자유이며 자기보다 신분이 높든 낮든 그런 것과는 상관없이 결혼할 수 있다. 종교를 바꾸는 것도 금지되지 않는다. 또 여러 가지 사치스러운 짓도 할 수도 있다. 다만 그에 대한 책임을 지는 것은 자신이다. 그러나 법률이 개인에게 자유를 부여하는 경우에도 가정과 사회는 자유를 허락하지 않았다. 구식 정서와 관습의 집요함 때문에 법적으로 부여된 많은 권리가 무효화됐다. 그와 마찬가지로 상급 권위에 대한 개인적 관계는 헌법이 만들어져 있음에도 옛날부터의 많은 억압과 상당한 강제력을 지닌 관습에 의해 여전히 통제를 받고 있다. 이론적으로는 우수한 능력과 힘이 있는 사람이라면 누구라도 최고 지위에까지 올라갈 수 있다. 그러나 개인적 사생활이 지금도 옛날 공동주의의 지배를 받고 있듯이 공적 생활도 계급이라든가 가문[閥] 같은 전제주의적 유풍에 여전히 지배를 받고 있는 실정이다. 유능한 영재가 아무런 지원 없이 출세해 높은 관리가 되어 권세의 길을 획득할 기회는 실로 극소수다. 집단적 생각에 반대하고 당이나 번의 행동에 반해 혼자 힘으로 대항한다는 것은 거의 절망적인 것임에 틀림없다. 현재 상공업 세계만이 유능 인사에게 공평한 기회를 부여하고 있다. 미천한 곳에서 몸을 일으켜 공직 사회에서 공을 이룬 소수의 유능자는 그 성공을 주로 당파의 지원이나 파벌의 옹호로 돌린다. 개인 능력을 어떻게 해서라도 인정받으려면 집단이 집단과 항쟁해야만 한다. 상업 방면은 별도로 하더라도, 어떤 사람도 단순한 경쟁력만으로는 아마 아무것도 성취할 수 없을 것이다. 물론 한 개인의 재능은 어떤 나라에서도 반드시 여러 가지 형태의 반대를 만나는 것이 사실이다. 또 질시로부터 오는 악의와 계급적 편견으로부터 나오는 잔인성이 사회학적 가치가 있는 것도 사실이다. 즉, 이 질시와 편견이 힘을 발휘해 가장 혜택받은 사람 이외의 자가 성공을 거두어 그것을 지속해갈 수 없게 만들어버린다. 그러나 일본의 경우에는 그 특수한 사회기구가 신분이 낮은 유능한 사람을 저해하는 사회적 음모라는 불에 기름을 붓는 격이 되어 국익이 매우 저해받게 됐다. 즉, 일본 역사에서 오늘날만큼 이 나라 최우수자의 지능이 계급이나 신분과 관계없이 요구되는 시대는 여태까지 없었기 때문이다.

그러나 이는 개혁시대에는 아무리 해도 피할 수 없는 것이다. 그것보다도 더욱 두드러진 것은 이 나라 정부가 그 잡다한 일을 정리하는 어떤 부서에서도 전도유망한 신진 유능자에게 실질적 보수를 지불하고 있지 않다는 사실이다. 정부의 인정을 받고자 아무리 분골쇄신 일해도 기껏해야 명예와 입에 풀칠할 정도의 생활비를 얻으려 노력하는 것이 될 뿐이다. 비용이 가장 많이

든 노력이, 가장 적게 든 노력에 상당하는 보수보다 높은 보답을 받는 일이 우선 없다. 가치가 최고로 높은 일이라 할지라도 가볍게 생략하면 그만이고 또 다른 것으로 충당될 수 있는 일 이상으로 인정받는 경우는 거의 없다 — 여태까지 두드러진 예외도 몇몇 있지만 여기서는 다만 개괄론으로 말하고 있을 뿐이다 —. 유럽에서라면 범상치 않은 노력과 인내, 예민한 두뇌 활동을 보이는 사람이 계급적 원조도 있어 어느 정도의 지위에 올라갔을 때 명예와 함께 동시에 안락한 생활도 보장받을 것이다. 그런데 일본에서 그런 지위의 보수로는 실제 생활비를 충당할 수 있을까 말까 한 정도다. 육군이나 해군, 또 사법·문부·체신·내무 등 어느 행정 부처에서도 보수의 차이가 능력과 책임의 차이를 나타내지 않는다. 지위가 올라간다는 것은 금전적으로 거의 의미가 없다. 즉, 지위가 한 단계씩 올라감에 따라 그때마다 지출은 법정 봉급과 완전히 균형이 맞지 않을 정도로 늘기 때문이다. 어디에서나 최소한의 지불 금액으로 최대한의 봉사 봉공을 강제하는 것이 일반 통칙이다.[4] 이 나라의 사회사를 꿰뚫고 있지 않으면 정부의 관리 처우 방책이 물질적 이익 대신에 실질

4 판사의 봉급은 연봉 70파운드에서 500파운드까지 등급별로 나눠져 있다. 500파운드라는 숫자는 최고액이다. 제국 대학의 일본인 교수가 받는 최고 봉급은 210파운드로 정해져 있다. 우체국 직원의 급료는 생활비로서 겨우 살아갈 수 있을까 말까 한 정도다. 경찰의 월급은 지방에 따라 각각 다르다 — 1파운드에서 1파운드 10실링까지다 —. 초등학교 교사의 평균 월급은 더욱 낮다 — 1개월에 약 19실링이다 —. 한 달에 7실링 이하의 급료를 받는 직업군도 많다. 다음의 육군 급여표(1904년)는 독자들에게 흥미로운 자료가 될 것이다. 이 급여표가 정해졌던 20년 전쯤에는 집값이 낮았다. 한 달 월세가 3~4엔 정도였으므로 어디에라도 좋은 집을 빌릴 수 있었다. 현재 육군 장교의 급료로는 도쿄에서 한 달 월세 18~20엔 이하의 매우 작은 주택도 빌릴 수 없다. 거기다 식료비 등도 3배나 뛰었다. 그래도 불평은 거의 들리지 않는다. 집을 빌릴 수 있을 정도의 급료를 받지 못하는 군인은 이곳저곳에 방을 빌려 생활한다. 대부분이 도쿄에서 가난에 쪼들려 고생하고 있다. 그러나 모두 국가 봉공이라는 특권을 자랑스럽게 여기며 퇴직은 꿈에도 생각하지 않는다. — 원주

이 없는 명예를 부여하게 되어 있는 것이라고 상정했을지도 모른다. 그러나 정부는 근대적 형식하에 옛날 봉건시대의 봉공 상태를 유지하고 있을 뿐이다. 즉, 명예롭지만 검소한 생활 수단이 부여된 고용살이다. 봉건시대에는 생존권을 위해 지불을 감당할 수 있을 만큼의 조세를 바쳤다. 미술가나 장인들은 각자 자기에게 뛰어난 보호자가 있다는 행운에 만족했다. 보통 무사들도 번주(藩主)로부터는 생활에 필요한 한도 정도만 받았다. 필요 이상으로 과분하게 받는다는 것은 이상한 은혜를 의미했다. 그리고 하사품 등의 배려에는 언제나 승진이 동반됐다. 그러나 화폐로 급료를 주는 근대 제도하에서는 ― 정부는 여전히 교묘하게 옛날과 똑같은 정책을 실시하고 있다 ― 어디에서든 생활 상태가 ― 상업세계와는 별도로 ― 봉건시대와는 비교가 안 될 정도로 힘들어졌다. 그 무렵에는 극빈의 무사라도 궁핍해질 우려가 없었으며, 또 특히 잘못이 없으면 지위를 빼앗기는 일도 없었다. 그 무렵에는 데라코야(서당)의 훈장도 급료가 없었다. 그러나 그 지역사회 사람들에게 존경받고, 가르치는 아이들로부터 받는 사례품으로 먹고살 수 있는 길이 보증됐다. 수공업 공예

구분	월액(엔)	주택료(엔)	총계(엔)
대장	500	25.00	525.00
중장	333	18.75	351.75
소장	263	12.50	275.50
대좌	179	10.00	189.00
중좌	146	8.75	154.75
소좌	102	7.50	109.50
대위(일급)	70	4.75	74.75
대위(이급)	60	4.75	64.75
중위(일급)	45	4.00	49.00
중위(이급)	34	4.00	38.00
소위	30	3.50	33.50

* 비고: 1파운드=10엔

가들은 초야의 천재성을 다투어 장려한 다이묘들의 보호를 받았다. 다이묘들은 이 천재들이 특히 금전에 대해 명목상의 작은 사례에도 만족한다고 생각했을지 모른다. 그래도 공예가들은 다이묘들의 도움으로 곤궁이나 불편함에 대해서 보장을 받고, 하는 일을 완성하는 데 충분한 시간적 여유를 부여받아 걸작이 완성되면 틀림없이 보상과 칭송을 받을 것이라는 행복감을 맛보면서 일에 전념할 수 있었던 것이다. 그러나 현재에는 생활비가 3~4배나 올랐고 공예가에게 걸작을 만들도록 장려해주는 자가 없다. 즉, 시간과 공을 들이지 않는다. 빠른 일이 차분하고 꼼꼼하게 시간을 들여 하는 일을 대신하게 됐다. 그리하여 공예의 가장 우수한 전통이 멸망할 비운에 처하게 됐다. 또 오늘날 농경계급의 상태도, 농가 토지는 법률적으로 빼앗을 수 없었던 시대에 비교해 더 행복하거나 양호하다고는 도저히 말할 수 없다. 생활비가 상승해가는 만큼 현재와 같은 만사 내핍적 상태는 머지않은 장래에 지속되기 어려울 것이 뻔하다.

현명한 정부라면, 현재 같은 자기희생 요구를 끝없이 지속해가는 것은 도저히 불가능한 것임을 깨달아야만 할 것이다. 즉, 재능을 장려하고 공정하고 정정당당한 경쟁을 초래하고 또 건전한 자기중심주의를 자극하기에 충분한 인생의 대목표를 수립할 필요가 있음을 인정해야만 할 것이다. 그러나 정부는 외견상 나타나고 있는 것보다 훨씬 더 현명하게 행동해왔다고 말할 수 있다. 수년 전의 일이다. 어느 일본인 관리가 내게 다음과 같은 기이한 의견을 말했다. "일본 정부는 필요 이상의 경쟁을 장려하는 것을 바라지 않습니다. 경쟁을 무리하게 장려하면 경쟁의 특성상 최악의 측면이 표출될 것입니다."

이 말이 어떤 정책을 어느 정도까지 사실적으로 표현하는 것인지는 잘 알 수 없다. 그러나 자유경쟁이 전쟁처럼 냉혹하고 무도한 것이 되어버릴 수 있다는 것을 누구나 모두 깨닫고 있다. 서구의 자유경쟁이 현재처럼 비교적 자비롭게 될 수 있을 때까지 어떤 경험을 거쳐야만 했던가를 우리는 잊어버리곤 한다. 몇백 년 동안 이기주의적 경쟁은 모두 범죄이며, 이익 추구는 상스러운 것이라고 생각해왔던 국민에게 순수하게 개인적 이익 추구 노력을 장려하는 것은 정당한 정책이 아닐지도 모른다. 12~13년 전의 일이다. 이 국민이 서양식의 자유정치 체제를 선택하면서 그 기본 바탕이 얼마나 제대로 형성되어 있지 못했는가는 초기 지방선거와 제1회 국회의 역사가 증명한다. 수많은 인명이 희생됐던 격렬한 선거전에도 개인적 원한은 전혀 없었다. 서양인들을 깜짝 놀라게 한 폭력적인 의회 토론에서도 개인적 적의는 전혀 없었다. 정쟁은 개인과 개인 사이가 아니라 벌족 간이나 당파 간의 이해에 있었다. 그리고 각 벌족이나 당파의 열성적인 추종자들은 이 신종 정치를 일종의 새로운 전쟁 - 수령을 위해 싸우는 충의의 전쟁 -, 올바른 정도라든가 정의라든가 하는 추상적 관념과는 관계가 없는 전쟁이라고 명심했던 것이다. 일개 국민이 충의를 원칙보다도 사람과 관계시켜 생각하는 데 익숙해져 있다면, 즉 충의에 결과에는 개의치 않고 자기희생의 의무가 포함되어 있다고 생각했다면, 그러한 국민이 의회정치에서 비로소 행한 최초의 실험에서 서양인이 말하는 의미의 공정한 행위(fair play)에 대한 이해가 티끌만큼도 보이지 않았던 것은 처음부터 예견됐던 사실이다. 마침내는 그런 이해가 생겨날지도 모르지만 당장에는 생겨나지 않는다. 이러한 국민에게 정치 이외의 것에서 인간은 누구라도 각자 굳게 믿는 바에 따라 행동해야 하며, 자기 이익을 위해 자기가 속한 집단으로부터 독립해 행동할 권리가 있다는 것을 납득시켰다고 해도 그 직접적인 결과는 오히려 행복하지 않을 것이다. 이것은 개인의 도덕적 책임이라는 관념이 집단관계 이외의 부분에서 아직 충분히 육성되지 않았기 때문이다.

　현재까지 정부의 힘이 주로 옛날 방식을 견지하고 공순(恭順)이라는 고래의 유풍에 의해 형성됐다는 것은 아마도 진실일 것이다. 하지만 반드시 대변화를 보게 될 것이다. 그렇게 되기까지는 많은 것을 용감하게 인내해야만 할 것이다. 일본 근대 문화의 차후 역사에서도 수천만 명의 일본인 애국자가 법률상으로는 자유해방 신분이지만 봉건시대 그대로의 관료적 봉공을 감수해 봉건적 정신인 희생을 태연하게 받아들이고 정부가 의도하는 바의 봉공을 소박하게도 특권이라고 여기며 그 때문에 그 재능, 능력, 극도의 노력과 생명까지도 당연한 것 ― 국민의 의무 ― 으로서 기꺼이 내던지고 있다. 어쩌면 현대 문명화된 일본의 미래 역사에는 과거 무수한 애국자들이 보여준 비장한 영웅주의의 감동적인 기록은 더 이상 나타나지 않을 것이다. 이런 희생도 실로 국민적인 의무로서 이뤄지고 있다. 전 일본 국민은 영국이 우방국이자 엄청난 초강대국이고 러시아는 끔직한 적대국이며, 일본이 양국 사이에서 위험에 처해 있음을 잘 알고 있다. 또 모국이 가난하다는 것 ― 군비 유지비로 재원이 궁핍하다는 것 ― 을 아는 상황하에 가능한 한 이에 만족하는 것이 각자의 의무라는 사실을 잘 알고 있다. 그러므로 불평하는 자도 많지는 않다. 일반 국민의 소박한 복종심은 갸륵할 뿐이다. 특히 서양의 지식을 배우자는, 서양 언어를 습득하자는, 서양의 방식을 본받자는 조칙(詔勅)에 관해서 새삼스럽게 말하는 것도 미련한 일이다. 과도한 공부로 스스로를 파괴시켜 죽는 것도 일반적인 죽음의 방법이라고 생각할 정도로 충성심을 보이는 열의, 아이들의 작은 두뇌에는 너무 난해한 ― 초빙되어온 서양 고문들(극동 아시아인의 심정에 대해서는 조금도 모르는)이 고안해낸 ― 숙제를 풀기 위해 애쓰다가 결국에는 건강이 파괴되는 지경에까지 이른 너무나 강렬한 복종심, 나아가 지진이나 화재 때 소년 소녀들이 부서져 버린 자기 집의 지붕 기와를 학교에서 석반 (石盤, 석필로 글씨를 쓰거나 그림을 그릴 수 있게 만든 것) 대신으로, 잘려 떨어진 옻칠 파편을 연필 대용으로 사용했다는 신기한 용기 등에 대해서 말할 자격이 있는 자는 1890년대 초나 혹은 그 이전 일본에 살던 자들뿐일 것이다. 나아가 대학의 교육생활에 대해서조차 여러 가지 비화(悲話)를 말할 수 있다. 예를 들면 머리가 뛰어난 학생이 유럽 보통 학생의 능력으로는 감당할 수 없는 공부의 압박을 받아 허무하게 좌절한 이야기, 죽음과 대결하면서 얻어낸 승리의 이야기, 공포의 시험기간에 생도들로부터 받은 기묘한 작별 인사에 대한 이야기 등이 그것이다. 예를 들면 시험기간에 어느 학생이 나에게 이렇게 말했다. "선생님, 저는 시험 성적이 나쁘게 나올까 정말 걱정이에요. 실은 시험을 치기 위해 병원에서 왔는데 제가 심장병을 앓고 있는 것 같습니다" ─ 이 생도는 졸업증서를 손에 쥐고 한 시간도 지나지 않아 죽었다 ─. 어려운 공부를 하느라 진력할 뿐만 아니라, 대개의 경우 지독하게 가난하고 영양 상태가 형편없으며 불편하기 짝이 없는 생활 여건을 극복하기 위한 노력들은, 다만 의무를 다하기 위한 것이자 생활 수단이었다. 일본 학생을 평가하는 기준을 그 학생이 일본 민족의 경험과 다른 서구의 정서나 사상을 이해하지 못한 데 따른 오류나 실패, 무능력에 근거하는 것은 경박하고 생각이 얕은 사람들이 범하는 오류라고 말할 수 있을 것이다. 이 학생들을 올바로 판단하기 위해서는 그들에게서 나타나는 무언의 도덕적 영웅주의에 대해 먼저 배워야만 할 것이다.

20

관리(官吏) 교육

국민성이 수백 년 동안의 훈련으로 어느 정도까지 고정됐는지, 또 변혁에 저항하는 범상치 않은 능력이 어느 정도인지는 국민교육의 성과에 의해 가장 선명하게 나타날 것이다. 모든 국민은 정부 지원하에 유럽식 교육을 받는다. 그리고 전 과목 중에 그리스어와 라틴어 고전은 제외되어 있지만 서양식 학과목 중 주요한 것은 거의 포함되어 있다. 유치원에서 대학까지 전 조직은 표면상으로는 근대적이다. 그러나 이 신교육은 국민사상과 정서적 측면에서는 생각했던 만큼 효과가 나타나지 않았다. 이 사실은 고풍적 한학이 필수 과목 중에서 여전히 큰 부분을 차지하고 있기 때문이라든가, 또 신앙의 차이라는 이유로 설명될 것은 아니다. 그것은 오히려 목적을 좇는 수단으로서 교육에 대한 생각이 일본과 유럽에서 근본적으로 다르다는 점에 기인하는 바가 클 것이다. 새로운 체계와 과목을 채용하고는 있지만 일본 교육은 전체적으로 아직 서양식과는 정반대의 전통적 방법에 의거하고 있다. 서양인의 경우, 하면 안 된다는 금지적 측면의 도덕 수련이 이미 어린아이 시절에 시작된다. 유럽이나 미국의 교사는 어린아이들에게 엄격하다. 서양인은 행위상의 의무─'하지 않으면 안 되는', '해서는 안 되는' 같은 개인적 의무─를 가능한 한 일찍부터 가르치는 것이 중요하다고 생각한다. 하지만 성장하면서 점점 자유가 허락된다. 성장한 어린이는 장래가 자신의 노력과 능력에 달려 있다는 것을 알게 된다. 대개 자신의 것은 스스로 처리하는 것이 필요하다고 생각되는 경우에 설교나 주의를 받는다. 최종적으로 그 아이는 전도유망하고 착실한 인격의 청년 학도가 되어 개인 지도교사와 친해져서 운이 좋으면 친구가 되기도 하고 곤란한 때는 상담을 받기도 한다. 그리고 정신적·도덕적 수련 기간 중에는 경쟁이 기대될 뿐만 아니라 요구되기조차 한다. 소년기에서 청년기로 접어들면 훈련이 느슨해지지만 그만큼 경쟁이 더 요구된다. 서양식 교육의 목적은 개인의 능력이나 성격의 양성, 즉 독립할 수 있는 씩씩한 인간을 만들어내는 것이다.

일본 교육은 겉보기에는 서양식이지만 외관과는 전혀 반대의 방식으로 행해지고 있다. 교육의 목적은 개인을 독립적·독보적 행동이 가능하도록 연마하는 것이 아니라, 공동체적 행위에 적합하도록─엄격한 사회기구 속에 개인이 타당한 위치를 차지하는 데 알맞도록─훈련하는 것이다. 서양인의 경우 강요와 억압은 어린아이 시절에 시작되어 그 이후에는 점점 느슨해진다. 그것도 양친이나 교사로부터 직접 부가되는 강요와 억압은 아니다. 이 결과는 뒤에서 서술하겠지만 커다란 차이가 생겨난다. 학령─6세부터 시작하는 것으로 되어 있다─을 맞이하기까지, 또는 그 학령을 넘어서 한참 동안도 일본 아이들에게는 서양 아이들보다 훨씬 대폭적인 자유가 허락된다. 물론 예외는 있다. 그러나 일반적인 통칙으로 아이의 행동이 자신이나 남에게 해를 끼

치지 않는 한에서는 아이가 하고 싶은 대로 내버려둔다. 보호는 하지만 견제하지 않는다. 질책은 하지만 무리하게 강제하는 일은 없다. 일본 속담에 '일곱 살 여덟 살은 길가의 구덩이조차도 미워한다(七つ八つは、道ばたの穴さえ憎む)'[1]는 말이 있듯이 장난치는 것을 마음껏 허락한다. 벌은 어떤 경우에도 필요할 때만 내려진다. 그런 경우 예로부터의 습관으로 가족 모두 – 하인에 이르기까지 – 가 벌 받는 아이들의 중재자 역할을 한다. 어린 남동생이나 여동생이 있다면 그들이 대신 벌을 받겠다고 말한다. 매우 난폭한 계층이 아닌 이상 태형은 보통 하지 않는다. 위협 징벌용으로 오히려 혼을 냈다. 이것은 엄벌이다. 아이에게 난폭한 말을 하거나 화난 얼굴로 큰소리를 치면서 혼을 내는 것은 일반적으로 해서는 안 되는 일로 여겨졌다. 혼을 내는 사람은 가능한 한 온화하고 조용하게 타이른다. 아이의 얼굴을 때리는 것은 어떤 이유든지 간에 야만과 무지의 증거였다. 노는 것을 금지하거나 식사의 변경 또는 일상적 습관인 즐거움을 정지시키는 것 같은 처벌은 습관상 행하지 않았다. 아이에게는 철저하게 참아준다는 것이 윤리적인 결정이었다. 그러나 초등학교에 들어가면 엄한 징계가 시작됐다. 그것은 처음에 매우 가벼워 징계라고 전혀 말할 수 없다. 교사는 선생님이라기보다는 오히려 형님처럼 행동했다. 그리고 모두 앞에서 훈계받는 것 이상의 처벌은 없었다. 금지 사항이 있다 해도 주로 학급 공통의 의견으로서 아이에게 내려졌다. 그리고 노련한 교사는 그러한 의견을 지도했다. 또 학급마다 그 사람됨과 이지(理智)에 의해 선출된 1명 또는 2명의 조장이 명의상 학급을 통솔했다. 불유쾌한 명령을

---

1 옛날 관습에 의하면 막 태어난 아기는 한 살이다. 그리고 이 경우 '일곱 살 또는 여덟 살'이란 말은 각각 '여섯 살 또는 일곱 살'이란 의미다. – 원주

해야만 하는 경우에는 조장, 즉 반장이 명령을 내리도록 위임받는다 — 이러한 사소한 일이 기록해둘 가치가 있는 것이다. 내가 이것을 서술하는 것은 초등학교 때 이미 여론에 의한 징계(공통 징계), 말하자면 공통 의지에 의한 압박이 시작되며 이 방책이 국민도덕의 전통과 완전히 일치하는 사정을 알려주고 싶기 때문이다 —. 상급 학급에서는 이런 압력이 조금씩 증대되어간다. 그리고 상급 학교가 되면 그것은 매우 강해진다. 그 지배적인 힘은 학급의 정서이지 교사의 개인적 의지가 아니다. 중학교에서는 생도들도 생각이 진지해진다. 즉, 학급의 의견이 강력해져서 교사가 이를 무시하면 그 교사조차도 배척될 수 있기 때문에 교사도 이를 따르지 않으면 안 된다. 각 학급에는 선출된 임원이 있고 이들이 학급 다수자의 도덕적 규정 — 행위에 대한 전통적 기준 — 을 대표하고 시행한다 — 이 도덕적 기준은 질적으로 저하되고 있다. 그러나 어디에서든지 어느 정도는 남아 있다 —. 중학교 정도의 일본 학교에서 격투나 약자 괴롭히기 등의 사례를 아직 들어본 적이 없다. 거기에는 명백한 이유가 있다. 즉, 모두의 행위를 똑같이 만드는 방식이나 수련이 이뤄지고 있는 곳에서는 개인의 분노로 일을 처리하거나 개인을 제멋대로 날뛰게 하는 일이 있을 수 없는 것이다. 학급 생활의 조정은 다수에 대해 한 사람이 독재를 휘두르는 것이 아니다. 다수가 개인을 지배하는 것이 상도(常道)이며, 그 지배력은 실로 강력하다. 의식적이든 무의식적이든 학급 감정을 손상시킨 생도는 당장에 짐승 취급을 받는다. 그는 반드시 외톨이 신세가 되고 만다. 이 생도가 모두 앞에서 조용히 용서를(平ら誤りに) 빌기 전까지는 학교 밖에서조차 누구 한 사람도 그에게 말을 걸지 않고 또 안중에 두지도 않는 것이다. 더욱이 사죄에 대한 수용도 다수결에 의해 이뤄진다.

　이러한 일시적 절교는 학생 동아리를 떠나서도 치욕으로 여겨졌으므로 학생들이 이를 두려워하는 것은 당연하다. 그리고 이처럼 절교를 당한 기억은 이후 그 사람의 평생을 따라다닐 것이다. 후일 이 사람이 관계나 학계에서 아무리 높은 지위에 오르더라도 일찍이 학우들의 총의에 의해 처벌됐다는 사실은 결코 잊히지 않을 것이다. 이 사실이 전환되어 그가 신망(信望)을 받게 되는 사정이 일어난다고 해도 그렇다. 중학교 졸업 이후 학생들이 더욱 많이 진학하는 공립학교에서는 학급 규율이 점점 더 엄격해진다. 그러한 학교의 교수는 모두 승진을 추구하는 관리고, 학생들은 대학에 갈 준비를 하는 성인이며 — 소수의 예외는 있지만 — 대부분 관직으로 들어갈 것이 예정된 무리다. 이 고요하고 냉엄한 세계에서는 청춘의 환희를 폭발시킬 장소도 없고 서로의 공감을 펼칠 기회도 적다. 여러 집회나 협회는 있지만 그런 것들은 실제 목적하에 설립된 것으로 주로 특별한 연구 부문에 관계된 것이다. 기분 좋게 떠들어대는 모임에 갈 시간도 없고 그러한 모임에 대한 애착도 보이지 않는다. 어떤 경우에도 — 어느 공립학교보다도 훨씬 오래된 — 전통에 의해 형식적인 태도를 강요받는다. 모두가 서로를 지켜보고 있다. 남과 똑같지 않거나 특별하면 당장 주목의 대상이 되고 직접 괴롭힘을 당하는 대신 우회적으로 억압을 받는다. 어느 학교에서나 유지되고 있는 이런 학급 규제로부터 비롯되는 결과는 외국인 관찰자에게 불유쾌하게 여겨지고 있음에 틀림없다. 이러한 공립 고등학교에 대해 내가 받은 가장 강한 인상은 생도들의 기분 나쁜 침묵이었다. 내가 몇 년 전엔가 교사로 있었던 학교 — 이 나라에서 가장 보수적인 학교였다 — 에는 생명력이 약동하고 기력이 충만한 젊은이들이 천 명이 넘었다. 그러나 강의 시간의 사이사이, 운동장이나 교정 또는 체조장에서의 휴식 시간에 생도들 모두가 아주 조용히 있는 것이 기묘한 압박감을 줄 정도였다. 경기 중인 축구를 보고 있다고 하자. 그런데 공을 차는 소리 이외에는 아무 소리도 들리지 않는다. 혹은 유도장에서 유도 시합을 관람 중이라고 하자. 30분 동안 이야기 소리 하나 들리지 않는다 — 유도의 규정은 경기자에게 침묵을 요구할 뿐만 아니라 관찰자에게도 흥미의 감정적 표현을 전면적으로 억누르도록 주문한다 —. 이러한 억제는 외국인에게 매우 기묘하게 여겨진다. 30년 전 무사 학당에서의 수련이 이와 똑같은 무표정과 침묵을 강요했다는 것을 잘 알고 있음에도 말이다.

마침내 대학까지 진학하게 됐다. 이는 관직으로 출세하는 등용문(登龍門)이다. 여기서 학생은 그때까지 자기의 사적 생활에 가해진 여러 가지 제약으로부터 탈출하고 있음을 스스로 알게 된다.[2] 그러나 학급의 의지는 어떤 점에서 아직도 그를 지배하고 있다. 일반적으로 대학생은 대학을 마치면 결혼해서 한 가문의 주인이 되거나 아니면 미래의 주인이 된다. 그의 생애 중에서 이 시기의 급격한 변신은 이를 실제 자신의 눈으로 본 사람이 아니면 상상할 수 없다. 일본 교육의 의의가 나타나는 것은 바로 이 시기다.

일본 생활을 하면서 과거에 겪었던 여러 가지 사건 가운데, 촌스럽기 짝이 없던 학생이 위풍당당하고 차분하며 자연스러운 응대를 하는 관리로 변신한 것만큼 놀라운 일은 없었다. 바로 최근까지도 그는 교모를 한 손에 쥐고

---

2 이 규율이 느슨해진 것은 최근의 일이다. 그 결과 학생들 자신이 인정하는 바에 의하면 그런 일이 좋지 않다는 것이다. 지금으로부터 25년 전, 대학에서 학문은 매우 소중하게 생각됐으므로 만약 학생이 본인 잘못으로 낙제라도 하면 하나의 범죄로 생각될 정도였다. 그 무렵에는 대학에 입학하기 위해 청년들이 고향을 떠나갈 때, 친구와 친척들이 습관처럼 불러주던 송별가 한시가 있었다. "남자가 뜻을 세우기 위해 고향을 떠난다네. 학문을 이루지 못하면 죽어서도 돌아오지 못한다네" — 청년이 단호하게 뜻을 정해 태어난 고향을 떠나간다. 만약 학업을 성취하지 못한다면 그때는 가령 생명을 잃을망정 절대로 돌아와서는 안 된다 —. 그 무렵에 학생된 자는 의식을 검소하게 하고 모든 놀이와 방종을 근신하는 것이 의무였다. — 원주

어떤 문장이나 외국어 숙어의 의미 등을 공손히 질문했다. 그런데 지금은 법정에서 사건을 재판하거나 아니면 장관의 지휘하에 외교문서를 처리하거나 또는 공립학교를 관리하는 총지휘를 맡고 있는 것이다. 학생으로서 그의 특수한 재능이 인정된 것이라 쳐도 그가 지금 맡고 있는 지위에 특별히 적임자라고는 아무래도 받아들이기 어렵다. 그를 채용할 때는 학업성적보다 다른 사항이 우선적인 고려 대상이었다. 물론 그로서는 좋은 성적을 받아야만 했지만 말이다. 그는 인품에 어딘가 장점이 있다든가 혹은 그러한 장래성이 있다든가 해서 선발 채용된 것이다. 그는 높은 분의 배려로 특별 코스를 통과한 것이다. 그의 경우에는 정실(情實)이 있었는지도 알 수 없다. 그러나 개괄적으로 말한다면 유능한 사람은 채용되어서 중요한 자리에 나아가게 된다. 정부가 아주 엉뚱한 채용을 하는 일은 거의 없다. 이 남자에게는 학문이 부여해 준 것 이외에도 장점이 있다. 경영관리라든가 조직 면에서 능력이 있는 것이다. 또는 수련을 통해 몸에 습득한 천부적 능력이나 힘이 있다. 그가 지닌 가치의 성질에 따라서 지위가 선정된다. 오랫동안 힘들었던 학창 생활은 그에게 책이 가르쳐주는 것 이상 – 둔감하면 도저히 배울 수 없는 것 – 을 알려준 것이다. 즉, 사람의 마음과 그 기묘함을 읽어내는 것, 어떤 경우에도 얼굴에 감정을 나타내지 않는 것, 아무렇지도 않은 질문에서 일의 진상을 재빠르게 파악하는 것, – 가장 친한 친구에게도 – 마음의 틈을 보이지 않도록 살아가는 것, 허물없이 마음을 터놓고 있을 때조차도 비밀주의를 고수해 본심을 밝히지 않도록 하는 것을 그는 체득하고 있다. 즉, 그는 세상 살아가는 법 – 세속적 지혜 – 을 습득한 것이다. 그는 실제 놀랄 만한 인물로서 일본 민족 중에서도 고도의 성장을 보인 형태다. 바깥으로 드러난 그의 재능은 그의 상대적 가치 측정에는 별로 도움이 되지 않기 때문에 일본에 대해 모르는 서양인은 그를 판단할 수 없다. 대학에서 그가 한 공부 ― 영어, 프랑스어 혹은 독일어 실력 ― 는 공무를 운영하는 데 윤활유 정도의 역할을 할 뿐이다. 그는 자기의 학식을 행정적 목적을 수행하는 수단으로서만 생각하는 듯하다. 하지만 그가 학교에서 정말로 배운 것은 더 깊이가 있고 일본인으로서 정신적 발전을 나타내는 것이라고 생각한다. 일본인의 마음과 서양인의 마음 사이에는 간격이 너무 커 모두 다 측량하기 어렵다. 최근 그는 과거와 비교해 점점 자신이 자신의 것이 아니게 된다. 그는 가족의 것이자 집단의 것이며 정부의 것이 되어간다. 즉, 그는 사생활에서는 관습에 속박되고 공적으로는 오로지 명령을 준수해 행동해야만 한다. 그리고 명령을 어기는 충동에 굴복하는 것은 그 충동이 아무리 도량이 크고 고결하며 또는 도리에 맞는 것이라 해도 꿈에도 생각할 수 없다. 말 한마디가 몸을 멸망시키는 것이다. 그래서 그는 불필요한 말은 한마디도 하지 않는 것을 익힌다. 침묵으로 직무에 정진하면 승진도 한다. 더욱이 그 승진 속도가 빠르다. 그는 지사가 될 수 있고 법무장관, 국무장관, 전권공사도 될 수 있다. 그러나 지위가 높아지면 높아질수록 그 속박도 강해진다.

신중함과 자제력의 장기 훈련은 관리 생활을 위해서는 필요 불가결한 준비다. 획득한 지위를 고수하거나 또 명예스러운 사직(辭職)으로서 남자다움을 한껏 내보이는 능력도 대체로는 이러한 훈련으로 얻을 수 있다. 관리 생활의 가장 나쁜 측면은 도덕적 자유, 즉 정의로운 신념에 따라 행동할 수 있는 권리의 결여다. 모든 것을 제쳐두고서 자신의 지위 보전을 바라는 관료가 자기 개인의 확신 또는 동감을 추구한다는 것은 꿈에도 생각하지 못할 일이다. 상층부의 허가가 있다면 몰라도 말이다. 그는 인간 노예는 아니지만 하나의 제도 ― 중국과 마찬가지로 오래된 제도 ― 의 노예인 것이다. 인간성이란 것이 완전하다면 이 제도 또한 완전한 것일 것이다. 그러나 인간성이 현상 같은 것인 한에서는 이 제도에도 많은 개선의 여지가 있다 할 것이다. 그래서 어떤 일이든 높은 권력을 일시적으로 일임하는 사람들의 인격에 의지하게 될 것이다. 그리고 아무리 유능한 부하라 할지라도 우연히 나쁜 주인을 섬겨야 하는 상황에 처하면 그에게 남겨진 유일한 길은 사직하거나 나쁜 일을 수행하는 것이다. 이 두 가지 중 하나를 선택해야 한다. 강한 사람이라면 용감하게 이 문제에 정면으로부터 부딪쳐 사직한다. 그런데 이런 사람이 단 1명인 데 반해 겁쟁이는 50명 정도다. 도중에 사직함으로써 이력이 중단된 자의 앞날에는 어느 상황에서건 명령을 위반하면 따라붙는, 주홍글씨 같은 무서운 처분이 뒤따를 것이다. 교의에 대한 신앙이 소멸한 이후에도 그 종교 형태가 생존한 것처럼, 종교와 정부는 일체라고는 말할 수 없지만 아직 양심을 억압할 수 있는 정부의 힘이 남아 있다. 완강하게 시행되어온 비밀스러운 시스템이 행정상의 권위라는 관념에 끊임없이 따라붙은 막연한 경외감을 꾸준히 지탱하고 원조하고 있다. 이러한 권위는 이미 서술했던 범위 내에서 실제로 그 힘을 유감없이 발휘한다. 그래서 이 권위가 어떤 자를 총아(寵兒)로 선정하면 그는 급조된 인기의 환희를 맛보게 된다. 이렇게 되면 한 지역사회가, 하나의 시가 들고 일어나 이 총아의 인간성이 빼어나다는 면만을 부각시킨다. 그러면 당사자는 자신이 세상으로부터 최상의 것을 받을 만한 가치가 있는 인간이라고 착각해 잘난 체하게 된다. 그런데 후일 권력 실세가 이 자가 어떤 정책상 방해 요소임을 우연히 알게 된다고 가정하면, 그는 이유조차도 알지 못한 채 자신이 세상의 적이 되어 있는 상황에 놓일 것이다. 그에게 빈정거리는 자들 말고는 말을 거는 자도 인사하는 자도 미소를 짓는 자도 없다. 오랫동안 그를 경애하던 친구도 모르는 체하며 지나가버린다. 쫓아가서 진지한 얼굴로 물어보더라도 상대방이 아주 매몰차게 대답해 끼어들 틈도 없을 것이다. 아마도 사건의 '진상'은 상대편도 모를 것이다. 다만 그들이 아는 것은 명령을 받은 것뿐이고 명령의 이유를 알려 하지 않는 것이 상책이라는 것이다. 집으로 놀러 오던 아이들도 그것을 잘 파악해 이 실의의 운명에 빠진 희생자를 무시하고, 강아지조차도 본능적으로 이 변화의 냄새를 맡아 그가 지나가면 짖으며 달려든다. 관직 세계에 잘못 보인 타격의 대강은 이러하다. 이는 커다란 과오를 저지르거나 규범을 위반한 경우보다 더 큰 타격을 받는 것이다. 그래도 봉건시대 같으면 위반자는 '할복자살'을 명령받았을 것이다. 때로는 악인이 권좌에 앉는 경우도 있다. 그럴 때 권력이 나쁜 목적으로 사용되기도 할 것이다. 그때 양심을 어기는 행동을 하라는 명령을 완고하게 거부하는 데는 보통 이상의 용기가 필요다. 이 폭정의 형식으로부터 탄생한 최악의 결과에서 이전의 일본 사회를 구출한 것은 일반 대중의 도덕 감정이었다. 일반 대중은 권력에 전면적으로 복종하면서도 권력적 폭압의 정도가 지나치면 반항하고 궐기할 수 있는 힘을 저변에 지니고 있었다. 그래도 승진 도상의 관리가 새로운 정치생활의 암초나 소용돌이를 안전하게 지나가려면 본인의 뛰어난 수완, 성실함, 그리고 과단성이 필요했다.

독자들은 하나의 제도로서 관리 교육의 일반적 성격, 목적, 결과를 이해했으리라고 생각한다. 마찬가지로 옛날 상태와 전통의 잔존을 증거로 보여주는 학생 생활 측면에 대해 자세하게 살펴보는 것도 가치가 있을 것이다. 나는 교사로서 — 약 13년간 동안의 — 개인적 경험을 서술할 것이다.

요한 볼프강 폰 괴테(Johann Wolfgang von Goethe)의 『파우스트(Faust)』를 읽어본 독자라면 제1부에서 메피스토펠레스 박사의 응대를 받은 신뢰 깊고 유순한 학생이 제2부에서 박카로우레아스로 등장할 때 판이하게 다른 풍채와 태도였음을 기억할 것이다. 일본에서 살았던 서양인 교수라면 그중에 몇몇 사람은 개인적 경험으로부터 이런 대조를 떠올리며, 일본 정부의 초기 교육 고문 누군가가 심사숙고한 끝에 악의를 보인 것은 아니더라도 메피스토 펠레스의 역할을 한 것은 아닐까 의심하는 일도 틀림없이 있을 것이다. 창포 한 다발이나 향기 그윽한 매화 한 가지를 손에 들고서 천진난만한 존경심으로 서양인 교사를 방문한 온순한 생도 — 솔직하고 무엇이든 말하는 대로 행하며 같은 연령의 서양 청년에게는 거의 찾아볼 수 없는 진지함이나 신뢰성, 품위 있는 태도로 사람을 매혹시키는 일본인 학생 — 는 박카로우레아스로 변하기 훨씬 이전부터 신비한 변신을 할 운명에 놓여 있다. 몇 년 뒤 고등학교 제복을 입은 그를 만난다면 옛날 자기 학생이라고는 도저히 생각할 수 없다. 그는 무뚝뚝하고 말이 없으며 스스럼없지도 않고 예의를 체득하고 있다면 도저히 부탁할 수 있을 것 같지도 않은 것을 태연하게 말한다. 무언가 특별히 신경 쓰려고 한다는 점 — 아니, 그보다 훨씬 질이 나쁘지만 — 을 발견할 수 있다. 그 이후 대학생이 되면 모양새는 더 말쑥해지지만 훨씬 소원한 느낌이 든다. 아무튼 소년 때와는 완전히 달라져버려 그의 어렸던 시절을 아는 사람들에게는 이 간격이 어딘지 가슴 아픈 감정을 일으킬 정도다. 한 서양인 교사와 옛 제자의 마음 사이에 펼쳐지는 눈에 보이지 않는 깊은 바다는 태평양의 깊이나 넓이로도 부족할 정도다. 이렇게 되면 서양인 교수는 그저 사물을 가르치는 도구로 여겨질 뿐이다. 그리고 그는 자기 제자와의 긴밀한 관계를 유지하려 한 모처럼의 노력을 후회할 뿐이다. 관리 교육의 공식적인 모든 체계는 실제로 이러한 사제관계의 향상 발전과는 역행한다. 나는 이 사제지간에 대해 단순한 개인적 경험이 아니라 일반적 사실을 말하고 있다. 서양인 교사가 가르치는 학생과 정서적으로 접촉하고 또 지적인 결합을 가능하게 하는 연구에 흥미를 불러일으키기 위해서 다양한 노력을 해본들 결국 그것은 물거품으로 돌아가버릴 것이 틀림없다. 아마도 천 가지 사례 중 두세 가지는 귀중한 것 ─ 정신적 이해를 바탕으로 영속적이고 따뜻한 마음이 통하는 상애(相愛)적인 것 ─ 을 획득할지도 모른다. 그러나 그 이상을 바라면 그 사람은 끝을 알 수 없는 영원한 빙산 절벽 사이를 목적도 없이 헤매고 강 입구를 찾아서 끝없이 방황하는 남극 탐험가의 상태가 되고 말 것이 틀림없다. 그런데 일본인 교수의 경우는 이런 장애가 아무것도 아니다. 일본인 교수는 학생에게 대단한 노력을 요구하면서도 귀중한 것을 얻을 수 있다. 그는 수업 이외에서도 학생들과 간단히 친해진다. 그리고 또 그는 서양인 교수가 얻을 수 없는 것, 즉 학생들의 헌신을 얻을 수 있다. 이 차이는 여태까지 민족 감정 탓이라고 해왔으나 그렇게 간단하고 또 애매하게 설명할 수 있는 것은 아니다.

민족 감정이 약간 있다는 것은 확실하다. 그런 것이 있어서는 안 된다고 말할 까닭은 없다. 여태까지 일본에 체재한 경험이 없는 서양인이 해외 생활 경험이 없는 일본인과 겨우 30분 정도 이야기를 나누고서 그 일본인의 품위 있는 취미나 감정을 거스르는 말을 해야 할 필요는 없다. 또 해외여행 경험이 없는 일본인이 유럽의 어느 나라 말로 간단한 회화를 하면 그때 상대편 서양인 중 깜짝 놀라지 않을 이가 몇이나 될까? 아마 한 사람도 없을 것이다. 정신 구조가 이렇게 상이한 사람들이 동감을 나누기란 불가능에 가깝다. 그러나 이 불가능을 추구하는 ─ 서양 학생들에게 이치적으로 당연하게 기대할 수 있는 것과 똑같은 성질의 지적 이해를 일본 학생에게 기대하는 ─ 서양인 교수는 당연히 당황할 것이다. "우리 사이에는 아무리 해도 항상 서로를 가로지르는 세계가 펼쳐져 있지 않으면 안 되는 것일까?" 이는 종종 듣지만 간단히 대답하기 어려운 질문이다.

그 이유는 이미 독자 여러분도 알 것이다. 그러나 그중 하나 ─ 그것은 가장 기묘한 이유지만 ─ 는 아직도 잘 알 수 없다. 그것을 서술하기 전에 나는 서양인 교수와 일본 학생의 관계는 인위적으로 만들어진 것이지만, 일본인 교사와 학생의 관계는 희생 및 의무와 연결되는 전통적 관계임을 말해두고자 한다. 서양인 교사가 종종 발견하는 학생의 무성의하고 단정하지 못한 태도, 나아가 시종일관 서양인을 실망시키는 냉담한 태도는 대부분 서로 완전히 상반되는 의무감에서 일어난 오해에 기인한다. 오래된 감정은 오래된 형식이 소멸해버린 이후에도 오랫동안 여운을 남기며 잔류한다. 아마도 현대 일본에 얼마나 많은 봉건적 일본의 잔재가 남아 있는지 서양인들은 좀처럼 알 수 없을 것이다. 현대 일본인의 감정은 대부분 유전적인 것이리라. 즉, 옛날식 이상은 지금도 새로운 이상으로 바뀌지 않고 있다. 봉건시대에 교사는 봉급을 받지 않았다. 교사는 그 천직에 자신의 시간, 사상, 정력을 모두 쏟아부어야만 한다고 여겨졌다. 이 직업에는 높은 명예가 결부되어 있었다. 그리고 보수에 대해 이러쿵저러쿵 문제 삼지 않았다. 즉, 스승은 제자와 그 양친의 답례에 신뢰를 보냈다. 세상의 일반적인 감정이 끊으려 해도 끊을 수 없는 끈으로 사제지간을 묶었다. 그래서 옛날 무장들도 전쟁터에서 첩첩으로 둘러싸인 포위로부터 자기 스승을 어떻게 해서라도 먼저 탈출시키기 위해 여러 가지로 배려했다. 사제의 인연은 그런 점에서 부자지간의 인연 다음이었다. 스승은 제자를 위해서는 모든 것을 희생했다. 제자는 스승을 위해서라면 언제라도 목숨을 내던질 각오를 했다. 그런데 이제 모질고 이기적인 일본인의 성격이 표면에 나타나게 됐다. 그래도 아직 많은 옛날의 도덕적 감정이 전과 달리 황폐해진 성격의 표면 아래 딱딱하게 들러붙어 있다. 이 사실은 다음 예로 충분히 이해할 수 있을 것이다. 즉, 일본에서 달성된 거의 모든 고등

교육 사업은 정부로부터의 원조, 그렇지만 대개 개인적인 희생과 헌신의 결과다.

일본 사회는 최상층에서부터 저변에 이르기까지 이 희생과 헌신의 정신에 의해 지배되고 있다. 천황 폐하가 지녔던 자금[內帑金]의 대부분이 오랫동안 일반 교육에 투자된 사실은 세상이 다 아는 일이다. 그러나 화족(華族), 부호 및 고관들이 각자 사재를 투자해 학생을 교육한 것은 그다지 알려져 있지 않다. 이러한 대부분의 경우, 그 원조는 완전히 무상 봉사였다. 소수의 경우지만 학비를 일시적으로 마련해주고 그것을 장래에 분납 형태로 지불하게 하는 이도 있었다. 또한 일찍이 다이묘들은 수입의 대부분을 나누어 가신들에게 지급하고 원조했다. 부하가 몇백 명인 경우도 있지만 몇천 명, 어떤 경우에는 몇만 명이나 되는 부하들에게 생활필수품 일체를 지급했다. 그 대신에 군역과 충성과 복종을 강요했던 것이다. 옛 다이묘들 혹은 그 상속자들 — 지금도 여전히 대지주인 무리들 — 은 현재 서로 교육원조 사업에서 경쟁하고 있다. 출자할 수 있는 쪽은 모두 옛 부하의 자식이나 손자 및 자손들을 교육하고 있다. 이 원조를 받을 수 있는 이는 옛 영지에 설치된 학교의 생도 중에서 매년 선발된다. 현재 다수 학생에게 매년 무상으로 학자금을 지급할 수 있는 이는 부자인 귀족뿐이며 똑같은 귀족이라도 가난한 자는 금전적 배려를 할 수 없다. 그러나 모두가 혹은 대부분이 얼마 정도는 원조한다. 그리고 후원자의 수입이 적어서 장학생이 졸업 후 반환 의무를 지지 않으면 학자 부담을 할 수 없는 경우에도 이 사업은 한다. 경우에 따라서 학비 반액은 후원자가 부담하고 나머지 반은 학생 측에서 부담하도록 요구한다.

그런데 귀족계급에서 이러한 사례는 사회 각 계급에 널리 모범이 됐다. 상인, 은행가 및 공장주 — 상공업 계급의 부호들 — 는 학생을 교육했다. 장교, 문관, 의사, 법률가 등 모든 직업인이 이와 똑같은 일을 했다. 수입이 적어서

다액의 자선을 할 수 없는 사람은 학생을 경비, 심부름꾼, 가정교사 등으로 고용해 그들에게 쉬운 일을 시키고 그 대신에 먹고 잘 곳, 때때로 소액의 용돈도 주어 그들을 도왔다. 도쿄나 그 외 대도시의 대저택 대부분에서는 이런 원조를 받는 학생들이 경회[用心棒]를 맡았다. 교사들이 하는 것에 대해서는 특별히 기술해둘 필요가 있다.

공립학교 교사 대다수는 금전 면에서 학생을 원조할 수 있을 정도의 급료를 받지 못했다. 그래도 빠듯한 생활비보다 조금이라도 수입이 많은 교사는 하나같이 학생들을 원조했다. 상급 교육기관의 교원이나 교수들 사이에서 학생에 대한 원조는 당연한 것으로 여겨졌던 것 같다. 그러나 '당연한 일'이라고 말하기에는 좀 지나치다. 특히 교사들의 공식적 급료가 적은 것을 생각하면 이것이야말로 새로운 '관습의 강제'가 아닐까 하는 마음이 들 정도다. 그러나 이런 이상한 사실에 나타나는 희생적 쾌감과 봉건적 이상형에 대한 기묘한 집념을 관습의 강제라고 말하는 것만으로는 설명이 부족하다. 예를 들면 어느 대학교수는 오랫동안 많은 학생들에게 자기 월급의 거의 전액을 털어서 학비를 지불해 교육을 받을 수 있도록 해왔다고 한다. 이 교수는 학생들을 자기 집에 재우고 입을 것과 먹을 것을 주어 돌보며 교육을 시켰으며 책도 사주고 수업료도 지불했다. 본인의 생활비는 유보했지만 군고구마를 먹으며 목숨을 이어갈 정도로까지 생활비를 절약했던 것이다 — 일본에 있는 서양인 교수가 가난한 청년 다수를 무보수로 교육시키기 위해 자신은 물과 빵만으로 식사한 경우를 생각해보면 어떨까 —. 나는 이와 거의 똑같은 예를 두 가지 정도 알고 있다. 하나의 예는 이미 일흔이 넘은 노인이 지금도 여전히 자기의 자본, 시간, 지식 모두를 옛날부터 내려오는 의무라는 이상에 바치고 있다. 세상에 숨겨진 이런 종류의 희생이 자본적 여유가 전혀 없는 사람들에 의해 얼마나 많이 실행되어왔던가에 대해서는 세상에 전혀 알려져 있지 않다. 실제로 이 사실을 공표하면 그 사람은 도리어 마음 아파할 것이다. 내 눈에 비친 사례를 여기에 기록하는 것조차 말이다. 나는 왠지 경솔한 짓을 한 듯한 죄책감을 느낀다. 그러나 일본 학생들이 자국 출신 교수의 이러한 자기희생적 행위에 끊임없이 익숙해져 있기 때문에 일본인 교수보다 고액 봉급을 받으면서 일본인 교수의 예를 배울 도의심도 없고 또 그것을 따라 하려는 심정도 없는 서양인 교수에게 관심이나 동정을 받았다 한들 특별히 큰 감명을 받을 까닭이 없음은 자명하다.

상상할 수 없는 곤란을 겪으면서 개인적 희생에 의해 유지되어온 교육의 이 영웅적 사실은 분명히 많은 협잡과 비행을 벌충하기에 충분하다. 근년 교육계에 오직(汚職) 사건이 유행하고 있음에도 ─ 관직에서 의혹, 음모, 허위가 발견됨에도 ─ 이 자애로운 자기희생 정신이 교사와 학생의 세계를 지배하고 있는 동안은 필요한 개혁 모두를 희망할 수 있다. 동시에 나는 관직 세계의 추문이나 비행, 실책은 정치가 현대 교육에 간섭한 것에서부터, 즉 국민의 도덕 경험과는 전혀 상이한 외국의 관습을 모방하고자 시도한 데서부터 일어난 결과라는 의견을 넉살 좋게 말할 수 있다. 일본이 고래의 도덕적 이상을 충실히 지켜온 경우, 이 나라는 멋지고 훌륭하게 이 일을 수행하고 있었다. 이 도덕적 이상으로부터 이유도 없이 이탈하면서부터 고통과 어려움이 자연적 결과로서 일어났던 것이다.

이 외에 근대 교육 속에 옛날 식 생활이 새로운 여건하에 얼마나 많이 잠재되어 있는지, 또 국민성이 교양인의 마음속에 얼마나 견실하게 고정되어 있는지 한층 더 강렬하게 암시하는 사실들이 몇 가지 존재한다. 나는 주로 해외 일본인 교육, 예를 들면 독일, 영국, 프랑스, 미국의 대학에서 특별 고등교육을 받은 경우에 대한 결과를 언급하고자 한다. 이런 결과는 그 방면이나 부문에 따라 다르지만 적어도 외국인 관찰자에게는 대체로 부정적으로 여겨진다. 일본과 서양의 방대한 심리적 간격 — 완전히 반대인 심리적 구조와 관습 — 을 생각하면 일본인 학생이 외국 대학에서 실제로 공훈을 성취한 것은 놀랄 만한 일이다. 유럽이나 미국의 저명한 대학을 졸업한 것 — 한학으로 충만하고 한자가 주입된 일본 문화로 형성된 마음이지만 — 은 대단한 공적이다. 미국 학생이 중국 대학을 졸업한 경우와 비교해 뒤떨어지지 않는 공훈이다. 분명히 해외로 나간 유학생은 영재로서 사려 깊은 선정 결과에 의해 선발됐다. 그리고 이 사명에서 필요 불가결한 하나의 조건은 보통 서양인의 것과 비교되지 않을 정도로 탁월한 기억력, 즉 미세한 것에 대한 탁월한 암기력이다. 그렇다고 해도 이 공적은 경이할 만하다. 그런데 이 청년 학도가 일본에 돌아오면 대부분 — 전공 학문이 순수하게 실용적인 주제인 경우는 별도지만 — 그런 모처럼의 전문 연구에 대한 노력을 그만두고 만다. 이것은 그 사회 구성과 연구 수준이 너무 상이해 서구에서 하던 연구를 독자적으로 계속 수행할 수 없기 때문이다. 독창적 사고가 불가능한 것일까, 아니면 구성적인 면에서 상상력이 결핍된 것일까. 그러한 측면에 대한 지향이 없는 것일까, 단지 무관심한 것일까. 이 민족이 이토록 오랫동안 복종해왔던, 저 두려워해야 할 정신적·도덕적 수련의 역사는 근대 일본인의 마음속에 이러한 한계가 있다고 말해주고 있는 것이 분명하다. 이 문제는 아직 여전히 해명되지 못하고 있다. 무관심은 자명하고 숨김없는 사실이라 할 수 있겠지만 나는 그것은 논외라고 생각한다. 그러나 능력이라든가 지향이라든가 하는 문제와는 관계없이 현재 국내의 학문 연구에 아직 적당한 지원이 이뤄지지 않는 것을 고려해야만 할 것이다. 솔직히 말하면 청년들을 외국 대학으로 보내는 데는 심리학이나 언어학, 문학, 근대철학 연구에 일생을 바쳐 배움을 얻는 것보다도 다른 목적이 있다. 즉, 그들은 정부의 공무상 높은 지위에 적합한 인물이 되기 위해서 해외로 보내지는 것이다. 그들의 해외 유학은 관리로서의 이력상 의무적으로 중요한 부대 사항에 지나지 않는다. 유학생은 각자 여러 가지 분야에서 서구인들이 어떻게 연구하고 사고하며 느끼는가를 배우고, 각 분야의 학문적 진보 정도를 분명히 파악해 자기에게 부과된 특수한 의무에 응할 수 있는 자격을 갖춰야만 했다. 그러나 서양인과 똑같이 사고하고 느끼는 일은 명령받지 않았다. 그것은 아무리 노력해도 될 수 없다. 그 유학생은 응용과학 영역 이외의 서구 학문에는 관심이 깊지 않을 것이며 또 그럴 수도 없을 것이다. 그의 임무는 그러한 사항을 서양인의 관점에서가 아니라 일본인의 견지에서 어떤 식으로 이해할 것인가를 배우는 것이다. 그래서 그는 그 역할을 훌륭하게 수행해 명령받은 대로 유감없이 성취했지만 그 이외의 것은 거의 하지 않았다. 정부에 대한 그의 가치는 그에게 부과된 유학 경험으로 두 배 또는 네 배도 되기 때문이다. 그러나 본국에서는 교수 또는 강사로서의 수년간 의무연한 기간을 제외하면 그는 유학 경험을 아마도 단지 심리상의 예장(禮裝), 즉 공식 석상에 필요한 경우 착용하는 정신적 제복으로서만 사용하는 데 지나지 않을 것이다.

그런데 단지 지능이나 기억력뿐만 아니라 손재주, 그리고 시각적으로 뛰어난 천부적 솜씨와 기민함을 요구하는 과학상의 연구, 예를 들면 외과, 내과 의학, 군사상의 특수 연구 등에 해당되는 해외 유학생의 경우에는 이야기가 매우 달라진다. 유학생들이 일본 외과 의사들의 평균 능률을 간단히 능가할수 있을지는 아무래도 의문이다. 물론 전쟁 연구는 이 나라의 민족정신과 민족성이 조상 대대로 전래되어온 특기다. 그러나 단지 외국 대학의 학위를 따기 위해 해외로 유학을 가고 교직기관에서 일정 기간의 의무를 마친 이후 고위 관직에 부임하는 것이 정해져 있는 무리들에게는 외국에서 습득한 학식은 그다지 소중하지 않은 것 같다. 예를 들어 귀국 이후 더욱 노력해 유럽에서 이름을 날릴 수 있게 됐을 무렵, 그 노력에 막대한 금전상의 희생을 지불해야 하며 그래야만 그 성과에 대해서도 동포들로부터 타당한 평가를 받을 수 있다.

현대 서양인 중에는 만약 고대 그리스인 혹은 이집트인이 현재 서양인의 문명 ─ 단지 그 명칭만 나열한 경우에도 한 권의 사전(辭書)을 채우기에 족할 정도의 과학과 그 분파 과학인 응용수학 ─ 과 갑자기 위험한 접촉을 했다면 그들이 도대체 무슨 짓을 했을지 생각한 이도 있다. 조상숭배에 기초를 두고 있는 현명한 민족이 취한 조치에 대해서 근대 일본의 역사가 가장 명쾌하게 그것을 암시한다고 나는 생각한다.

이들 고대인은 불시의 위험에 대비해 우선 그들의 족장사회를 급히 개조했을 것이다. 그리고 그들이 사용할 수 있는 과학적 기계를 모두 수용해 경이적 성과를 올렸을 것이다. 또 강력한 육군과 고성능 무기를 겸비한 해군을 창설하고 청년 귀족들을 해외로 보내 외국 습속을 연구하며 외교적 임무를 수행할 자격을 습득시키고 나아가 새로운 교육제도를 제정해 그 자녀들에게 여러 가지 종류의 신문물을 강제로 배우게 했을 것이다. 그러나 이 이역의 수준 높은 감성적·지적 생활에 대해서는 당연히 무관심한 태도를 보였을 것이다. 이 외국의 우수한 문학, 철학, 또 더 관대하고 폭넓은 종교 형식는 그들의 도덕적·사회적 경험에 비추어 깊은 공명을 줄 수 없었을 것이기 때문이다.

21

산업의 위기

인류 문화의 변화 과정은 어디에서나 똑같은 진화 법칙에 의해 형성되어 왔다. 고대 유럽 사회의 초기 무렵의 역사가 구일본 사회의 상태를 이해하는 데 도움이 됐듯이, 새로운 일본의 가상적 미래상을 그리는 데도 유럽 사회의 후기 시대가 도움이 될 것이다. 『고대 도시』의 저자 퓌스텔 드 쿨랑주는 모든 고대 그리스와 라틴 도시 사회에는 4개의 혁명기가 있었다고 서술한다.[1] 제1 혁명기에는 제사장인 국왕으로부터 정치권력을 박탈했지만 종교 권력은 여전히 남겨졌다. 제2혁명기에는 씨족 '로마'나 씨족 '그리스'가 분해되고 보호

---

1 스파르타도 예외는 아니다. 스파르타 사회는 진화론적 사고에서 말한다면 이오니아 사회보다 훨씬 진보해 있었다. 도리아인의 족장 씨족은 매우 초기 무렵에 이미 해체됐다. 스파르타는 국왕을 섬겼다. 그러나 민사재판은 원로원이, 형사재판은 민선 행정관 감독관이 행했다. 또한 이 감독관에게는 전쟁을 선포하고 강화조약을 맺는 권한도 있었다. 스파르타의 역사에서 최초의 대혁명 이후 국왕은 민사·형사 및 군사 권한을 빼앗겼다. 그리고 제사장으로서의 역할만이 남았던 것이다. 상세한 내용에 대해서는 『고대 도시』, 285~287쪽 참조. ─ 원주

자의 권한으로부터 피보호자가 해방됐으며 또 가정의 법적 조직에서 여러 가지 중대한 변화가 일어났음을 찾아볼 수 있다. 제3혁명기에는 종교적·군사적 귀족계급이 쇠퇴하고 평민의 시민권 획득 및 부유 계층에서의 민주주의 대두 ─ 이것은 마침내 무산계급의 민주주의 저항을 받는다 ─ 가 나타난다. 제4혁명기가 되면 처음으로 빈부 간에 심각한 항쟁이 나타나 마침내 계급 타도주의가 승리하고 그 결과 과격한 전제정치의 무서운 형식이 수립된다. 즉, 민중에 의해 추대된 폭군의 전제정치가 시작된다.

이 4개의 혁명기 중에 구일본 사회사는 겨우 두 시기에만 해당한다. 일본 최초의 혁명기는 후지와라씨나 천황가로부터의 문무 양 권력 찬탈로 대표된다. 그 이후 오늘날까지 사실상 종교적·군사적 귀족계급이 이 나라를 지배해왔다. 무사 세력 대두에 대한 여러 가지 사건이나 도쿠가와 막부 치세하의 권력 집중도 원래 제1혁명기에 속한다. 일본이라는 나라가 시작됐을 무렵의 일본 사회는 진화론에서 말한다면 기원전 7~8세기 무렵의 고대 서구 사회의 단계에도 미치지 못했다. 제2혁명기는 1871년 혁신으로 막 시작된 참이다. 그런데 그 이후 겨우 1세대(30년) 만에 일본은 제3혁명기로 돌입했다. 장로 귀족계급 세력은 이렇게도 빨리 신흥 자본가 계층의 소수 독재 체제의 급격한 대두에 위협당했다. 이는 정치계의 만능적 힘이 될 것으로 여겨지는 신흥 공업 생산력 때문이다. 번벌 해체 ─ 목하 진행 중 ─, 가족의 법적 조직의 다양한 개편, 서민의 정치권력 진출은 마침내 도래할 권력 이행에 박차를 가하게 됐다. 현재 사정으로는 제3혁명기가 급히 그 궤도를 달릴 것이 명백하다. 이어서 제4혁명기가 중대한 위험을 동반하면서 조만간에 들이닥칠 것이다.

최근의 변화가 눈이 팽팽 돌아갈 정도로 빠른 것 ─ 1871년의 사회 혁신으로부터 1891년의 제1회 국회 개설에 이르기까지 — 을 생각해주기 바란다. 19세기 중반에 이르기까지 이 민족은 2,600년 이전 유럽 족장사회와 거의 똑같은 상태였던 것이다. 사회는 이미 제2해체기로 들어섰지만 실은 단지 하나의 대변혁을 통과했을 뿐이다. 그로부터 계속해서 이 나라는 다시 두 차례, 실로 통렬한 사회혁명을 눈 깜짝할 새 통과했다. 막번 제도 폐지, 무사계급 폐지의 강제, 국민 개병에 의한 무사 군대 교체 폐지, 전 국민에게 참정권 부여, 새로운 서민 단체의 성립, 산업의 확대 팽창, 부유층에 의한 신귀족 대두, 행정 측면에서 인민 대표의 대두 등이다. 구일본에서는 부와 힘이 있는 중산계급이 발달하지 못했다. 그러므로 국민은 고대 유럽 사회의 빈부 간 최초 투쟁을 자연적으로 초래할 산업 발달 단계에 접근할 수조차 없었다. 이 나라의 당시 사회조직으로부터 산업을 압박하는 일은 불가능했다. 즉, 상인계급은 사회 저변에 깔려 있었다. 다소 진보된 사회에서는 재력가들이 귀족 무리들의 발밑에 머리를 숙이고 있었다. 그런데 지금은 상인계급이 자유로워져 강한 특권력을 부여받고 조용히 체제를 갖추어 순식간에 귀족계급을 권력으로부터 축출해버리고 가장 중요한 자가 됐다. 이 신질서의 정세로부터 일찍이 이 나라 역사에서 찾아볼 수 없었던 여러 가지 형태의 사회적 불행이 조성됐다. 이 불행이 어떤 것인가에 대해서는 도쿄에서 해마다 주민세를 낼 수 없는 빈민이 5만 명 이상에 달한다는 사실을 예로 들 수 있을 것이다. 더욱이 그 세액이 겨우 20전(錢) 정도로, 이는 영국 돈으로 환산하면 5펜스에 지나지 않는다. 부가 소수자의 손에 축적된 이전 시대에는 일본 어디에서도 이런 궁핍함을 볼 수 없었다. 물론 전쟁에 의한 일시적 결과는 논외다.

초기 유럽 문명 역사상에도 이와 비슷한 사례가 보인다. 그리스나 라틴 지역사회에서 씨족(젠즈) 해체까지는 언어의 근대적 의미에서 빈곤은 없었다. 약간의 예외는 있었지만 노예도 평온한 가족 형태를 소유했다. 또 상업 계층의 소수 독재 체제도, 산업에 의한 압박도 없었다. 그리고 다양한 도시나 국가에서는 초기 왕들이 정치권력을 빼앗긴 이후였으므로 종교적 기능도 무사귀족에 의해 수행됐다. 근대적 의미에서 언어적 개념의 상업도 아직 없었다. 또 화폐도 통화로서는 기원전 7세기경에야 비로소 유통되기 시작했다. 불행이라고 할 만한 것은 존재하지 않았다. 조상숭배의 기초 위에 세워진 족장제도하에서는 약탈 등에 의한 황폐와 흉작에 따른 기근 같은 일시적인 현상을 제외한다면 빈곤의 결과로서 불행은 존재하지 않았다. 궁핍이란 것이 발생하면 그것은 모두에게 똑같이 일어났다. 그런 사회 상태에서는 누구나 모두 누군가에게 봉사하고 있었던 까닭에 그 봉사와의 교환으로 모두가 생활필수품을 배급받았다. 그래서 누구도 생활 면에서 고생할 필요가 없었던 것이다. 또 자급자족하는 족장사회에서는 돈이 그다지 필요하지 않았다. 즉, 물물교환이 상업을 대신했던 것이다. 이런 모든 점에서 구일본의 상태는 고대 유럽의 족장사회와 매우 비슷하다. '우지'가 존재하는 동안 전쟁과 기근, 역병의 결과로서 일어난 것 이외에는 불행이라고 할 만한 것은 아무것도 없었다. 사회 전체적으로 ― 소규모 상인계급은 예외지만 ― 화폐의 필요성이 적었다. 게다가 당시 존재했던 통화는 일반 통용에는 적합하지 않았다. 조세는 미곡이나 그 외 생산물로 지불됐다. 영주가 가신을 양육하듯이 무사는 부하들을 돌봤으며 마찬가지로 백성은 노동자를, 수공업자는 제자나 떠돌이 장인을, 상인은 점원이나 견습 점원을 각각 담당했다. 누구나 먹고살 수 있었고 적어도 평상시에는 어떤 이라도 기아를 겪는 일은 없었다. 일하는 자가 먹을 수 없는 경우가 발생한 것은 막번 체제가 와해된 이후다. 마치 고대 유럽에서 해방된 기식자 계층과 평민 계층이 똑같은 상태하에 발달을 성취해 하나의 민주 단체가 되고 참정권 및 모든 정치상의 권리를 요구하며 법석을 부렸던 것과 마찬가지로 일본에서도 일반 서민이 자기 보호[自衛]를 위해 정치적 본능을 발달시켜왔던 것이다.

그리스나 로마 사회에서 종교적 전통과 군사력 위에 세워진 귀족 계층이 자본가 계층의 소수 전제주의에 굴복하지 않으면 안 된 사정이나, 그 결과 정부의 민주적 형체 — 근대적 의미에서가 아니라 옛날 그리스식의 민주정체 — 가 출현하게 된 사정은 알고 있을 것이다. 그런데 그 이후 시간이 지나자 일반 민중의 선거 결과로 이 민주정체가 와해되어 빈부 계층 간의 처절한 투쟁이 시작된 것이다. 이 항쟁이 시작된 이후부터 로마인의 정복이 억지로 질서를 확립하기까지 생명과 재산, 안전은 없어져버렸다. 그런데 일본에서도 그리 멀지 않은 장래에 고대 그리스의 무정부 역사가 반복될 것 같은 조짐이 농후하지 않다고는 잘라 말할 수 없다는 생각이 든다. 빈자 계층의 꾸준한 증가, 인구 증가에서 오는 압력, 또 신흥 산업 인구 계층의 대두에 당연히 부수되는 부의 자연스러운 축적으로 위험은 명료해졌다. 여태까지 이 민족은 과거 경험에 의지해, 또 그 지배자를 맹목적으로 신뢰하면서 끈기 있게 모든 변혁을 참고 견뎌왔다. 그러나 이런 비참한 상태가 증가하는 것을 그대로 방치했기 때문에 수백만 명을 기아에서 구제하는 문제가 지상명령으로 대두한다면 오랫동안 양성되어왔던 인내력도 신뢰심도 도움이 되지 못할 수 있다. 이럴 때 토머스 헨리 헉슬리 교수의 표현을 효과적으로 반복한다면, '원시인'은 '문명인을 위해 스스로 죽음의 그림자 계곡으로 내몰렸다'는 것을 깨닫고 자신들의 손으로 사태를 처리하고자 — 생존권을 위해 — 궐기해 죽을 판 살 판으로 싸우기 시작하는 것이다. 민중의 직관력은 무시하기 어려운 것이다. 민중이 현재 불행의 가장 큰 원인이 서구의 산업 방법 도입에 있음을 깨달았으므로 그러한 동요가 어떤 의미인가를 생각하면 마음이 평온하지 않다. 그러나 현재 50만 명을 넘는다고 상정되는 비참한 직공 계층의 생활개선에 대해서는 아직도 적당한 긴급 조치가 취해지지 못하고 있다.

퓌스텔 드 쿨랑주는 개인적 자유의 결여가 그리스 사회를 분란과 파국적 결말에 이르게 한 진정한 원인이라고 지적한다.[2] 로마는 그리스보다 고난이 적었고, 존속해 나라의 지배력을 잃지 않았다. 그것은 국내에서 개인의 권리가 훨씬 중시됐기 때문이다. 한편 현대 일본에서 개인의 자유의 결여는 분명히 국가적 위기에까지 다다른 것 같다. 그것은 봉건사회의 지속을 가능하게 했던 무조건적인 복종, 충의, 권위에 대한 존경의 관습이 자칫하면 진정한 민주정체의 성립을 불가능하게 하고, 오히려 무정부 상태를 초래할 경향이 있기 때문이다. 개인의 자유 — 정치 지배와 분리해 윤리적 일로서 여겨져온 자유 — 에 오랫동안 길들여진 민족, 즉 정치적 권위와는 관계없이 정사(正邪), 곡직(曲直)의 문제로 생각되어온 자유에 길들여진 민족만이 오늘날 일본을 위협하고 있는 위기에 대결할 수 있는 것이다. 만약 고대 유럽 사회와 똑같은 경로를 밟으며 일본에 사회 해체가 일어났다고 하자. 어떤 방위적 입법 조치를 강구해도 방지할 도리가 없다면 또 다른 사회혁명이 일어나므로 결국 파괴를 면할 수 없기 때문이다. 고대 유럽의 경우는 족장 조직이 전면적으로 완전 해체되는 데 몇백 년이라는 세월이 걸렸다. 그것은 서서히 또 정상적인 형태로 행해진 것으로, 결코 외부로부터의 힘에 의한 것은 아니었다. 그와 반대로 일본의 경우는 이 해체가 전기 및 증기의 급속한 힘이 작동하는 강력한 외적 압박에 의해 일어나고 있다. 그리스 사회의 변혁은 약 300년이나 걸

---

2 『고대 도시』, 400~401쪽 참조. — 원주

러서 그 결과를 보았다. 일본에서는 족장 조직이 법적으로 해체되고 산업 체제가 재조직된 지 겨우 30년 남짓이다. 게다가 무정부·무질서 상태의 위험이 눈앞에 임박해 있으며, 또 인민 — 놀라운 것은 이미 1,000만 명 이상이 증대했다는 것이다 — 은 산업 상태하의 궁핍으로부터 전개된 모든 형태의 비참함을 이미 경험하기 시작하고 있다.

신질서에 따라 최대의 자유가 부여된 것이 최대 위험을 품고 있는 방면이라는 것은 어쩔 수 없었을 것이다. 정부가 직접 지배 범위 내에서 형태는 어떻게 됐든 간에 경쟁에 관해 매우 많은 일을 행했다고는 말하기 어렵더라도 국가의 산업상 경쟁을 위해 한 일은 기대치 이상이라고 볼 수 있다. 대여금은 풍부하게 융통됐으며 보조금은 윤택하게 교부됐다. 종종 공황이나 실패가 있었음에도 그 결과는 실로 훌륭했다. 겨우 30년 동안 수출 제품 총액이 50만 엔에서 5억 엔으로 상승했다. 이런 엄청난 발전은 다른 방면의 심각한 희생 위에 성취된 것이다. 가정 내 수제품 생산의 오래된 방법 — 이 방법 덕택에 일본이 그토록 오랫동안 높은 명성을 날린 아름다운 생산품 및 미술품의 대부분이 만들어졌다 — 은 절망적 비운에 처하게 된 듯 보인다. 그리고 장인의 우두머리와 직인 간의 종래 온정 넘치는 관계 대신에 최악의 공장 생활로 모든 두려워해야만 할 것 — 인권 무시를 억제할 아무런 법규도 없이 — 이 나타나게 됐다. 자본은 새로 결합되어 봉건시대에는 상상조차도 할 수 없었던 아주 가혹한 형태의 노역관계를 다시 만들어버리고 말았다. 이러한 노역관계에 종속되어 버린 여성이나 아이들이 처한 참상은 세상이 다 아는 추문이 되고, 과거 온정 — 가축류에까지 보였던 — 으로 유명했던 국민성 일면에 이런 불가사의한 잔혹성도 있을 수 있다는 증거를 나타냈다.

현재 개혁을 요구하는 인간적인 절규가 늘어나고 있다. 그리고 종업원을 옹호하는 법규를 확립하기 위해 적극적인 노력이 계속되고 있으며 이는 차후에도 계속될 것이다. 그런데 이 노력에는 예기했던 대로 공장과 조합 측으로부터의 맹렬한 반대가 예상된다. 즉, 공장과 조합 측은 정부의 공업 관리에 대한 간섭이 기업을 반신불수로 만들지는 않더라도 심각한 방해를 미치며 외국 공업과의 경쟁을 저해한다고 주장한다. 영국에서 약 20년 전 이와 똑같은 논의가 당시 생산계급의 처우 개선을 위해 이뤄졌던 노력에 반대해 제창됐다. 이 반대론은 토머스 헨리 헉슬리 교수의 훌륭한 연설에 의해 도전을 받았다. 그것은 오늘날 일본의 법률가가 읽어보아도 매우 도움이 될 것이라 생각한다. 1888년에 진행됐던 개혁에 대한 헉슬리 교수의 말을 인용하기로 한다.

이상에서 진술했던 협정을 이행하는 것이 필연적으로 생산 코스트를 높일 것이며 이것으로 경쟁 시장에서 생산자가 불리해진다면 나는 우선 이 사실을 의심할 수밖에 없다. 그러나 가령 그렇다고 하더라도 그 결과로 산업계는 하나의 딜레마 상태에 직면해야만 할 것이다. 그리고 그 어느 쪽의 경우이든 파멸의 위협을 받을 것이다. …… 한편으로 노동이 충분히 보상된 사람들은 육체적·정신적으로도 건전하고 사회적으로 안정되어 있지만 생산이 고가이기 때문에 산업 경쟁에서는 패배할지도 모른다. 또 다른 경우 노동이 충분히 보상받지 못할 때 사람들은 필연적으로 육체적·정신적으로 불건전하며 또 사회적으로도 불안정함에 틀림없다. 제품이 싸기 때문에 일시적으로는 경쟁 장소 뒤에서 성공을 거둘지도 모르지만 우려해야만 할 비참함과 전락을 맛보게 되어 결국은 완전한 파멸의 못으로 가라앉을 것임이 틀림없다. …… 그런데 이 두 가지 길밖에 채택할 수 없다면 우리는 자신을 위해, 또 우리의 자녀를 위해 전자를 선택해야 하지 않겠는가. 또 어쩔 수 없다면 남자답게 굶어 죽어버려야 하지 않겠는가. 그러나 건강하고 체력이 있으며 교육을 받아 자기 규제가 되는 사람들이 영위하는 안정된 사회가 그런 심각한 위험에 빠질 운명을 초래한다는 것을 나는 아무리 해도 믿을 수 없다. 우선 지금 그들은 아직 똑같은 성질의 많은 경쟁자들로부터 성가심을 받을 것 같지도 않다. 그래서 그들이 각자 독자적인 길을 발견하도록 신뢰해도 지장이 없다고 생각한다.[3]

만약 일본의 장래가 육군과 해군, 그리고 국민의 드높은 용맹심, 나아가 명예와 의무라는 이상을 위해 몇십만 명이 될지라도 죽음을 무릅쓸 각오가 되어 있다면 현재의 사태에 놀라 당황해할 이유는 별로 없다. 그런데 불행히도 이 나라의 장래는 용기보다는 다른 자질, 즉 자기희생과는 별도의 능력에 의지해야만 할 것이다. 그리고 사회적 전통이 이 나라를 매우 불리한 경지에 빠뜨려 앞으로 이 나라의 투쟁은 악전고투가 될 것이 틀림없다. 산업 경쟁력도 여성이나 아이들의 비참한 노동력에 의존해 이뤄질 수는 없다. 아무튼 개인의 지적 자유에 의지해야만 할 것이다. 그리고 이 자유를 억압하거나 그 억압을 방치해도 상관없는 사회는 여전히 변함없이 완고하고 고루하므로 개인의 자유를 엄중히 유지하고 있는 사회와 경쟁하는 것은 도저히 불가능하다. 일본이 집단에 의해 생각하고 또 행동하는 한, 가령 그 집단이 산업사회인 경우에도 일본은 언제나 전력을 발휘하기 어려운 상태를 계속해갈 것이 틀림없다. 일본 고래의 사회 경험은 이 나라 차후의 국제 경쟁무대 진출을 돕는 데 부적당하다. 아니, 오히려 그것은 경우에 따라서는 이 나라에 무거운 짐을 부과할 것임이 틀림없다. 정령과 관련된 의미에서 말하면 이 '무거운

3 『논문집』 제9권 218~219항, '인간 사회의 생존경쟁' 참조. ― 원주

짐[重荷]은 과거 몇 대에 걸쳐서 사자의 망령이 일본의 생활상에 가했던 눈에는 보이지 않는 중압인 것이다. 일본은 앞으로 자국보다는 풍부한 탄력과 강력한 힘을 지닌 열강 각국과 경쟁하면서 엄청난 장애와 싸워야만 할 것이다. 또한 자국의 망령이 지배하는 과거의 힘에 대해서 한층 더 분투를 거듭해야만 할 것이다.

그러나 일본이 조상숭배로부터 획득할 수 있는 것은 이제 아무것도 없다고 생각한다면 그것은 중대한 실수다. 일본 근대화의 성공은 모두 조상의 도움에 의한 것이며, 또 근대화의 실패는 고대 이래의 윤리적 관습을 불필요하게 파괴했기 때문이라는 점은 명백하다. 일본이 명령 한마디에 모든 고통이나 고투를 배제시키고 국민에게 서양의 문명을 수용하도록 강제할 수 있었던 것은 오로지 일본 국민이 다년간에 걸쳐 묵종, 충의, 자기희생을 위한 수련을 쌓아온 덕택이었다. 시대는 아직 일본이 과거의 도덕을 완전히 버려도 좋다고 말하는 정도까지는 오지 않았다. 정말로 지금 이상의 자유는 필요하다. 그러나 그것은 예지에 의해 제약된 자유인 것이다. 즉, 자기를 위해, 동시에 타인을 위해 생각하고 행동하는 자유로서, 약자를 억압하거나 정직한 인간을 미끼로 하는 자유여서는 안 된다. 종속자에게는 절대적 복종을 강요하지만 동시에 주인 측은 종속자에게 친절을 보일 의무가 있다는 일본 고래의 신앙의 전통에 비추어 보면 현 산업 생활에서 보이는 새로운 학대 행위에 변명의 여지가 있을 리 없다. 일본이 국민에게 친절의 길로부터 이탈을 허락하는 한, 이 나라 자체가 이미 '신의 길[道]'로부터 이탈하는 것이다.

그렇게 되면 이 나라의 앞날은 깜깜해질 것이다. 악몽이 암흑 속에 나타나 일본을 사랑하는 사람들이 있는 곳에 때때로 찾아온다. 이 악몽은 일본이 현재 필사적으로 발버둥치며 전력을 기울이고 있지만, 결국은 경제 활동 경험에서 몇백 년이나 선배에 해당하는 외국인들을 받아들이기 위한 여지를 조성하는 준비로 끝나버리는 것은 아닐까 하는 우려의 악몽인 것이다. 몇천 마일에 미치는 철도나 전신, 광산과 제련소, 군대 병기창과 여러 공장, 부두와 함대도 모두 외국자본이 사용할 수 있도록 하기 위해 준비하고 있는 것은 아닌가? 이 나라의 저 찬탄할 만한 육군도, 무용이 뛰어난 해군도, 정부의 힘으로서 도저히 억제가 되지 않을 사정에 유발되거나 혹은 용기를 얻어 탐욕스러운 여러 열강의 침략적 연합군을 상대로 무모하고 절망적인 전쟁을 시작해 스스로를 최후의 희생자로 만들어버리는 비운을 보는 것은 아닐까 하는 악몽이 이어진다. 그러나 여태까지 수많은 폭풍우를 이겨온 이 국가를 이끌어왔던 이들의 정치적 능력은 이 몰려드는 위기를 반드시 돌파해낼 수 있을 것이다.

22

성찰

제도는 국민성에 의존한다. 그리고 이 제도적 외관을 어떻게 변용해본들 그
본질은 국민성에 앞서 변할 수 없다. 종교적 제도의 급격한 변경은 정치제도
의 경우와 똑같으며 그에 이어서 반드시 반동이 일어나는 것은 확실하다.

_허버트 스펜서, 『자서전(Autobiography)』

여태까지 여러 가지로 다양하게, 일본 사회사의 전반적 개념과 일본 국민
성을 창조하고 연마해온 각종 능력의 성질에 대해 암시하고자 노력했다. 분
명히 이 시론에는 바람직한 것들이 많이 남아 있다. 즉, 이 주제에 대해서 충
분히 만족할 수 있는 저작이 만들어질 시기는 아주 먼 미래일 것이다. 그러나
일본이란 국가가 그 종교적·사회적 진화 연구에 의해서만 잘 이해될 수 있다는
사실은 이 책에 의해 충분히 해명됐다고 믿는다. 이 국가는 모든 것을 서양 문명
적인 외관으로 꾸몄지만 내적으로는 깜짝 놀랄 만한 동양적 풍경을 보여준

다. 분명히 능률적으로 서양의 응용과학을 이용해내고 있다. 더욱이 경탄할 만한 노력을 기울여 겨우 30년이라는 기간에 몇백 년이 걸렸을 일을 성취해 냈다. 그럼에도 이 국가는 사회학적으로는 지금도 그리스도 탄생 몇백 년 전의 고대 유럽 단계에 상응하는 곳에 머물러 있다.

심리학적으로 인간 진화의 과정에서 여전히 현재 우리와 멀리 떨어져 있는 이 이상한 세계를 관조하는 즐거움은 그 기원과 원인을 알아도 감소하지 않는다. 구일본 유물의 경이로움과 아름다움은 그것이 탄생한 사정을 알게 됐다고 해서 감소하지 않는다. 그 풍습 속에 깃든 친절함과 우아함이 과거 천 년 동안 칼 끝 아래에서 육성되어온 것임을 알게 됐다고 해도 그 매력이 없어져야 한다는 법은 없다. 겨우 몇 년 전까지만 하더라도 거의 모든 해안가와 강가 곳곳에서 볼 수 있던 저 예절 바름, 싸움이 없는 평화로움은 실은 몇 세대 동안 사람들 사이에서 일어나는 싸움을 엄벌에 처했기 때문이라는 것, 또 그러한 엄벌 금제를 필요하게 만든 복수의 풍습이 개인의 언동을 조심하게 만들었다는 것을 알게 된다고 해서 그 아름다운 풍속의 상쾌함이 옅어지는 것도 아니다. 지금은 일반적으로 누구한테서나 찾아볼 수 있는 미소지만, 일찍이 과거 종속 계층이 어떤 어려움하에서도 미소를 짓지 않으면 생명을 위협당하는 시대가 있었다는 것을 들었다고 해서 그 매력적 애교가 옅어지는 것도 아니다. 또 고풍의 가정 예법하에 자란 일본 여성은 이미 사라져 버린 과거 세계의 도덕적 이상을 대표하는 존재며, 그리고 이런 부인을 양성하기 위한 희생적 대가 — 헤아릴 수 없는 고난의 대가이지만 — 를 서양인이 이해할 수 없다고 해서 일본 부인의 아름다움이 감소되는 것도 아니다.

아니, 결코 그렇지 않다. 이 구시대 문화의 잔영은 형언하기 힘든 아름다움으로 충만하다. 그리고 점진적이지만 이러한 것들이 소멸해가는 모습을

보고 있노라면 일찍이 그 매력을 경험한 적이 있는 사람은 비통할 수밖에 없다. 예술가 또는 시인의 마음으로는 일찍이 이 나라를 지배해 그 혼을 만들어 낸 저 무수한 금제와 억압을 도저히 참을 수 없지만, 그들이 만들어낸 최상의 결과는 감상하고 또 사랑하지 않을 수 없다. 그 최상의 결과는, 예를 들면 오래된 관행의 순진 소박함 ─ 온화한 풍속 ─, 풍아한 습관 ─ 접대 접객 등에서 나타나는 세심하고 용의주도한 마음 씀씀이 ─, 바늘방석에 앉아 있어도 겉으로는 맑고 좋은 면만을 보이는 신기한 힘이라고 말할 수 있을 것이다. 그러한 신앙이 전혀 없는 자에게서도 저 고래의 가정 종교에, 즉 밤이면 사자의 영전에 불을 붙이는 등불, 음식과 음료, 작은 공물, 정령들을 맞이하기 위해 문전에 피우는 무카에비(迎えび, 음력 8월 13일 사자의 영혼을 영접하기 위해 문전에 피우는 불), 정령을 싣고 안식처로 평안히 보내기 위해 만든 작은 배 등, 이러한 모든 것에 정서적으로 풍부한 시적 흥취가 감돌고 있다. 나아가 또 요원한 태고 적부터 전승되어온 효도의 교리 ─ 의무, 보은, 자기희생 등에서 무섭기 이를 데 없는 것과 동시에 지극히 숭고한 것도 강요하지만 ─ 는 우리의 사라지지 않은 종교적 본능에 실로 신기한 공명을 떠올리게 한다. 그리고 효도에 의해 연마된 멋진 성격 때문에 서양인에게는 마치 신처럼 보이는 것이다. 신앙 촌락 씨족신들의 예제(例祭, 해마다 정해진 날짜에 지내는 제사, 신사의 가장 중요한 제례)에 넘쳐흐르는 신비한 매력! 위로는 왕후의 가보로부터 아래로는 어린아이의 장난감에 이르는 공예품에까지 그 흔적을 남기고 있는 불교미술 ─ 변방 지역을 불상으로 넘치게 하고 길가 바윗돌에 고마운 불교 경문을 새겨넣은 한없이 낭만적인 세계! 이런 불교적 분위기 ─, 커다란 범종의 깊이 가라앉은 소리, 인간에게 친숙해 조금도 두려움이 없는 생물로서, 부르면 퍼덕퍼덕 날아내리는 비둘기나 먹이를 구해 헤엄쳐 오르는 잉어의 모습으로 활기찬 사원 정

원의 매력을 잊어버릴 수 있는 자가 있을까? 서양인은 고대 동양의 영적 생활에 몰입할 능력이 없음에도 ─ 옛날 일본의 사상이나 정서를 나눠 가지고자 하는 것은 마치 '시간의 흐름'을 거슬러 올라가 고대 그리스의 어느 도시에서 소멸한 생활을 공유하기를 바라는 것과 마찬가지임에도 ─ '요정의 선경'을 향해 떠나는 동화 속 유랑자와 비슷하게 일본의 환상에 홀려 있는 자신을 발견하는 것이다.

그곳에는 환영이 있다는 것을, 그것은 지금 눈에 보이는 것이 아니라 그 의미로부터 일어나는 커다랗고 다양한 환영이지만 그것이 존재한다는 것을, 우리는 알고 있다. 그런데도 왜 이 환영은 '천국'을 잠시 들여다보도록 우리를 매료시키는 것일까. 사상적으로는 람세스(Ramesses) 시대의 이집트만큼 동떨어진 이 문화의 윤리적 빛[光耀]에 끌린다고 고백하지 않을 수 없는 이유는 무엇일까. 우리는 진실, 개인의 인식을 거부하는 사회 훈련의 결과에 매력을 느끼는 것일까. 인격의 억압을 강요하는 종교에 매혹된 것일까.

그렇지는 않다. 그 매력은 이 과거의 환영이 과거와 현재를 초월한다는 사실로부터 일어난다. 이것은 완전한 동감동조의 세계인 고도의 탁월한 미래 출현 가능성을 예시하는 것으로부터 일어나고 있다. 차후 몇천 년 뒤에는 옛날 일본의 이상에 의해 예표(豫表)되어온 도덕적 상태가 결코 환상적 그림자에 그치는 것이 아니라 성취 가능하도록 인간의 도가 진보해갈지도 모르는 것이다. 즉, 본능적 무사무욕, 타인을 행복하게 함으로써 인생의 기쁨을 발견하는 것, 도덕적 아름다움에 대해 공통 감각을 갖는 것 등이 그런 것이다. 그리고 각자 자기 자신의 마음속에 있는 가르침 이외에는 어떤 법전도 필요로 하지 않는 곳에까지 인간 현실이 진보했을 때 비로소 '신도(神道)'의 이상이 실현될 것이다.

나아가 이렇게도 사람을 매혹하는 일본의 사회 상태는 진실로 아름다운 신기루 이상의 것을 만들어냈다는 점을 명기해둬야만 할 것이다. 매우 매력적인 사회 상태의 소박한 특질은 대부분 불변적이기는 하지만 민중 속에서 발전해온 것이다. 구일본은 이 나라에 비해 훨씬 진보해 있던 서구 사회가 몇백 년 동안이나 희망해왔던 최고 도덕적 이상향에 훨씬 근접해 있었다. 그리고 무가계급의 권력 흥성 이후 천 년 동안이나 계속된 전란이 없었다면 사회적 수련의 모든 것이 지향하고 있던 윤리적 목적에 훨씬 더 근접했을지도 모른다. 그러나 이 인간성의 좋은 면이 더 어둡고 훨씬 가혹한 특성을 희생시키고 발전을 지속한 것이라면 그 결과는 이 국민에게 불행한 일이 됐을지도 모른다. 침략이나 간악한 지혜의 능력을 없애버릴 정도로 애타주의에 지배되어온 일본 국민은 현재와 같은 세태하에서는 전쟁 및 경쟁에 대한 훈련으로 단련된 민족을 상대로 해서는 자신의 국가를 지키는 것조차도 할 수 없다. 차후 일본이 세계 경쟁에서 성공하기 위해서는 사람들로부터 호감을 별로 받지 못하는 국민성적 특질에 주목해야만 할 것이다. 일본은 그런 특질을 크게 신장할 필요가 있을 것이다.

그러한 특질을 일본이 어떻게 강력하게 발전시키는가는 목하 러시아와의 전쟁에서 경탄할 만한 증거가 나타나고 있다. 일본이 그 누구도 전혀 예상하지 못했던 공격력을 발휘한 배후에는 정신력이 자리 잡고 있으며 이는 물론 과거의 기나긴 훈련 덕택임이 확실하다. 변혁에 대한 국민의 체념에 의해 그때까지 숨겨져 있던 소리 없는 침묵의 힘 — 4,000만 명이라는 집단에 영험력을 불어넣은 의식하지 않은 영웅 정신 —, 칙령이 있으면 건설이나 파괴 어느 것도 당장 행하는 저 결집력, 이러한 것은 피상적 관찰로서는 인지할 수 없다. 일본과 같은 군사적·정치적 역사를 지닌 국민은 지도자들에게 외교나 전쟁의 경우에도 지극히 중요한 능력의 발휘를 기대할지도 모른다. 그러나 그러한 능력도 일치단결하는 집단의 성격 — 바람이라든가 조류 같은 커다란 힘 —, 명령하는 대로 움직이는 물성이 없다면 도저히 발휘할 수 없을 것이다. 일본의 진정한 힘은 이 국가의 일반 서민 — 백성이라든가 어부, 장인이나 노동자 —, 즉 들판에서 끈기 있게 조용히 일하는 사람들이나 도시 골목길에서 별 볼 일 없는 상업에 종사하는 사람들의 정신력 속에 깃들어 있다. 일본 국민의 무의식적인 영웅주의적 행위는 이런 사람들 속에 존재한다. 이는 매우 높은 — 생명을 대수롭지 않게 생각한다는 의미가 아니라, 사자의 위치를 높여주는 천황의 명령 한마디에 목숨을 기꺼이 바치겠다는 — 염원을 나타내는 용기다. 전쟁에 소집된 몇만 명의 젊은이들이 명예롭게 고국으로 돌아가고 싶다고 말하는 것을 한마디도 듣지 못했다. 이들은 이구동성으로 '초혼사(招魂社, 죽으면 모시는 신사)'에 길이 이름을 남기고 싶다고 말할 뿐이다. 이때 '사(社)'는 '사자의 영혼을 불러 맞아들이는 신사(神社)'로서 그곳은 천황과 조국을 위해 죽은 이들을 모시는 곳이다. 이 고래의 신앙은 전쟁 당시 가장 강렬하게 불타올랐다. 러시아 군대는 연속으로 발사되는 라이플총이나 화이트헤드의 어뢰보다도 이런 신앙을 더욱 두려워해야만 할 것이다.[1] 애국 신앙으로서 '신도'가 페어플레이를 허락받는다면 전 극동아시아 지역의 운명뿐만 아니라 문화의

---

1 뤼순 항구를 폐쇄하는 제2차 전쟁이 결행된 이후에 천황으로부터 찬사의 칙어를 하사받은 함대 사령관 장관 도고 헤이하치로 해군 중장의 봉답문에는 신도의 특색이 유감없이 나타난다. "제2차 뤼순 항구 폐쇄 전쟁에 대해 우악(優渥, 천자의 은택이나 조칙이 정성스럽고 극진)한 칙어를 하사하셔서 신 등은 감격을 이기지 못할 뿐이옵니다. 이에 전사한 장병들의 충혼도 영구히 전쟁터에 머물러 천황의 군대[皇軍]를 비호해야만 한다고 생각합니다"(≪재팬타임스(The Japan Times)≫, 1904년 3월 31일). 사라미스 해전 후에 그리스 해군 제독도 용감한 사자들에 대해 이런 생각과 희망을 말했을지 모른다. 페르시아인의 침입에 저항하기 위해 그리스인들을 궐기시켰던 신앙과 용기는 오늘날 일본으로 하여금 감연히 러시아군에 도전하게 만든 종교적 영웅주의와 동질의 것이었다. — 원주

장래에도 영향을 미칠 것이다. 일본인을 논하면서 그들이 종교에는 무관심하다고 말하는 것은 바보 같은 논리다. 종교는 옛날에 그러했듯이 지금도 여전히 일본 국민의 생명 그 자체 – 모든 행동의 동기이며 지도력 – 인 것이다. 즉, 이것은 행동과 고생의 종교이며 허위심과 위선이 없는 종교다. 그리고 이 종교에 의해 특별히 발달된 특성이 러시아를 놀라게 했으며, 차후에도 여전히 많은 경악을 안겨줬다. 러시아는 어린아이처럼 나약하다고 대수롭지 않게 여기던 일본에게서 놀랄 만한 힘을 발견했다. 생각하지도 못한 영웅주의에 맞부딪힌 것이다.[2]

　여러 가지 이유 때문에 이 무서운 전쟁 – 누구도 그 종말을 아직 예상할 수는 없지만 – 을 말로 다 표현할 수 없어 지극히 유감이다. 그 이유 중에는 공업에 관한 것도 적지 않다. 전쟁은 근대국가가 그것 없이는 번영하고 부유할 수 없는, 건전한 개인주의의 발달을 촉진하는 일체의 경향을 차단해버리고 만다. 기업은 동결되고 시장은 마비되며 생산은 정지된다. 그러나 이 전쟁은 이 특이한 국민이 겪은 보기 드문 경우라 할 수 있다. 이 전쟁으로 인한 사회적 영향이 어느 정도는 이 국가에 유리하게 작용할 가능성도 있는 것이다. 외국과 적대 행위를 벌이기 이전부터 이미 몇백 년 동안의 경험에 기반을 둔 제반 제도가 아직 시기도 아닌데 붕괴 경향을 보이기 시작했다. 정신적·도덕적 붕괴 경향도 심각하기는 매한가지다. 향후 대변혁이 당연히 이뤄져야

---

2 지난 4월 26일 러시아 군함에 침몰된 수송 선박 긴슈마루(金州丸)의 승무원들의 행동은 적에게 반성의 재료를 주었음에 틀림없다. 심사숙고하도록 한 시간의 여유를 주었으나 일본군은 항복을 거부하고 총탄을 뒤집어썼다. 적의 어뢰가 명중해 긴슈마루가 두 동강이 나 침몰하기에 앞서 승선한 장병 다수가 할복자살을 행했다. 이 같은 봉건시대적 정신의 장렬한 발휘는 러시아가 이 전쟁에서 공을 거두기 위해 얼마나 값비싼 대가를 지불해야 하는지 암시한다. – 원주

만 한다는 것, 이 국가 미래의 안녕과 행복이 변혁을 요구하고 있다는 것에 대해서는 왈가왈부 논의할 여지가 없는 것처럼 보인다. 그러나 그런 변혁은 서서히 이뤄질 필요가 있다. 국민의 도덕적 조직을 위험에 처하게 만드는 성급함은 안 된다. 독립을 위한 ─ 국민으로 하여금 그 결과에 대해 일체를 걸게 하는 ─ 전쟁은 당연히 옛 사회적 유대의 강화, 충의, 의무 본분에 대한 감정에 강렬한 자극을 격려하고 보수주의의 강조 등을 불러일으킬 것이 틀림없다. 이것은 어떤 방면에서는 퇴보를, 그러나 또 다른 방면에서는 기력 왕성을 의미할 것이다. 러시아의 위협을 목전에 두고 '야마토 다마시(大和魂, 일본혼)'가 부활했다. 일본이 만약 전쟁에서 이긴다면 이로써 여태까지보다도 정신적으로 강하게 등장할 것이다. 그때 새로이 얻은 자신감과 독립 정신이 대외 정책과 외국의 압박에 대한 국민의 태도에 저절로 반영될 것이다.

물론 그때 자신 과잉의 위험도 있을 것이다. 러시아군을 육해군 양면으로 타파할 수 있는 국민은 자국 국토 내에서와 마찬가지로 외국자본에 대항할 수 있다고 믿을지도 모른다. 그래서 정부를 설득하고 위협해 외국인의 토지 소유권 문제에 치명적인 타협을 가하도록 모든 수단을 시도할 것이다. 이 방면의 노력은 여태까지 인내심 있게 조직적으로 다년간에 걸쳐서 행해져 왔다. 그리고 이런 노력은 일부 정치가로부터 다소 지지를 받았던 것도 같다. 그런데 이런 일본 정치가들은 특권이 있는 외국자본의 기업연합이 일본 같은 곳에서 어떤 난폭한 행위도 제멋대로 할 수 있다는 것을 아무래도 이해하지 못하는 것이 분명하다. 매우 막연하지만 내가 보기에 일본 국내에서의 금권력(金權力)의 본질과 생활의 평균 상태를 아는 사람이라면 반드시 조차권(借地權)을 지닌 외국자본이 일본 국법과 정부를 지배해 마침내 외국 이권에 의해 이 제국을 실제적으로 지배할 수 있게 될 것이 확실함을 인정해야만 할 것이다. 일본이 외국 기업에 토지구입권을 주었을 때는 이미 일본에 전망이 없어지고 멸망이 가까울 뿐이라는 확신을 나는 아무리 해도 배척할 수 없다. 한 치 앞의 이익에 눈이 어두워 그런 유혹에 흔들리기 쉬운 자만심이나 자신 과잉이야말로 이 나라의 숨통을 막을 것이다. 그래서 일본은 러시아의 군함 이나 총검보다도 영국이나 미국의 자본을 걱정해야 할 것이다. 일본의 군사 적 능력의 배후에는 천 년 동안 훈련되어온 경험이 있다. 그러나 산업과 상업 력 배후의 경험은 겨우 50년에 지나지 않는다. 일본은 여태까지 충분히 경고 를 수용해왔다. 그리고 차후 일본이 멸망을 초래하는 길을 선택했다 하더라 도 그것은 충고가 결여됐기 때문은 아니다. 그 충고를 한 자는 세계 최고의 현자이기 때문이다.

이 글을 읽는 독자들은 일본의 새로운 사회조직의 장점과 단점, 군사 방면 에서 공격력 혹은 방어력을 보이는 커다란 능력, 나아가 다른 방면에서 나타 나는 비교적 약한 점을 판연하게 이해했을 것이다. 각 방면의 모든 일을 종합 해서 생각했을 때 신기한 것은 일본이 여태까지 국가를 잘 지켜왔다는 것이 다. 이 새로운 위험천만한 길에 불안정한 첫걸음을 내딛도록 지도한 것은 확 실히 보통 지혜는 아니다. 이 나라가 성취해온 것을 만들어낸 그 국력은 확실 히 예로부터의 종교적·사회적 수련에서 나온 것이다. 즉, 이 나라는 새로운 통치 형식하에서도, 새로운 사회 활동 정황하에서도 여전히 옛날 훈련의 대 부분을 유지해왔기 때문에 그 강함을 유지할 수 있었다. 그렇다고 하더라도 일본이 재액을 면할 수 있었던 것은, 즉 외국의 중압하에서 그 전 사회기구의 괴멸을 방지할 수 있었던 것은 매우 견실하고 명민한 정책에 의거했기 때문 이다. 대변혁이 일어난 것도, 그 변혁이 국가 기초를 뒤흔드는 성질의 것인 것도 필연적이었다. 그리고 또 그중에 특히 목전의 필요에 직면해 차후의 위험에 대비해야만 했다. 아마도 아직 인류 문화사상 이만큼이나 방대하고 복잡하며 멈출 수 없는 어려운 문제에 직면한 지배자는 한 사람도 없을 것이다. 그리고 이런 난제 중에서도 가장 냉혹한 난제가 해결되지 않은 채 남아 있다. 일본의 성공은 모두 옛 신도와 관련된 의무와 복종의 이상에 의해 지지되어 온 자기 포기의 집중적 집단 활동으로써 획득된 것이지만 이 국가의 산업 장래는 이와는 정반대의 이기적 개인주의 행동에 의존해야만 하는 것이다.

그렇다면 옛 도덕과 제사는 도대체 어떻게 될 것인가? 현시점에서는 사태가 이미 이상하다. 그러나 옛 가족적 속박은 서서히 느슨해질 것이다. 나아가 그것은 더욱더 붕괴될 것이다. 일본인의 증언에 의하면 이번 전쟁 발발 이전에 이미 그러한 붕괴가 대도시의 상류·중류계급 간에 확대되어가고 있다. 농경 지방이나 시골 읍의 옛날 도덕적 질서는 아직 그다지 영향을 받지 않았다. 그러나 현재 붕괴의 힘이 되어 움직이고 있는 법률 개변이라든가 사회적 필요 이외에도 몇 가지 영향력이 있다. 현재 구래의 신앙은 폭넓은 지식의 도입 때문에 엉망진창으로 흔들리고 있다. 즉, 신세대 자제는 2만 7,000개 초등학교에서 과학의 기초와 우주라는 근대적 사고방식을 배운다. 슈미센(須彌山)의 기묘한 그림이 있는 불교 우주관은 이미 옛날이야기가 되어버리고 말았다. 고대 중국의 자연철학을 신봉하는 이는 별로 교육받지 못한 사람들이거나 봉건시대의 생존자들 정도다. 그리고 최연소 초등학생들은 하늘의 별들이 신도 아니고 부처도 아니며 어딘가 머나먼 곳에 있는 행성이라는 것을 배우게 됐다. 은하를 '하늘의 강'이라고 상상하는 자는 이미 존재하지 않는다. '칠월칠석 공주'의 전설이나 공주를 기다리는 연인, '까치 다리' 등은 유아에게 들려주는 이야기가 되어버렸다. 젊은 어부는 자기 할아버지처럼 별빛에 의지해 배를 젓기는 하지만 북쪽 하늘에 '묘견(妙見) 보살'에게 절하지는 않는다.

그런데 어떤 종류의 오래된 신앙의 쇠퇴라든가 눈에 보이지 않는 사회가 변해가는 경향에 대해서는 쉽게 오해가 일어난다. 어떤 사정하에서도 종교는 서서히 쇠퇴해간다. 그리고 그중에서도 가장 보수적인 형식이 최후에 붕괴한다. 조상숭배가 일찍이 어떠한 외적 영향을 선명하게 받았다고 생각하거나, 또 이 숭배가 지금도 존속하고 있는 것은 완전히 신성시된 관습에 의한 것이지 대중이 아직도 믿고 있기 때문은 아니라고 생각하는 것은 — 어느 종교 중에서도 사자를 제사 지내는 경우에는 — 중대한 과오다. 신앙이 민족의 애착으로부터 그런 식으로 돌연히 떨어져 나가버리는 일은 있을 수 없다. 종교 이외의 다른 방면에서조차 새로운 회의주의란 극히 표면적이며, 결코 사물의 저변 깊숙이 그 핵심으로까지 확대되는 것은 아니다. 실제로 청년 계층에는 일종의 회의주의가 유행해 일부러 과거를 도려내는 풍조를 보이기도 한다. 그러나 그런 무리 중에서도 가정의 종교를 모독하거나 불손한 말을 하는 경우는 없다. 고래의 효도 의무에 항의하거나 가정의 속박의 중압이 덮치는 데 대해서 때때로 불평하는 자는 있다. 그러나 가정의 제사를 가볍게 여긴다는 이야기는 들어본 적이 없다. 신도의 지역 협동생활체에서의 형식과 그 외 공식적 형식에 대해 생각해볼 때 신사의 숫자가 증가하고 있는 것은 오래된 종교 세력이 지금도 여전히 왕성하다는 것을 말해준다. 신사의 숫자는 1897년 19만 1,962개였고 1901년에는 19만 6,256개에 달했다.

가까운 장래에 틀림없이 일어날 변혁이 있다면 아마도 그것은 종교적 변혁보다 오히려 사회적 변혁일 것이라 생각한다. 그리고 그와 같은 변혁이 — 여러 가지 방면에서 효도를 약체화시키는 경향은 있다 해도 — 조상숭배 그 자체에 심각한 영향을 미칠 것이라고 믿어야만 할 이유는 없다. 생활난이 거듭되고 생활비가 상승함에 따라 가중되는 가정 굴레의 무게는 개인에게는 점차 경감되어갈지도 모른다. 그러나 법률이 만들어졌다고 해서 사자에 대한 의무감을 지워줄 수는 없다. 그런 마음이 완전히 없어졌을 때 민족의 심장도 고동치지 않을 것이다. 옛날의 신을 신으로서 믿는 것은 서서히 없어져갈 것이다. 그러나 신도는 조국의 종교로서, 영웅과 애국자의 종교로서 연명해갈 것이다. 그리고 이와 같은 미래의 변화가 일어날 것이라는 점은 새로 건립될 수많은 신사의 기념비적 성격으로부터도 이해할 수 있을 것이다.

최근 – 퍼시벌 로웰의 『극동의 혼』에서 깊은 감명을 받은 후부터 – 일본에서 '개인주의 복음'이 필요하다고 말하는 자가 상당히 많아졌다. 그리고 많은 경건한 신자들은 일본이 그리스도교로 개종한 것이 개인주의 도입에 충분한 역할을 했다고도 말한다. 이 설은 몇천 년이라는 세월 동안에 서서히 형성되어온 국민의 풍속과 습관, 사물을 느끼는 방법이 단 한 편의 신앙 법령에 의해 갑자기 변할 수 있다고 생각하는 고루한 미신이 아니라면 특별한 의미 없는 말투다. 정상적 상태하에 오래된 질서를 해체해 현재보다 고도의 사회적 활력을 얻도록 하기 위해서는 오로지 산업주의에 의하는 것 – 기업 경쟁과 상업 확장을 강행시키는 데 필요한 각종 조건의 힘으로 – 이 가장 무난할 것이다. 그 같은 건강한 변모를 이루기 위해서는 장기간의 평화가 필요하다. 그리고 그때가 되어서 독립 진보의 일본이 정치적 득실이란 관점에서부터 종교개혁 문제를 고려하는 것은 전혀 불가능하지 않다. 해외 시찰이나 연구를 한 일본 정치가들은 쥘 미슐레(Jules Michelet)의 반면(半面) 진리적 힘의 학설, 즉 돈에는 종교가 있다는 – '자본은 신교도(protestant)다'라는 – 설이나, 세계의 힘과 부나 지력은 로마의 멍에를 내던져버리고 중세의 신조로부터 해방된 민족의 것이라는 주장에 대해 부당한 인상을 받았을지도 모른다.[3] 일본의 어떤 정치가는 극히 최근에 "일본은 급류처럼 거침없이 그리스도교로 흘러간다"고 말했다. 고관 대신의 말에 대한 신문 보도는 때때로 맞지 않는다. 그래도 이 보도는 아마 정확한 것 같다. 그리고 또 이 발언은 가능성을 암시하고 있다. 영일동맹 선언 이래, 일찍이 일본 정부가 서양 종교에 대해 보였던 무사안일의 보수주의적 태도가 최근 상당히 부드러워졌다. 그러나 일본이 정부 장려하에 외국의 신앙 채용 여부를 결정하는 문제에 대해서는 사회학적인 견지에서 이미 분명한 답이 나왔다고 생각한다. 사회의 근본적 구조를 조금이라도 이해한다면 급격한 변화를 가하고자 하는 경솔함도, 또 그것의 실행 불가능함도 모두 분명해질 것이다. 적어도 현시점에서 일본의 종교 문제는 사회 보전의 문제다. 그리하여 자연적인 추이 변화 과정의 촉진을 꾀하는 것은 그 결과로서 단지 반동과 혼란을 초래할 뿐이다. 여태까지 국가를 위해 매우 도움이 되어온 신중한 정책을 감히 포기해버리는 날은 아직 먼 장래의 일이라고 믿는다. 이 나라가 서양의 신앙을 채용하는 그 날은 이 나라의 천년만년 이어질 황통이 결말을 맞는 날이라고 믿는다. 또 이 나라가 외국자본에게 손톱만한 땅이라도 소유권을 부여한다면 그때야말로 이 나라는 그것을 되찾을 전망도 없고 그 생득권을 양도하게 될 것이라고 생각한다.

---

3 일본 종교 단체에 대한 정부의 외견상 태도로부터는 아무래도 이렇다 할 무난한 추정을 끌어낼 수 없다. 근년에는 그 정책도 외견상으로는 비교적 배타적 색채 형식을 장려하는 것처럼 보인다. 이 태도와 신기한 대조를 보이는 것은 공제비밀조합주의에 대한 배척이다. 엄밀히 말하면 이 공제비밀조합제도는 일본에서 허용되지 않는다. 설령 치외법권이 폐지된 이후 개항장에서의 서양인 숙사에서는 어떤 조건에서 그 존재가 허용(이라기보다는 오히려 방치)됐다 할지라도 그렇다. 유럽 혹은 미국에 있는 일본인은 자유로이 이 조합원이 될 수 있지만 일본에서는 그럴 수 없다. 일본에서는 모든 협회의 처리 수속을 관청관리[官權] 감독에 맡겨야만 한다. ㅡ 원주

서양의 침입과 관련해 극동 아시아의 종교에 대한 일반론을 약간 말해두는 것이 이 해석에 대한 여론의 적당한 결론이 될 것 같기도 하다.

극동 사회는 모두 일본 사회처럼 조상숭배 토대 위에 만들어졌다. 이 오래된 종교는 그 형태가 여러 가지로 다양하지만 각자 그 사회의 도덕 경험을 나타낸다. 그리고 이 가르침은 지금 다른 종교를 배척하면서 전도하고 있는 그리스도교 도입으로 도처에서 가장 심각한 장애에 처해 있다. 생활 지침이 되고 있는 종교에 가해지는 공격은 최대의 모욕이며 용서받을 수 없는 일대 죄악이라 생각된다. 그 생활 협동체가 개개인이 요구받는 대로 생명을 바치는 것을 본분이라 믿는 종교는 또한 각자가 협동체를 위해 싸울 것을 사양하지 않는 종교이기도 하다. 본분을 공격당해 견뎌내는 참을성은 그 사람의 지성 정도와 그가 받은 수련의 성질에 달려 있을 것이다. 극동의 여러 민족의 지성이 모두 일본인의 지성과 같을 리도 없으며 또 여러 세대 동안 무사적 수련하에서 그 행위를 환경에 적응시켜가도록 훌륭하게 단련되어 있지도 않다. 특히 중국 농민의 경우에 그 같은 종교에 대한 공격은 견딜 수 없는 것이다. 이들 농민의 제사는 지금도 그들의 소유물 중에서 가장 귀중하며 사회적 정사(正邪)의 최고 지침이다. 동양인은 그들 사회의 기초를 공격하지 않는 신조에 대해서는 모두 관용을 보이며 수용해왔다. 서양의 전도자들이 현명해서 동양인들의 사회적 기반에만은 손대지 않았다면 ─ 불교가 그랬던 것처럼 그들의 조상숭배를 다루고, 그리고 또 다른 방면에 나타난 관용의 정신을 보여주기만 했다면 ─ 대규모 그리스도교 도입이 각별히 힘들지 않게 전개됐을 터다. 여하튼 극동의 사회조직은 급격한 변화를 허용하지 않지만, 그러나 사회적 반대를 만나 나아가 인종적 증오까지 일으키지 않고 교의 본질을 더 널리 선전할 수 있을 것이다. 이미 지금에 이르러서는 되돌릴 수 없으므로 불관용의 무모하고 쓸데없는 노력을 하고 만 것은 어쩔 수 없다. 중국과 그 근린 제국에서 서양 종교에 대한 증오는 의심할 바 없고 그것은 조상숭배에 가해진 불필요한, 그리고 집요한 배척 때문일 것이다. 중국인 혹은 안남인에게 조상의 위패를 내놓으라고 한다든가 부숴버리라고 요구하는 것은 영국인 혹은 프랑스인에게 그리스도교에 대한 헌신 상태를 보고 싶다 해서 어머니 — 성모 마리아 — 의 묘를 부숴버리라고 말하는 것과 똑같이 불합리하며 비인간적이다. 아니, 비인간적인 것은 아니다. 왜냐하면 동양 신앙에서 죽은 양친의 이름을 기록한 위패에 담긴 정도의 신성한 관념을 서양인은 묘비에 투사하지 않기 때문이다. 옛날부터 온순하고 평화로운 사회의 가정 신앙에 이와 같은 배격을 더하면 반드시 학살이 일어나고 말았다. 그리고 공격을 집요하게 고집하면 반격의 힘이 남아 있는 동안은 학살이 계속됐다. 외국의 종교 침략이 토착 종교로부터 어떤 식의 보복을 받았던가. 또 그리스도교의 군사행동이 외국인 희생자의 복수로 그 10배의 인명 살해와 강도 약탈을 불러온 사정 등을 지금 새삼스럽게 여기에 기록할 필요도 없다. 조상을 숭배하는 국민이 전도자의 관용할 줄 모르는 이교 배척주의로부터 일어난 소동에 보복해 다수가 살해되거나 빈궁에 빠지거나 정복당하는 것은 모두 현세에 한정된 것은 아니다. 그런데 서양 무역이나 상업이 이러한 복수 소동을 이용해 직접적인 이익을 챙기고 있는 데 대해 서양의 여론은 의분(義憤)의 권리라든가 보복의 정당성에 대해 논의하는 것도 허락되지 않는다. 다소 관용적인 종교 단체조차 그러한 도덕적 권리문제의 제기를 악의로 단정한다. 공평한 관찰자가 큰소리로 잘못을 지적하면 광신자들은 그것이야말로 인류의 적이라도 되는 양 맹렬하게 달려들어 반론하는 것이다.

　사회학적 견지에서 말하면 전도사 제도라는 것은 종파나 신조에 관계없이 모든 오래된 형태의 문화에 똑같이 공격을 가한, 서구 문명의 분쟁을 담당한 작은 부대와 같다. 즉, 강대하고 최고도로 진화한 사회가 약소하고 진화 정도가 낮은 사회를 향해 진격하는 전위대의 제1선 같은 것이다. 이러한 전사가 의식하고 있는 일은 선교사와 교사의 일이고 무의식적으로 행하는 일은 공병과 구축함의 일이다. 전도사 제도는 약소민족을 정복하는 데 상상도 하지 못할 정도로 원조했다. 원조 이외의 어떤 수단으로도 저렇게 빠르고 확실하게 결실을 맺을 수 없었다. 사물이 파괴당하면 그들 스스로 무의식적으로 마치 자연력 같은 움직임을 보인다. 그런데도 그리스도교는 눈에 뜨일 정도로 확대되지 않았다. 그들은 생명을 걸고 있다. 그리고 또 실제 그들은 군인 이상의 용기를 내어 목숨을 내던졌다. 그러나 그것은 동양의 여러 국가가 필연적으로 거부하는 교의를 그들이 희망하는 것처럼 확대하기 위해서 원조하는 것이 아니라 기업 ― 산업상 ― 과 서양의 확충을 돕기 위해서였다. 전도가 추구한 진실된 공약의 목적은 사회학의 진리에 귀를 기울이지 않았기 때문에 무너져버렸고, 순교와 희생은 본질적으로는 그리스도교 정신을 위배하는 목적하에 그리스도교를 신봉하는 국민에게 이용됐다.

말할 필요도 없지만 종족이 종족에게 부가하는 침략은 완전히 투쟁, 오로지 적자생존의 끊임없는 투쟁의 일반적 법칙에 합치하고 있다. 열등 민족은 더 고등 민족에 복종하든지 혹은 그 앞에서 모습을 감추어버린다. 그리고 또 문명의 오래된 형태는 진보 발전을 위해 융통성과 탄력성이 없으므로 더 능률적이고 복잡한 문명의 압력에 굴복하게 마련이다. 법칙은 인정도 용서도 없이 명확하다. 법칙의 작용은 인간의 배려에 따라 인정적으로 변용될 수는 있지만 결코 저지될 수 있는 것은 아니다.

그러나 생각이 매우 관대한 사람이라 하더라도 그 속에 포함되어 있는 인도(人道) 문제를 이와 같이 간단히 정리할 수는 없다. 불가피한 것은 반드시 도덕적으로 정해져 있는 것이라는 생각을 말해본들 그것은 정당한 이유가 되지 않는다. 하물며 우연히 고등 민족이 세계 투쟁 속에서 승자 측에 서 있다고 말한들, 힘이 정의를 구성할 수 있다고 말해본들 소용이 없다. 인류의 진보는 강자의 법칙을 부정하는 것에 의해 달성되어왔다. 즉, 약한 자를 짓밟고 힘이 없는 자를 먹이로 하는 충동과 싸워서 이뤄진 것이다. 그리고 동물의 세계를 지배하는 이 충동은 별들의 운행과 마찬가지로 대자연의 질서에 합치되는 것이기도 하다. 문명을 가능하게 하는 모든 덕성과 억제도 자연법칙에 저항하면서 발전된 것이다. 세계를 지도하는 민족이라 해도 그 최고의 힘은 인내력으로 손에 넣은 것이다. 또 자유란 약자를 보호하고 부정은 강력하게 억제해 획득한 발전을 스스로 체험해온 것이다. 이렇게 해서 얻은 도덕 경험을 모두 부정하고 싶어 하는 사람이라면 모르지만, 또 이런 도덕적 경험이 나타나는 종교가 있다고는 하지만 그것은 특수 문명의 신조로서 인간의 종교라 말할 수 없다고 태연하게 말하는 사람이라면 모르지만, 그리스도교와 계몽이라는 두 가지 명분하에 외국인에게 가했던 침략에 대해서 그것이 윤리적으로 정당하다고 생각하는 것은 곤란하다. 이러한 침략을 중국에서 행한 결과는 확실히 그리스도교의 홍보도 계몽도 아니고 단순한 반란, 살육, 가증스러운 잔학 행위 – 도시 파괴, 지방 황폐, 수만 명의 인명 상실, 거액의 금 강탈 – 였다. 만약 이런 행위가 모두 옳다고 말할 수 있다면 정말로 무력은 힘이 될 것이다. 그런 식으로 정의, 인간의 도리를 곧잘 공언한 서양인의 종교도 알고 보면 원시종교처럼 배타적이며 같은 사회 무리 사이에서 그 행동을 조정하는 도구일 뿐이라는 것을 알게 될 것이다.

그러나 적어도 진화론자에게는 이것이 완전히 상이한 다른 빛을 받아 부상한다. 사회학이 분명하게 가르치는 바에 의하면 고등한 종족이 더 약소한 종족을 다룰 때 이 약소 종족의 도덕 경험을 적당히 방치하면 반드시 그 대가를 치르게 된다. 그리하여 서양 문명은 조만간 과거에 저지른 압박 행위에 대해 철저히 보복당할 것이다. 본국에서는 이교도를 배척하지 말라고 하면서 다른 한편으로 국외에서는 이교 배격을 견지(堅持)하는 국민은 몇백 년에 걸친 무서운 투쟁을 통해 획득한 지적 해방 권리를 결국은 상실하고 말 것이다. 아마도 그 대가를 지불할 시기는 그리 먼 장래가 아닐 것이다. 이미 전 유럽은 무슨 일이 있으면 무력을 행사하는 상황으로 변해 있고, 동시에 인류의 자유에 반드시 일대 위협이 될 거대한 교회 부활이 시작되고 있다. 중세 정신이 여전히 세상을 풍미하는 것 같다. 그리고 유럽 3대 강국 정책에는 현재 반유대주의가 하나의 요소다.

인간은 종교적 신념에 반대해봐야만 비로소 그 신념의 정도를 알 수 있다고 했다. 이는 실로 맞는 말이다. 아마도 전도 문제와 관련된 관습적인 면에서 혹은 많은 악에 대해서도 마찬가지로, 어떤 사람이라 하더라도 실제로 이 전도와 관련된 악의에 찬 무리로부터 훈련된 집중 공격을 받아보면 비로소 이 악의 실상을 상상할 수 있을 것이다. 그렇다고 하더라도 전도 정책 문제는 이 문제를 제기한 사람을 비밀리에 중상하거나, 아니면 공개적으로 매도한다 해도 아무런 도움이 되지 않는다. 오늘날 이 문제는 각각 세계의 평화, 상업의 장래, 또 나아가 문명의 이해득실에 관한 것이다. 중국의 보전도 이 문제와 연관이 있다. 현재 '러일전쟁'도 그와 무관하다고 말할 수 없다. 아마도 이 책은 여러 가지 결함투성이겠지만 다음과 같은 내용, 즉 극동의 사회구조는 서양 종교가 종래 행해왔던 것과 같은 전도로는 감당하기 어려운 장벽이 있다는 것, 나아가 그런 장벽은 여태까지의 어떤 시대보다도 가장 세심하고 인간적인 피가 통하는 고려를 필요로 한다는 것, 또한 이 이상 비협력적 태도를 불필요하게 지속하면 재앙을 초래할 수밖에 없음을 틀림없이 세상 독자들에게 확신시켜줄 것이다. 몇천 년 전 옛날에는 조상숭배 종교가 어떤 식이었든 간에 현재는 극동 곳곳에서 조상숭배가 가정의 애정과 의무의 종교가 되어 있다. 서양 광신자들이 비인도적으로 이 사실을 무시한다면 차후 틀림없이 또 몇 차례의 '의화단' 궐기가 반복될 것임이 틀림없다. 그런 위기를 중국으로부터 세계로 확대시킨 진정한 힘 — 러시아는 지금까지 그런 기회를 잃은 것 같지만 — 의 도약을 종교적으로 편협하고 독선적인 선전 포교를 위해서 종교적 관용의 용인을 요구하는 이들에게 맡겨두어서는 절대로 안 된다. 독단주의가 개종자에게 가족, 지역사회, 나아가 정부에 옛날부터 부과되어왔던 의무의 부정을 요구하거나, 또 나아가 조상의 위패를 파괴하거나 생명을 부여해준 사람들의 영혼을 모독함으로써 외래 신앙에 대한 성의를 실증하라고 주장한다면 동양인은 결단코 그리스도교도가 되지 않는다.

부록: 허버트 스펜서의 일본에 대한 조언

약 5년 전의 일이다. 당시 도쿄에 거주하던 어느 미국인 교수의 이야기에 의하면, 허버트 스펜서 사후 이 제국이 독립을 유지할 수 있는 정책에 대해 스펜서가 일본의 한 정치가에게 보낸 조언을 담은 서한이 출판될 것이라 했다. 그 이상의 것은 전혀 알 수 없었다. 그러나 나는 『제1원리』(178절)에 있는 일본 사회 해체에 대한 서술을 상기해 그 조언은 아마도 틀림없이 보수적일 것이라고 확신했다. 그런데 실제로 내가 상상하던 것보다도 훨씬 더 보수적이었다.

스펜서는 1903년 12월 8일 사망했다 ─ 당시 도서 간행이 진행 중이었다 ─. 그리고 가네코 겐타로(金子堅太郎) 남작에게 보낸 이 서한은 그 경위가 완전히 세상에 공포된 정황하에 ≪런던타임스(The Times of London)≫ 1904년 1월 18일자에 공표됐다.

∞

친애하는 귀하 ─ 새로 취임한 총리 이토 히로부미 후작 ─ 앞으로 보내는 서한 두 통[1]의 번역본을 보내달라는 부탁 말씀을 완전히 납득합니다. 기꺼이 승낙하는 바입니다.

귀하가 또 요구하는 질문에 관해서는, 우선 일본의 정책은 미국인 그리고 유럽인과는 되도록 거리를 두어야만 한다는 것을 일반 통칙으로 말씀드립니다. 더 강력한 종족을 눈앞에 두고 귀하의 입장은 항시 위험에 처하며, 그리하여 외국인에게는 가능한 한 발판을 주지 않도록 모든 예방 조처를 해야 할 것입니다.

이익을 올리면서도 허용될 수 있는 교섭 형식은 단지 일상 필수품 교역에 필요불가결한 것에만 한정해야 합니다. 즉 물적·심적 생산물의 수입 수출만 허용해야 할 것이라 생각합니다. 그러한 목적을 달성하기 위해서는 절대적인 필요 이상으로 새삼스러운 특권을 다른 종족, 특히 자국보다도 강력한 국가와 국민에게 허용해서는 안 됩니다. 분명히 귀국에서는 '외국인 및 외국자본에 전 제국을 개방하자'라고 하여 구미 열강에 조약 개정을 제안하고 있습니다. 저는 그것이 치명적인 정책이라고 생각합니다. 일이 어떻게 되어갈지 알고 싶다면 선례로 가까운 인도의 역사를 검토하면 좋을 것입니다. 열강 중의 한 나라가 한 번 그 거점을 획득했다면 당연히 피할 수 없이 침략 정책으로 발전해 일본과 격돌할 것입니다. 이러한 격돌은 일본 측에서 행한 공격으로 나타날 것이지만 그것은 또 당연히 보복을 받을 것입니다. 영토의 일부는 점령당하고 외국인 거주지로의 할양을 협박당할 것입니다. 그리고 여기서부터 결과적으로는 마침내 전 일본 제국이 복종하게 될 것입니다. 어느 쪽이 됐든 이 운명을 벗어나려면 커다란 곤란을 겪을 것이라고 믿지만, 제가 제시하는 것 이상으로 외국인에게 조금이라도 특권을 부여하면 그 운명적 과정을 용이하게 만들 것입니다.

이와 같이 전면적 조언을 서술함으로써 귀하의 첫 번째 질문에 답하고, 다음과 같이 말하고자 합니다. 즉, 외국인에게는 토지보유권의 보유를 금지할 뿐만 아니라 그들에게는 조차권 부여를 거부하고 일 년 갱신의 조차인(借地人) 거주자로서 주거

---

1 이 서한은 지금(1905년)도 공표되지 않고 있다. ─ 원주

할 허가만을 부여해야 합니다.

두 번째 질문에 대해서는 정부가 소유하거나 혹은 경영하는 광산에 대한 외국인 참여를 단연코 금지시켜야만 한다고 말하겠습니다. 이때 어떻게 해서라도 외국인을 일하게 만들고자 하는 구미인과 일본 정부 사이에 불화가 일어나기 쉽습니다. 그리고 이와 같은 다툼은 결국 유럽인 종업원의 요구가 어떤 것이든 그것을 주장하게 하기 위해 영국이나 미국, 또는 다른 열강이 병력을 파견하는 구실이 될 것입니다. 왜냐하면 여러 문명 국민 간에는 이런 경우도, 또 다른 경우에도 해외에 있는 그들의 출장 기관이나 상인을 그들의 대표자라고 믿기 때문입니다.

세 번째로는 제가 제시한 정책을 추진해 연안무역도 스스로 영위해야만 하며 서양인이 거기에 참가하는 것을 금지해야 합니다. 이 연안무역은 제가 제시한 요건 중 유의해야만 할 또 하나의 독립적인 사항에 들어 있지 않습니다. 이것은 생활 필수품의 수출입을 원활하고 용이하게 할 수 있는 요건입니다. 다른 곳에서부터 일본으로 반입되는 일상 필수품의 분배는 일본 자체에 일임하는 것이 타당하며, 외국인의 개입은 거부되어야만 합니다. 그 이유는 이런 과정에서도 여러 가지 다툼이 일어나고, 그 결과 침략의 길을 여는 문호가 곳곳에서 나오게 되기 때문입니다.

외국인과 일본인의 결혼에 관한 질문에 대해서 귀하는 '귀국의 학자나 정치가들 사이에 목하 혼란을 일으키고 있고' 또 '최대 난문의 하나'라고 말씀했습니다. 이에 대한 저의 답변은 특별히 곤란한 점은 아무것도 없다는 것입니다. 금지해야 함이 자명한 이치입니다. 이것은 근본적으로 사회철학 문제가 아니라 생물학적 문제입니다. 어떤 종족이 혼합되어 약간의 사소한 차이가 일어날 때 결국 그 결과는 반드시 열악한 것이 된다는 점에 대해서는, 인종 간 잡혼이나 동물 간 교배에서 제공된 증거가 충분합니다. 여태까지 다년간 이에 대한 많은 증거를 보았기에 제 확신은 수많은 증거로부터 인출된 것입니다. 이 확신을 저는 바로 반 시간 정도 전에 확인했습니다.

이는 제가 우연히 가축의 교배 잡종에 대한 지식이나 경험이 풍부한 어느 한 신사와 함께 시골에 거주하고 있기 때문입니다. 그리고 이 신사에게 질문을 구한 바에 따르면 다음과 같은 저의 확신 — 예를 들면 상이한 종자의 양들 중에서도 차이가 큰 것들을 교배하면 특히 제2대째에 열악한 것이 된다는 것, 즉 그 자질이 예측할 수 없을 정도로 혼합되어 혼돈된 체질 구조가 된다는 — 을 충분히 보증해줍니다. 그리고 마찬가지로 인류의 경우에도 이런 일이 일어납니다. 인도에서 구아(歐亞) 혼혈인, 또 미국에서의 잡종이 그 근거입니다. 이 경험의 생물학적 근거는 동물 중의 어떤 종은 많은 세대를 거치는 동안 마침내 생활의 특수한 형태에 있는 체질적 적응성을 획득하며, 그리고 다른 모든 종류의 종도 마찬가지로 그 자체의 특수한 적응성을 얻습니다. 즉, 결과는 이렇습니다. 서로 크게 다른 생활양식에 각각 적응한 두 가지의 종 또한 서로 많이 다른 종을 혼혈한 경우에는 어느 생활양식에도 적응하지 않는 자질을, 즉 어느 상태에도 적합하지 않기 때문에 결국 타당하게 기능하지 않는 자질을 획득한다는 것입니다. 그래서 온갖 어려움을 배재해 일본인과 외국인의 결혼을 금지해야만 합니다.

앞서 제시한 이유로 저는 중국으로부터의 이민을 방지하고자 미국에서 제정된 규칙을 전면적으로 시인하며, 만약 제게 그런 힘이 있다면 최소한도로 그 수를 줄이고 싶습니다. 즉, 이러한 결단의 이유는 다음 두 가지 중 하나가 반드시 일어날 것이기 때문입니다. 만약 많은 중국인의 미국 이민이 허가된다면, 그리고 그들이 만약 혼혈하지 않는다면 노예는 아니더라도 노예에 가까운 계급의 종족이 형성되든지, 혹은 만약 혼혈했다면 열악한 혼혈종이 될 게 틀림없습니다. 어느 쪽이든 대규모 이민을 생각할 경우에 커다란 사회적 불행이 일어나며, 그 결과 사회조직이 붕괴될 것이 틀림없습니다. 만약 구미인과 일본인 간의 상당한 혼혈이 있다면 똑같은 일이 일어날 것입니다.

제 조언이 어느 면으로 보더라도 보수적임을 알 수 있을 것입니다. 그리고 또 제가 최초로 말씀드린 것, 가능한 한 다른 인종과 거리를 두어야 한다는 점을 반복하면서 편지를 마치고자 합니다.

저는 이 조언을 비밀 유지로 올립니다. 어떻든 간에 저는 생전에 이 편지가 공표되는 것을 바라지 않습니다. 동포 국민의 분노를 일으키기 원하지 않기 때문입니다.

＊추신: 이 조언의 비밀 유지를 바라는 마음이 이토 백작에게 전달되는 것을 거부하지 않습니다. 아니, 그런 정도가 아니라 오히려 이 내용을 중시해달라는 기회가 될 것을 염원하는 바입니다.

1892년 8월 26일

귀하의 성실한 허버트 스펜서

∽

스펜서가 동포 국민의 편견을 이해하고 있던 사정은 이 서한에 덧붙은 ≪런던타임스≫의 주석 ─ 당면한 이익에 반대되는 새로운 사고방식이 초래하는 고통을 통상적으로 불쾌하게 생각하는 영국의 관습적인 사고에 공통적으로 터무니 없는 비방을 해대는 특질 ─ 에 의해 분명해진다. 그러나 이때 약간 진실을 알았다면 ≪런던타임스≫조차도 이하의 것을 확인하는 데 도움이 됐을 것이다. 즉, 일본이 문명의 문제 전반을 위해, 특히 영국과 관련 사항을 위해 건투한다면 그것은 일본 정치가들이 이 서한이 제시하는 노선에 따라 건강한 보수 정책 ─ 부당하게도 이는 '굉장한 자기중심주의'의 증거다 ─ 을 유지하려는 조치를 취한 것임이 확인되기 때문이다.

이 조언 자체가 직접적으로 정부 정책에 영향을 미쳤는지는 알 수 없다.

그러나 그것이 자기 보존의 민족 본능과 충분히 합치하고 있음은 치외법권 철폐를 옹호하는 이토 백작이 부딪히고 있는 저 통렬한 방해의 역사에 의해, 또 스펜서의 서한에서 논술된 사항들과 관련해 제정된 예방적 조치의 입법으로 나타나고 있다. 치외법권은 ─ 아마도 어쩔 수 없이 ─ 폐지됐다고 해도 국가 자원 개발을 위해 외국자본을 이대로 방치해둘 수는 없었다. 그리고 외국인의 토지 소유는 허가되지 않았다. 일본인과 외국인과의 혼인은 결코 금지되지 않았다고 해도[2] 각별히 장려된 것도 아니며, 그것은 특수한 법적 제약하에서만 일어날 수 있었다. 만약 외국인이 혼인을 통해 일본의 땅을 손에 넣을 수 있는 권리를 얻는다면 대량의 토지가 곧 이방인의 손에 넘어가버릴 것이다. 그러나 일본 여성이 외국인과 결혼하면 그로써 외국인이 되고, 또 그런 혼인의 결과로 태어난 자녀는 외국인이라고 법률은 현명하게 규정하고 있다. 한편으로 외국인이 양자 결연에 의해 일본 가족에 입적하면 일본인이 된다. 그리고 그렇게 태어난 자녀는 일본인이 된다. 그러나 그들은 어떤 결정된 법적 무자격하에 놓인다. 즉, 그들은 국가 고관 지위로부터 축출당한다. 특별 허가가 있다면 예외지만, 육해군 장교도 될 수 없다 ─ 이 허가는 한두 경우에 적용되고 있던 것 같다 ─. 최후로 일본이 연안무역을 장악하는 것은 지켜지고 있다.

전반적으로 일본의 정책은 상당한 정도까지 스펜서의 조언을, 서한에 암시된 순서대로 따르고 있다고 말해도 좋을 것이다. 그러나 나는 일본이 스펜서의 조언을 더 철저히 따르지 않은 것이 매우 유감이다. 만약 그 철학자의 목숨이 좀 더 길어서, 최근에 일본 군대가 승리 ─ 일본이 단 한 척의 함선도 잃지

─────

2 이와 같은 결혼을 한 가족의 숫자는 도쿄에서 100을 넘는다고 한다. ─ 원주

않고 강력한 러시아 함대를 패배시킨 것, 압록강 강변에서 3만 명의 러시아 육군이 대패한 것 — 한 소식을 들을 수 있었다고 해도 그는 자기의 조언을 전혀 바꾸지 않았으리라 생각한다. 아마도 그는 인도주의적 양심이 허용하는 한 일본인이 전쟁이라는 새로운 과학에 대한 연구를 철저히 수행한 데 대해 높이 평가했을 것이다. 그는 보호국 신세로 떨어지는 것을 감수하든가 또는 러시아와 한 판 전쟁을 치르든가 양자택일에 직면한 이 나라를 동정했을 것이다. 그러나 일본이 승리하고 나서 다시 한 번 장래의 정책에 대한 질문을 받았다면 어떠했을까? 그는 아마도 이 질문을 한 사람에게 군사적 능력은 공업 생산력과는 현저히 방향이 다르다고 말하며 자신의 주장을 강력히 반복했을 것이다. 그는 일본의 사회구조나 역사를 이해하고 있었으므로 이 나라가 외국과의 접촉을 시도하는 데 따르는 위험성을, 또 공업 생산력의 취약함을 개선하려는 시도를 마치 손바닥을 들여다보듯 잘 인식하고 있었다. 시대가 바뀌면 일본은 위험을 무릅쓰지 않고 보수주의의 대부분을 포기할 수 있을 것이다. 그러나 당분간은 보수주의를 지키는 것이 이 나라를 구하는 길일 것이다.

문헌에 대한 주

이 책을 준비하며『일본아시아협회 회보』, 특히 아래 문헌의 도움을 받았다.

• 신도 문제

어네스트 사토우,『순정신도의 부활』제3권, 부록.

어네스트 사토우,『이세신궁』제2권.

어네스트 사토우,『일본 고대의 제식』제7권, 제9권.

A. H. 레이,『일본의 장례식』제19권.

• 법률 및 풍습 문제

D. B. 사이먼 지음, 존 헨리 위그모어 엮음,『옛 일본의 토지소유권 및 지방제도에 대한 연구 노트』제19권.

존 헨리 위그모어,『옛 일본의 사법 연구 자료』제20권 보충판 1, 2, 3, 5.

• 16세기 및 17세기 영국 그리스도교 관련 사건

어네스트 사토우,『1550년부터 1586년까지 야마구치의 교회』제7권.

J. H. 구빈스,『중국과 일본의 그리스도교 전래에 관한 논설』제6권.

W. A. 우리, 『나가사키에 관한 역사적 비망록』 제9권.

길스, 『아리마의 반란』 제9권.

• 일본 역사와 사회학

W. G. 아스톤, 『옛날 일본 역사』 제16권.

J. H. 구빈스, 『도쿠가와 막부하의 일본 봉건 조직』 제15권.

그 외 이에야스 유훈의 초록은 J. F. 로더의 번역에서 인용했다.

이 책을 준비하면서 매우 유명한 『초기 외국 교섭 시대의 일본 역사 1542~1651』[제임스 머독과 야마가케 이소오(山縣五十雄)가 공동 저술한 것으로 작년 겨울 고베에서 출판]를 활용할 수 없었던 것을 안타깝게 생각한다. 이 중요한 저작에는 여태까지 인쇄에 부치지 못했던 많은 문헌 자료가 들어 있어 이 시대 종교사에 새로운 빛을 비추고 있다. 저자들은 다수의 배신자가 있음을 인정하면서 일본의 총 그리스도교 신자가 30만 명을 넘지 않는다고 믿었던 것 같다. 그리고 이런 의견이 나온 이유는 절대적인 것은 아니더라도 매우 강고한 것 같다. 가장 흥미로운 부분은 이 외국 종교와 그 전도자에 대한 도요토미 히데요시의 마키아벨리풍 정책을 다룬 절일 것이다. 이 저술에서 선명하지 않은 부분은 거의 보이지 않는다. 이 시대의 바른 이해를 돕기 위해 첨부된 훌륭한 지도 한 벌은 도쿠가와 막부 수립 이전과 그 이후의 대영토의 분포나 이 나라의 정치적 구분을 나타낸 것이다. 어떤 종류의 종교적 기반으로부터도 절대 자유롭다는 것이 이 책의 적지 않은 장점일 것이다.

옮긴이의 글

2011년 3월 11일 동일본에서 발생한 대지진은 세계 역사상 4번째, 일본 역사상 최악으로 기록됐다. 특히 이 지진으로 후쿠시마 원전에서 방사능이 유출됨으로써 최악의 재난 사태에 당면했다. 이런 상황에서 일본 국민이 보여준 침착성과 질서 의식은 전 세계를 감동시켰다. 영국의 ≪파이낸셜타임스(Financial Times)≫는 칼럼에서 "인류가 더 강해지고 있다는 것을 일본이 보여줬다. 일본의 시민 의식은 인류의 정신이 진화한다는 사실을 보여줬다"고 극찬했다. 위기 시 일본인이 보여준 질서 의식은 한신·아와지 대지진 때도 마찬가지였다.

이런 재난 사태가 국가적으로 발생하고 이로 인해 개인의 입장에서 가족이 사망하거나 실종되는 등 비극적인 상황을 맞이했을 때 일본인이 보여주는 의연함은 항시 우리에게 의문을 던져준다. 어떻게 일본인은 저런 상황에서 혼란을 초래하지 않고 질서를 유지할 수 있을까?

반면 일본은 이웃 나라에 역사적으로 수많은 피해를 주었음에도 이를 제대로 인정하지 않아 가까운 이웃으로 지내기를 어렵게 한다. 그중에서도 한국에 가장 문제가 되는 것이 역사 왜곡과 위안부 문제, 그리고 독도 문제라 하겠다.

양면성을 지닌 일본은 이해하기 어려운 나라임에 틀림없다. 지금까지 일본을 이해하는 데 평판이 높은 책은 루스 베네딕트(Ruth Benedict)가 쓴『국화와 칼(The Chrysanthemum And the Sword)』이다. 이 책은 저자가 일본을 방문하지 않고 문헌 연구를 통해 문화인류학적 입장에서 쓴 연구서로 유명하다. 그런데 옮긴이의 눈길을 끈 것은 일본에서 14년 동안 영어 교사와 교수로 생활하면서 일본의 특성을 관찰하고 서양과 비교한 라프카디오 헌의 저작『일본: 해명을 위한 시도』다. 이 책에 옮긴이가 관심을 갖게 된 것은 존다우어(John W. Dower) 교수가 쓴『패배를 껴안고(Embracing Defeat)』때문이다.『패배를 껴안고』에서 제2차 세계대전 당시 대일본 심리전을 총괄한보너 펠러스(Bonner F. Fellers) 준장은『일본: 해명을 위한 시도』를 "일본인의 심리에 관한 가장 뛰어난 책"이라고 평했다. 결국 더글라스 맥아더(Douglas MacArthur)가 전후 일본을 통치하면서 천황을 처벌하지 않고 오히려 천황에 대한 일본 국민의 맹목적인 순종을 이용한 것도 이 책에서 비롯됐다고 할 수 있다.

헌은 이 책에서 일본의 정신세계가 어떻게 전개됐는지를 서양인으로서 일본 사회에 살면서 민중으로부터 보고 들은 바를 통해 상세하게 기술했다. 또한 고래로부터의 조상숭배와 가족제도에 기반을 둔 신도가 이웃 나라로부터 전래된 불교, 유교와 어떻게 결합하고 또 굳게 자리 잡았는지를 자세히 살펴봤다. 아울러 봉건적인 일본의 전통 사회가 100여 년 전 걷기 시작한 근대화 과정을 서양 사회의 발전과 비교한 점은 오늘날에 보아도 매우 흥미로우며 이웃 나라인 한국에 시사하는 점이 많다.

일본은 흔히 한국인에게 '가깝고도 먼 나라'라고 한다. 한일협정이 체결된 지 반세기가 흘렀어도 양국 관계는 언제나 가까운 듯하다가도 어떤 사건이 발생하면 갑자기 멀어지고 마는 패턴을 주기적으로 반복한다. 이런 바람직하지 않은 양국 관계를 선순환적으로 바꾸기 위해서는 일본 국민의 특이한 심리상태를 이해하는 것이 우선이다. 헌이 쓴 이 역작이 양국 관계의 발전에 도움이 되기를 바라는 마음이 간절하다.

지은이

라프카디오 헌(Lafcadio Hearn)

　일본 이름은 고이즈미 야쿠모(小泉八雲). 일본의 국민적 작가로 사랑받고 있으며, 마쓰에에 있는 그의 집은 사적지로 지정되어 있다. 1850년 아일랜드인 아버지와 그리스인 어머니 사이에서 태어났다. 2세 때 아일랜드 더블린으로 이주했으며, 어린 시절에 왼쪽 눈을 실명했다. 19세 때 미국으로 건너가 신시내티에 정착했고, 1872년에서 1875년까지 ≪신시내티 인콰이어러≫와 ≪신시내티 커머셜≫에서 기자로 일했으며, 1877년에는 뉴올리언스로 이주해 기자 일을 그만두고 본격적으로 번역과 집필 활동에 착수했다. 1890년 ≪하퍼스 매거진≫ 특파원으로 처음 일본에 갔다가 일본의 풍경과 정서에 반해 시마네 현 이즈모에서 교사로 재직했다. 1891년 마쓰에 지방 사무라이의 딸 고이즈미 세쓰와 결혼한 후 귀화했으며, 이후 일본의 문화와 문학을 서양에 소개하는 데 힘썼다. 도쿄 대학에서 강의하는 한편, 일본 민담과 괴담을 수집하고 기록해 여러 권의 책으로 펴냈다. 지은 책으로는 『치타(Chita)』(1889), 『알려지지 않은 일본의 그림자(Glimpes of Unfamiliar Japan)』(1894), 『동쪽의 나라에서(Out of East)』(1895), 『마음(Kokoro)』(1896), 『부처의 나라에서(Gleanings in Buddha Fields)』(1897), 『괴담(Kwaidan)』(1904) 등이 있다.

ㅏ행웅

　한국외국어대학교 영어과 및 동 대학원을 졸업했다. 밀라노, 류블리아나 주재 KOTRA 관장 및 KOTRA 정보기획처장, 한국출판협동조합 전무를 역임했다. 옮긴 책으로는 『소용돌이의 한국정치』(2000, 공역), 『디지털경제 2000』(2000, 공역), 『밀레니엄의 종언』(2003, 공역), 『네트워크 사회의 도래』(2003, 공역), 『인터넷 갤럭시』(2004), 『네트워크 사회』(2009), 『구글, 유튜브, 위키피디아, 인터넷 원숭이들의 세상』(2010), 『글로벌 거버넌스 2025』(2011) 등이 있다.

박화진

　부산대학교 인문대학 사학과를 졸업했으며 일본 도쿄 대학교 대학원 일본 사학과 석사·박사과정을 수료했다. 현재는 부경대학교 인문사회대학 사학과 교수로 재직 중이다. 주요 저서 및 논문으로는 『韓·日兩國における近世村落の比較史的研究』(1992), 『일본 문화 속으로』(2002, 공저), 『부산의 역사와 문화』(2003), 『근대 부산 해관과 초빙 서양인 해관원에 관한 연구』(2006, 공저), 『에도 공간 속의 통신사』(2010, 공저), 「일본 근세 농민운동에 관한 고찰」(1997), 「일본 근세 대판만어촌의 타국출어에 대한 고찰」(1999), 「일본 근세 어촌사회의 성립과 변모」(2004), 「일본 그리스챤 시대 규슈지역에 대한 고찰」(2005), 「통신사행의 최종 목적지, 에도」(2009), 「조선 시대 민중의 이국관과 풍속상」(2010), 「조선 시대 국경지역의 이국관」(2011) 등이 있다.

신국일본

박행웅 · 박화진 ⓒ , 2013

지은이 | 라프카디오 헌
옮긴이 | 박행웅 · 박화진
펴낸이 | 김종수
펴낸곳 | 도서출판 한울

편집책임 | 김현대
편집 | 배유진

초판 1쇄 인쇄 | 2013년 1월 3일
초판 1쇄 발행 | 2013년 1월 18일

주소 | 413-756 경기 파주시 파주출판도시 광인사길 153(문발동 507-14) 한울시소빌딩 3층
전화 | 031-955-0655
팩스 | 031-955-0656
홈페이지 | www.hanulbooks.co.kr
등록번호 | 제406-2003-000051호

Printed in Korea
ISBN 978-89-460-4665-8 03910(양장)
ISBN 978-89-460-4666-5 03910(반양장)

* 책값은 겉표지에 표시되어 있습니다.